ÉTAT DES DONATAIRES

TOTALEMENT DÉPOSSÉDÉS

QUI ONT DROIT À L'INDEMNITÉ

FIXÉE PAR LA LOI PROPOSÉE AUX CHAMBRES

EN 1821.

1639

ÉTAT DES DONATAIRES

TOTALEMENT DÉPOSSÉDÉS

QUI ONT DROIT À L'INDEMNITÉ

FIXÉE PAR LA LOI PROPOSÉE AUX CHAMBRES

EN 1821.

A PARIS,

DE L'IMPRIMERIE ROYALE.

1821.

DONATAIRES DES TROIS 1.res CLASSES,

5,000 FRANCS ET AU-DESSUS.

NUMÉROS D'ORDRE.	NOMS, QUALITÉS ET GRADES des donataires ou de leurs successeurs.	DATES des décrets ou décisions par lesquels les dotations ont été accordées.	DÉSIGNATION des pays, biens ou établissem.s sur lesquels les dotations ont été constituées.	MONTANT de chaque dotation.	TOTAL des dotations réunies.	TITRE OU MOTIF auquel elles ont été accordées.	MONTANT de l'indemnité fixée par le projet de loi.	OBSERVATIONS.
	A							
1.	ABRIAL, le Comte, pair de France.	15 août 1809.	Poméranie suédoise.	10,000f	10,000f	Récompense de ses services.	1,000f	
2.	ALBERT, le Baron, lieutenant général aide-de-camp de S. A. S. M.gr le Duc d'Orléans	17 mars 1808.	Westphalie.	10,000.	10,000.	*Idem.*	1,000.	
3.	AUDENARDE, le Comte d' *(Ch.-Eugène-Delalain)*, Maréchal-de-camp, lieutenant commandant les gardes-du-corps.	15 août 1809. 30 octobre 1810.	Hanovre. Westphalie.	4,000. 10,000.	14,000.	*Idem.*	1,000.	
	B							
4.	BACLER D'ALBE, maréchal-de-camp.	17 mars 1808.	Westphalie.	10,000.	10,000.	*Idem.*	1,000.	
5.	BAILLY-MONTHION, le Comte, lieutenant général.	17 mars 1808. 15 août 1809.	Westphalie. Poméranie suédoise.	10,000. 10,000.	20,000.	*Idem.*	1,000.	
6.	BARAGUEY-D'HILLIERS, le C.te *(Achille)*, fils du colonel général des dragons.	10 mars 1808.	Westphalie.	20,000.	20,000.	Récompense des services de son père, mort le 6 janvier 1813.	1,000.	
7.	BARROIS *(Pierre)*, le Baron, lieutenant-général.	17 mars 1808.	Westphalie.	10,000.	10,000.	Récompense de ses services.	1,000.	
8.	BARTHELEMY, le Baron, maréchal-de-camp.	17 mars 1808.	Westphalie.	10,000.	10,000.	*Idem.*	1,000.	
9.	BAZANCOURT, le Baron, maréchal-de-camp.	17 mars 1808.	Westphalie.	10,000.	10,600.	*Idem.*	1,000.	
10.	BEAUMONT, le Baron, maréchal-de-camp.	17 mars 1808.	Westphalie.	10,000.	10,000.	*Idem.*	1,000.	
11.	BEKER, le Comte, lieutenant général.	10 mars 1808. *Idem.*	Westphalie. Hanovre.	17,000. 13,000.	30,000.	*Idem.*	1,000.	
12.	BERTHIER, le Comte *(César)*, lieutenant général.	15 août 1809.	Poméranie suédoise.	10,000.	10,000.	*Idem.*	1,000.	
13.	BERTHIER LASALLE, le Baron *(Almeric-Alexandre)*, officier de hussards de la garde royale.	29 septembre 1809. *Idem.*	Westphalie. Hanovre.	25,000. 5,000.	30,000.	Témoignage de bienveillance à raison des services de leur père et du général Lasalle.	1,000.	
14.	BERTHIER LASALLE, le Baron *(Oscar)*, brigadier des gardes-du-corps de MONSIEUR.	*Idem.*	*Idem.*	15,000.	15,000.	*Idem.*	1,000.	
						A reporter...	14,000.	

NUMÉROS D'ORDRE.	NOMS, QUALITÉS ET GRADES des donataires ou de leurs successeurs.	DATES des décrets ou décisions par lesquels les dotations ont été accordées.	DÉSIGNATION des pays, biens ou établissem.^s sur lesquels les dotations ont été constituées.	MONTANT de chaque dotation.	TOTAL des dotations réunies.	TITRE OU MOTIF auquel elles ont été accordées.	MONTANT de l'indemnité fixée par le projet de loi.	OBSERVATIONS.
						Report...	14,000f	
15.	BERTHIER LASALLE, le Baron *(Alexandre-Joseph)*,	29 septembre 1809.	Hanovre.	5,000f	5,000f	Témoignage de bienveillance à raison des services de leur père et du général Lasalle.	1,000.	
16.	BERTHOLLET, le Comte, pair de France.	19 mars 1808.	Westphalie.	10,000.	10,000.	Récompense de ses services.	1,000.	
17.	BESSIÈRES, le Baron *(Bertrand)*, maréchal-de-camp.	15 août 1810. 3 septembre 1813.	*Idem.* Dép.t de l'Ourte.	4,000. 15,000.	19,000.	*Idem.*	1,000.	
18.	BIGOT DE PRÉAMENEU, le Comte, ancien ministre des cultes.	19 mars 1808. *Idem.* 1.er janvier 1812.	Westphalie. Hanovre. Illyrie et dép.t de l'Arno.	10,000. 10,000. 20,000.	40,000.	*Idem.*	1,000.	
19.	BISSON, le Comte *(Pierre-Jean-Baptiste-Nicolas - Gaspar)*, fils du lieutenant général.	10 mars 1808. *Idem.*	Westphalie. Hanovre.	20,000. 30,000.	50,000.	Récompense des services de son père, mort le 26 juillet 1811.	1,000.	
20.	BOUDET, le Comte *(Louis-Auguste)*, fils du lieutenant général.	*Idem.*	Poméranie suédoise.	30,000.	30,000.	Récompense des services de son père, mort le 14 septembre 1809.	1,000.	
21.	BOUILLÉ (De), le Marquis, *(Louis-Joseph-Amour)*, lieutenant général.	15 août 1810. 7 mai 1812.	Hanovre. Ost-Frise.	4,000. 10,000.	14,000.	Récompense de ses services.	1,000.	
22.	BOURCIER, le Comte, lieutenant général.	10 mars 1808. *Idem.*	Westphalie. Hanovre.	25,000. 25,000.	50,000.	*Idem.*	1,000.	
23.	BOUSSART, le Baron *(André-Joseph)*, lieutenant général.	17 mars 1810. 6 août 1811.	Westphalie. Hanovre.	10,000. 4,000.	14,000.	*Idem.*	1,000.	
24.	BOYER, le Baron, lieutenant général.	10 mars 1808.	Westphalie.	30,000.	30,000.	*Idem.*	1,000.	
25.	BOYER *(Joséphine)*, fille du colonel du 18.e de ligne, tué au siége de Saint-Jean d'Acre.	18 mai 1812.	Dép.t de l'Arno.	6,000.	6,000.	Récompense des services de son père.	1,000.	
26.	BRUN, maréchal-de-camp...	17 mars 1808.	Westphalie.	10,000.	10,000.	Récompense de ses services.	1,000.	
27.	BRUYÈRE, fils du lieutenant général.	*Idem.* 15 août 1809. 23 janvier 1811.	*Idem.* *Idem.* Hanovre.	10,000. 10,000. 12,000.	32,000.	Récompense des services de son père mort le 6 juin 1813.	1,000.	
28.	BUGET *(Claude-Joseph)*, maréchal-de camp.	17 mars 1808.	Westphalie.	10,000.	10,000.	Récompense de ses services et son amputation.	1,000.	
29.	BURGUES MISSIESSY, le Comte *(Édouard-Thomas)*, vice-amiral, commandant de la marine à Toulon.	15 août 1810. 30 septembre 1811.	Hanovre. Illyrie et dép.t de la Stura et de la Sésia.	4,000. 20,000.	24,000.	Récompense de ses services.	1,000.	

C

30.	CAMBACÉRÈS, maréch.-de-c.	17 mars 1808.	Westphalie.	10,000.	10,000.	*Idem.*	1,000.	
31.	CANDRAS (SAVETTIER DE) *(Louise-Charlotte-Cordélia)*, fille du baron maréchal-de-camp.	*Idem.*	*Idem.*	10,000.	10,000.	Récompense des services de son père, mort le 28 novembre 1812.	1,000.	
						A reporter...	31,000.	

NUMÉROS D'ORDRE.	NOMS, QUALITÉS ET GRADES des donataires ou de leurs successeurs.	DATES des décrets ou décisions par lesquels les dotations ont été accordées.	DÉSIGNATION des pays, biens ou établissem.s sur lesquels les dotations ont été constituées.	MONTANT de chaque dotation.	TOTAL des dotations réunies.	TITRE OU MOTIF auquel elles ont été accordées.	MONTANT de l'indemnité fixée par le projet de loi.	OBSERVATIONS.
						Report........	31,000f	
32.	CANISY, le Baron *(Louis)*, ancien écuyer.	15 août 1809. 3 décembre 1811.	Hanovre. Mont de Milan.	4,000f 6,000.	10,000f	Récompense de ses services.	1,000.	
33.	CASSAGNE, le Baron *(Louis-Victorin)*, maréch.-de-camp.	17 mars 1808.	Westphalie.	10,000.	10,000.	*Idem.*	1,000.	
34.	CHABAN (MOUCHARD DE), le Comte *(Charles-Marie-Louis)* fils de l'ancien cons. d'état,	1.er janvier 1812.	Dép.t de la Stura.	10,000.	10,000.	Récompense des services de son père, mort le 23 mars 1814.	1,000.	
35.	CHAMPAGNY, Duc DE CADORE, pair de France.	15 août 1809. 10 mars 1808. *Idem.*	Mont de Milan. Westphalie. Hanovre.	60,000. 20,000. 20,000.	100,000.	Récompense de ses services.	1,000.	
36.	CHARPENTIER, le Baron, maréchal-de-camp.	15 août 1809.	Hanovre.	10,000.	10,000.	Récompense de ses services.	1,000.	
37.	CHASTEL, le Baron, ancien colonel de la garde.	17 mars 1808. 15 août 1809.	Westphalie. Poméranie suédoise.	10,000. 10,000.	20,000.	*Idem.*	1,000.	
38.	CLAPARÈDE, le Comte, lieutenant général.	10 mars 1808.	Westphalie.	30,000.	30,000.	*Idem.*	1,000.	
39.	CLAUSEL, le Baron *(Bertrand)*, lieutenant général.	15 août 1809.	Hanovre.	6,000.	6,000.	*Idem.*	1,000.	
40.	CLÉMENT DE LA RONCIÈRE, le Comte, lieutenant général.	17 mars 1808. 3 octobre 1809. 1.er janvier 1812.	Westphalie. Hanovre. Illyrie.	10,000. 4,000. 4,000.	18,000.	*Idem.* Amputation d'un bras. Services.	1,000.	
41.	COHORN, le Baron, maréchal-de-camp.	17 mars 1808.	Westphalie.	10,000.	10,000.	Récompense de ses services.	1,000.	
42.	COLAUD, le Comte, pair de France, lieutenant général.	10 mars 1808.	*Idem.*	20,000.	20,000.	*Idem.*	1,000.	Mort.
43.	COLBERT, le Baron *(Napoléon-Joseph)*, fils du maréchal-de-camp.	17 mars 1808.	*Idem.*	10,000.	10,000.	Récompense des services de son père, mort le 3 janvier 1809.	1,000.	
44.	COLBERT, le Comte *(Pierre-David, dit Édouard)*, lieutenant général.	*Idem.* 1.er janvier 1812.	*Idem.* Illyrie.	10,000. 4,000	14,000.	Récompense de ses services.	1,000.	
45.	CONROUX, le Baron, maréchal-de-camp.	17 mars 1808. 15 août 1809.	Westphalie. *Idem.*	10,000. 10,000.	20,000.	*Idem.*	1,000.	
46.	CORBINEAU, le Baron *(Marie-Louis-Hercule-Hubert)*, ex-major des chasseurs de la garde, receveur général à Châlons.	1.er février 1808. 15 août 1809.	Mont de Milan. Dép.t de Rome.	2,000. 8,000.	10,000.	*Idem.* Amputation.	1,000.	
47.	CORBINEAU, le Comte *(Jean-Baptiste-Juvénal)*, lieutenant général.	17 mars 1808. 19 novembre 1813.	Westphalie. Dép.t des Deux-Nèthes.	10,000. 4,000.	14,000.	Récompense de ses services.	1,000.	
48.	CORVISART, le Baron, premier médecin.	6 août 1810.	Dép.t de l'Arno.	10,000.	10,000.	Témoignage de reconnaissance de ses services.	1,000.	
49.	COUIN, le Baron, lieutenant général.	19 mars 1808.	Westphalie.	30,000.	30,000.	Récompense de ses services.	1,000.	
50.	CURIAL, le Comte, lieutenant général, pair de France.	10 mars 1808. 16 janvier 1810.	*Idem.* Gallicie.	30,000. 10,000.	40,000.	*Idem.*	1,000.	
						A reporter....	50,000.	

NUMÉROS D'ORDRE.	NOMS, QUALITÉS ET GRADES des donataires ou de leurs successeurs.	DATES des décrets ou décisions par lesquels les dotations ont été accordées.	DÉSIGNATION des pays, biens ou établissem.s sur lesquels les dotations ont été constituées.	MONTANT de chaque dotation.	TOTAL des dotations réunies.	TITRE OU MOTIF auquel elles ont été accordées.	MONTANT de l'indemnité fixée par le projet de loi.	OBSERVATIONS.
						Report...	50,000f	
			D					
51.	DABOVILLE, le Vicomte *(Auguste-Marie)*, maréchal-de-camp en retraite.	15 août 1809. 29 février 1812.	Dép.t de Rome. Hanovre.	6,000f 4,000.	10,000f	Perte d'un bras. Services.	1,000.	
52.	DANTHOUARD, le Comte, lieutenant général.	8 septembre 1808. 15 août 1809.	Westphalie. Dép.t de Rome.	4,000. 6,000.	10,000.	Récompense de ses services.	1,000.	
53.	DARICAU, le Baron, lieutenant général.	17 mars 1808.	Westphalie.	10,000.	10,000.	*Idem.*	1,000.	
54.	DAUMESNIL, le Baron *(Pierre)*, maréchal-de-camp.	1.er février 1808. 15 août 1809. 1.er janvier 1812.	Mont de Milan. Dép.t de Rome. Illyrie.	2,000. 8,000. 4,000.	14,000.	*Idem.* Perte d'une jambe.	1,000.	
55.	DEFRANCE, le Comte, lieutenant général.	10 mars 1808.	Westphalie.	30,000.	30,000.	Récompense de ses services.	1,000.	
56.	DEJEAN fils, le Baron *(Pierre-François-Marie-Auguste)*, maréchal-de-camp.	17 mars 1808. 19 novembre 1813.	Dép.t du Trasimène. Dép.s du Mont-Tonnerre et de l'Arno.	4,000. 6,000.	10,000.	*Idem.*	1,000.	
57.	DEJUNIAC (BE[illegible]NE) *(Jacques)*, ancien colonel du 1.er d'hussards.	17 mars 1808.	Westphalie.	10,000.	10,000.	*Idem.*	1,000.	
58.	DELABORDE, le Comte, lieutenant général.	15 août 1809.	*Idem.*	10,000.	10,000.	*Idem.*	1,000.	
59.	DELAISTRE, le Baron, maréchal-de-camp.	17 mars 1808.	*Idem.*	10,000.	10,000.	*Idem.*	1,000.	
60.	DEMONT, le Comte, lieutenant général, pair de France.	10 mars 1808.	*Idem.*	20,000.	20,000.	*Idem.*	1,000.	
61.	DEPIRÉ, le Comte, lieutenant général.	17 mars 1808.	*Idem.*	10,000.	10,000.	*Idem.*	1,000.	
62.	DÉRY, le Baron, ancien colonel du 5.e d'hussards.	*Idem.*	*Idem.*	10,000.	10,000.	*Idem.*	1,000.	
63.	DESGENETTES, le Baron, ancien inspecteur général du service de santé.	15 août 1809.	Poméranie suédoise.	5,000.	5,000.	*Idem.*	1,000.	
64.	DESSAIX, le Comte, lieutenant général.	*Idem.*	Hanovre.	10,000.	10,000.	*Idem.*	1,000.	
65.	DOGUEREAU, le Baron, ancien colonel d'artillerie de la garde.	17 mars 1808.	Westphalie.	10,000.	10,000.	*Idem.*	1,000.	
66.	DOUMERC, le Comte, lieutenant général.	*Idem.*	*Idem.*	10,000.	10,000.	*Idem.*	1,000.	
67.	DROUET, Comte d'ERLON, lieutenant général.	10 mars 1808. *Idem.*	*Idem.* Hanovre.	25,000. 25,000.	50,000.	*Idem.*	1,000.	
68.	DROUOT, le Comte *(Antoine)*, lieutenant général.	15 mars 1810. 19 novembre 1813.	Rome. *Idem.*	4,000. 26,000.	30,000.	*Idem.*	1,000.	
						A reporter...	68,000.	

NUMÉROS D'ORDRE.	NOMS, QUALITÉS ET GRADES des donataires ou de leurs successeurs.	DATE des décrets ou décisions par lesquels les dotations ont été accordées.	DÉSIGNATION des pays, biens ou établissem.s sur lesquels les dotations ont été constituées.	MONTANT de chaque dotation.	TOTAL des dotations réunies.	TITRE OU MOTIF auquel elles ont été accordées.	MONTANT de l'indemnité fixée par le projet de loi.	OBSERVATIONS.
						Report.......	68,000f	
69.	DULAULOY (RANDON), le Comte *(Charles-François)*, lieutenant général d'artillerie	8 septembre 1808. 15 août 1810. 19 novembre 1813.	Westphalie. Rome. Jemmapes.	4,000f 4,000. 15,000.	23,000f	Récompense de ses services.	1,000.	
70.	DUMAS, le Comte, lieutenant général, conseiller d'état.	15 août 1809. 1.er janvier 1812.	Hanovre. Départem. du Taro.	10,000. 10,000.	20,000.	*Idem.*	1,000.	
71.	DUMOUSTIER, le C.te *(Pierre)*, lieutenant général.	17 mars 1808. 16 janvier 1810. 15 mars 1810.	Westphalie. Gallicie. Départem. de Rome.	10,000. 10,000. 4,000.	24,000.	*Idem.*	1,000.	
72.	DUPAS, le Comte, lieutenant général.	10 mars 1808. *Idem.*	Westphalie. Hanovre.	25,000. 25,000.	50,000.	*Idem.*	1,000.	
73.	DUROSNEL, le Comte, lieutenant général.	10 mars 1808. *Idem.* 16 janvier 1810.	Westphalie. Hanovre. Gallicie.	25,000. 25,000. 10,000.	60,000.	*Idem.*	1,000.	
74.	DUTAILLIS, le Comte, lieutenant général.	10 mars 1808.	Westphalie.	30,000.	30,000.	*Idem.*	1,000.	

E

75.	ESPAGNE, le Comte, *(Jean-Baptiste-Paul-Emile)*, fils du lieutenant général.	10 mars 1808.	Westphalie.	30,000.	30,000.	Récompense des services de son père, mort le 23 mai 1809.	1,000.	
76.	EXCELMANS, le Comte, lieutenant général.	17 mars 1808.	Westphalie.	10,000.	10,000.	Récompense de ses services.	1,000.	

F

77.	FAIN, le Baron *(Agathon-Jean-François)*, ancien secrétaire archiviste.	15 août 1809. 17 septembre 1811.	Poméranie suédoise. Mont de Milan.	10,000. 10,000.	20,000.	*Idem.*	1,000.	
78.	FAUCONNET, le Baron *(Jean-Louis-François)*, maréchal-de-camp.	17 mars 1808.	Westphalie.	10,000.	10,000.	*Idem.*	1,000.	Mort.
79.	FEREY, le Baron *(Eugène)*, fils du lieutenant général.	17 mars 1808. 30 juin 1811.	Westphalie. Hanovre.	10,000. 4,000.	14,000.	Récompense des services de son père, mort le 24 juillet 1812.	1,000.	
80.	FLAHAULT, le Comte *(Auguste-Charles-Joseph)*, lieutenant général.	19 mars 1808. 15 août 1809. 19 novembre 1813.	Westphalie. Rome. Rome.	2,000. 4,000. 18,000.	24,000.	Récompense de ses services.	1,000.	
81.	FONTANES, le Marquis, pair de France.	19 mars 1808.	Westphalie.	10,000.	10,000.	*Idem.*	1,000.	Mort.
82.	FOUCHÉ, Duc D'OTRANTE, fils de l'ancien ministre de la police générale.	10 mars 1808. *Idem.* 15 août 1809.	Westphalie. Hanovre. Naples.	20,000. 20,000. 60,000.	100,000.	*Idem.*	1,000.	
83.	FOUCHER, maréchal-de-camp.	17 mars 1808.	Westphalie.	10,000.	10,000.	*Idem.*	1,000.	
						A reporter....	83,000.	

NUMÉROS D'ORDRE.	NOMS, QUALITÉS ET GRADES des donataires ou de leurs successeurs.	DATES des décrets ou décisions par lesquels les dotations ont été accordées.	DÉSIGNATION des pays biens ou établissem.ts sur lesquels les dotations ont été constituées.	MONTANT de chaque dotation.	TOTAL des dotations réunies.	TITRE OU MOTIF auquel elles ont été accordées.	MONTANT de l'indemnité fixée par le projet de loi.	OBSERVATIONS.
						Report.......	83,000f	
84.	Fouler, le Comte, lieutenant général.	10 mars 1808.	Westphalie.	30,000f	30,000f	Récompense de ses services.	1,000.	
85.	Friant, le Comte, lieutenant général.	10 mars 1808.	Westphalie.	30,000.	30,000	*Idem.*	1,000.	
86.	Frochot, le Comte, ancien conseiller d'état, préfet de la Seine.	15 août 1809. 30 juin 1811.	Poméranie suédoise. Duché de Francfort.	10,000. 20,000.	30,000.	*Idem.*	1,000.	
	G							
87.	Gambin, le Baron, maréchal-de-camp.	15 août 1809.	Hanovre.	10,000.	10,000.	*Idem.*	1,000.	
88.	Gardanne, le Comte, fils du maréchal-de-camp.	10 mars 1808. *Idem.*	Westphalie. Hanovre.	25,000. 25,000.	50,000.	Récompense des services de son père.	1,000.	
89.	Garnier de Laboissière, le Comte (*Jean-Frédéric*), fils du lieutenant général, sénateur.	10 mars 1808.	Westphalie.	20,000.	20,000.	Récompense des services de son père, mort le 23 mai 1809.	1,000.	
90.	Gauthier, le Baron (*Hyacinthe*), fils du mar.-de-camp.	17 mars 1808.	Westphalie.	10,000.	10,000.	Récompense des services de son père, mort le 14 juillet 1809.	1,000.	
91.	Gazan, le Comte, lieutenant général.	10 mars 1808. *Idem.*	Westphalie. Hanovre.	25,000. 25,000.	50,000.	Récompense de ses services.	1,000.	
92.	Girardin, le C.te (*Alexandre-Louis-Robert*), lieutenant général, capitaine des chasses.	17 mars 1808. 15 août 1809. 1.er janvier 1812.	Westphalie. Hanovre.	4,000. 6,000. 2,000.	12,000.	*Idem.*	1,000	
93.	Godinot, le B.on (*Jean-Baptiste*), fils du maréchal-de-camp.	17 mars 1808.	Westphalie.	10,000.	10,000.	Récompense des services de son père mort, le 28 octobre 1811.	1,000.	
94.	Greiner, le Baron (*Joseph-Louis-Vincent*), colonel d'artillerie en retraite.	1.er février 1808. 15 août 1809.	Mont de Milan. Rome.	2,000. 8,000.	10,000.	Récompense de services; perte d'un bras.	1,000.	
95.	Grenier, le Comte, lieutenant général.	15 août 1809.	Hanovre.	20,000.	20,000	Récompense de ses services.	1,000.	
96.	Gros, le Baron, lieutenant général.	17 mars 1808. 16 janvier 1810.	Westphalie. Gallicie.	30,000. 10,000.	40,000.	*Idem.*	1,000.	
97.	Gudin, le Comte (*Charles-Gabriel-César*), fils du lieutenant général.	10 mars 1808. *Idem.* 15 août 1809. 16 janvier 1810.	Westphalie. Hanovre. Poméranie suédoise. Gallicie.	25,000. 25,000. 10,000. 10,000.	70,000.	Récompense des services de son père, mort le 22 août 1812.	1,000	
98.	Guéhéneuc, le Baron (*Charles-Louis-Joseph-Olivier*), maréchal-de-camp.	19 mars 1808. 15 août 1809. 16 janvier 1810.	Westphalie. Hanovre. Gallicie.	2,000. 4,000. 10,000.	16,000.	Récompense de ses services.	1,000.	
99.	Guilleminot, le Comte (*Armand*), lieutenant général.	17 mars 1808.	Westphalie.	10,000.	10,000.	*Idem.*	1,000.	
100.	Guyot, le Baron, lieutenant général.	17 mars 1808. 15 août 1809. 16 janvier 1810.	Westphalie. Poméranie suédoise. Gallicie.	10,000. 20,000. 10,000.	40,000.	*Idem.*	1,000.	
						A reporter.....	100,000.	

NUMÉROS D'ORDRE.	NOMS, QUALITÉS ET GRADES des donataires ou de leurs successeurs.	DATES des décrets ou décisions par lesquels les dotations ont été accordées.	DÉSIGNATION des pays, biens ou établissem.ts sur lesquels les dotations ont été constituées.	MONTANT de chaque dotation.	TOTAL des dotations réunies.	TITRE OU MOTIF auquel elles ont été accordées.	MONTANT de l'indemnité fixée par le projet de loi.	OBSERVATIONS.
						Report.......	100,000f	
			H					
101.	Hanicque, lieutenant général.	17 mars 1808.	Westphalie.	10,000f	10,000f	Récompense de ses services.	1,000.	
102.	Harispe, *(Jean-Isidore)*, lieutenant général.	17 mars 1808. 6 août 1811.	Westphalie. Rome.	10,000. 4,000.	14,000.	*Idem.*	1,000	
103.	Henry *(Jean-Pierre)*, ancien colonel de la gendarmerie d'élite.	8 septembre 1808.	Westphalie.	30,000.	30,000.	*Idem.*	1,000.	
104.	Heudelet, le Comte, lieutenant général.	10 mars 1808.	Westphalie.	30,000.	30,000.	*Idem.*	1,000.	
105.	Heurteloup, le Baron *(Charles-Louis-Stanislas)*, fils du premier chirurgien des armées.	15 août 1809.	Poméranie suédoise.	5,000.	5,000.	Récompense des services de son père, mort le 17 mars 1812.	1,000.	
106.	Hulin, le Comte, lieutenant général.	10 mars 1808. *Idem.*	Westphalie. Hanovre.	25,000. 25,000.	50,000.	Récompense de ses services.	1,000.	
			J					
107.	Jacquin, ancien colonel de la garde.	17 mars 1808.	Westphalie.	10,000.	10,000.	*Idem.*	1,000.	
			K					
108.	Kirgener, le Baron *(Napoléon-Louis-Henri)*, fils du maréchal-de-camp.	17 mars 1808. 30 juin 1811.	Westphalie. Erfurt.	10,000. 2,000.	12,000.	Récompense des services de son père, mort le 22 mai 1813.	1,000.	
109.	Klein, le Comte, lieutenant général, pair de France.	10 mars 1808. *Idem.*	Westphalie. Hanovre.	25,000. 25,000.	50,000.	Récompense de ses services.	1,000.	
			L					
110.	Labassée, le Baron, maréchal-de-camp.	15 mars 1808.	Westphalie.	10,000.	10,000.	*Idem.*	1,000.	
111.	Lahoussaye, le Baron, maréchal-de-camp.	17 mars 1808.	Westphalie.	10,000.	10,000.	*Idem.*	1,000.	
112.	La Martinière (Michon), le Baron *(Charles-Edouard)*, neveu du maréchal-de-camp.	17 mars 1808.	Westphalie.	10,000.	10,000.	Récompense des services de son oncle, mort le 6 septembre 1813.	1,000.	
						A reporter......	112,000.	

NUMÉROS D'ORDRE.	NOMS, QUALITÉS ET GRADES des donataires ou de leurs successeurs.	DATES des décrets ou décisions par lesquels les dotations ont été accordées.	DÉSIGNATION des pays, biens ou établissem.ns sur lesquels les dotations ont été constituées.	MONTANT de chaque dotation.	TOTAL des dotations réunies.	TITRE OU MOTIF auquel elles ont été accordées.	MONTANT de l'indemnité fixée par le projet de loi.	OBSERVATIONS.
						Report......	112,000f	
113.	LANNES, Duc DE MONTEBELLO *(Napoléon)*, pair de France, fils du maréchal.	30 juin 1807. 10 mars 1808. *Idem.*	Duché de Varsovie. Westphalie. Hanovre.	177,820f 100,000. 50,000.	327,820f	Récompense des services de son père, mort le 31 mai 1809.	1,000.	
114.	LAPLANCHE, le Baron *(Jean Baptiste-Antoine)*, maréchal-de-camp.	17 mars 1808.	Westphalie.	10,000.	10,000.	Récompense de ses services.	1,000.	
115.	LAPLANE (ROUGET DE), le Baron *(Jean-Grégoire-Barthélemy)*, lieutenant général.	17 mars 1808. 1.er janvier 1812.	Westphalie. Illyrie.	10,000. 4,000.	14,000.	*Idem.*	1,000.	
116.	LARREY, le Baron, chirurgien en chef des gardes-du-corps.	15 août 1809.	Poméranie suédoise.	5,000.	5,000.	*Idem.*	1,000.	
117.	LATOUR-MAUBOURG, le Comte, lieutenant général, ministre de la guerre.	17 mars 1808.	Westphalie.	10,000.	10,000.	*Idem.*	1,000.	
118.	LATRILLE, Comte DE LORENCEZ *(Guillaume)*, lieutenant général.	17 mars 1808. 15 août 1809. 1.er janvier 1812.	Westphalie. Westphalie. Dép.ns de l'Arno et de Marengo.	10,000. 10,000. 6,000.	26,000.	*Idem.*	1,000.	
119.	LAVALETTE, le Comte, ancien conseiller d'état.	15 août 1809. 1.er janvier 1812.	Ost-Frise. Illyrie.	30,000. 4,000.	34,000.	*Idem.*	1,000.	
120.	LEBRUN, Duc DE PLAISANCE, pair de France.	10 mars 1808. *Idem.*	Départ.t du Taro. Hanovre.	150,000. 50,000.	200,000.	*Idem.*	1,000.	
121.	LEBRUN fils, Duc DE PLAISANCE, lieutenant général.	17 mars 1808. 15 août 1810.	Mont de Milan. Westphalie.	1,000. 10,000.	11,000.	*Idem.*	1,000.	
122.	LECAMUS, le Baron, maréchal-de-camp.	17 mars 1808.	Westphalie.	10,000.	10,000.	*Idem.*	1,000.	
123.	LECLERC DES ESSARTS, le Comte, fils du maréchal-de-camp.	17 mars 1808. 15 août 1809.	Westphalie. Hanovre.	4,000. 10,000.	14,000.	Récompense des services de son père.	1,000.	
124.	LEDRU, le Baron, lieutenant général.	17 mars 1808. 15 août 1809.	Westphalie. Westphalie.	10,000. 10,000.	20,000.	Récompense de ses services.	1,000.	
125.	LEFÈVRE-DESNOUETTES, le Comte, lieutenant général.	10 mars 1808.	Westphalie.	30,000.	30,000.	*Idem.*	1,000.	
126.	LEGENDRE D'HARVESSE, le Baron, maréchal-de-camp.	17 mars 1808.	Westphalie.	10,000.	10,000.	*Idem.*	1,000.	
127.	LEGUAY, le Baron *(François-Antoine)*, fils du maréchal-de camp.	15 août 1809.	Rome.	6,000.	6,000.	Récompense des services de son père, mort le 16 décembre 1812.	1,000.	
128.	LEMAROIS, le Comte, lieutenant général.	10 mars 1808. *Idem.* 17 mars 1808.	Westphalie. Hanovre. Comté de Hanau.	30,000. 20,000. 50,000.	100,000.	Récompense de ses services.	1,000.	
129.	LEVAL, le Baron, lieutenant général.	17 mars 1808.	Westphalie.	10,000.	10,000.	*Idem.*	1,000.	
130.	LEVASSEUR, le Baron *(Victor Jules)*, fils du maréchal-de-camp.	17 mars 1808.	Westphalie.	10,000.	10,000.	Récompense des services de son père, mort le 13 septembre 1811.	1,000.	
						A reporter....	130,000.	

NUMÉROS D'ORDRE.	NOMS, QUALITÉS ET GRADES des donataires ou de leurs successeurs.	DATES des décrets ou décisions par lesquels les dotations ont été accordées.	DÉSIGNATION des pays, biens ou établissem.ns sur lesquels les dotations ont été constituées.	MONTANT de chaque dotation.	TOTAL des dotations réunies.	TITRE OU MOTIF auquel elles ont été accordées.	MONTANT de l'indemnité fixée par le projet de loi.	OBSERVATIONS.
						Report.......	130,000f	
131.	L'HÉRITIER, le Baron (*Samuel-François*), lieutenant général.	17 mars 1808. 15 août 1809.	Westphalie. Westphalie.	4,000f 10,000.	14,000f	Récompense de ses services.	1,000.	
132.	LOISON, le Comte, lieutenant général.	10 mars 1808. *Idem.*	Westphalie. Hanovre.	25,000. 25,000.	50,000.	*Idem.*	1,000.	
	M							
133.	MACDONALD, Duc de TARENTE, pair et maréchal-de-France, major général de la garde royale.	15 août 1809. 16 janvier 1810.	Naples. Gallicie.	60,000. 20,000.	80,000.	Récompense de ses services.	1,000.	
134.	MALHER (*Auguste-Pierre-Georges*), le Comte, fils du lieutenant général.	10 mars 1808.	Westphalie.	30,000.	30,000.	Récompense des services de son père, mort le 14 mars 1808.	1,000.	
135.	MARANSIN, le Baron, lieutenant général.	15 août 1810. 6 août 1811.	Fulde. Départ. de l'Arno.	2,000. 10,000.	12,000.	Récompense de ses services.	1,000.	
136.	MARCHAND, le Comte, lieutenant général.	30 juin 1807. 10 mars 1808. *Idem.*	Duché de Varsovie. Hanovre. Westphalie.	24,665. 20,000. 35,000.	79,665.	*Idem.*	1,000.	
137.	MARCOGNET, le Baron, maréchal-de-camp.	17 mars 1808.	Westphalie.	10,000.	10,000.	*Idem.*	1,000.	
138.	MARET, Duc DE BASSANO, ancien ministre secrétaire d'état et des relations extérieures.	10 mars 1808. *Idem.* 15 août 1809. *Idem.* 17 janvier 1810.	Westphalie. Hanovre. Ost-Frise. Mont-de-Milan. Gallicie.	20,000. 20,000. 60,000. 60,000. 20,000.	180,000.	*Idem.*	1,000.	
139.	MARGARON, le Baron (*Pierre*), lieutenant général, inspecteur général de gendarmerie.	17 mars 1808.	Westphalie.	10,000.	10,000.	*Idem.*	1,000.	
140.	MARIZY, le Baron, maréchal-de-camp.	17 mars 1808.	Westphalie.	10,000.	10,000.	*Idem.*	1,000.	
141.	MARULAZ, le Baron, lieutenant général.	17 mars 1808. 15 août 1809.	Westphalie. Westphalie.	10,000. 10,000.	20,000.	*Idem.*	1,000.	
142.	MAUCUNE, le Baron, maréchal-de-camp.	17 mars 1808.	Westphalie.	10,000.	10,000.	*Idem.*	1,000.	
143.	MAUPETIT, le Baron (*Christophe*), neveu du maréchal-de-camp.	17 mars 1808.	Westphalie.	10,000.	10,000.	Récompense des services de son oncle, mort le 13 décembre 1811.	1,000.	
144.	MENOU-BOUSSAY, le Comte (*Jacques-Murad-Soliman*), fils du lieutenant général.	10 mars 1808.	Westphalie.	20,000.	20,000.	Récompense des services de son père, mort le 13 août 1810.	1,000.	
145.	MERLE, le Baron, lieutenant général.	17 mars 1808. 15 août 1809.	Westphalie. Poméranie suédoise.	10,000. 10,000.	20,000.	Récompense de ses services.	1,000.	
146.	MICHEL, le Comte (*Hugues-Joseph*), fils du lieutenant général.	10 mars 1808.	Westphalie.	30,000.	30,000.	Récompense des services de son père, mort le 18 juin 1815.	1,000.	
						A reporter.....	146,000.	

NUMÉROS D'ORDRE.	NOMS, QUALITÉS ET GRADES des donataires ou de leurs successeurs.	DATES des décrets ou décisions par lesquels les dotations ont été accordées.	DÉSIGNATION des pays, biens ou établissem.ns sur lesquels les dotations ont été constituées.	MONTANT de chaque dotation.	TOTAL des dotations réunies.	TITRE OU MOTIF auquel elles ont été accordées.	MONTANT de l'indemnité fixée par le projet de loi.	OBSERVATIONS.
						Report.......	146,000f	
147.	MILET, le Baron (*Jacques-Louis (François)*, maréchal-de-camp.	17 mars 1808.	Westphalie.	10,000f	10,000f	Récompense de ses services.	1,000.	
148.	MIOLLIS, le Comte, lieutenant général.	10 mars 1808.	Westphalie.	20,000.	20,000.	*Idem.*	1,000.	
149.	MOLITOR, le Comte, lieutenant général.	10 mars 1808.	Poméranie suédoise.	30,000.	30,000.	*Idem.*	1,000.	
150.	MONCEY, Duc DE CONEGLIANO, maréchal et pair de France.	29 mars 1808. 10 mars 1808. *Idem.*	Mont de Milan. Westphalie. Hanovre.	60,000. 20,000. 20,000.	100,000.	*Idem.*	1000.	
151.	MONTBRUN, le Comte (*Louis-Anathole-Napoléon*), fils du lieutenant général.	17 mars 1808. 15 août 1809. 16 janvier 1810.	Westphalie. Hanovre. Gallicie.	4,000. 10,000. 10,000.	24,000.	Récompense des services de son père, mort le 7 septembre 1812.	1,000.	
152.	MONTEBELLO, la Duchesse de, ancienne dame d'honneur.	1.er janvier 1812.	Départemens du Pô et de la Stura.	50,000.	50,000.	Récompense de ses services.	1,000.	
153.	MONTESQUIOU (*Louis-François-Paul*), fils de l'ancien officier d'ordonnance.	15 août 1809.	Ost-Frise.	10,000.	10,000.	Récompense des services de son père, mort le 12 octobre 1810.	1,000.	
154.	MONTESQUIOU, la Comtesse de, ancienne gouvernante des enfans.	1.er janvier 1812.	Département de la Méditerranée.	50,000.	50,000.	Récompense de ses services.	1,000.	
155.	MORAND, le Comte, lieutenant général.	10 mars 1808. *Idem.* 15 août 1809.	Westphalie. Hanovre. Poméranie suédoise.	25,000. 25,000. 10,000.	60,000.	*Idem.*	1,000.	
156.	MOSSEL, le Baron, maréchal-de-camp.	17 mars 1808.	Westphalie.	10,000.	10,000.	*Idem.*	1,000.	
157.	MOUNIER, le Baron, pair de France, conseiller d'état, intendant des bâtimens de la couronne.	15 août 1809.	Poméranie suédoise.	10,000.	10,000.	*Idem.*	1,000.	
	O							
158.	ORNANO, le Comte, lieutenant général.	17 mars 1808.	Duché de Berg.	100,000.	100,000.	*Idem.*	1,000.	
	P							
159.	PANNETIER, le Comte, lieutenant général.	10 mars 1808.	Westphalie.	30,000.	30,000.	*Idem.*	1,000.	
160.	PELLEGRIN, le Baron, maréchal-de-camp d'artillerie.	15 août 1809.	Poméranie suédoise.	10,000.	10,000.	*Idem.*	1,000.	
						A reporter....	160,000.	

NUMÉROS D'ORDRE.	NOMS, QUALITÉS ET GRADES des donataires ou de leurs successeurs.	DATES des décrets ou décisions par lesquels les dotations ont été accordées.	DÉSIGNATION des pays, biens ou établissem.ns sur lesquels les dotations ont été constituées.	MONTANT de chaque dotation.	TOTAL des dotations réunies.	TITRE OU MOTIF auquel elles ont été accordées.	MONTANT de l'indemnité fixée par le projet de loi.	OBSERVATIONS.
						Report.......	160,000f	
161.	PERCY, le Baron, premier chirurgien des armées, inspecteur général du service de santé.	15 août 1809.	Poméranie suédoise.	5,000f	5,000f	Récompense de ses services.	1,000.	
162.	PÉRIGNON, le Marquis, fils, pair de France.	19 mars 1808. *Idem.*	Westphalie. Hanovre.	20,000. 20,000.	40,000.	Récompense des services de son père, mort en 1820.	1,000.	
163.	PERNETTY, le Baron, lieutenant général d'artillerie.	17 mars 1808. 16 janvier 1810.	Westphalie. Gallicie.	10,000. 10,000.	20,000.	Récompense de ses services.	1,000.	
164.	PETIT, le Baron (*Louis-François-Auguste*), fils du maréchal-de-camp.	17 mars 1808.	Westphalie.	10,000.	10,000.	Récompense des services de son père, mort le 3 juin 1809.	1,000.	
165.	PULLY, le Comte, lieutenant général.	15 août 1809.	Hanovre.	10,000.	10,000.	Récompense de ses services.	1,000.	

R

166.	RAMPON, le Comte (*Antoine-Guillaume*), lieutenant-général, pair de France.	10 mars 1808.	Westphalie.	20,000.	20,000.	Récompense de ses services.	1,000.	
167.	REYNAUD, le Baron, maréchal-de-camp.	17 mars 1808.	Westphalie.	10,000.	10,000.	*Idem.*	1,000.	
168.	REYNAUD, le Baron, maréchal-de-camp.	17 mars 1808.	Westphalie.	10,000.	10,000.	*Idem.*	1,000.	
169.	RICARD, le Comte, pair de France, lieutenant général	17 mars 1808.	Westphalie.	10,000.	10,000.	*Idem.*	1,000.	
170.	RIGAU, le Baron, maréchal-de-camp.	17 mars 1808.	Westphalie.	10,000.	10,000.	*Idem.*	1,000.	
171.	RITAY, le Baron, maréchal-de-camp.	17 mars 1808.	Westphalie.	10,000.	10,000.	*Idem.*	1,000.	
172.	RIVAUD, le Baron, lieutenant général.	17 mars 1808.	Westphalie.	10,000.	10,000.	*Idem.*	1,000.	
173.	ROGNIAT, le Baron (*Joseph*), lieutenant général du génie.	17 mars 1808. 3 décembre 1809. 16 janvier 1810. 2 mars 1811.	Mont de Milan. Rome. Gallicie. Hanovre.	500. 4,000. 10,000. 4,000.	18,500.	*Idem.*	1,000.	
174.	ROGUET, le Baron, lieutenant général.	17 mars 1808. 15 août 1809. 16 janvier 1810.	Westphalie. *Idem.* Gallicie.	10,000. 10,000. 10,000.	30,000.	*Idem.*	1,000.	
175.	RUTY, le Comte, lieutenant général, directeur général des poudres et salpêtres, et pair de France.	17 mars 1808.	Westphalie.	10,000.	10,000.	*Idem.*	1,000.	
						A reporter...	175,000.	

NUMÉROS D'ORDRE.	NOMS, QUALITÉS ET GRADES des donataires ou de leurs successeurs.	DATES des décrets ou décisions par lesquels les dotations ont été accordées.	DÉSIGNATION des pays, biens ou établissem.ns sur lesquels les décisions ont été constituées.	MONTANT de chaque dotation.	TOTAL des dotations réunies.	TITRE OU MOTIF auquel elles ont été accordées.	MONTANT de l'indemnité fixée par le projet de loi.	OBSERVATIONS.
						Report.......	175,000f	

S

NUMÉROS D'ORDRE.	NOMS, QUALITÉS ET GRADES	DATES	DÉSIGNATION	MONTANT	TOTAL	TITRE OU MOTIF	MONTANT de l'indemnité	OBSERVATIONS.
176.	SAINT-CYR (GOUVION) le Marquis, pair et maréchal de France.	10 mars 1808. 1.er janvier 1812.	Westphalie. Gênes et Arno.	20,000f 10,000.	30,000f	Récompense de ses services.	1,000.	
177.	SAINTE-CROIX (DESCORCHES DE, le Comte *(Robert)*, frère du maréchal-de-camp.	19 mars 1808. 15 août 1809. 16 janvier 1810.	Westphalie. Hanovre. Gallicie.	2,000. 10,000. 10,000.	22,000.	Récompense de ses services et de ceux de son frère, mort en 1810.	1,000.	
178.	SAINTE-SUZANNE, le Comte, pair de France, lieutenant général.	10 mars 1808.	Westphalie.	20,000.	20,000.	Récompense de ses services.	1,000.	
179.	SAINT-GERMAIN (DECREST), le Comte de, lieutenant général.	17 mars 1808.	Westphalie.	10,000.	10,000.	*Idem.*	1,000.	
180.	SAINT-LAURENT, le Baron, lieutenant général d'artillerie.	17 mars 1808.	Westphalie.	10,000.	10,000.	*Idem.*	1,000.	
181.	SAINT-SULPICE, le Comte, lieutenant général.	10 mars 1808. *Idem.*	Westphalie. Hanovre.	25,000. 25,000.	50,000.	*Idem.*	1,000.	
182.	SANSON, le Comte, lieutenant général.	10 mars 1808.	Westphalie.	30,000.	30,000.	*Idem.*	1,000.	
183.	SCHINER, le Baron, maréchal-de-camp.	17 mars 1808.	Westphalie.	10,000.	10,000.	*Idem.*	1,000.	
184.	SCHRAMM, le Baron, maréchal-de-camp.	17 mars 1808.	Westphalie.	10,000.	10,000.	*Idem.*	1,000.	
185.	SÉBASTIANI, le Comte, lieutenant général.	10 mars 1808. *Idem.* 17 mars 1808. 16 janvier 1810.	Westphalie. Hanovre. Ost-Frise. Gallicie.	40,000. 40,000. 20,000. 20,000.	120,000.	*Idem.*	1,000.	
186.	SÉGUR fils (De) le Comte, maréchal-de-camp.	15 août 1809. 1.er janvier 1812.	Hanovre. Illyrie.	10,000. 4,000.	14,000.	*Idem.*	1,000.	
187.	SÉNARMONT (HUREAU DE), le Baron *(Alexandre-Antoine)*, fils du lieutenant général d'artillerie.	17 mars 1808.	Westphalie.	10,000.	10,000.	Récompense des services de son père, mort le 26 octobre 1810.	1,000.	
188.	SERAS, le Comte *(Jean-Antoine, fils de Jean-Mathieu)*, lieutenant général.	8 septembre 1808. 15 août 1809.	Westphalie. Rome.	4,000. 6,000.	10,000.	Récompense des services de son père, mort le 14 avril 1815.	1,000.	
189.	SEROUX, le Baron, lieutenant général.	17 mars 1808.	Westphalie.	10,000.	10,000.	Récompense de ses services.	1,000.	
190.	SORBIER, le Comte, ancien premier inspecteur général de l'artillerie.	10 mars 1808.	Westphalie.	30,000.	30,000.	*Idem.*	1,000.	
191.	SOUHAM, le Comte, lieutenant général.	19 mai 1810.	Westphalie.	10,000.	10,000.	*Idem.*	1,000.	
192.	SOULÈS, le Comte, pair de France.	10 mars 1808. *Idem.*	Westphalie. Hanovre.	25,000. 25,000.	50,000.	*Idem.*	1,000.	
						A reporter.......	192,000.	

NUMÉROS D'ORDRE.	NOMS, QUALITÉS ET GRADES des donataires ou de leurs successeurs.	DATES des décrets ou décisions par lesquels les dotations ont été accordées.	DÉSIGNATION des pays, biens ou établissem.ns sur lesquels les dotations ont été constituées.	MONTANT de chaque dotation.	TOTAL des dotations réunies.	TITRE OU MOTIF auquel elles ont été accordées.	MONTANT de l'indemnité fixée par le projet de loi.	OBSERVATIONS.
						Report...	192,000f	
193.	TAUPIN, le Baron, lieutenant général.	17 mars 1808.	Westphalie.	10,000f	10,000f	Récompense de ses services.	1,000.	
194.	THIRY, le Baron, maréchal-de-camp.	17 mars 1808.	Westphalie.	10,000.	10,000.	*Idem.*	1,000.	
	V ET W							
195.	VALENTIN, le Baron, maréchal-de-camp.	15 août 1809.	Rome.	6,000.	6,000.	*Idem.*	1,000.	
196.	VALORY, le Baron (*Ezio-Scipion*), fils du maréchal-de-camp.	17 mars 1808.	Westphalie.	10,000.	10,000.	Récompense des services de son père, mort le 8 avril 1817.	1,000.	
197.	VANDAMME, le Comte, lieutenant général.	10 mars 1808.	Westphalie.	30,000.	30,000.	Récompense de ses services.	1,000.	
198.	VEDEL, le Comte, lieutenant général.	10 mars 1808.	Westphalie.	30,000.	30,000.	*Idem.*	1,000.	
199.	VERDIER, le Comte, lieutenant général.	10 mars 1808. *Idem.*	Westphalie. Hanovre.	25,000. 25,000.	50,000.	*Idem.*	1,000.	
200.	VERHUELL, le Comte (*Carel-Hendrik*), vice-amiral, pair de France.	24 février 1811.	Dép.t de l'Ombronne	10,000.	10,000.	*Idem.*	1,000.	
201.	VIGNOLLE DE SAINT-MARTIN, le Comte, lieuten.t général	17 mars 1808. 15 août 1809. 16 janvier 1810.	Westphalie. Hanovre. Gallicie.	4,000. 10,000. 10,000.	24,000.	*Idem.*	1,000.	
202.	VILATTE, le Comte, Baron d'OUTREMONT, (*Eugène-Casimir*) lieutenant général.	17 mars 1808. 6 août 1811.	Westphalie. Rome.	10,000. 4,000.	14,000.	*Idem.*	1,000.	
203.	VILLEMANZY, le Comte, pair de France.	15 août 1809.	Poméranie suédoise.	10,000.	10,000.	*Idem.*	1,000.	
204.	WATIER, le Comte de SAINT-ALPHONSE, lieuten.t général.	10 mars 1808. *Idem.*	Westphalie. Hanovre.	25,000. 25,000.	50,000.	*Idem.*	1,000.	
205.	WIVIEZ, le Baron, maréchal-de-camp.	17 mars 1808.	Westphalie.	10,000.	10,000.	*Idem.*	1,000.	
	Y							
206.	YVAN, le Baron, chirurgien en chef des invalides.	15 août 1809. 1.er janvier 1812.	Ost-Frise. Illyrie.	5,000. 4,000.	9,000.	*Idem.*	1,000.	
							206,000.	
1.	À DÉDUIRE : COLAUD, le Comte, mort sans postérité..........	....	....	....	....	....	1,000.	
205.						TOTAL GÉNÉRAL...	205,000.	

4.e CLASSE.

N.o 2.

DONATAIRES DE 4.e CLASSE

4,000 FRANCS.

NUMÉROS D'ORDRE.	NOMS, QUALITÉS ET GRADES des donataires ou de leurs successeurs.	DATES des décrets ou décisions par lesquels les dotations ont été accordées.	DÉSIGNATION des pays, biens ou établissem.ns sur lesquels les dotations ont été constituées.	MONTANT de chaque dotation.	TOTAL des dotations réunies.	TITRE OU MOTIF auquel elles ont été accordées.	MONTANT de l'indemnité fixée par le projet de loi.	OBSERVATIONS.
	A							
1.	ABBÉ *(Jean-Nicolas-Louis)*, lieutenant général.	15 août 1809.	Rome.	4,000f	4,000f	Récompense de ses services.	1,000f	
2.	ABERT *(Pierre-Sulpice)*, capitaine de carabiniers.	15 août 1809.	Hanovre.	4,000.	4,000.	*Idem.*	1,000.	
3.	ALLEMAND *(Zacharie-Jacques-Théodore)*, vice-amiral.	15 août 1810.	*Idem.*	4,000.	4,000.	*Idem.*	1,000	
4.	ALMÉRAS *(Louis)*, lieutenant général.	15 août 1809.	Trasimène.	2,000. 2,000.	4,000.	*Idem.*	1,000.	
5.	AMEIL *(Auguste-Jean-Joseph-Gilbert)*, maréchal-de-camp.	8 septembre 1808. 15 août 1809.	Rome. Rome.	2,000. 4,000.	6,000.	*Idem.*	1,000.	
6.	AMEY, le Baron *(Pierre-François-Joseph)*, lieutenant général.	17 mars 1808.	Trasimène.	4,000.	4,000.	*Idem.*	1,000.	
7.	ANDREOSSI *(Victor-Antoine)*, maréchal-de-camp.	17 mars 1808.	Westphalie.	4,000.	4,000.	*Idem.*	1,000.	
8.	ANGLÈS, le Comte, ministre d'état, préfet de police.	1.er janvier 1812.	Illyrie.	4,000.	4,000.	*Idem.*	1,000.	
9	ANSELME *(Jos.-Alexis-Adolphe-Eugène)*, fils du colonel.	17 mars 1808.	Westphalie.	4,000.	4,000.	Récompense des services de son père, mort le 18 août 1810.	1,000.	
10.	ARMAND *(Claude-Joseph)*, colonel en retraite.	17 mars 1808.	Westphalie.	4,000	4,000.	Récompense de ses services.	1,000.	
11.	ARNAUD, le Baron *(Jean-Baptiste)*, maréchal-de-camp.	17 mars 1808.	Westphalie.	4,000.	4,000.	*Idem.*	1,000.	
12.	ARNAULD (D') le Baron *(Pierre-Louis)*, maréchal-de-camp.	17 mars 1808. 3 janvier 1812.	Mont de Milan. Rome.	500. 4,000.	4,500.	*Idem.*	1,000.	
13.	ARRIGHI *(Hyacinthe)*, ex-préfet du Liamone.	15 août 1809.	Hanovre.	4,000.	4,000.	*Idem.*	1,000.	
14.	ATTHALIN, le Baron *(Louis-Marie-Jean-Baptiste)*, colonel du génie, aide-de-camp de S. A. le Duc d'Orléans.	1.er janvier 1812. 20 juin 1813.	Meuse-Inférieure. Escaut.	2,000. 2,000.	4,000.	*Idem.*	1,000.	
15.	AUBRÉE *(Victor-Athanase-Marie)*, fils du colonel du 11.e de ligne.	15 août 1809.	Rome.	4,000.	4,000.	Récompense des services de son père, mort le 26 juin 1815.	1,000.	
16.	AUBRY *(François-Joseph)*, fils du lieutenant général.	15 août 1809.	Rome.	4,000.	4,000.	*Idem*, mort le 6 novembre 1813.	1,000.	
17.	AUVITY *(Jean-Abraham)*, chirurgien des Enfans de France.	1.er janvier 1812.	Illyrie.	4,000.	4,000.	Récompense de ses services.	1,000.	
						A reporter...	17,000.	

NUMÉROS D'ORDRE.	NOMS, QUALITÉS ET GRADES des donataires ou de leurs successeurs.	DATES des décrets ou décisions par lesquels les dotations ont été accordées.	DÉSIGNATION des pays, biens ou établissem.ns sur lesquels les dotations ont été constituées.	MONTANT de chaque dotation.	TOTAL des dotations réunies.	TITRE OU MOTIF auquel elles ont été accordées.	MONTANT de l'indemnité fixée par le projet de loi.	OBSERVATIONS.
						Report...	17,000f	
18.	AUVRAY, le Baron *(Louis-Marie)*, ancien préfet, maréchal-de-camp en retraite.	3 décembre 1809.	Rome.	4,000f	4,000f	Récompense de ses services.	1,000.	
19.	AVICE, le Baron *(Jacques-Philippe)*, maréchal-de-camp.	15 août 1809.	Rome.	4,000.	4,000.	*Idem.*	1,000.	
20.	AYMARD *(Antoine)*, maréchal-de-camp.	17 mars 1808.	Rome.	4,000.	4,000.	*Idem.*	1,000.	
21.	AYMÉ *(Charles-Jean-Louis)*, lieutenant général.	17 mars 1808.	Westphalie.	4,000.	4,000.	*Idem.*	1,000.	
	B							
22.	BACHELU, le Baron *(Gilbert-Desiré-Joseph)*, lieut. général.	17 mars 1808. 15 août 1809.	Mont de Milan. Rome.	500. 4,000.	4,500.	*Idem.*	1,000.	
23.	BACHER *(Théobald-Jacques-Justin)*, ancien chargé d'affaires.	3 décembre 1809.	Rome.	4,000.	4,000.	*Idem.*	1,000.	Mort.
24.	BAILLE DE SAINT-POL *(Pierre-Paul)*, maréchal-de-camp.	17 mars 1808.	Westphalie.	4,000.	4,000.	*Idem.*	1,000.	
25.	BAILLOD *(Jean-Pierre)*, maréchal-de-camp.	17 mars 1808.	Westphalie.	4,000.	4,000.	*Idem.*	1,000.	
26.	BALTAZAR D'ARCY, le Baron *(Jacques-Henri)*, maréchal-de-camp, colonel du 1.er régiment d'infanterie de la garde royale.	29 décembre 1812.	Trasimène.	4,000.	4,000.	*Idem.*	1,000.	
27.	BALTUS *(Basile-Guy-Marie-Victor)* maréchal-de-camp.	17 mars 1808.	Westphalie.	4,000.	4,000.	*Idem.*	1,000.	
28.	BARANGÉ, le Baron *(Jean)*, capitaine.	15 août 1809.	Hanovre.	4,000.	4,000.	Amputation.	1,000.	
29.	BARBANÈGRE, le Baron *(Joseph)*, maréchal-de-camp.	17 mars 1808.	Westphalie.	4,000.	4,000.	Récompense de ses services.	1,000.	
30.	BARBIER, le Baron *(Jean-François-Thérèse)*, mar.-de-camp.	17 mars 1808.	Trasimène.	4,000.	4,000.	*Idem.*	1,000.	
31.	BARDET *(Martial)*, lieutenant général.	17 mars 1808.	Westphalie.	4,000.	4,000.	*Idem.*	1,000.	
32.	BARRAL *(Hippolyte-Amédée)*, capitaine.	1.er janvier 1812.	Illyrie.	4,000.	4,000.	*Idem.*	1,000.	
33.	BARRAL, le Baron *(André-Horace-François)*, mar.-de-camp.	15 août 1809.	Hanovre.	4,000.	4,000.	*Idem.*	1,000.	
34.	BARRIÉ, le Baron *(Jean-Léonard)*, maréchal-de-camp.	17 mars 1808.	Rome.	4,000.	4,000.	*Idem.*	1,000.	
35.	BARRIN *(Jean-Jacques-Ferdinand)*, major.	15 août 1809. 3 décembre 1809.	Trasimène. Hanovre.	2,000. 2,000.	4,000.	*Idem.*	1,000.	
						A reporter...	35,000.	

NUMÉROS D'ORDRE.	NOMS, QUALITÉS ET GRADES des donataires ou de leurs successeurs.	DATES des décrets ou décisions par lesquels les dotations ont été accordées.	DÉSIGNATION des pays, biens ou établissem.ns sur lesquels les dotations ont été constituées.	MONTANT de chaque dotation.	TOTAL des dotations réunies.	TITRE OU MOTIF auquel elles ont été accordées.	MONTANT de l'Indemnité fixe par le projet de loi.	OBSERVATIONS.
						Report...	35,000f	
36.	BARTIER DE SAINT-HILAIRE, (*Jean-Étienne*), adjudant-commandant.	15 août 1809.	Rome.	4,000f	4,000f	Récompense de ses services.	1,000.	
37.	BATAILLE, le Baron (*Auguste-Nicolas*), colonel.	15 août 1809.	Rome.	4,000.	4,000.	*Idem.*	1,000.	
38.	BAUDIN, le Baron (*François-André*), contre-amiral.	15 août 1810.	Hanovre.	4,000.	4,000.	*Idem.*	1,000.	
39.	BAUDINOT (*Ignace-Henri-Aloïse*), colonel retraité.	19 mars 1808. 15 août 1809.	Westphalie. Trasimène.	2,000. 2,000.	4,000.	*Idem.*	1,000.	
40.	BAUDUIN (*Pierre-François*), colonel.	15 mars 1808. 15 août 1809.	Mont de Milan. Rome.	500. 4,000.	4,500.	*Idem.*	1,000.	
41.	BAZELLE, le Baron (*Étienne*), capitaine d'infanterie.	15 août 1809. 3 décembre 1809.	Rome. Bayreuth.	4,000. 2,000.	6,000.	*Idem.* Amputation.	1,000.	
42.	BEAUSSET (DE), le Marquis (*Louis-François-Joseph*), ancien préfet du palais.	15 août 1809. 15 août 1810.	Hanovre. Westphalie.	4,000. 2,000.	6,000.	Récompense de ses services.	1,000.	
43.	BÉCHET DE LEOCOUR (*Louis-Samuel-Albert-Desiré*), maréchal-de-camp.	17 mars 1808.	Westphalie.	4,000.	4,000.	*Idem.*	1,000.	
44.	BELFORT (*Jacques-Bernard*), maréchal-de-camp.	17 mars 1808.	Westphalie.	4,000.	4,000.	*Idem.*	1,000.	
45.	BELLAVENE, le Baron (*Jacques-Nicolas*), lieutenant général.	15 août 1810. *Idem.*	Westphalie. Rome.	2,000. 4,000.	6,000.	*Idem.*	1,000.	
46.	BERCKHEIM, le Baron (*Frédéric-Sigismond*), fils du lieutenant général.	17 mars 1808.	Rome.	4,000.	4,000.	Récompense des services de son père, mort le 29 décembre 1819.	1,000.	
47.	BERGON, le Comte, conseiller d'état, ancien directeur général des eaux et forêts.	1.er janvier 1812.	Illyrie.	4,000.	4,000.	Récompense de ses services.	1,000.	
48.	BERLIER (*Pierre-André-Hercule*), maréchal-de camp.	17 mars 1808.	Westphalie.	4,000.	4,000.	*Idem.*	1,000.	
49.	BERNARD (*Simon*), colonel du génie.	17 mars 1808. 23 octobre 1811.	Mont de Milan. Hanovre.	500. 4,000.	4,500.	*Idem.*	1,000.	
50.	BERNON-MONTELÉGIER, le Baron (*Gabriel-Gaspar-Adolphe*), maréchal-de-camp, aide-de-camp de S. A. R. M.gr le Duc de BERRY.	8 septembre 1808. 15 août 1809.	Mont de Milan. Rome.	500. 4,000.	4,500.	*Idem.*	1,000.	
51.	BERRUYER (*Jean-Bapt.*), colonel	17 mars 1808.	Westphalie.	4,000.	4,000.	*Idem.*	1,000.	
52.	BERRUYER (DE), Baron (*Pierre-Marie*), colonel.	15 mars 1810.	Rome.	4,000.	4,000.	*Idem.*	1,000.	
53.	BERTHEZÈNE (*Pierre*), maréchal-de-camp.	17 mars 1808.	Westphalie.	4,000.	4,000.	*Idem.*	1,000.	
54.	BERTRAND (*Antoine-Joseph*), maréc.-de-camp en retraite.	17 mars 1808.	Westphalie.	4,000.	4,000.	*Idem.*	1,000.	
						A reporter...	54,000.	

NUMÉROS D'ORDRE.	NOMS, QUALITÉS ET GRADES des donataires ou de leurs successeurs.	DATES des décrets ou décisions par lesquels les dotations ont été accordées.	DÉSIGNATION des pays, biens ou établissem.s sur lesquels les dotations ont été constituées.	MONTANT de chaque dotation.	TOTAL des dotations réunies.	TITRE OU MOTIF auquel elles ont été accordées.	MONTANT de l'indemnité fixée par le projet de loi.	OBSERVATIONS.
						Report...	54,0000f	
55.	BERTRAND DE SIVRAY *(Louis)*, maréchal-de-camp.	15 août 1809.	Rome.	4,000f	4,000f	Récompense de ses services.	1,000.	
56.	BERTRAND, le Baron *(Louis-Amable-Jean-Baptiste)*, maréchal-de-camp.	*Idem.*	*Idem.*	4,000.	4,000.	*Idem.*	1,000.	
57.	BETEILLE, le Baron *(Alexis)*, maréchal de camp.	17 mars 1808. 5 mars 1813.	Mont de Milan. Rome.	500. 4,000.	4,500.	*Idem.*	1,000.	
58.	BETHISY *(Jean-Charles)*, chef d'escadron retraité.	19 mars 1808. 15 août 1809.	Westphalie. Erfurt.	2,000. 2,000.	4,000.	*Idem.*	1,000.	
59.	BEURMANN, le Baron *(Jean-Ernest)*, maréchal-de-camp.	17 mars 1808.	Westphalie.	4,000.	4,000.	*Idem.*	1,000.	
60.	BEURMANN *(Eugène-Catherine*, fils de *Frédéric-Auguste)*, colonel.	*Idem.*	*Idem.*	4,000.	4,000.	Services de son père, mort le 6 avril 1815.	1,000.	
61.	BICQUELLEY *(Charles-Eugène-Marie)*, fils du colonel.	*Idem.*	*Idem.*	4,000.	4,000.	Récompense des services de son père, mort le 27 janvier 1809.	1,000.	
62.	BIGNON *(Édouard)*, ancien ministre plénipotentiaire.	15 août 1809.	Hanovre.	4,000.	4,000.	Récompense de ses services.	1,000.	
63.	BILLARD *(Pierre-Joseph)*, maréchal-de-camp.	*Idem.* 15 août 1810.	Trasimène. *Idem.*	4,000. 2,000.	6,000.	*Idem.*	1,000.	
64.	BIZARD *(Jean-Baptiste)*, chef de bataillon.	15 août 1809. 3 décembre 1809.	Trasimène. Hanovre.	2,000. 2,000.	4,000.	Amputation.	1,000.	
65.	BLACQUETOT (DECAUX DE), le Vicomte *(Louis-Victor)*, maréchal-de-camp du génie.	8 septembre 1808. 29 décembre 1812.	Mont de Milan. Trasimène.	500. 4,000.	4,500.	Récompense de ses services.	1,000.	
66.	BLANCARD, le Baron *(Amable-Guy)*, maréchal-de-camp.	17 mars 1808.	*Idem.*	4,000.	4,000.	*Idem.*	1,000.	
67.	BLANMONT, le Baron *(Pierre-Marie-Phédore)*, maréchal-de-camp.	15 août 1809.	Hanovre.	4,000.	4,000.	*Idem.*	1,000.	
68.	BLEIN, le Baron *(Ange-François-Alexandre)*, maréchal-de-camp.	17 mars 1808. 15 août 1809.	Westphalie. Erfurt.	4,000. 2,000.	6,000.	*Idem.*	1,000.	
69.	BODELIN, le Baron *(Pierre)*, maréchal-de-camp.	1.er février 1808. 30 juin 1811. 1.er janvier 1812.	Mont de Milan. Erfurt. Illyrie.	2,000. 2,000. 4,000.	8,000.	*Idem.*	1,000.	
70.	BON, le Baron *(Joseph-Louis-André)*, fils du lieutenant général.	20 avril 1812.	Rome.	4,000.	4,000.	Récompense des services de son père.	1,000.	
71.	BONET, le Comte *(Jean-Pierre-François)*, lieutenant général.	15 août 1810.	*Idem.*	4,000.	4,000.	Récompense de ses services.	1,000.	
72.	BONGARS, le Baron *(Joseph-Barthélemy-Clair)*, ancien lieutenant des chasseurs.	15 août 1809. 1.er janvier 1812.	Hanovre. Marengo.	4,000. 2,000.	6,000.	*Idem.*	1,000.	
						A reporter...	72,000.	

NUMÉROS D'ORDRE.	NOMS, QUALITÉS ET GRADES des donataires ou de leurs successeurs.	DATES des décrets ou décisions par lesquels les dotations ont été accordées.	DÉSIGNATION des pays, biens ou établissem.s sur lesquels les dotations ont été constituées.	MONTANT de chaque dotation.	TOTAL des dotations réunies.	TITRE OU MOTIF auquel elles ont été accordées.	MONTANT de l'indemnité fixée par le projet de loi.	OBSERVATIONS.
						Report...	72,000f	
73.	BONNAIRE, le Baron *(Félix)*, ancien préfet.	30 juin 1811.	Hanovre.	4,000f	4.000f	Récompense de ses services.	1,000.	
74.	BONNEMAINS *(Pierre)*, maréchal-de-camp.	17 mars 1808.	Rome.	4,000.	4,000.	*Idem.*	1,000.	
75.	BONTÉ, le Baron *(Michel-Louis-Joseph)*, maréchal-de-camp.	15 août 1809.	*Idem.*	4,000.	4,000.	*Idem.*	1.000.	
76.	BORREL *(Jean-Baptiste-Joseph-Noël)*, maréchal-de-camp.	17 mars 1808.	Westphalie.	4,000.	4,000.	*Idem.*	1,000.	
77.	BOSSI, le Baron *(Charles-Aurèle)*, ancien préfet.	15 août 1809.	Hanovre.	4,000.	4,000.	*Idem.*	1,000.	
78.	BOUGAINVILLE *(Hyacinthe-Yves-Philippe-Potentien)*, capitaine de frégate.	10 septembre 1811.	Rome.	4,000.	4,000.	*Idem.*	1,000.	
79.	BOUGE *(Charles)*, colonel...	17 mars 1808.	Westphalie.	4,000.	4,000.	*Idem.*	1,000.	
80.	BOULLÉ, le Baron *(Jean-Pierre)*, ex-préfet.	3 décembre 1809.	Rome.	4,000.	4,000.	*Idem.*	1,000.	
81.	BOULNOIS, le Baron *(Louis-Nicolas)*, lieutenant général.	19 mars 1813.	Illyrie.	4,000.	4,000.	*Idem.*	1,000.	
82.	BOURAYNE *(César-Alexandre-Marie)*, fils de César-Joseph, capitaine de vaisseau.	15 août 1810.	Hanovre.	4,000.	4,000.	Récompense des services de son père, mort le 5 novembre 1817.	1,000.	
83.	BOURK, le Comte *(Jean-Raymond-Charles)*, lieutenant général.	17 mars 1808.	Westphalie.	4,000.	4,000.	Récompense de ses services.	1,000.	
84.	BOURDOIS, médecin consultant.	1.er janvier 1812.	Illyrie.	4,000.	4,000.	*Idem.*	1,000.	
85.	BOURDON VATRY *(Marc-Antoine)*, ancien préfet de Gênes.	15 août 1809.	Hanovre.	4,000.	4,000.	*Idem.*	1,000.	
86.	BOURGEAT *(Jérôme-Dominique)*, maréchal-de-camp.	17 mars 1808. 15 août 1810. 20 mai 1811.	Mont de Milan. *Idem.* Hanovre.	500. 2,000. 4,000.	6,500.	*Idem.*	1,000.	
87.	BOURGEOIS *(Pierre-Joseph)*, colonel de gendarmerie en retraite.	8 septembre 1808. 5 mars 1813.	Mont de Milan. Westphalie.	1,000. 4,000.	5,000.	*Idem.*	1,000.	
88.	BOURGEOIS-JESSAINT *(Claude-Laurent)*, préfet de la Marne.	3 décembre 1809.	Rome.	4,000.	4,000.	*Idem.*	1,000.	
89.	BOURGOING *(Armand-Marc-Joseph)*, fils du ministre plénipotentiaire, lieutenant-colonel.	15 août 1809. *Idem.*	Hanovre. Trasimène.	4,000. 2.000.	6,000.	Récompense des services de son père, mort le 20 juillet 1811. Récompense de ses propres services.	1,000.	
90.	BOUSSON *(Ignace-François)*, colonel.	17 mars 1808.	Westphalie.	4,000.	4,000.	*Idem.*	1,000.	
						A reporter...	90,000.	

NUMÉROS D'ORDRE.	NOMS, QUALITÉS ET GRADES des donataires ou de leurs successeurs.	DATES des décrets ou décisions par lesquels les dotations ont été accordées.	DÉSIGNATION des pays, biens ou établissem.ts sur lesquels les dotations ont été constituées.	MONTANT de chaque dotation.	TOTAL des dotations réunies.	TITRE OU MOTIF auquel elles ont été accordées.	MONTANT de l'indemnité fixée par le projet de loi.	OBSERVATIONS.
						Report...	90.000f	
91.	BOUTHILLIER (*Claude-Théodore*), chef de bataillon.	15 août 1809.	Hanovre.	4,000f	4,000f	Récompense de ses services.	1,000.	
92.	BOUVIER (*Claude-Joseph-Hippolyte*), fils de Jean-Baptiste-Joseph, colonel.	*Idem.*	Rome.	4,000.	4,000.	Récompense des services de son père, mort le 18 novembre 1812.	1,000.	
93.	BOYÉ, Baron D'ABAUMONT (*Charles-Joseph*), maréchal-de-camp.	17 mars 1808.	Westphalie.	4,000.	4,000.	Récompense de ses services.	1,000.	
94.	BOYER, le Baron, premier chirurgien.	1.er janvier 1812.	Illyrie.	4,000.	4,000.	*Idem.*	1,000.	
95.	BOYVIN DE LA MARTINIÈRE (*Guillaume*), maréchal-de-camp en retraite.	17 mars 1808.	Westphalie.	4,000.	4,000.	*Idem.*	1,000.	
96.	BRAULT (*Charles*), évêque de Bayeux.	7 juin 1811.	Hanovre.	4,000.	4,000.	*Idem.*	1,000.	
97.	BRAYER, le Baron (*Michel-Sylvestre*), lieuten. général.	17 mars 1808. 15 août 1809.	Westphalie. Trasimène.	4,000. 2,000.	6,000.	*Idem.*	1,000.	
98.	BREISSAND (*Joseph-Eugène-Léon*), fils du maréchal-de-camp.	17 mars 1808. 15 août 1809.	Mont de Milan. Hanovre.	500. 4,000.	4,500.	Récompense des services de son père, mort le 2 décembre 1813.	1,000.	
99.	BRENIER-MONTMORAND, le Baron (*Antoine-François*), lieutenant général.	15 août 1810. 10 août 1813.	Trasimène. Rome.	2,000. 4,000.	6,000.	Récompense de ses services.	1,000.	
100.	BRICHE, le Vicomte (*André-Louis-Elizabeth-Marie*), lieutenant général.	17 mars 1808. 15 août 1810.	Westphalie. Trasimène.	4,000. 2,000.	6,000	*Idem.*	1,000.	
101.	BRO, le Chevalier (*Louis*), chef d'escadron, colonel.	15 avril 1812.	Rome.	4,000.	4,000.	*Idem.*	1,000.	
102.	BROUARD, le Baron (*Étienne*), lieutenant général.	17 mars 1808. 15 août 1810.	*Idem.* *Idem.*	4,000. 2,000.	6,000.	*Idem.*	1,000.	
103.	BRUIX, le Baron (*Alexis-Vital-Joseph*), fils de l'amiral.	1.er avril 1812.	*Idem.*	4,000.	4,000.	Récompense des services de son père.	1,000.	
104.	BRUMAULD DE VILLENEUVE, le Baron (*Pierre*), colonel d'artillerie en retraite.	19 mars 1808. 8 octobre 1812.	Westphalie. *Idem.*	2,000. 2,000.	4,000.	*Idem.*	1,000.	
105.	BRUNET (*Vivant-Jean*), maréchal-de-camp.	17 mars 1808. 3 décembre 1809.	*Idem* Rome.	4,000. 4,000.	8,000.	Récompense de ses services.	1,000.	
106.	BRUNY, le Baron (*Jean-Baptiste*), maréchal-de-camp.	15 août 1809.	*Idem*,	4,000.	4,000.	*Idem.*	1,000.	
107.	BRUSLÉ, Baron DE VALSUZENAY (*Claude-Louis*), préfet de l'Aube.	*Idem.*	Hanovre.	4,000.	4,000.	*Idem.*	1,000.	
108.	BUQUET, le Baron (*Charles-Joseph*), maréchal-de-camp.	17 mars 1808.	Westphalie.	4,000.	4,000.	*Idem.*	1,000.	
109.	BURTHE D'ANNELET (*André*), maréchal-de-camp.	*Idem.*	*Idem.*	4,000.	4,000.	*Idem.*	1,000.	
						A reporter...	109,000.	

NUMÉROS D'ORDRE.	NOMS, QUALITÉS ET GRADES des donataires ou de leurs successeurs.	DATES des décrets ou décisions par lesquels les dotations ont été accordées.	DÉSIGNATION des pays, biens ou établissem.s sur lesquels les dotations ont été accordées.	MONTANT de chaque dotation.	TOTAL des dotations réunies.	TITRE OU MOTIF auquel elles ont été accordées.	MONTANT de l'indemnité fixée par le projet de loi.	OBSERVATIONS.
						Report...	109,000f	
	C							
110.	CABANES DE PUYMISSON *(Marc)*, maréchal-de-camp.	17 mars 1808.	Westphalie.	4,000f	4,000f	Récompense de ses services.	1,000	
111.	CABEAU, fils de François, colonel d'artillerie en retraite.	19 mars 1808. 15 août 1809.	*Idem.* Erfurt, Trasimène.	2,000. 4,000.	6,000.	Récompense des services de son père, mort en septembre 1820.	1,000.	
112.	CACAULT, le Baron *(Jean-Louis)*, fils de Jean, maréchal-de-camp.	19 mars 1808. 15 août 1809.	Westphalie. Rome.	2,000. 4,000.	6,000.	Récompense des services de son père, mort le 30 septembre 1813.	1,000.	
113.	CADRÈS, le Baron *(Nicolas)*, lieutenant-colonel.	*Idem.*	*Idem.*	4,000.	4,000.	Récompense de ses services.	1,000.	
114.	CAFFARELLI, le Baron *(Charles-Ambroise)*, ancien préfet.	*Idem.*	Hanovre.	4,000.	4,000.	*Idem.*	1,000.	
115.	CAILLOUX-POUGET, le Baron *(François-René)*, maréchal-de-camp en retraite.	17 mars 1808. 3 octobre 1809.	Westphalie. Hanovre.	4,000. 4,000.	8,000.	*Idem* et de son amputation.	1,000.	
116.	CALÈS, le Baron *(Jean-Chrisostôme)*, colonel.	17 mars 1808.	Rome.	4,000.	4,000.	Récompense de ses services.	1,000.	
117.	CALLIER DE SAINT-APOLLIN, fils du Baron HUBERT, maréchal-de-camp.	7 mai 1811. 3 août 1811.	Trasimène. Montenotte.	2,000. 2,000.	4,000.	Récompense des services de son père.	1,000.	
118.	CAMAS, FILHOL DE *(Jean-Edmond)*, maréchal-de-camp d'artillerie.	17 mars 1808.	Westphalie.	4,000.	4,000.	Récompense de ses services.	1,000.	
119.	CAMBRONNE, le Comte *(Pierre-Jacques-Étienne)*, maréchal-de-camp.	19 mars 1808. 1.er janvier 1812.	Trasimène. Illyrie.	2,000. 4,000.	6,000.	*Idem.*	1,000.	
120.	CAMPI *(Toussaint)*, maréchal-de-camp.	17 mars 1808. 15 août 1809.	Mont de Milan. Rome.	500. 4,000.	4,500.	*Idem.*	1,000	
121.	CANOUVILLE *(Alexandre-Charles-Marie-Ernest)*, ancien maréchal-des-logis du palais.	*Idem.*	Hanovre.	4,000	4,000.	*Idem.*	1,000.	
122.	CARRION-NISAS *(Marie-Henri-François-Élizabeth)*, colonel d'état-major.	*Idem.*	Rome.	4,000.	4,000.	*Idem.*	1,000.	
123.	CARMEJANE, le Baron *(Charles-Joseph)*, colonel d'artillerie.	*Idem.* *Idem.* 15 août 1810. *Idem.*	Rome. Erfurt. Mont de Milan. Canal de Loing.	4,000. 2,000. 500. 500.	7,000.	*Idem.*	500.	
124.	CARRA-SAINT-CYR, le Baron *(Jean-François)*, lieutenant général.	17 mars 1808.	Rome.	4,000.	4,000.	*Idem.*	1,000.	
125.	CARRÉ *(Jean Nicolas-Louis)*, colonel.	1.er février 1808. 1.er janvier 1812.	Mont de Milan. Illyrie.	1,000. 4,000.	5,000.	*Idem.*	1,000.	
						A reporter...	124,500.	

NUMÉROS D'ORDRE.	NOMS, QUALITÉS ET GRADES des donataires ou de leurs successeurs.	DATES des décrets ou décisions par lesquels les dotations ont été accordées.	DÉSIGNATION des pays, biens ou établissem.ns sur lesquels les dotations ont été constituées.	MONTANT de chaque dotation.	TOTAL des dotations réunies.	TITRE OU MOTIF auquel elles ont été accordées.	MONTANT de l'indemnité fixée par le projet de loi.	OBSERVATIONS.
						Report...	124,500f	
126.	CARRIÉ *(Augustin)*, maréchal-de-camp.	17 mars 1808.	Westphalie.	4,000f	4,000f	Récompense de ses services.	1,000.	
127.	CASTEX, le Baron *(Pierre-Bertrand)*, lieutenant général.	17 mars 1808.	Westphalie.	4,000.	4,000.	*Idem.*	1,000.	
128.	CAVROIS, le Baron, fils de *(Jean-Baptiste-Alexandre)*, maréchal-de-camp.	1.er février 1808. 15 août 1809.	Mont de Milan. Erfurt.	2,000. 2,000.	4,000.	Récompense des services de son père.	1,000.	
129.	CAZAUX, le Baron *(Hippolyte)*, colonel, major des Invalides.	3 décembre 1809.	Rome.	4,000.	4,000.	Amputation.	1,000.	
130.	CERVONI *(Louis-César)*, fils du lieutenant général mort à la bataille de Ratisbonne.	6 février 1810. *Idem.*	Rome. Rome.	4,000. 4,000.	8,000.	Récompense des services de son père.	1,000.	
131.	CERVONI, épouse du Baron MAUPOINT *(Marie-Émirène)*.	10 avril 1813.	Trasimène.	4,000.	4,000.	*Idem.*	1,000.	
132.	CHABOT, le Baron *(Louis-Jean-François)*, lieutenant général.	30 juin 1811.	Hanovre.	4,000.	4,000.	Récompense de ses services.	1,000.	
133.	CHABROL DE VOLVIC *(Gilbert-Joseph-Gaspar)*, conseiller d'état, préfet de la Seine.	15 août 1809.	Hanovre.	4,000.	4,000.	*Idem.*	1,000.	
134.	CHAMBARLHAC DE L'AUBEPAIN, le Baron *(Jacques-Antoine)*, lieutenant général.	30 juin 1811.	Hanovre.	4,000.	4,000.	*Idem.*	1,000.	
135.	CHAMBARLHIAC, le Baron *(Dominique-André)*, lieutenant général.	15 août 1810.	Hanovre.	4,000.	4,000.	*Idem.*	1,000.	
136.	CHAMBON, le Baron de LIMORON *(Claude-Gauderique)*, intendant général.	28 octobre 1811.	Hanovre.	4,000.	4,000.	*Idem.*	1,000.	
137.	CHAMORIN *(Alfred-Augustin)*, fils du maréchal-de-camp.	17 mars 1808.	Trasimène.	4,000.	4,000.	Récompense des services de son père, mort le 25 mars 1811.	1,000.	
138.	CHARBONNEL, le Comte *(Jules-Joseph-Claude-Marguerite)*, lieutenant général de l'artillerie.	17 mars 1808. 8 octobre 1812.	Westphalie. Trasimène.	4,000. 2,000.	6,000.	Récompense de ses services.	1,000.	
139.	CHARLOT *(Hugues)*, maréchal-de-camp.	15 août 1810.	Hanovre.	4,000.	4,000.	*Idem.*	1,000.	
140.	CHARNOTET *(Jean-Baptiste)*, maréchal-de-camp.	17 mars 1808.	Rome.	4,000.	4,000.	*Idem.*	1,000.	
141.	CHARPENTIER, le Baron *(Germain)*, colonel.	17 mars 1808. 3 décembre 1809.	Westphalie. Rome.	4,000. 4,000.	8,000.	*Idem.* Amputation.	1,000.	
142.	CHARRIÈRE, le Baron *(Jean-Louis)*, maréchal-de-camp.	15 août 1809.	Rome.	4,000.	4,000.	Récompense de ses services.	1,000.	
143.	CHASSERAUX *(Thomas-Jean-Julien)*, maréchal-de-camp.	17 mars 1808.	Westphalie.	4,000.	4,000.	*Idem.*	1,000.	
144.	CHAUVEL *(Pierre-Alexandre-François)*, maréchal de camp.	17 mars 1808.	Westphalie.	4,000.	4,000.	*Idem.*	1,000.	
						A reporter...	143,500	

NUMÉROS D'ORDRE.	NOMS, QUALITÉS ET GRADES des donataires ou de leurs successeurs.	DATES des décrets ou décisions par lesquels les dotations ont été accordées.	DÉSIGNATION des pays, biens ou établissem.ns sur lesquels les dotations ont été constituées.	MONTANT de chaque dotation.	TOTAL des dotations réunies.	TITRE OU MOTIF auquel elles ont été accordées.	MONTANT de l'indemnité fixée par le projet de loi.	OBSERVATIONS
						Report....	143,500f	
145.	CHAUVELIN, le Marquis, député, ancien conseiller d'état.	1.er janvier 1812.	Illyrie.	4,000f	4,000f	Récompense de ses services.	1,000.	
146.	CHAZAL, le Baron *(Jean-Pierre)*, ancien préfet.	15 août 1809.	Rome.	4,000.	4,000.	*Idem.*	1,000.	
147.	CHEMINEAU *(Jean)*, maréchal-de-camp.	17 mars 1808.	Westphalie.	4,000.	4,000.	*Idem.*	1,000.	
148.	CHICOILET CORBIGNY *(Louis-Hippolyte)*, fils de l'ancien préfet.	15 août 1809.	Rome.	4,000.	4,000.	Récompense des services de son père, mort le 29 avril 1811.	1,000.	
149.	CHOUARD *(Claude-Louis)*, maréchal-de-camp.	17 mars 1808.	Westphalie.	4,000.	4,000.	Récompense de ses services.	1,000.	
150.	CHRISTIANI, le Baron *(Charles-Joseph)*, maréchal-de-camp, inspecteur général d'infanterie.	15 août 1809.	Rome.	4,000.	4,000.	*Idem.*	1,000.	
151.	CHRISTOPHE, le Baron *(Nicolas-François)*, maréchal-de-camp.	15 août 1809.	Rome.	4,000.	4,000.	*Idem.*	1,000.	
152.	CLÉMENT *(Jacques-Valère)*, colonel en retraite.	17 mars 1808.	Westphalie.	4,000.	4,000.	*Idem.*	1,000.	
153.	CLÉMENT, le Baron *(Charles-Jean-Baptiste-Claude)*, fils du général.	26 mars 1813.	Hanovre.	4,000.	4,000.	Récompense des services de son père, tué en Espagne.	1,000.	
154.	CLERC, le Baron *(Antoine-Marguerite)*, maréchal-de-camp.	1.er février 1808. 15 août 1809.	Mont de Milan. Erfurt.	2,000. 2,000.	4,000.	*Idem.*	1,000.	
155.	COCHOIS *(Antoine-Christophe)*, maréchal-de-camp retraité.	17 mars 1808.	Westphalie.	4,000.	4,000.	Récompense de ses services.	1,000.	
156.	CORDAT *(Joseph)*, maréchal-de-camp d'artillerie.	17 mars 1808.	Westphalie.	4,000.	4,000.	*Idem.*	1,000.	
157.	CORSIN, le Baron *(André-Philippe)*, maréchal-de-camp.	17 mars 1808.	Westphalie.	4,000.	4,000.	*Idem.*	1,000.	
158.	COSMAO-KERJULIEN *(Julien-Marie)*, contre-amiral.	15 août 1810.	Hanovre.	4,000.	4,000.	*Idem.*	1,000.	
159.	COSSON, le Baron *(Antoine-Alexand)*, maréchal-de-camp.	17 mars 1808.	Westphalie.	4,000.	4,000.	*Idem.*	1,000.	
160.	COULOUMY, le Baron *(Bernard-Paul)*, fils du colonel.	30 juin 1811. 1.er janvier 1812.	Octroi du Rhin. Illyrie.	500. 4,000.	4,500.	Récompense des services de son père, mort le 29 octobre 1813.	1,000.	
161.	COUTARD, le Comte *(Louis-François)*, lieutenant général	17 mars 1808.	Westphalie.	4,000.	4,000.	Récompense de ses services.	1,000.	
162.	COUTURE, le Baron *(Jacques-Joseph)*, maréchal-de-camp.	17 mars 1808. 15 août 1809.	Mont de Milan. Rome.	500. 4,000.	4,500.	*Idem.*	1,000.	
163.	COUZIN, le Baron *(Pierre)*, chef de bataillon.	15 août 1809.	Rome.	4,000.	4,000.	*Idem.*	1,000.	
164.	CRAMAYEL (FONTAINE DE), le Baron *(Jean-François)*, maître des cérémonies.	1.er janvier 1812.	Illyrie.	4,000.	4,000.	*Idem.*	1,000.	
						A reporter....	163,500.	

NUMÉROS D'ORDRE.	NOMS, QUALITÉS ET GRADES des donataires ou de leurs successeurs.	DATES des décrets ou décisions par lesquels les dotations ont été accordées.	DÉSIGNATION des pays, biens ou établissem.ns sur lesquels les dotations ont été constituées.	MONTANT de chaque dotation.	TOTAL des dotations réunies.	TITRE OU MOTIF auquel elles ont été accordées.	MONTANT de l'indemnité fixée par le projet de loi.	OBSERVATIONS.
						Report........	163,500f	
165.	CURTO, le Baron (*Jean-Baptiste-Théodore*), maréchal-de-camp.	17 mars 1808. 15 août 1809.	Mont de Milan. Rome.	500f 4,000.	4,500f	Récompense de ses services.	1,000.	
166.	CUSTINE (*Robert-Juvenal*), fils du colonel.	19 mars 1808. 15 août 1809.	Trasimène. Erfurt.	2,000. 2,000.	4,000.	Récomp. des services de son père, mort le 27 déc. 1809.	1,000.	
	D							
167.	DABOVILLE, le fils du Comte (*Auguste-Gabriel-Augustin*), maréchal-de-camp, pair de France.	17 mars 1808.	Westphalie.	4,000.	4,000.	Récompense des services de son père, mort le 15 août 1820.	1,000.	
168.	D'AIGREMONT, le Baron (*Guillaume-François*), maréchal-de-camp.	14 juin 1810. 2 mars 1811.	Hanovre. Trasimène.	2,000. 2,000.	4,000.	Récompense de ses services.	1,000.	
169.	DALESME, le Baron (*Jean-Baptiste*), maréchal-de-camp.	15 août 1809.	Rome.	4,000.	4,000.	*Idem.*	1,000.	
170.	DALHMANN, le Baron (*Jean-Baptiste*), fils du général.	19 mars 1811.	Hanovre.	4,000.	4,000.	Récompense des services de son père.	1,000.	
171.	DALPHONSE, le Baron (*François-Jean-Baptiste*), ancien préfet, maître des requêtes.	3 décembre 1809. 1.er janvier 1812.	Rome. Illyrie.	4,000. 4,000.	8,000.	Récompense de ses services.	1,000.	
172.	DALTON (*Alexandre*), maréchal-de-camp.	17 mars 1808.	Westphalie.	4,000.	4,000.	*Idem.*	1,000.	
173.	DARANCEY, le Baron (*Joseph-Gabriel*) AUBRY, maréchal-de-camp.	30 juin 1811.	Hanovre.	4,000.	4,000.	*Idem.*	1,000.	
174.	DARGET (*Bertrand*), capitaine.	15 août 1809.	Hanovre.	4,000.	4,000.	*Idem.*	1,000.	
175.	DARNAUD, le Baron (*Jacques*), lieutenant général.	15 août 1810. 19 mars 1813.	Trasimène. Trasimène.	2,000. 4,000.	6,000.	Récompense de ses services, amputation.	1,000.	
176.	DARQUIER, le Baron (*Joseph-Isidore*), fils du major.	1.er février 1808. 30 juin 1811. 1.er janvier 1812.	Mont de Milan. Erfurt. Illyrie.	2,000. 2,000 4,000.	8,000.	Récompense des services de son père, mort le 14 décembre 1812.	1,000.	
177.	DARU, Baron (*Martial-Noël-Pierre*), intendant militaire.	5 décembre 1812.	Hanovre.	4,000.	4,000.	Récompense de ses services.	1,000.	
178.	D'AULTANNE (*Joseph-Augustin* FOURNIER), le Marquis, lieutenant général.	17 mars 1808.	Westphalie.	4,000.	4,000.	*Idem.*	1,000.	
179.	DAUTENCOURT, le B.on (*Pierre*), maréchal-de-camp.	15 mars 1810.	Rome.	4,000.	4,000.	*Idem.*	1,000.	
180.	DAVOUT (*Louis-Alexandre-Edme-François*), maréchal-de-camp.	17 mars 1808.	Westphalie.	4,000.	4,000.	*Idem.*	1,000.	
181.	D'AVRANCHE D'HAUGERANVILLE, le Baron (*Emmanuel-Charles-Jean-Pierre-Marie*), fils du maréchal-de-camp, aide-major des gardes-du-corps.	17 mars 1808. 25 août 1809. *Idem.* 15 août 1810. 1.er janvier 1812.	Trasimène. Hanovre. Erfurt. Westphalie. Illyrie.	4,000. 4,000. 2,000. 4,000. 4,000.	18,000.	Récompense des services de son père, mort le 27 août 1817.	1,000.	
						A reporter........	180,500.	

NUMÉROS D'ORDRE.	NOMS, QUALITÉS ET GRADES des donataires ou de leurs successeurs.	DATES des décrets ou décisions par lesquels les dotations ont été accordées.	DÉSIGNATION des pays, biens ou établissem.ns sur lesquels les dotations ont été constituées.	MONTANT de chaque dotation.	TOTAL des dotations réunies.	TITRE OU MOTIF auquel elles ont été accordées.	MONTANT de l'indemnité fixée par le projet de loi.	OBSERVATIONS.
						Report......	180,500f	
182.	DEBELLE, Baron *(César-Alexandre)*, maréchal-de-camp.	17 mars 1808.	Westphalie.	4,000f	4,000f	Récompense de ses services.	1,000.	
183.	DEBRY, le Baron *(Jean-Antoine-Joseph)*, ancien préfet.	15 août 1809.	Hanovre.	4,000	4,000.	*Idem.*	1,000.	
184.	DECORNOIS *(Napoléon-Alexandre)*, fils du capitaine.	15 août 1809.	Hanovre.	4,000	4,000.	Récompense des services de son père, mort le 29 décembre 1815.	1,000.	
185.	DECOUZ *(Joachim-Charles-Napoléon-Ernest)*, le fils de *Pierre*, maréchal-de-camp.	17 mars 1808.	Westphalie.	4,000.	4,000.	Récomp. des services de son père, mort le 18 fév. 1814.	1,000.	
186.	DEFERMON *(Jean-François)*, ancien préfet.	3 décembre 1809.	Trasimène.	4,000.	4,000.	Récompense de ses services.	1,000.	
187.	DE GOYON, le Comte *(Michel-Augustin)*, préfet de Seine-et-Marne.	15 août 1809.	Rome.	4,000.	4,000.	*Idem.*	1,000.	
188.	DELAAGE *(Henri-Pierre)*, adjudant commandant.	17 mars 1808.	Westphalie.	4,000.	4,000.	*Idem.*	1,000.	
189.	DELACHÂTRE *(Pierre-Denis)*, colonel d'état-major.	15 août 1809.	Hanovre.	4,000.	4,000.	*Idem.*	1,000.	
190.	DELACROIX, le Baron *(Charles-Henri)*, maréchal-de-camp en retraite.	15 août 1809.	Rome.	4,000.	4,000.	*Idem.*	1,000.	
191.	DELAMALLE, Chevalier *(Gaspar-Gilbert)*, conseiller d'état.	30 juin 1811. 30 juillet 1811. 1.er janvier 1812.	Westphalie. Rome. La Dyle.	2,000. 4,000. 2,000.	8,000.	*Idem.*	500.	
192.	DELAPOINTE, le Chevalier *(Jean-Marie-Gabriel-Emmanuel)*, maréchal-de-camp.	19 mars 1808. 15 août 1809.	Trasimène. *Idem.*	2,000. 2,000.	4,000.	*Idem.*	1,000.	
193.	DELAROCHE, le Baron *(Jean-Baptiste-Grégoire)*, lieutenant général, en retraite.	17 mars 1808.	Westphalie.	4,000.	4,000.	*Idem.*	1,000.	
194.	DELAUNAY, le Baron *(Jean)*, maréchal-de-camp.	15 août 1809.	Rome.	4,000.	4,000.	*Idem.*	1,000.	
195.	DELCAMBRE, le Baron *(Victor-Joseph)*, maréchal-de-camp.	15 août 1809.	Rome.	4,000.	4,000.	*Idem.*	1,000.	
196.	DELLARD, le Baron *(Jean-Pierre)*, maréchal-de-camp.	17 mars 1808.	Rome.	4,000.	4,000.	*Idem.*	1,000.	
197.	DELORT, le B.on *(Jacq.es-Antoine-Adrien)*, lieutenant général.	8 septembre 1808. 15 août 1810.	Trasimène. Hanovre.	2,000. 4,000.	6,000.	*Idem.*	1,000.	
198.	DELORT *(Marie-Joseph-Raymond)*, maréchal-de-camp.	17 mars 1809. 15 août 1809.	Mont de Milan. Rome.	500. 4,000.	4,500.	*Idem.*	1,000.	
199.	DELORT DE GLÉON *(Léopold)*, fils de l'adjudant commandant.	19 mars 1808. 15 août 1809.	Westphalie. Erfurt.	2,0000 2,000.	4,000.	Récompense des services de son père, mort le 10 décembre 1812.	1,000.	
200.	DELORME, le Baron *(Pierre)*, colonel en retraite.	17 mars 1809.	Trasimène.	4,000.	4,000.	Récompense de ses services.	1,000.	
201.	DELZONS *(Alexis-Alexandre)*, fils du maréchal-de-camp.	17 mars 1808. 15 août 1809.	Westphalie. Rome.	4,000. 4,000.	8,000.	Récomp. des services de son père, mort le 24 oct. 1812.	1,000.	
						A reporter....	200,000.	

NUMÉROS D'ORDRE.	NOMS, QUALITÉS ET GRADES des donataires ou de leurs successeurs.	DATES des décrets ou décisions par lesquels les dotations ont été accordées.	DÉSIGNATION des pays, biens ou établissem.s sur lesquels les dotations ont été constituées.	MONTANT de chaque dotation.	TOTAL des dotations réunies.	TITRE OU MOTIF auquel elles ont été accordées.	MONTANT de l'indemnité fixée par le projet de loi.	OBSERVATIONS.
						Report.....	200,000f	
202.	DEMARÇAY *(Marc-Jean)*, colonel d'artillerie en retraite.	17 mars 1808.	Westphalie.	4,000f	4,000f	Récompense de ses services.	1,000.	
203.	DEMENGEOT, le Baron *(Jean-Baptiste)*, colonel.	17 mars 1808. 15 août 1809.	Westphalie. Rome.	4,000. 4,000.	8,000.	*Idem.*	1,000.	
204.	DENNIÉE, le Baron *(Antoine)*, intendant des armées.	14 avril 1812.	Rome.	4,000.	4,000.	*Idem.*	1,000.	
205.	DENON, le Baron *(Dominique-Vivant)*, ancien directeur des musées.	15 août 1810.	Westphalie.	4,000.	4,000.	*Idem.*	1,000.	
206.	DENTZEL, le Baron *(Georges-Frédéric)*, maréchal-de-camp.	17 mars 1808.	*Idem.*	4,000.	4,000.	*Idem.*	1,000.	
207.	DEPONTHON, le B.on *(Charles-François)*, maréchal-de-camp, inspecteur du génie.	17 mars 1808. 15 août 1809. 15 août 1810. *Idem.*	Mont de Milan. Hanovre. Trasimène. Hanovre.	500. 2,000. 2,000. 4,000.	8,500.	*Idem.*	1,000.	
208.	DERIOT, le Baron *(Albert-François)*, lieutenant général.	15 août 1809.	Rome.	4,000.	4,000.	*Idem.*	1,000.	
209.	DERMONCOURT, le Baron *(Paul-Ferdinand-Stanislas)*, maréchal-de-camp.	17 mars 1808.	Trasimène.	4,000.	4,000.	*Idem.*	1,000.	
210.	DESAILLY *(Jean-Charles)*, maréchal-de-camp en retraite.	17 mars 1808. 20 juin 1813.	Westphalie.	4,000.	4,000.	*Idem.*	1,000.	
211.	DESAIX, le Baron *(Louis-Jean)*, lieutenant-colonel, frère du général mort à Marengo.	21 mars 1812. 20 juin 1813.	Hanovre. Départ.t de l'Escaut	4,000. 2,000.	6,000.	Récompense de ses services, et témoignage de reconnaissance des services de son frère.	1,000.	
212.	DESAIX, le Baron *(Louis-Amable)*, inspecteur des salines, frère du même général.	21 mars 1812.	Rome.	4,000.	4,000.	Témoignage de reconnaissance des services de son frère.	1,000.	
213.	DESAIX, le Baron *(Casimir-Marie)*, neveu du même général.	21 mars 1812.	Hanovre.	4,000.	4,000.	Témoignage de reconnaissance des services de son oncle.	1,000.	
214.	DESAIX, le Baron *(Gilbert-Antoine)*, cousin du même général.	21 mars 1812.	Rome.	4,000.	4,000.	Témoignage de reconnaissance des services de son cousin.	1,000.	
215.	DESAIX, le Baron *(Léon-François-Joseph-Amable)*, fils d'Anet-Gilbet-Antoine.	21 mars 1812.	Hanovre.	4,000.	4,000.	*Idem.*	1,000.	
216.	DESBUREAUX *(Charles-François)*, lieutenant-général.	15 août 1810.	Westphalie.	4,000.	4,000.	Récompense de ses services.	1,000.	
						A reporter...	215,000.	

NUMÉROS D'ORDRE.	NOMS, QUALITÉS ET GRADES des donataires ou de leurs successeurs.	DATES des décrets ou décisions par lesquels les dotations ont été accordées.	DÉSIGNATION des pays, biens ou établissem.s sur lesquels les dotations ont été constituées.	MONTANT de chaque dotation.	TOTAL des dotations réunies.	TITRE OU MOTIF auquel elles ont été accordées.	MONTANT de l'indemnité fixée par le projet de loi.	OBSERVATIONS.
						Report......	215,000f	
217.	DESCORCHES DE SAINTE-CROIX, le Baron *(Marie-Louis-Henri)*, ancien préfet.	3 décembre 1809.	Rome.	4,000f	4,000f	Récompense de ses services.	1,000.	
218.	DESHAYES *(Héléna)*, fille du Baron Jean-Baptiste-Joseph, colonel de la garde.	1.er février 1808. 18 mars 1810. 30 juin 1811. 1.er janvier 1812.	Mont de Milan. Trasimène. Erfurt. Illyrie.	1,000. 2,000. 2,000. 4,000.	9,000.	Récompense des services de son père, mort le 26 août 1813.	1,000.	
219.	DESIRAT, le Baron *(Charles-Hippolyte)*, fils du colonel.	1.er février 1808. 15 août 1809.	Mont de Milan. Trasimène.	2,000. 2,000.	4,000.	Récompense des services de son père, mort le 7 septembre 1812.	1,000.	
220.	DESMOUSSEAUX, le Baron *(Antoine-François-Erhard-Marie-Catherine)*, ancien préfet.	15 août 1809.	Hanovre.	4,000.	4,000.	Récompense de ses services.	1,000.	
221.	DESPREZ, le Baron *(Alexandre)*, colonel en retraite.	15 août 1809.	Erfurt. Trasimène.	2,000. 2,000.	4,000.	*Idem.*	1,000.	
222.	DESSALLÉ, le Baron *(Victor-Abel)*, colonel d'artillerie du régiment de Valence.	17 mars 1808. 15 août 1809.	Mont de Milan. Hanovre.	500. 4,000.	4,500.	*Idem.*	1,000.	
223.	DESTABENRATH, le Baron *(Marie-Jean-Éléonore-Léopold)*, maréchal-de-camp.	17 mars 1808.	Trasimène.	4,000.	4,000.	*Idem.*	1,000.	
224.	DESVAUX *(Charles-Antoine-Jacques)*, fils du major DESVAUX DE SAINT-MAURICE.	17 mars 1808. 15 mars 1810.	Mont de Milan. Hanovre.	500. 4,000.	4,000.	Récompense des services de son père, mort le 18 juin 1815.	1,000.	
225.	D'HANNEUCOURT, le Baron, capitaine des chasses.	1.er janvier 1812.	Illyrie.	4,000.	4,000.	Récompense des services de son père.	1,000.	
226.	D'HAUTPOUL *(Alphonse-Napoléon)*, fils du lieutenant général et sénateur.	12 février 1810.	Rome.	4,000.	4,000.	*Idem.*	1,000.	
227.	D'HÉRICY, le Baron *(Alfred-Jacques-Robert)*, chef du bataillon d'infanterie.	30 juin 1811.	Westphalie.	4,000.	4,000.	Récompense de ses services.	1,000.	
228.	D'HERVILLE *(Jean-Baptiste-Michel-René-Durand)*, maréchal-de-camp en retraite.	17 mars 1808.	*Idem.*	4,000.	4,000.	*Idem.*	1,000.	
229.	DIANOUS *(Alexandre-Hilarion-César)*, colonel du génie.	17 mars 1808.	*Idem.*	4,000.	4,000.	*Idem.*	1,000.	
230.	DIDELOT *(François-Charles-Luce)*, ancien ministre plénipotentiaire.	15 août 1809.	Hanovre.	4,000.	4,000.	*Idem.*	1,000.	
231.	DIGEON, le Vicomte *(Alexandre-Elisabeth-Michel)*, lieutenant général de la cavalerie de la garde royale.	17 mars 1808.	Westphalie.	4,000.	4,000.	*Idem.*	1,000.	
						A reporter....	230,000.	

NUMÉROS D'ORDRE.	NOMS, QUALITÉS ET GRADES des donataires ou de leurs successeurs.	DATES des décrets ou décisions par lesquels les dotations ont été accordées.	DÉSIGNATION des pays, biens ou établissem.s sur lesquels les dotations ont été constituées.	MONTANT de chaque dotation.	TOTAL des dotations réunies.	TITRE OU MOTIF auquel elles ont été accordées.	MONTANT de l'indemnité fixée par le projet de loi.	OBSERVATIONS.
						Report.....	230,000f	
232.	DODE DE LA BRUNERIE, le Baron *(Guillaume)*, lieutenant général.	17 mars 1810.	Westphalie.	4,000f	4,000f	Récompense de ses services	1,000.	
233.	DOMMANGET, le Baron *(Jean-Baptiste)*, maréchal-de-camp.	17 mars 1808.	*Idem.*	4,000.	4,000.	*Idem.*	1,000.	
234.	DOMON, le Baron *(Jean-Siméon)*, lieutenant général.	15 août 1809. 15 août 1809.	Trasimène. *Idem.*	4,000 2,000.	6,000.	*Idem.*	1,000.	
235.	DONZELOT, le Comte *(François-Xavier)*, lieutenant général.	3 décembre 1809.	Rome.	4,000.	4,000.	*Idem.*	1,000.	
236.	DORNEZ *(Joseph-Auguste)*, fils de Joseph-Philippe-Marie, maréchal-de-camp.	17 mars 1808.	Westphalie.	4,000.	4,000.	Récompense des services de son père, mort le 29 mars 1812.	1,000.	
237.	D'ORSAY, le Comte *(Jean-François-Louis-Marie-Albert-Gaspar-Grimod)*, maréchal-de-camp, commandant la 2.e brigade de la garde royale.	15 août 1809.	Hanovre.	4,000.	4,000.	Récompense de ses services.	1,000,	
238.	DORSNER *(Jean-Philippe Raimond)*, lieutenant général.	17 mars 1808.	Westphalie.	4,000.	4,000.	*Idem.*	1,000.	
239.	DOULLENBOURG, le Baron *(Ignace-Laurent-Marie-Joseph-Stanislas)*, maréchal-de-camp.	17 mars 1808.	*Idem.*	4,000.	4,000.	*Idem.*	1,000.	
240.	DUBOIS, le Baron *(Jacques-Charles)*, maréchal-de-camp.	17 mars 1808.	Trasimène.	4,000.	4,000.	*Idem.*	1,000.	
241.	DUBOIS, le Baron, chirurgien-accoucheur.	1.er janvier 1812.	Illyrie.	4,000.	4,000.	*Idem.*	1,000.	
242.	DUBOUZET, la Baronne *(Adrienne-Charlotte* Bonnet*)*, ancienne surintendante de la maison de Saint-Denis.	11 décembre 1813.	"	4,000.	4,000.	*Idem.*	1,000.	
243.	DUBUARD *(Jean-Marin)*, colonel d'artillerie en retraite.	1.er février 1808. 15 mars 1810.	Mont de Milan. Hanovre.	1,000. 4,000.	5,000.	*Idem.*	1,000.	
244.	DUCLAUX *(Pierre-Alexis)*, maréchal-de-camp.	1.er février 1808. 15 août 1809.	Mont de Milan. Erfurt.	2,000. 2,000.	4,000.	*Idem.*	1,000.	
245.	DUCOS *(Nicolas)*, maréchal-de-camp.	15 août 1809.	Hanovre.	4,000.	4,000.	*Idem.*	1,000.	
246.	DUCRET, le Baron *(Jean-Jacques)*, colonel d'état-major.	19 mars 1808. 15 août 1809.	Rome. Fulde.	2,000. 2,000.	4,000.	*Idem.*	1,000.	
247.	DUFOUR *(Gilbert-Jean-Baptiste)*, intendant militaire.	15 mars 1810.	Hanovre.	4,000.	4,000.	*Idem.*	1,000.	
248.	DUHAMEL, le Baron *(Louis)*, Membre de la Chambre des députés.	1.er janvier 1812.	Illyrie.	4,000.	4,000.	*Idem.*	1,000.	
						A reporter.....	247,000.	

NUMÉROS D'ORDRE.	NOMS, QUALITÉS ET GRADES des donataires ou de leurs successeurs.	DATES des décrets ou décisions par lesquels les dotations ont été accordées.	DÉSIGNATION des pays, biens ou établissem.s sur lesquels les dotations ont été constituées.	MONTANT de chaque dotation.	TOTAL des dotations réunies.	TITRE OU MOTIF auquel elles ont été accordées.	MONTANT de l'indemnité fixée par le projet de loi.	OBSERVATIONS.
						Report.......	247,000f	
249.	DULONG, le Comte *(Louis-Étienne)*, lieutenant général, lieutenant commandant des gardes-du-corps.	12 janvier 1812.	Rome.	4,000f	4,000f	Récompense de ses services.	1,000	
250.	DUMAREIX *(Jean-François)*, colonel d'infanterie.	15 août 1809.	Hanovre.	4,000.	4,000.	*Idem.*	1,000.	
251.	DUMAS DE POLART, le Comte *(Jean-Baptiste-Charles-René-Joseph)*, lieutenant général.	17 mars 1812.	Westphalie.	4,000.	4,000.	*Idem.*	1,000.	
252.	DUNESME *(Antoine)*, fils de Martin-François, maréchal-de-camp.	15 août 1809.	Rome.	4,000.	4,000.	Récompense des services de son père, mort le 30 août 1813.	1,000.	
253.	DUPERRÉ, le Baron *(Victor-Guy)*, contre-amiral.	15 août 1810.	Hanovre.	4,000.	4,000.	Récompense de ses services.	1,000.	
254.	DUPEYROUX, le Baron *(René-Joseph)*, maréchal-de-camp.	7 août 1810.	Rome.	4,000.	4,000.	*Idem.*	1,000.	
255.	DUPLANTIER, le Baron *(Jean-Marie-Cécile-Valentin)*, ancien préfet.	15 août 1809. 30 juin 1811.	Hanovre. *Idem.*	4,000. 4,000.	8,000.	*Idem.*	1,000.	
256.	DUPLAIN, le Baron *(Jean-Mimrathe)*, maréchal-de-camp.	17 mars 1808.	Westphalie.	4,000.	4,000.	*Idem.*	1,000.	Mort.
257.	DURAND, Comte DE LINOIS *(Charles-Alexandre-Léon)*, contre-amiral.	15 août 1810.	Rome.	4,000.	4,000.	*Idem.*	1,000.	
258.	DURUTTE, le Baron *(Pierre-François-Joseph)*, lieutenant général.	15 août 1809.	*Idem.*	4,000.	4,000.	*Idem.*	1,000.	

E

259.	ÉBERLÉ, le Baron *(Gaspar)*, maréchal-de-camp en retraite.	6 janvier 1812.	Rome.	4,000.	4,000.	*Idem.*	1,000.	
260.	ÉMERIAU, le Comte *(Maurice-Julien)*, vice-amiral en retraite.	3 décembre 1809.	*Idem.*	4,000.	4,000.	*Idem.*	1,000.	
261.	ESPERT-DELATOUR, le Baron *(Jean-Baptiste)*, maréchal-de-camp.	17 mars 1808. 6 août 1811.	Westphalie. Montenotte.	4,000. 2,000.	6,000.	*Idem.*	1,000.	
262.	ESPERT, Baron DE SIBRA, *(Pierre)*, maréchal-de-camp.	15 août 1809.	Rome.	4,000.	4,000.	*Idem.*	1,000.	
263.	ESTÈVE, le Comte *(Martin-Roch-Xavier)*, ancien trésorier-général de la couronne.	15 août 1810.	Westphalie.	4,000.	4,000.	*Idem.*	1,000.	
264.	ESTÈVE, le Baron *(Étienne)*, maréchal-de-camp.	19 mars 1808. 2 mars 1811.	Westphalie. Trasimène.	2,000. 2,000.	4,000.	*Idem.*	1,000.	
						A reporter....	263,000.	

NUMÉROS D'ORDRE.	NOMS, QUALITÉS ET GRADES des donataires ou de leurs successeurs.	DATES des décrets ou décisions par lesquels les dotations ont été accordées.	DÉSIGNATION des pays, biens ou établissem.ns sur lesquels les dotations ont été constituées.	MONTANT de chaque dotation.	TOTAL des dotations réunies.	TITRE OU MOTIF auquel elles ont été accordées.	MONTANT de l'indemnité fixée par le projet de loi.	OBSERVATIONS.
						Report.........	263,000f	
265.	EULNER, le Baron *(Guillaume-Joseph)*, colonel.	15 août 1809.	Hanovre.	4,000f	4,000f	Récompense de ses services.	1,000.	
266.	ÉVAIN, le Baron *(Louis-Auguste-Frédéric)*, maréchal-de-camp.	29 décembre 1812.	Trasimène.	4,000.	4,000.	*Idem.*	1,000.	
	F							
267.	FABRE *(Gabriel-Jean)*, maréchal-de-camp.	19 mars 1808. 15 août 1809.	Westphalie. Hanovre.	2,000. 4,000.	6,000.	*Idem.*	1,000.	
268.	FALCOU *(Antoine-Jacques)*, colonel.	19 mars 1808. 15 août 1809.	Trasimène. *Idem.*	2,000. 2,000.	4,000.	*Idem.*	1,000.	
269.	FARINE, le Baron *(Pierre-Joseph)*, maréchal-de-camp.	15 août 1810. 6 août 1811.	Mont de Milan. Hanovre.	1,000. 4,000.	5,000.	*Idem.*	1,000.	
270.	FAUCHET, le Baron *(Joseph)*, ancien préfet.	15 août 1809.	*Idem.*	4,000.	4,000.	*Idem.*	1,000.	
271.	FAURE DE GIÈRE *(Eugène-Napoléon)*, fils du maréchal-de-camp.	*Idem.*	*Idem.*	4,000.	4,000.	Récompense des services de son père, mort le 2 février 1813.	1,000.	
272.	FAURE, le Chevalier *(Louis-Joseph)*, conseiller d'état.	1.er janvier 1812.	Illyrie.	4,000.	4,000.	Récompense de ses services.	1,000.	
273.	FÉLIX, le B.on *(Dominique-Xavier)*, sous-intendant militaire, ancien maître des requêtes.	*Idem.*	*Idem.*	4,000.	4,000.	*Idem.*	1,000.	
274.	FERRERI, le Baron *(Luc-Marcel)*, lieutenant, aide-de-camp	17 mars 1808. 15 août 1809.	Mont de Milan. Rome.	500. 4,000.	4,500.	*Idem.*	1,000.	
275.	FICATIER, le Baron *(Florentin)*, maréchal-de-camp.	17 mars 1808.	Westphalie.	4,000.	4,000.	*Idem.*	1,000.	
276.	FIERECK *(Jean-Henri)*, colonel.	15 août 1809.	Hanovre.	4,000.	4,000.	*Idem.*	1,000.	
277.	FLAMAND, le Baron *(Jean-François)*, maréchal-de-camp en retraite.	1.er février 1808. 30 juin 1811. 1.er janvier 1812.	Mont de Milan. Erfurt. Illyrie.	2,000. 2,000. 4,000.	8,000.	*Idem.*	1,000.	
278.	FLAYELLE DE BOURDONCHAMP, le Baron *(Louis-François-Joseph)*, colonel du génie.	17 mars 1808.	Westphalie.	4,000.	4,000.	*Idem.*	1,000.	
279.	FLOSSE, le Baron *(Nicolas-Michel)*, colonel.	*Idem.*	*Idem.*	4,000.	4,000.	*Idem.*	1,000.	
280.	FONTAINE *(Octave-Paul-Adolphe)*, fils de l'adjudant commandant.	19 mars 1808. 15 août 1809. 3 décembre 1809.	*Idem.* Erfurt. Trasimène.	2,000. 2,000. 2,000.	6,000.	Récompense des services de son père, mort le 17 mai 1811.	1,000.	
281.	FONTANE, le Baron *(Jacques)*, lieutenant général en retraite.	15 août 1809. 4 octobre 1810.	Hanovre. Tirol italien.	4,000. 2,000.	6,000.	Récompense de ses services.	1,000.	
282.	FORESTIER, le Baron *(François-Louis)*, adjudant-commandant.	15 août 1809.	Rome.	4,000.	4,000.	*Idem.*	1,000.	
						A reporter......	281,000.	

NUMÉROS D'ORDRE.	NOMS, QUALITÉS ET GRADES des donataires ou de leurs successeurs.	DATES des décrets ou décisions par lesquels les dotations ont été accordées.	DÉSIGNATION des pays, biens ou établissem.ns sur lesquels les dotations ont été constituées.	MONTANT de chaque dotation.	TOTAL des dotations réunies.	TITRE OU MOTIF auquel elles ont été accordées.	MONTANT de l'indemnité fixée par le projet de loi.	OBSERVATIONS.
						Reports.......	281,000f	
283.	FORGET, veuve DANNERY, la Baronne *(Julie-Madeleine-Sophie).*	19 mars 1813.	Meuse-inférieure.	4,000f	4,000f	Récompense de ses services.	1,000.	
284.	FORNIER D'ALBE *(Gaspar-Hilarion)*, maréchal-de-camp.	17 mars 1808.	Westphalie.	4,000.	4,000.	*Idem.*	1,000.	
285.	FOURIER *(Joseph)*, ancien préfet	15 août 1809.	Hanovre.	4,000.	4,000.	*Idem.*	1,000.	
286.	FOURN *(Pierre-Paul)*, adjudant-commandant.	19 mars 1808. 15 août 1809.	Westphalie. Trasimène.	2,000. 2,000.	4,000.	*Idem.*	1,000.	
287.	FOURNIER-SARLOVEZE, le Comte *(François)*, lieutenant général.	17 mars 1808.	Westphalie.	4,000.	4,000.	*Idem.*	1,000.	
288.	FOY, le Baron *(Maximilien-Sébastien)*, lieutenant général.	17 mars 1808. 15 août 1810. 17 septembre 1811.	Mont de Milan. Rome. Hanovre.	500. 4,000. 4,000.	8,500.	*Idem.*	1,000.	
289.	FRANCHOT *(Charles-Antoine-François)*, lieutenant-colonel en retraite.	1.er février 1808. 19 mars 1808.	Mont de Milan. Westphalie.	2,000. 2,000.	4,000	*Idem.*	1,000.	
290.	FRANCQ *(Constant-Louis-Marie-Joseph)*, fils de *Louis-Bernard*, colonel de cuirassiers.	1.er février 1808. 15 août 1809.	Mont de Milan. Erfurt.	2,000. 2,000.	4,000.	Récompense des services de son père, mort le 14 décembre 1818.	1,000	
291.	FRAPARD, le Baron *(Fiacre-Joseph)*, colonel d'infanterie.	17 mars 1808.	Westphalie.	4,000.	4,000.	Récompense de ses services.	1,000.	
292.	FRESIA, le Baron *(Ignace-Maurice)*, lieutenant général; naturalisé.	*Idem.*	*Idem.*	4,000.	4,000.	*Idem.*	1,000.	
293.	FRIRION, le Baron *(François-Joseph)*, maréchal-de-camp.	*Idem.*	*Idem.*	4,000.	4,000.	*Idem.*	1,000.	
294.	FRIRION, le Baron *(François-Nicolas)*, lieutenant général.	8 septembre 1808. 15 août 1809.	*Idem.* Rome.	4,000. 4,000.	8,000.	*Idem.*	1,000.	
295.	FRIRION, le Baron, ancien inspecteur aux revues.	29 décembre 1812.	Trasimène.	4,000.	4,000.	*Idem.*	1,000.	
296.	FROIDEVILLE, le Baron *(Louis-Alexandre-Henri-Théodore)*, fils du major.	3 novembre 1810.	Rome.	4,000.	4,000.	Récompense des services de son père.	1,000.	
297.	FROSSARD *(François-Xavier)*, colonel de cavalerie en retraite	17 mars 1808.	Westphalie.	4,000.	4,000.	Récompense de ses services.	1,000.	
	G							
298.	GALICHET, le Baron *(Pierre)*, adjudant-commandant.	17 mars 1808. 15 août 1809. *Idem.*	Mont de Milan. Trasimène. Erfurt.	500. 2,000. 2,000.	4,500.	*Idem.*	1,000.	
299.	GARBÉ, le Baron *(Théodore-Marie-Urbain)*, maréchal-de-camp.	19 mars 1808. 15 août 1810.	Westphalie. Trasimène.	2,000. 2,000.	4,000.	*Idem.*	1,000.	
						A reporter.......	298,000	

NUMÉROS D'ORDRE.	NOMS, QUALITÉS ET GRADES des donataires ou de leurs successeurs.	DATES des décrets ou décisions par lesquels les dotations ont été accordées.	DÉSIGNATION des pays, biens ou établissem.ns sur lesquels les dotations ont été constituées.	MONTANT de chaque dotation.	TOTAL des dotations réunies.	TITRES OU MOTIF auquel elles ont été accordées.	MONTANT de l'indemnité fixée par le projet de loi.	OBSERVATIONS.
						Report.....	298,000f	
300.	GAREAU *(Louis)*, maréchal-de-camp.	15 août 1809.	Rome.	4,000f	4,000f	Récompense de ses services.	1,000.	
301.	GARY, le Baron *(Alexandre-Gaspar)*, procureur général de la cour de Toulouse.	*Idem.*	Hanovre.	4,000.	4,000.	*Idem.*	1,000.	
302.	GAU DE BONNEVAL, le Baron *(Benjamin)*, maréchal-de-camp.	17 mars 1808.	*Idem.*	4,000.	4,000.	*Idem.*	1,000	
303.	GAUSSART, le Baron *(Louis-Marie)*, maréchal-de-camp.	15 août 1809. 24 juin 1813.	Erfurt. Escaut.	2,000. 2,000.	4,000.	*Idem.*	1,000.	
304.	GAUTHIER, le Baron *(Jacques-Joseph-Eugène)*, fils du maréchal-de-camp.	17 mars 1808. 15 août 1809.	Mont de Milan. Rome.	500. 4,000.	4,500.	Récompense des services de son père, mort le 26 novembre 1815.	1,000.	
305.	GAUTHIER-LECLERC *(Jean-Pierre)*, maréchal-de-camp.	*Idem.*	*Idem.*	4,000.	4,000.	Récompense de ses services.	1,000.	
306.	GAUTHIER, le Baron *(Etienne)*, maréchal-de-camp.	30 décembre 1812.	Westphalie.	4,000.	4,000.	*Idem.*	1,000.	
307.	GAUTHERIN, le Baron *(Pierre-Edme)*, maréchal-de-camp.	17 mars 1808.	*Idem.*	4,000.	4,000.	*Idem.*	00,000f	
308.	GAY *(Jacques-François)*, colonel, ancien intendant militaire.	*Idem.*	*Idem.*	4,000.	4,000	*Idem.*	1,000.	
309.	GENCY, le Baron *(Claude)*, lieutenant général.	*Idem.*	*Idem.*	4,000.	4,000.	*Idem.*	1,000.	
310.	GENEVAL, le Baron *(Charles-François-Toussaint)*, colonel.	29 décembre 1812.	Rome.	4,000.	4,000.	*Idem.*	1,000.	
311.	GENGOULT, le Baron *(Louis-Thomas)*, maréchal-de-camp	17 mars 1808. 15 août 1809.	Mont de Milan. Rome.	500. 4,000.	4,500.	*Idem.*	1,000.	
312.	GÉRARD, le Comte *(Maurice-Etienne)*, lieutenant général.	17 mars 1808.	Westphalie.	4,000.	4,000.	*Idem.*	1,000.	
313.	GÉRARD, le Baron *(François-Joseph)*, lieutenant général.	*Idem.*	Rome.	4,000.	4,000.	*Idem.*	1,000.	
314.	GÉRARD *(Louis)*, chef de division au ministère de la guerre.	29 décembre 1812.	Trasimène.	4,000.	4,000.	*Idem.*	1,000.	
315.	GERDY *(Pierre-Philibert)*, colonel d'artillerie à pied.	19 mars 1808. 15 août 1809.	Westphalie. Trasimène.	2,000. 2,000.	4,000.	*Idem.*	1,000.	
316.	GILLY *(Jacques-Laurent)*, lieutenant général.	17 mars 1808. 11 février 1811.	*Idem.* *Idem.*	4,000. 4,000.	8,000.	*Idem.*	1,000.	
317.	GIRARD *dit* VIEUX *(Pierre-Louis)*, chef d'escadron, fils du lieutenant général.	15 août 1809.	Rome.	4,000.	4,000.	Récompense des services de son père, mort le 2 mars 1811.	1,000.	
318.	GIRAULD-DE COËHORN *(Jean-Isaac)*, adjudant-commandant.	19 mars 1808. 15 août 1809.	Westphalie. Erfurt.	2,000. 2,000.	4,000.	Récompense de ses services.	1,000.	
						A reporter......	317,000.	

NUMÉROS D'ORDRE.	NOMS, QUALITÉS ET GRADES des donataires ou de leurs successeurs.	DATES des décrets ou décisions par lesquels les dotations ont été accordées.	DÉSIGNATION des pays, biens ou établissem.ns sur lesquels les dotations ont été constituées.	MONTANT de chaque dotation.	TOTAL des dotations réunies.	TITRE OU MOTIF auquel elles ont été accordées.	MONTANT de l'indemnité fixée par le projet de loi.	OBSERVATIONS.
						Report....	317,000f	
319.	GIULIO, le Baron *(Charles-Jean-Etienne-Nicolas)*, ancien préfet; naturalisé.	3 décembre 1809.	Rome.	4,000f	4,000f	Récompense de ses services.	1,000	
320.	GOBERT, le Baron *(Napoleon-Jacques)*, fils du lieutenant général.	9 avril 1811.	*Idem.*	4,000.	4,000.	Récompense des services de son père.	1,000	
321.	GODART, le Baron *(Roch)*, maréchal-de-camp.	15 août 1809.	*Idem.*	4,000.	4,000.	Récompense de ses services.	1,000.	
322.	GONDALLIER-TUGNY *(Nicolas François-Thérèse)*, lieutenant général d'artillerie.	*Idem.*	Hanovre.	4,000.	4,000.	*Idem.*	1,000.	
323.	GOUGET *(Jean)*, colonel de dragons.	29 décembre 1812.	Rome.	4,000.	4,000.	*Idem.*	1,000	
324.	GOULLUS, le Baron *(François)*, maréchal-de-camp.	31 décembre 1810.	Hanovre.	4,000.	4,000.	*Idem.*	1,000	
325.	GOURÉ DE VILLEMONTÉ, le Baron *(Louis-Eugène-Édouard-Gonzalve)*, fils du maréchal-de-camp.	8 septembre 1808. 20 mai 1810.	Rome. *Idem.*	2,000. 2,000.	4,000.	Récompense des services de son père, mort le 2 mai 1813.	1,000	
326.	GOURGAUD, le Baron *(Gaspar)*, ancien premier officier d'ordonnance.	1.er janvier 1812. 20 juin 1813.	Meuse-inférieure. Westphalie.	2,000. 4,000.	6,000.	Récompense de ses services.	1,000.	
327.	GRANDEAU *(Louis-Joseph)*, lieutenant général.	17 mars 1808.	*Idem.*	4,000.	4,000.	*Idem.*	1,000.	
328.	GRANDJEAN, le Baron *(Charles-Louis-Dieudonné)*, lieutenant général.	15 août 1809. *Idem.* *Idem.*	Rome. Erfurt. Hanovre.	4,000. 2,000. 4,000.	10,000.	*Idem.*	1,000.	
329.	GRANDJEAN, le Baron *(Louis-Stanislas-François)*, colonel retraité.	1.er février 1808. 15 août 1809.	Mont de Milan. Erfurt.	2,000. 2,000.	4,000.	*Idem.*	1,000.	
330.	GRENIER, le Baron *(Jean-George)*, maréchal-de-camp, inspecteur d'infanterie.	*Idem.*	Rome.	4,000.	4,000.	*Idem.*	1,000.	
331.	GRESSOT, le Baron *(François-Joseph-Fidèle)*, maréchal-de-camp.	17 mars 1808.	Westphalie.	4,000.	4,000.	*Idem.*	1,000.	
332.	GRÉSARD *(Joseph-Claude)*, colonel de gendarmerie.	*Idem.*	Trasimène.	4,000.	4,000.	*Idem.*	1,000.	
333.	GROBON *(Pierre)*, lieutenant, fils du Baron *(Pierre-André-Godefroi)*, maréchal-de-camp	15 août 1809.	Rome.	4,000.	4,000.	Récompense des services de son père, mort le 7 juin 1815.	1,000.	
334.	GROISNE, le Baron *(Joseph)*, maréchal-de-camp.	*Idem.*	*Idem.*	4,000.	4,000.	Récompense de ses services.	1,000.	
335.	GRUNDLER, le Comte *(Louis-Sébastien)*, maréchal-de-camp.	4 mai 1813.	*Idem.*	4,000.	4,000.	*Idem.*	1,000.	
336.	GUDIN, le Baron *(Jules-Pierre-César)*, fils puîné du général mort à la bat. de la Moskowa.	13 octobre 1812.	Hanovre.	4,000.	4,000.	Récompense des services de son père.	1,000.	
						A reporter....	335,000	

NUMÉROS D'ORDRE.	NOMS, QUALITÉS ET GRADES des donataires ou de leurs successeurs.	DATES des décrets ou décisions par lesquels les dotations ont été accordées.	DÉSIGNATION des pays, biens ou établissem.s sur lesquels les dotations ont été constituées.	MONTANT de chaque dotation.	TOTAL des dotations réunies.	TITRE OU MOTIF auquel elles ont été accordées.	MONTANT de l'indemnité fixée par le projet de loi.	OBSERVATIONS.
						Report.........	335,000f	
337.	GUDIN, le Baron *(Pierre-César)*, maréchal-de-camp.	15 août 1809.	Rome.	4,000f	4,000f	Récompense de ses services.	1,000.	
338.	GUERET *(Gilles-François)*, colonel d'infanterie en retraite.	19 mars 1808. 3 décembre 1809. *Idem.*	Westphalie. Rome. Bayreuth.	2,000. 4,000. 2,000.	8,000.	*Idem.*	1,000.	
339.	GUERIN DE WALDERBACH *(Jacques-Julien)*, maréchal-de-camp.	17 mars 1808.	Rome.	4,000.	4,000.	*Idem.*	1,000.	
340.	GUICHARD, le Baron *(Louis)*, colonel.	*Idem.*	Westphalie.	4,000.	4,000.	*Idem.*	1,000.	
341.	GUILLAUMOT *(Jean-Baptiste)*, capitaine.	15 août 1809. 3 décembre 1809.	Trasimène. Bayreuth.	2,000. 2,000.	4,000.	*Idem.*	1,000.	
342.	GUYARDET *(Napoléon-Jules-Victor)*, fils du maréchal-de-camp.	17 mars 1808.	Westphalie.	4,000.	4,000.	Récompense des services de son père, mort le 5 janvier 1813.	1,000.	
343.	GUYON *(Claude-Raymond)*, maréchal-de-camp.	*Idem.*	*Idem.*	4,000.	4,000.	Récompense de ses services.	1,000.	
344.	GUYOT *(Nicolas)*, capitaine d'infanterie.	15 août 1809.	Hanovre.	4,000.	4,000.	*Idem.*	1,000.	

H

345.	HARERT *(Pierre-Joseph)*, maréchal-de-camp.	17 mars 1808. 2 mars 1811.	Westphalie. Hanovre.	4,000f 4,000.	8,000f	Récompense de ses services.	1,000.	
346.	HARLET, le Baron *(Louis)*, maréchal-de-camp.	1.er février 1808. 1.er janvier 1812.	Mont de Milan. Illyrie.	2,000. 4,000.	6,000.	*Idem.*	1,000.	
347.	HASTREL, le Baron d' *(Étienne)*, lieutenant général.	17 mars 1808.	Westphalie.	4,000.	4,000.	*Idem.*	1,000	
348.	HAXO *(François-Nicolas)*, lieutenant général du génie.	15 août 1810.	Hanovre.	4,000.	4,000.	*Idem.*	1,000.	
349.	HÉDOUVILLE *(Gabriel-Marie-Théodore-Joseph)*, maréchal-de-camp, pair de France.	17 mars 1808.	Westphalie.	4,000.	4,000.	*Idem.*	1,000.	
350.	HÉDOUVILLE, le Comte *(Théodore-Charles-Joseph)*, colonel.	15 août 1809.	Hanovre.	4,000.	4,000.	*Idem.*	1,000.	
351.	HENNEQUIN *(Jean-François)*, maréchal-de-camp.	1.er février 1808. 1.er janvier 1812.	Mont de Milan. Illyrie.	2,000. 4,000.	6,000	*Idem.*	1,000.	
352.	HENRY *(Nicolas-Édouard)*, fils du colonel tué à Valence, en Espagne.	13 février 1812.	Hanovre.	4,000.	4,000.	Récompense des services de son père.	1,000.	
353.	HENRION DE PENCEY, le Baron *(Pierre-Paul)*, conseiller d'état, président de la cour de cassation.	30 juillet 1811.	Rome.	4,000.	4,000.	Récompense de ses services.	1,000.	
						A reporter....	352,000.	

NUMÉROS D'ORDRE.	NOMS, QUALITÉS ET GRADES des donataires ou de leurs successeurs.	DATES des décrets ou décisions par lesquels les dotations ont été accordées.	DÉSIGNATION des pays, biens ou établissem.s sur lesquels les dotations ont été constituées.	MONTANT de chaque dotation.	TOTAL des dotations réunies.	TITRE OU MOTIF auquel elles ont été accordées.	MONTANT de l'indemnité fixe par le projet de loi.	OBSERVATIONS.
						Report....	352,000f	
354.	HENRION *(Jean-François)*, maréchal-de-camp en retraite.	17 mars 1808.	Westphalie.	4,000f	4,000f	Récompense de ses services.	1,000.	
355.	HERVIEU *(Philippe-Laurent)*, capitaine.	15 août 1809.	Rome.	4,000.	4,000.	*Idem.*	1,000.	
356.	HILAIRE, le Baron *(Jean-François)*, ancien préfet.	3 décembre 1809.	Rome.	4,000.	4,000.	*Idem.*	1,000.	
357.	HUARD SAINT-AUBIN, le Baron *(Antoine Aristide)*, neveu du maréchal-de-camp.	15 août 1809.	Rome.	4,000.	4,000.	Récompense des services de son oncle, mort le 7 septembre 1812.	1,000	
358.	HULOT D'OSERY, le Comte *(Étienne-Hélène-Constant)*, maréchal-de-camp.	15 août 1809. 3 décembre 1809.	Hanovre. Bayreuth.	4,000. 2,000.	6,000.	Récompense de ses services et son amputation.	1,000.	
359.	HUMBERT, le Baron *(Jean Baptiste-Nicolas)*, colonel.	17 mars 1808.	Rome.	4,000.	4,000.	Récompense de ses services.	1,000.	
360.	HUMBERT DEMOLARD *(Jean-Claude-François)*, adjudant-commandant.	17 mars 1808.	Westphalie.	4,000.	4,000.	*Idem.*	1,000.	
361.	HUSSON, le Baron *(Pierre-Antoine)*, maréchal-de-camp.	17 mars 1808.	Westphalie.	4,000.	4,000.	*Idem.*	1,000.	
	I							
362.	ISMERT, le Baron *(Pierre)*, maréchal-de-camp.	17 mars 1808.	Trasimène.	4,000.	4,000.	*Idem.*	1,000.	
	J							
363.	JACQUET, le Baron *Jean-Pierre-Joseph)*, maréchal-de-camp.	15 août 1809. 8 octobre 1810.	Rome. Tyrol italien.	4,000. 2,000.	6,000.	*Idem.*	1,000.	
364.	JACQUINOT, le Baron *(Charles-Claude)*, lieutenant général.	17 mars 1808. 30 juin 1811.	Westphalie. Rome.	4,000. 4,000.	8,000.	*Idem.*	1,000.	
365.	JAMIN, le Baron *(Jean-Baptiste)*, maréchal-de-camp.	17 mars 1808. 8 septembre 1808. 6 août 1811.	Mont de Milan. Trasimène. Hanovre.	500. 2,000. 4,000.	6,500.	*Idem.*	1,000.	
366.	JANET, le Baron *(Laurent-Marie)*, maître des requêtes.	1.er janvier 1812.	Illyrie.	4,000.	4,000.	*Idem.*	1,000.	
367.	JARRY, le Baron *(Gédéon)*, maréchal-de-camp.	17 mars 1808.	Westphalie.	4,000.	4,000.	*Idem.*	1,000.	
368.	JAUBERT *(Pierre-Amédée-Émilien-Probe)*, maître des requêtes.	1.er janvier 1812.	Illyrie.	4,000.	4,000.	*Idem.*	1,000.	
						A reporter...	367,000.	

NUMÉROS D'ORDRE.	NOMS, QUALITÉS ET GRADES des donataires ou de leurs successeurs.	DATES des décrets ou décisions par lesquels les dotations ont été accordées.	DÉSIGNATION des pays, biens ou établissemens sur lesquels les dotations ont été constituées.	MONTANT de chaque dotation.	TOTAL des dotations réunies.	TITRE OU MOTIF auquel elles ont été accordées.	MONTANT de l'indemnité fixée par le projet de loi.	OBSERVATIONS.
						Report..........	367,000f	
369.	JEANBON-SAINT-ANDRÉ, le Baron *(André)*, ex-préfet.	3 décembre 1809.	Rome.	4,000f	4,000f	Récompense de ses services.	1,000.	
370	JEANIN *(Jean-Baptiste)*, lieutenant général.	17 mars 1808.	Westphalie.	4 000.	4,000.	*Idem.*	1,000.	
371.	JOANNÈS, le Baron *(Louis)*, capitaine de cuirassiers.	15 août 1809.	Trasimène.	4,000.	4,000.	*Idem.*	1,000.	
372.	JOINVILLE *(Louis)*, intendant de la 1.re division militaire.	8 octobre 1812.	Hanovre.	4,000.	4,000.	*Idem.*	1,000.	
373.	JOUBERT *(Joseph-Antoine-René)*, maréchal-de-camp.	15 août 1809. *Idem.*	Hanovre. Trasimène.	4,000. 2,000.	6,000.	*Idem.*	1,000.	
374.	JOUFFROY, le Baron *(Jean-Pierre)*, maréchal-de-camp.	17 mars 1808. 8 octobre 1812.	Westphalie. Hanovre.	4,000. 4,000.	8,000.	*Idem.*	1,000.	
375.	JUBÉ, Baron DE LA PERRELLE *(Auguste)*, ancien préfet, maréchal-de-camp en retraite.	3 décembre 1809.	Rome.	4,000.	4,000.	*Idem.*	1,000.	
376.	JULHIEN *(Joseph-François-Bénigne)*, maréchal-de-camp.	15 août 1809.	Hanovre.	4,000.	4,000.	*Idem.*	1,000.	
377.	JULLIEN, le Comte *(Louis-Joseph-Victor)*, ancien conseiller d'état, et préfet.	3 décembre 1809.	Rome.	4,000.	4,000.	*Idem.*	1,000.	
	K							
378.	KERSAINT (COATUEMPREU DE) *(Guill.-Pierre)*, contre-amiral en retraite.	15 août 1810.	Hanovre.	4,000.	4,000.	Récompense de ses services.	1,000.	
379.	KISTER, le Baron *(George)*, maréchal-de-camp.	17 mars 1808.	Trasimène.	4,000.	4,000.	*Idem.*	1,000.	
	L							
380.	LABEL, Baron DE LAMBEL *(Alexandre-Jean-Maximien)*, colonel, directeur des fortifications à Metz.	15 août 1809. *Idem.*	Rome. Erfurt.	4,000. 2,000.	6,000.	*Idem.*	1,000.	
381.	LABORDE (DE DEBANDE) *(Édouard-César)*, fils du colonel du 8.e de hussards.	17 mars 1808.	Westphalie.	4,000.	4,000.	Récompense des services de son père.	1,000.	
382.	LABORDE (SÉGOUIN DE) *(Jean Constantin)*, adjudant-commandant.	29 décembre 1812.	Rome.	4,000.	4,000.	Récompense de ses services.	1,000.	
						A reporter....	381,000.	

NUMÉROS D'ORDRE	NOMS, QUALITÉS ET GRADES des donataires ou de leurs successeurs.	DATES des décrets ou décisions par lesquels les dotations ont été accordées.	DÉSIGNATION des pays biens ou établissem.s sur lesquels les dotations ont été constituées.	MONTANT de chaque dotation.	TOTAL des dotations réunies.	TITRE OU MOTIF auquel elles ont été accordées.	MONTANT de l'indemnité fixée par le projet de loi.	OBSERVATIONS.
						Report	381,000f	
383.	LACHAISE, le Baron *(Jacques-François)*, ancien préfet.	3 décembre 1809.	Rome.	4,000f	4,000f	Récompense de ses services.	1,000.	
384.	LACOSTE, le Baron *(Étienne-Clément)*, colonel du 27.e d'infanterie légère.	17 mars 1808.	*Idem.*	4,000.	4,000.	*Idem.*	1,000.	
385.	LACOUR (GUIOT de) *(Charles-Prosper)*, fils du baron, maréchal-de-camp.	*Idem.*	Westphalie.	4.000.	4,000.	Récompense des services de son père, mort le 28 juillet 1809.	1,000.	
386.	LACOUR, le Baron *(Jacques-Nicolas)*, maréchal-de-camp en retraite.	*Idem.*	Trasimène.	4,000.	4,000.	Récompense de ses services.	1,000.	
387.	LACROIX, le Baron *(François-Joseph-Pamphile)*, lieutenant-général.	*Idem.*	Westphalie.	4,000.	4,000.	*Idem.*	1,000.	
388.	LACROIX, le Baron *(Pierre-Jean)*, maréchal-de-camp.	*Idem.*	Westphalie.	4,000.	4,000.	*Idem.*	1,000.	
389.	LAFERRIÈRE, le Comte *(Louis-l'Eveque)*, lieutenant-général, amputé.	*Idem.*	Westphalie.	4,000.	4,000.	*Idem.*	1,000.	
390.	LAFFITHE *(Jean-Baptiste)*, chef de bataillon au 3.e de ligne.	19 mars 1808. 15 août 1809.	Westphalie. Trasimène.	2,000. 2,000.	4,000.	*Idem.*	1,000.	
391.	LAFITTE *(Justin)*, maréchal-de-camp.	17 mars 1808.	Rome.	4,000.	4,000.	*Idem.*	1,000.	
392.	LAFITTE *(Michel-Pascal)*, maréchal-de-camp.	19 mars 1808. 15 août 1809.	Westphalie. Rome.	2,000. 4,000.	6,000.	*Idem.*	1,000.	
393.	LAFOSSE, le Baron *(Jacques Mathurin)*, maréchal-de-camp en retraite.	17 mars 1808. 2 mars 1811.	Westphalie. Trasimène.	4,000. 2,000.	6,000.	Récompense de ses services.	1,000.	
394.	LAGARDE, le Baron *(Marie-Jacques-Martin)*, maréchal-de-camp.	17 mars 1808.	Westphalie.	4,000.	4,000.	*Idem.*	1,000.	
395.	LAGASTINE (ABSOLUT DE) *(Alphonse-Charles-Edme)* fils de Franç.-Ch., colonel du génie.	17 mars 1808.	Westphalie.	4,000.	4,000.	Récompense des services de son père, mort le 26 février 1814.	1,000.	
396.	LAGRANGE (LELIÈVRE DE), le Baron *(Adélaïde-Blai.e-François)*, lieutenant-général.	*Idem.* 3 octobre 1809.	Westphalie. Hanovre.	4,000. 4,000.	8,000.	Récompense de ses services et son amputation.	1,000.	
397.	LAGRANGE (LELIÈVRE DE) *(Armand-Charles-Louis)*, maréchal-de-camp.	17 mars 1808. 15 août 1809.	Trasimène. Hanovre.	4,000. 4,000.	8,000.	Récompense de ses services.	1,000.	
398.	LAGRANGE, le Comte *(Joseph)*, lieutenant général.	15 août 1809.	Westphalie.	4,000.	4,000.	*Idem.*	1,000.	
399.	LAGUETTE (DE MORNAY), le Baron *(Jules-Frédéric-Eugène-Amédée)*, capitaine d'artillerie en retraite.	1.er février 1810. 15 août 1809. 2 mai 1812.	Mont de Milan. Hanovre. Trasimène.	500. 2,000. 4,000.	6,500.	*Idem*, et son amputation.	1,000.	
400.	LALLEMAND *(Charles-François)*, lieutenant général.	17 mars 1808. 6 août 1811.	Trasimène. Dép.t de Montenotte.	4,000. 2,000.	6,000.	Récompense de ses services.	1,000.	
						A reporter...	399,000.	

NUMÉROS D'ORDRE.	NOMS, QUALITÉS ET GRADES des donataires ou de leurs successeurs.	DATES des décrets ou décisions par lesquels les dotations ont été accordées.	DÉSIGNATION des pays, biens ou établissem.ns sur lesquels les dotations ont été constituées.	MONTANT de chaque dotation.	TOTAL des dotations réunies.	TITRE OU MOTIF auquel elles ont été accordées.	MONTANT de l'indemnité fixée par le projet de loi.	OBSERVATIONS.
						Report........	399,000f	
401.	LAMAGDELAINE, le Baron *(Joseph-Victor-Alexandre)*, ancien préfet.	3 décembre 1809.	Hanovre.	4,000f	4,000f	Récompense de ses services.	1,000.	
402.	LAMAIRE *(Charles-Guillaume)*, colonel du 7.e légère.	17 mars 1808.	Westphalie.	4,000.	4,000.	*Idem.*	1,000.	
403.	LAMARQUE, le Baron *(Maximien)*, lieutenant général.	15 août 1809.	Rome.	4,000.	4,000	*Idem.*	1,000.	
404.	LAMARQUE *(Jean-Baptiste-Isidore)*, maréchal-de-camp.	8 septembre 1808. 15 août 1809.	Trasimène. Gr. duché de Francf.t	2,000. 2,000.	4,000.	*Idem.*	1,000.	
405.	LAMBERT, le Baron *(Urbain-François)*, maréchal-de-camp.	17 mars 1808.	Westphalie.	4,000.	4,000.	*Idem.*	1,000.	
406.	LAMETH, le Comte *(Alexandre-Théodore-Victor)* ancien préf.	3 décembre 1809.	Hanovre.	4,000.	4,000.	*Idem.*	1,000.	
407.	LAMY *(Armand-François)* lieutenant-colonel, commandant du génie à Lille.	23 octobre 1811.	Hanovre.	4,000	4,000.	*Idem.*	1,000.	
408.	LAMOTTE (GOURLES DE), le Baron *(Auguste-Etienne-Marie)*, maréchal-de-camp.	17 mars 1808.	Trasimène.	4,000.	4,000.	*Idem.*	1,000.	
409.	LAMOUR, le Baron *(François-Marie)*, colonel d'infanterie.	15 août 1809.	Rome.	4,000.	4,000.	*Idem.*	1,000.	
410.	LANES, le Baron *(Jean)*, chef de bataillon.	*Idem.*	Hanovre.	4,000.	4,000.	*Idem.*	1,000.	
411.	LANNES, le Comte *(Alfred)*, fils du duc de Montebello.	3 décembre 1809.	Rome.	4,000.	4,000.	Récompense des services de son père.	1,000.	
412.	LANNES, le Baron *(Jean-Ernest)*, fils du duc de Montebello.	*Idem.*	Rome.	4,000.	4,000.	*Idem.*	1,000.	
413.	LANNES, le Baron *(Oliv.-Gust.)*, fils du duc de Montebello.	*Idem.*	Rome.	4,000.	4,000.	*Idem.*	1,000.	
414.	LANUSSE, le Baron *(Pierre Robert)*, lieutenant général.	17 mars 1808.	Westphalie.	4,000.	4,000.	*Idem.*	1,000.	
415.	LARCILLY *(Agathe-Joséphine-Henriette)*, fille du colonel du 13.e de ligne.	15 août 1809.	Rome.	4,000.	4,000.	Récompense des services de son père, mort le 2 mai 1813.	1,000.	
416.	LAROCHE *(François)*, le Baron, maréchal-de camp.	17 mars 1808.	Trasimène.	4,000.	4,000.	Récompense de ses services.	1,000.	
417.	LATAYE *(Pierre François)*, maréchal-de-camp en retraite.	17 mars 1808.	Westphalie.	4,000.	4,000.	*Idem.*	1,000.	
418.	LAUBERDIÈRE, le Comte *(Louis-François-Bertrand* PONTAU-BEVOYE DE), lieutenant-général en retraite.	17 mars 1808.	Westphalie.	4,000.	4,000.	*Idem.*	1,000.	
419.	LAURISTON (DE), le Comte *(Auguste)*, colonel des chasseurs du Cantal.	1.er janvier 1812. 20 juin 1813.	Deux-Nèthes. Escaut.	2,000. 2,000.	4,000.	*Idem.*	1,000.	
						A reporter.....	418,000.	

NUMÉROS D'ORDRE.	NOMS, QUALITÉS ET GRADES des donataires ou de leurs successeurs.	DATES des décrets ou décisions par lesquels les dotations ont été accordées.	DÉSIGNATION des pays, biens ou établissem.s sur lesquels les dotations ont été constituées.	MONTANT de chaque dotation.	TOTAL des dotations réunies.	TITRE OU MOTIF auquel elles ont été accordées.	MONTANT de l'indemnité fixée par le projet de loi.	OBSERVATIONS.
						Report........	418,000f	
420.	LAUTOUR, le Baron *(Michel-Antoine-Alexandre)*, maréchal-de-camp.	17 mars 1808. 15 août 1809.	Mont de Milan. Rome.	500f 4,000.	4,500f	Récompense de ses services.	1,000.	
421.	LAVAL (DE) *(Anne-Marie-Mathias-Camille)*, garde-du-corps du Roi, fils du lieutenant-général.	14 juin 1810.	Hanovre.	4,000.	4,000.	Récompense des services de son père, mort le 6 septembre 1810.	1,000.	
422.	LAVILLE DE VILLASTELLONNE (DE), le Baron *(César)*, maréchal-de-camp, naturalisé le 14 mars 1815.	15 août 1809.	Rome.	4,000.	4,000.	Récompense de ses services.	1,000.	
423.	LEBEL, le Baron *(Jean-Baptiste)*, lieutenant-colonel d'artillerie.	15 août 1809. 3 décembre 1809.	Trasimène. Bayreuth.	2,000. 2,000.	4,000.	*Idem.*	1,000.	
424.	LEBRUN, le Baron *(Charles-Louis-Alexandre-Jules)*, fils du colonel du 3.e des chevau-légers.	19 mars 1808. 15 août 1809.	Westphalie. Trasimène.	2,000. 2,000.	4,000.	Récompense des services de son père, mort le 24 novembre 1812.	1,000.	
425.	LECLERC, le Baron *(Jean-Louis)*, ancien préfet de la Meuse.	3 décembre 1809.	Hanovre.	4,000.	4,000.	Récompense de ses services.	1,000.	
426.	LEDARD, le Baron *(François)*, colonel du 6.e de chasseurs.	15 août 1809.	*Idem.*	4,000.	4,000.	*Idem.*	1,000.	
427.	LEFOL, le Baron *(Étienne-Nicolas)*, lieutenant-général.	17 mars 1808.	Westphalie.	4,000.	4,000.	*Idem.*	1,000.	
428.	LEGRAND DE MERCEY *(Étienne)*, maréchal-de-camp.	17 mars 1808.	Westphalie.	4,000.	4,000.	*Idem.*	1,000.	
429.	LEGRAND, le Baron *(Jean-Baptiste-Henri)*, colonel du 58.e de ligne.	12 janvier 1812.	Rome.	4,000.	4,000.	*Idem.*	1,000.	
430.	LEJEUNE, le Baron *(Louis-François)*, maréchal-de-camp.	19 mars 1808. 15 août 1809.	Westphalie. Rome.	2,000. 4,000.	6,000.	*Idem.*	1,000.	
431.	LEMASSON-DUDHENOY, le Baron *(Martin-François)*, colonel d'artillerie.	17 mars 1808.	Westphalie.	4,000.	4,000.	*Idem.*	1,000.	
432.	LENDY *(Jérôme-Louis)*, colonel en retraite.	19 mars 1813.	Rome.	4,000.	4,000.	*Idem.*	1,000.	
433.	LENUD *(Pierre-Augustin)*, colonel du 60.e de ligne.	19 mars 1813.	Westphalie.	4,000.	4,000.	*Idem.*	1,000.	
434.	LE PAIGE-D'ORSENNE *(Edme-Charles-Louis)*, chef de bataillon.	15 mars 1810.	Hanovre.	4,000f	4,000f	*Idem.*	1,000.	
435.	LE PELLETIER-MONTMARIE, le Baron *(Louis-François-Élie)*, lieutenant général.	8 septembre 1808. 3 septembre 1809. 6 août 1811.	Mont de Milan. Rome. Hanovre.	1,000. 4,000. 4,000.	9,000.	*Idem.*	1,000.	
436.	LEPIN, le Baron *(Pierre-Henri)*, maréchal-de-camp.	17 mars 1808.	Westphalie.	4,000.	4,000.	*Idem.*	1,000.	
						A reporter....	435,000.	

NUMÉROS D'ORDRE.	NOMS, QUALITÉS ET GRADES des donataires ou de leurs successeurs.	DATES des décrets ou décisions par lesquels les dotations ont été accordées.	DÉSIGNATION des pays, biens ou établissem.s sur lesquels les dotations ont été constituées.	MONTANT de chaque dotation.	TOTAL des dotations réunies.	TITRE OU MOTIF auquel elles ont été accordées.	MONTANT de l'indemnité fixée par le projet de loi.	OBSERVATIONS.
						Report........	435,000f	
437.	LÉRY, le Vicomte *(François-Joseph)*, lieutenant général.	15 août 1810.	Westphalie.	4,000f	4,000f	Récompense de ses services.	1,000.	
438.	LETORT, le Baron *(Louis-Michel)*, colonel de la garde.	1.er février 1808. 15 mars 1810. 1.er janvier 1812.	Mont de Milan. Rome. Illyrie.	2,000. 4,000. 4,000.	10,000.	*Idem.*	1,000.	
439.	LEVAVASSEUR, le Baron *(Benjamin-Pierre-Claude)*, maréchal-de-camp.	17 mars 1808. 15 août 1809.	Mont de Milan. Rome.	500. 4,000.	4,500.	*Idem.*	1,000.	
440.	L'HERMITE, le Baron *(Jean-Marthe-Adrien)*, contre-amiral.	15 août 1810.	Hanovre.	4,000.	4,000.	*Idem.*	1,000.	
441.	LHUILLIER, le Baron *(François)*, lieutenant général.	17 mars 1808.	Westphalie.	4,000.	4,000.	*Idem.*	1,000.	
442.	LIÉGEARD, le Baron *(Jean-Baptiste)*, colonel en retraite.	19 mars 1808. 28 septembre 1813.	Westphalie. *Id.*	2,000. 2,000.	4,000.	*Idem.*	1,000.	
443.	LIGER-BELAIR, le Vicomte *(Louis)*, lieutenant général.	17 mars 1808.	Westphalie.	4,000.	4,000.	*Idem.*	1,000.	
444.	LOCQUENEUX, le Baron *(Jean-Charles)*, capitaine au 17.e de ligne.	15 août 1809.	Hanovre.	4,000.	4,000.	*Idem.*	1,000.	
445.	LOMET DES FOUCAUX *(Antoine-François)* adjudant commandant en retraite.	17 mars 1808.	Westphalie.	4,000.	4,000.	*Idem.*	1,000.	
446.	LONCHAMP, le Baron *(Louis)*, maréchal-de-camp.	1.er février 1808. 15 mars 1810. 1.er janvier 1812.	Mont de Milan. Hanovre. Illyrie.	2,000. 2,000. 4,000.	8,000.	*Idem.*	1,000.	
447.	LORCET, le Baron *(Jean-Baptiste)*, maréchal-de-camp.	15 août 1810. 8 avril 1812.	Trasimène. *Idem.*	2,000. 4,000.	6,000.	*Idem.*	1,000.	
448.	LORGE, le Baron *(Jean-Thomas-Guillaume)*, lieutenant général.	17 mars 1808.	Westphalie.	4,000.	4,000.	*Idem.*	1,000.	
449.	LOUIS, le Baron, ministre d'état, membre de la chambre des députés.	1.er janvier 1812.	Illyrie.	4,000.	4,000.	*Idem.*	1,000.	
450.	LUDOT *(Denis-Éloi)*, maréchal-de-camp.	8 septembre 1808. 15 août 1809.	Trasimène. Erfurt.	2,000. 2,000.	4,000.	*Idem.*	1,000.	
	M							
451.	MAISON, le Comte *(Nicolas-Joseph)*, lieutenant général, pair de France.	17 mars 1808.	Westphalie.	4,000.	4,000.	*Idem.*	1,000.	
452.	MALLET *(Jean-Antoine-Laurent)*, major aux voltigeurs de la garde.	19 mars 1808. 1.er janvier 1812.	Rome. Illyrie.	2,000. 4,000.	6,000	*Idem.*	1,000.	
453.	MALOUET, le Comte, fils de Victor-Pierre, conseiller d'état, ancien ministre de la marine.	3 décembre 1809. 1.er janvier 1812.	Rome. Illyrie.	4,000. 4,000.	8,000.	*Idem.*	1,000.	
						A reporter......	452,000.	

NUMÉROS D'ORDRE.	NOMS, QUALITÉS ET GRADES des donataires ou de leurs successeurs.	DATES des décrets ou décisions par lesquels les dotations ont été accordées.	DÉSIGNATION des pays, biens ou établissem.s sur lesquels les dotations ont été constituées.	MONTANT de chaque dotation.	TOTAL des dotations réunies.	TITRE OU MOTIF auquel elles ont été accordées.	MONTANT de l'indemnité fixée par le projet de loi.	OBSERVATIONS.
						Report......	452,000f	
454.	MANIGAULT-GAULOIS, le Baron *(Jules)*, fils du maréchal-de-camp.	19 mars 1813.	Rome.	4,000f	4,000f	Récompense des services de son père, mort à la bataille d'Avisa.	1,000.	
455.	MANSET *(Benoît-Regis)*, colonel d'infanterie.	17 mars 1808.	Westphalie.	4,000.	4,000.	Récompense de ses services.	1,000.	
456.	MARBŒUF *(François)*, chef de bataillon en retraite.	19 mars 1808. 3 décembre 1809.	Westphalie. Bayreuth.	2,000. 2,000.	4,000.	*Idem.*	1,000.	
457.	MARBOT, le Baron *(Jean-Baptiste-Marcelin)*, colonel de cavalerie.	15 août 1809. 28 septembre 1813.	Trasimène. *"*	2,000. 2,000.	4,000.	*Idem.*	1,000.	
458.	MARCHAND DE MARTELLIÈRE, le Baron *(Justin-Laurent)*, inspecteur aux revues.	17 mars 1808. 15 août 1809.	Mont de Milan. Hanovre.	500. 4,000.	4,500.	*Idem.*	1,000.	
459.	MARIN, le Baron *(Barthélemy)*, maréchal-de-camp.	17 mars 1808. 3 octobre 1809.	Mont de Milan. Hanovre.	500. 4,000.	4,500.	Amputation.	1,000.	
460.	MARION *(Jean Charles-Victor)*, fils du maréchal-de-camp.	15 août 1809.	Hanovre.	4,000.	4,000.	Récompense des services de son père, mort le 7 septembre 1812.	1,000.	
461.	MARTHOD *(Louis-Benoît)*, fils de Louis-Ignace, major des dragons de la garde.	15 mars 1810. 1.er janvier 1812.	Hanovre. Illyrie.	4,000. 4,000.	8,000.	Récompense des services de son père, mort le 5 octobre 1812.	1,000.	
462.	MARTIAL, le Baron *(Adrien-Thomas)*, maréchal-de-camp.	15 août 1809.	Hanovre.	4,000.	4,000.	Récompense de ses services.	1,000.	
463.	MARTIN *(Pierre)*, vice-amiral.	3 décembre 1809.	Hanovre.	4,000.	4,000.	*Idem.*	1,000.	
464.	MARX *(Daniel)*, maréchal-de-camp.	17 mars 1809.	Westphalie.	4,000.	4,000.	*Idem.*	1,000.	
465.	MASSEBEUF, le Baron *(François)*, lieutenant d'infanterie.	15 août 1809.	Rome.	4,000.	4,000.	*Idem.*	1,000.	
466.	MATHEVON DE CURNIEU *(Charles-Louis-Adélaïde-Henri)*, fils du colonel.	19 mars 1808. 15 août 1809. 15 août 1810.	Westphalie. Trasimène. Fulde.	2,000. 4,000. 2,000.	8,000.	Récompense des services de son père, mort le 2 février 1813.	1,000.	
467.	MATHIEU, le Comte *(Maurice-David-Joseph)*, lieutenant général, pair de France.	15 août 1810.	Rome.	4,000.	4,000.	Récompense de ses services	1,000.	
468.	MATHIS *(Jean-Nicolas)*, colonel de cavalerie.	17 mars 1808.	Westphalie.	4,000.	4,000.	*Idem.*	1,000.	
469.	MAUCOMBLE, le Baron *(Jean-François-Nicolas-Joseph)*, maréchal-de-camp.	19 mars 1808. 15 août 1809.	Westphalie. Rome.	2,000. 4,000.	6,000.	*Idem.*	1,000.	
470.	MAUCUNE *(Louis* POPON DE), colonel d'état-major.	15 août 1809.	Hanovre.	4,000.	4,000.	*Idem.*	1,000.	
471.	MAUPOINT, le Baron *(Louis-Joseph)*, maréchal-de-camp.	17 mars 1808.	Westphalie.	4,000.	4,000.	*Idem.*	1,000.	
472.	MAURIN, le Baron *(Antoine)*, lieutenant général.	17 mars 1808.	Westphalie.	4,000.	4,000.	*Idem.*	1,000.	
						A reporter.....	471,000.	

NUMÉROS D'ORDRE.	NOMS, QUALITÉS, ET GRADES des donataires ou de leurs successeurs.	DATES des décrets ou décisions par lesquels les dotations ont été accordées.	DÉSIGNATION des pays, biens ou établissem.s sur lesquels les dotations ont été constituées.	MONTANT de chaque dotation.	TOTAL des dotations réunies.	TITRE OU MOTIF auquel elles ont été accordées.	MONTANT de l'indemnité fixée par le projet de loi.	OBSERVATIONS.
						Report.........	471,000f	
473.	MÉCHIN, le Baron *(Alexandre-Edme)*, ancien préfet.	15 août 1809. 7 juin 1811.	Hanovre. Westphalie.	4,000f 4,000.	8,000f	Récompense de ses services.	1,000.	
474.	MECKENEM, le Baron *(Charles-Maurice)*, colonel en retraite.	1.er février 1808. 15 mars 1810.	Mont de Milan. Trasimène.	2,000. 2,000.	4,000.	*Idem.*	1,000.	
475.	MÉJAN, le Baron *(Louis-Joseph)*, colonel du 31.e de ligne.	17 mars 1808.	Westphalie.	4,000.	4,000.	*Idem.*	1,000.	
476.	MENNE *(Jean-Baptiste-Pierre)*, maréchal-de-camp.	17 mars 1818.	Westphalie.	4,000.	4,000.	*Idem.*	1,000.	
477.	MERGEZ, le Baron *(Georges-Nicolas)*, colonel d'état-major.	15 août 1809.	Hanovre.	4,000.	4,000.	*Idem.*	1,000.	
478.	MÉRIAGE, le Baron *(Louis-Auguste-François)*, maréchal-de-camp.	19 mars 1808. 15 août 1809.	Westphalie. Hanovre.	2,000. 4,000.	6,000.	*Idem.*	1,000.	
479.	MERLIN, le Baron *(Jean-Baptiste-Gabriel)*, maréchal-de-camp.	17 mars 1808.	Westphalie.	4,000.	4,000.	*Idem.*	1,000.	
480.	MESGRIGNY, le Baron *(Adrien-Charles-Marie)*, chef d'escadron.	30 janvier 1811.	Westphalie.	4,000.	4,000.	*Idem.*	1,000.	
481.	MEUNIER, le Baron *(Claude-Marie)*, lieutenant général.	17 mars 1808.	Rome.	4,000.	4,000.	*Idem.*	1,000.	
482.	MEZIAU, le Baron *(Charles-Claude)*, maréchal-de-camp.	19 mars 1810. 15 août 1809.	Westphalie. Hanovre.	2,000. 4,000.	6,000.	*Idem.*	1,000.	
483.	MEYER *(Frédéric)*, maréchal-de-camp.	6 août 1811. 19 février 1812.	Montenotte. *Idem.*	2,000. 2,000.	4,000.	*Idem.*	1,000.	
484.	MILLET, le Baron *(Théodore-Jean-François)*, maréchal-de-camp.	19 mars 1808. 2 mars 1811.	Trasimène. *Idem.*	2,000. 2,000.	4,000.	*Idem.*	1,000.	
485.	MICHAUD, le Baron *(Claude-Ignace-François)*, lieutenant général.	17 mars 1808.	Westphalie.	4,000.	4,000.	*Idem.*	1,000.	
486.	MINAL *(Pierre-Frédéric)*, fils du Baron Jean-Frédéric, colonel du 23.e de ligne.	15 août 1809.	Rome.	4,000.	4,000.	Récompense des services de son père, mort le 27 mars 1817.	1,000.	
487.	MOLÉ, le Comte, pair de France.	1.er janvier 1812.	Illyrie.	4,000.	4,000.	Récompense de ses services.	1,000.	
488.	MONCEY, le Baron *(Claude-François-Jeannot)*, colonel de cavalerie.	19 mars 1808. 29 décembre 1812.	Westphalie. Rome.	2,000. 4,000.	6,000.	*Idem.*	1,000.	
489.	MONGENET, le Baron *(François-Bernard)*, maréchal-de-camp.	17 mars 1808. 15 août 1809.	Mont de Milan. Hanovre.	500. 4,000.	6,000.	*Idem.*	1,000.	
490.	MONTARAN (DE), le Baron *(Edme-Hippolyte-Jacques-Michau)*, écuyer.	30 juin 1811.	Hanovre.	4,000.	4,000.	*Idem.*	1,000.	
						A reporter.....	489,000.	

NUMÉROS D'ORDRE.	NOMS, PRÉNOMS ET GRADES des donataires ou de leurs successeurs.	DATES des décrets ou décisions par lesquels les dotations ont été accordées.	DÉSIGNATION des pays, biens ou établissem.s sur lesquels les dotations ont été accordées.	MONTANT de chaque dotation.	TOTAL des dotations réunies.	TITRE OU MOTIF auquel elles ont été accordées.	MONTANT de l'indemnité fixée par le projet de loi.	OBSERVATIONS.
						Report...	488,000f	
491.	MONTBRUN, le Baron *(Alexandre)*, maréchal-de-camp, adjoint aux inspecteurs généraux de cavalerie.	15 août 1809. 15 août 1810.	Erfurt. Westphalie.	2,000f 4,000.	6,000f	Récompense de ses services.	1,000.	
492.	MONTESQUIOU-FEZENSAC, le Comte *(Raymond-Aimery-Philippe-Joseph)*, maréchal-de-camp.	15 août 1809.	Rome.	4,000.	4,000.	*Idem.*	1,000.	
493.	MONFORT, le Baron *(Jacques)*, maréchal-de-camp.	30 décembre 1812.	Westphalie.	4,000.	4,000.	*Idem.*	1,000.	
494.	MONTGARDÉ, le Baron *(Marie-Mathurin-Henri-Mariette)*, colonel des chasseurs des Vosges.	17 mars 1808. 15 août 1809. 1.er janvier 1812.	Mont de Milan. Rome. Illyrie.	1,000. 4,000. 4,000.	9,000.	*Idem.*	1,000.	
495.	MONTHOLON DE SÉMONVILLE, le Baron *(Charles-Tristan)*, colonel.	19 mars 1808. 15 août 1809.	Westphalie. Rome.	2,000. 4,000.	6,000.	*Idem.*	1,000.	
496.	MONTMARIE, PELLETIER DE *(Aimé-André-Ernest)*, fils du Baron Aimé-Sulpice, colonel de dragons.	*Idem.*	*Idem.*	4,000.	4,000.	Récompense des services de son père, mort le 2 novembre 1813.	1,000.	
497.	MORANDINI *(Antoine-François)*, chef de bataillon en retraite.	19 mars 1808. 15 août 1809.	Westphalie. Bayreuth.	2,000. 2,000.	4,000.	Récompense de ses services.	1,000.	
498.	MOREAU *(Jean Claude)*, maréchal-de-camp.	*Idem.*	Rome.	4,000.	4,000.	*Idem.*	1,000.	
499.	MOREL *(Joseph-Pierre-Dominique-Guillaume)*, colonel en retraite.	17 mars 1808.	Westphalie.	4,000.	4,000.	*Idem.*	1,000.	
500.	MORLANT *(Louis-Élie-Hippolyte)*, neveu du colonel tué à Austerlitz.	19 mars 1811.	Hanovre.	4,000.	4,000.	Récompense des services de son oncle.	1,000.	
501.	MOTARD, le Baron *(Léonard-Bernard)*, contre-amiral.	15 août 1810.	*Idem.*	4,000.	4,000.	Récompense de ses services.	1,000.	
502.	MOULIN *(Jean-François)*, sous-lieutenant aux hussards du Jura, fils du général.	15 août 1809.	Rome.	4,000.	4,000.	Récompense des services de son père.	1,000.	
503.	MOURIER, le Baron *(Pierre)*, maréchal-de-camp.	17 mars 1808.	Westphalie.	4,000.	4,000.	Récompense de ses services.	1,000.	
504.	MOUTON-DUVERNET, le Baron *(Régis-Barthélemy)*, lieutenant général.	17 mars 1808. 15 mars 1810. 1.er janvier 1812.	Rome. *Idem.* Deux-Nèthes.	4,000. 2,000. 2,000.	8,000.	*Idem.*	1,000.	
505.	MULLER *(Joseph-Antoine-Charles)*, anc. col. du 12.e de ligne.	17 mars 1808.	Westphalie.	3,000.	4,000.	*Idem.*	1,000.	
506.	MURAT-SISTRIÈRES, le Baron *(François-Michel)*, colonel du 9.e de cuirassiers.	3 septembre 1813.	Dép.t de l'Ombronne	4,000.	4,000.	*Idem.*	1,000.	
507.	MUSNIER, le Baron *(Louis-François-Félix)*, lieuten. génér.	14 juin 1810. 30 juin 1811.	Hanovre. Erfurt.	4,000. 2,000.	6,000.	*Idem.*	1,000.	
						A reporter...	505,000.	

NUMÉROS D'ORDRE.	NOMS, QUALITÉS ET GRADES des donataires ou de leurs successeurs.	DATES des décrets ou décisions par lesquels les dotations ont été accordées,	DÉSIGNATION des pays, biens ou établissem.s sur lesquels les dotations ont été constituées.	MONTANT de chaque dotation.	TOTAL des dotations réunies.	TITRE OU MOTIF auquel elles ont été accordées.	MONTANT de l'indemnité accordée par le projet de loi.	OBSERVATIONS.
						Report...	505,000f	
				N				
508.	NAGLE, le Baron *(Thomas-Patrice)*, maréchal-de-camp.	15 août 1809. 1.er janvier 1812.	Rome. Dép.t des 2 Nèthes.	4,000f 2,000.	6,000f	Récompense de ses services.	1,000.	
509.	NAJAC, le Comte *(Benoît-George)*, ancien intendant général et conseiller d'état.	*Idem.*	Illyrie.	4,000	4,000	*Idem.*	1,000.	
510.	NEIGRE, le Baron *(Gabriel)*, lieutenant général.	17 mars 1808.	Westphalie.	4,000.	4,000.	*Idem.*	1,000.	
511.	NÉRIN *(Claude)*, colonel en retraite.	*Idem.*	*Idem.*	4,000.	4,000.	*Idem.*	1,000.	
512.	NICOLAS, le Baron *(Jean)*, maréchal-de-camp.	*Idem.*	*Idem.*	4,000.	4,000.	*Idem.*	1,000.	
513.	NIVET, le Baron *(François)*, colonel d'état-maj. en retraite.	*Idem.* 15 août 1809.	Mont de Milan. Rome.	500. 4,000.	4,500.	*Idem.*	1,000.	
514.	NOAILLES, le Baron *(Alfred-Louis-Dominique-Vincent de Paule)*, capitaine.	17 mars 1808. 15 août 1809.	Mont de Milan. Rome.	500. 4,000.	4,500.	*Idem.*	1,000.	
515.	NOGARET *(Pierre-Barthélemi-Joseph)*, ancien préfet de l'Hérault.	*Idem.*	Hanovre.	4,000.	4,000.	*Idem.*	1,000.	
516.	NOOS, le Baron *(Joseph)*, lieutenant-colonel.	19 mars 1808. 15 août 1809.	Rome. Trasimène.	2,000. 2,000.	4,000.	Son amputation.	1,000.	
517.	NORMAND, le Baron *(Jean-François-Gaspar)*, fils de Jean-Gaspar, maréchal-de-camp.	*Idem.* *Idem.*	Hanovre. Rome.	4,000. 4,000.	8,000.	Récompense des services de son père, mort le 17 janvier 1813.	1,000.	
518.	NOUGARÈDE DE FAYET, le Baron *(André-Jean-Simon)*, ancien maître des requêtes et président de la Cour royale de Paris.	30 juin 1811. 30 juillet 1811.	*Idem.* *Idem.*	2,000. 4,000.	6,000.	Récompense de ses services.	1,000.	
519.	NOURY, le Baron *(Henri-Marie)*, lieutenant général.	17 mars 1808.	Westphalie.	4,000.	4,000.	*Idem.*	1,000.	
				O				
520.	OFFENSTEIN, le Baron *(François-Joseph)*, maréchal-de-c.	*Idem.*	*Idem.*	4,000.	4,000.	*Idem.*	1,000.	
521.	OLIVIER, le Baron *(Jean-Baptiste)*, lieutenant général.	15 août 1810. 30 juin 1811.	*Idem.* Erfurt.	2,000. 2,000.	4,000	*Idem.*	1,000.	Mort.
522.	O'MEARA, le Baron *(Guillaume)*, maréchal-de-camp.	8 septembre 1808. 15 août 1809.	Trasimène. Hanovre.	4,000. 4,000.	8,000.	*Idem.*	1,000.	
523.	OUDET *(Jacques-Nicolas-Éliacim)*, fils du colonel.	19 mars 1808. 15 août 1809.	Westphalie. Hanovre.	2,000. 4,000.	6,000.	Récompense des services de son père, mort le 9 juillet 1809.	1,000.	
						A reporter...	521,000.	

NUMÉROS D'ORDRE.	NOMS, PRÉNOMS ET GRADES des donataires ou de leurs successeurs.	DATES des décrets ou décisions par lesquels les dotations ont été accordées.	DÉSIGNATION des pays, biens ou établissem.s sur lesquels les dotations ont été constituées.	MONTANT de chaque dotation.	TOTAL des dotations réunies.	TITRE OU MOTIF auquel elles ont été accordées.	MONTANT de l'indemnité fixée par le projet de loi.	OBSERVATIONS.
						Report...	251,000f	
			P					
524.	PACTHOD, le Comte *(Michel-Marie)*, lieutenant général.	17 mars 1808. 15 août 1809.	Westphalie. Rome.	4,000f 4,000.	8,000f	Récompense de ses services.	1,000.	
525.	PAGÈS *(Joseph)*, maréchal-de-camp.	17 mars 1808.	Westphalie.	4,000.	4,000.	*Idem.*	1,000.	
526.	PAJOL, le Baron *(Pierre)*, lieutenant général.	*Idem.*	*Idem.*	4,000.	4,000.	*Idem.*	1,000.	
527.	PARENT *(Antoine)*, chef d'escadron en retraite.	15 août 1809.	Hanovre.	4,000.	4,000.	*Idem.*	1,000.	
528.	PARIGOT, le Baron *(Augustin)*, colonel d'état-major.	17 mars 1808.	Westphalie.	4.000.	4,000.	*Idem.*	1,000.	
529.	PARIS, le Baron *(Marie-Auguste)*, maréchal-de-camp.	24 juin 1810. 6 août 1811.	Hanovre. Rome.	4,000. 4,000.	8,000.	*Idem.*	1,000.	
530.	PASTOL DE KERAMELIN, le Baron *(Joseph-Numa)*, fils de Ives-Marie, maréchal-de-c.	15 août 1809.	*Idem.*	4,000.	4,000.	Services de son père, mort le 31 décembre 1813.	1,000.	
531.	PAULTRE DELAMOTTE, le Baron *(Pierre-Louis-François)*, lieuten. des gardes-du-corps.	17 mars 1808.	*Idem.*	4,000.	4,000.	Récompense de ses services.	1,000.	
532.	PECHEUX, le Baron *(Marc-Nicolas-Louis)*, lieutenant général.	*Idem.*	*Idem.*	4,000.	4,000.	*Idem.*	1,000.	
533.	PELGRIN, le Baron *(Christophe)*, colonel d'artillerie à cheval.	19 mars 1808. 15 août 1809.	Trasimène. Rome.	2,000. 4,000.	6,000.	*Idem.*	1,000.	
534.	PELLEGARDS *(Adelaïde-Julie-Alexandrine-Gabrielle)*, fille de l'adjudant commandant.	30 juillet 1811.	Westphalie.	4,000.	4,000.	Récompense des services de son père, mort le 7 mars 1811.	1,000.	
535.	PELLEPORT, le Baron *(Pierre)*, maréchal-de-camp.	15 mars 1808. 15 août 1809.	Trasimène. *Idem.*	2,000. 2,000.	4,000.	Récompense de ses services.	1,000.	
536.	PELLETIER, le Baron *(Jean-Baptiste)*, maréchal-de-camp.	17 mars 1808.	Westphalie.	4,000.	4,000.	*Idem.*	1,000.	
537.	PÉRIGORD (TALLEYRAND DE), le Comte, colonel du 1.er des cuirassiers de la garde royale.	19 mars 1808. 15 août 1809.	*Idem.* Trasimène.	2,000. 2,000.	4,000.	*Idem.*	1,000.	
538.	PERNET, le Baron *(Jean-Charles)*, colonel.	19 mars 1808. 15 août 1809.	Westphalie. Trasimène.	2,000. 2,000.	4,000.	*Idem.*	1,000.	
539.	PERREIMOND, le Baron *(André-Thomas)*, lieutenant général.	17 mars 1808.	Westphalie.	4,000.	4,000.	*Idem.*	1,000.	
540.	PERQUIT, le Baron *(Sébastien)*, colonel en retraite.	19 mars 1808. 3 décembre 1809. 28 septemb. 1813.	*Idem.* Rome. "	2,000. 4,000. 1,000.	7,000.	*Idem.*	1,000.	
541.	PETIT, le Baron *(Jean-Martin)*, maréchal-de-camp.	15 août 1809.	Rome.	4,000.	4,000.	*Idem.*	1,000.	
						A reporter...	539,000.	

NUMÉROS D'ORDRE.	NOMS, QUALITÉS ET GRADES des donataires ou de leurs successeurs.	DATES des décrets ou décisions par lesquels les dotations ont été accordées.	DÉSIGNATION des pays, biens ou établissem.s sur lesquels les dotations ont été constituées.	MONTANT de chaque dotation.	TOTAL des dotations réunies.	TITRE OU MOTIF auquel elles ont été accordées.	MONTANT de l'indemnité accordée par le projet de loi.	OBSERVATIONS.
						Report...	539,000f	
542.	PEYROT, le Baron *(Joseph)*, colonel en retraite.	15 août 1809. 3 décembre 1809.	Erfurt. Trasimène.	2,000f 2,000.	4,000f	Récompense de ses services.	1,000.	
543.	PHILIPPON, le Baron *(Armand)*, lieutenant général.	17 mars 1808.	Rome.	4,000.	4,000.	*Idem.*	1,000.	
544.	PIAT, le Baron *(Jean-Pierre)*, maréchal-de-camp.	15 août 1809.	*Idem.*	4,000.	4,000.	*Idem.*	1,000.	
545.	PICARD *(Joseph)*, maréchal-de-camp.	17 mars 1808.	Westphalie.	4,000.	4,000.	*Idem.*	1,000.	
546.	PICQUET, le Baron *(Cirille-Simon)*, maréchal-de-camp.	*Idem.*	Trasimène.	4,000.	4,000.	*Idem.*	1,000.	
547.	PIERRE, le Baron *(Jean)*, capitaine de cuirassiers.	15 août 1809.	*Idem.*	4,000.	4,000.	*Idem.*	1,000.	
548.	PISTON, le Baron *(Joseph)*, lieutenant général retraité.	17 mars 1808.	Westphalie.	4,000.	4,000.	*Idem.*	1,000.	
549.	PLICQUE, le Baron *(Louis-Augustin)*, colonel d'état-major.	7 août 1810.	Hanovre.	4,000.	4,000.	*Idem.*	1,000,	
550.	POINSOT, le Baron *(Pierre)*, lieutenant général.	15 août 1809. 15 août 1810.	Rome. *Idem.*	4,000. 2,000.	6,000.	*Idem.*	1,000.	
551.	POITEVIN DE MAUREILLAN, le Baron *(Jean-Étienne-Casimir)*, lieutenant général du génie.	17 mars 1808.	Westphalie.	4,000.	4,000.	*Idem.*	1,000.	
552.	POLLOSSON, le Baron *(Jean-Baptiste)*, adjudant-major.	15 août 1809.	Rome.	4,000.	4,000.	*Idem.*	1,000.	
553.	POMMEREUL, le Baron *(François-René-Jean)*, ancien préfet et conseiller d'état.	3 décembre 1809. 1.er janvier 1812.	Hanovre. Illyrie.	4,000. 4,000.	8,000.	*Idem.*	1,000.	
554.	PONCET, le Baron *(Jean-François)*, capitaine en retraite.	15 août 1809.	Hanovre.	4,000.	4,000.	*Idem.*	1,000.	
555.	PONSARD *(Jean-Marie)*, fils du colonel.	2 avril 1813.	Westphalie.	4,000.	4,000.	Récompense des services de son père, mort le 25 août 1814.	1,000.	
556.	POUCHELON, le Baron *(Antoine-François-Raimond)*, maréchal-de-camp.	17 mars 1808.	*Idem.*	4,000	4,000.	Récompense de ses services.	1,000	
557.	POUGET, le Baron *(Pierre)*, maréchal-de-camp.	15 août 1809.	Rome.	4,000.	4,000.	*Idem.*	1,000.	
558.	POURAILLY, le Baron *(Bernard)*, maréchal-de-camp.	17 mars 1808.	Westphalie.	4,000.	4,000.	*Idem.*	1,000.	
559.	PREVAL *(Claude-Antoine-Hippolyte)*, lieutenant général.	*Idem.*	*Idem.*	4,000.	4,000.	*Idem.*	1,000.	
560.	PRÉVOST, le Baron *(Louis-Charlemagne)*, colonel de cavalerie.	19 mars 1808. 15 août 1809.	*Idem.* Erfurt.	2,000. 2,000.	4,000.	*Idem.*	1,000.	
						porter...	558,000	

NUMÉROS D'ORDRE.	NOMS, QUALITÉS ET GRADES des donataires ou de leurs successeurs.	DATES des décrets ou décisions par lesquels les dotations ont été accordées	DÉSIGNATION des pays, biens ou établissem.ns sur lesquels les dotations ont été constituées.	MONTANT de chaque dotation.	TOTAL des dotations réunies.	TITRE OU MOTIF auquel elles ont été accordées.	MONTANT de l'indemnité fixée par le projet de loi.	OBSERVATIONS.
						Report....	558,000f	
561.	PRÉVOST-SAINT-CYR, le Comte, colonel d'infanterie.	19 mars 1808. 15 août 1809.	Westphalie. Trasimène.	2000f 2,000.	4,000f	Récompense de ses services	1,000.	
562.	PRUÈS *(Bernard)*, Colonel de cavalerie.	19 mars 1808. 15 août 1809.	Westphalie. Trasimène.	2,000. 2,000.	4,000.	*Idem.*	1,000.	
563.	PRYVÉ, le Baron *(Ythier-Silvain)*, maréchal-de-camp.	17 mars 1808.	Westphalie.	4,000.	4,000.	*Idem.*	1,000.	
564.	PUTHOD, le Baron *(Jacques-Marie-Joseph)*, lieutenant général.	*idem.*	*idem.*	4,000.	4,000.	*Idem.*	1,000.	
565.	PUTIGNY, le Baron *(Jean-Marie)*, capitaine d'infanterie.	15 août 1809.	Rome.	4,000.	4,000.	*Idem.*	1,000.	
566.	PUTON, le Baron *(Marc-Antoine-Joseph-Frédéric)*, adjudant command. en retraite.	9 août 1813.	Westphalie.	4,000.	4,000.	*Idem.*	1,000.	
	Q							
567.	QUESNEL-DUTORT, le Baron *(François-Jean-Baptiste)*, lieutenant général en retraite.	15 août 1810.	Trasimène.	4,000.	4,000.	*Idem.*	1,000.	
568.	QUÉTARD, le Baron *(Jacques)*, maréchal-de-camp.	*Idem.*	Rome.	4,000.	4,000.	*Idem.*	1,000.	
569.	QUEUNOT, le Baron *(Mathieu)*, maréchal-de-camp.	17 mars 1808.	Trasimène.	4,000.	4,000.	*Idem.*	1,000.	
570.	QUINETTE DE CERNEY, le Baron *(Jean-Charles)*, maréchal-de-camp.	*idem.*	*Idem.*	4,000.	4,000.	*Idem.*	1,000.	
571.	QUINETTE, le Baron *(Jean-Charles)*, ancien conseiller d'état.	1.er janvier 1812.	Illyrie.	4,000.	4,000.	*Idem.*	1,000.	
572.	QUIOT, le Baron *(Jérôme-Joachim)*, maréchal-de-camp.	17 mars 1808.	Westphalie.	4,000.	4,000.	*Idem.*	1,000.	
	R							
573.	RABUSSON, le Baron *(Jean)*, lieutenant-colonel des grenadiers à cheval de la garde.	1.er février 1808. 8 mai 1812.	Mont de Milan. Hanovre.	1,000. 4,000.	5,000.	*Idem.*	1,000.	
574.	RADET, le Baron *(Étienne)*, lieutenant général.	3 décembre 1809.	*Idem.*	4,000.	4,000.	*Idem.*	1,000.	
575.	RAMBOURGT, le Baron *(Gabriel)*, maréchal-de-camp.	15 août 1809.	Rome.	4,000.	4,000.	*Idem.*	1,000.	
576.	RAVERAT, le Baron *(René-Claude-Jean)*, lieutenant en retraite.	*Idem.*	*Idem.*	4,000.	4,000.	*Idem.*	1,000.	
577.	RAVIER *(Ambroise)*, Maréchal-de-camp.	17 mars 1808.	Westphalie.	4,000.	4,000.	*Idem.*	1,000.	
						A reporter.....	575,000.	

NUMÉROS D'ORDRE.	NOMS, QUALITÉS ET GRADES des donataires ou de leurs successeurs.	DATES des décrets ou décisions par lesquels les dotations ont été accordées.	DÉSIGNATION des pays biens ou établissem.ns sur lesquels les dotations ont été constituées.	MONTANT de chaque dotation.	TOTAL des dotations réunies.	TITRE OU MOTIF auquel elles ont été accordées.	MONTANT de l'Indemnité fixée par le projet de loi.	OBSERVATIONS.
						Report......	575,000f	
578.	REINHARD, le Baron *(Charles-Frédéric)*, ministre plénipotentiaire.	15 août 1809.	Hanovre.	4,000f	4,000f	Récompense de ses services.	1,000.	
579.	REISET, le Baron *(Marie-Antoine)*, maréchal-de-camp, lieuten. des gardes-du-corps.	15 août 1809. 14 mai 1813.	Erfurt. Rome.	2,000. 2,000.	4,000.	*Idem.*	1,000.	
580.	REMOND *(Charles François)*, maréchal-de-camp.	17 mars 1808.	Westphalie.	4,000.	4,000.	*Idem.*	1,000.	
581.	REMY, le Baron *(Claude-Charles)*, capit. de cuirassiers.	15 août 1809.	Rome.	4,000.	4,000.	*Idem.*	1,000.	
582.	REMY, le Baron *(Antoine)*, chef d'escadron de gendarmerie.	1.er février 1808. 6 février 1813.	Mont de Milan. Trasimène.	2,000. 2,000.	4,000.	*Idem.*	1,000.	
583.	RENARD, le Chevalier *(Brice-Jean-Baptiste)*, maréchal-de-camp.	8 septembre 1808. 4 octobre 1810.	*Idem.* Tyrol italien.	2,000. 2,000.	4,000.	*Idem.*	1,000.	
584.	RENAUD, le Baron *(Antoine-François-Adolphe)*, maréchal-de-camp.	15 août 1809.	Rome.	4,000.	4,000.	*Idem.*	1,000.	
585.	REY, le Baron *(Jean-Pierre-Antoine)*, maréchal-de-camp.	17 mars 1808.	Westphalie.	4,000.	4,000.	*Idem.*	1,000.	
586.	RHEINWALD *(Camille-Charles-Auguste)*, fils du maréchal-de-camp.	*Idem.*	*Idem.*	4,000.	4,000.	Récompense des services de son père, mort le 22 juin 1810.	1,000.	
587.	RICHEMOND, le Baron *(Christophe-François-Adolphe)*, maréchal-de-camp.	*Idem.* 15 août 1809.	Mont de Milan. Rome.	500. 4,000.	4,500.	Récompense de ses services.	1,000.	
588.	RICHEPANCE *(Eugène-Charles-Antoine-François)*, lieutenant de chasseurs à cheval, fils du général.	3 décembre 1809.	*Idem.*	4,000.	4,000.	Récompense des services de son père.	1,000.	
589.	RICHTER, le Baron *(Jean-Louis)*, maréchal-de-camp.	17 mars 1808.	Trasimène.	4,000.	4,000.	Récompense de ses services.	1,000.	
590.	RIGNOUX, *(Antoine)*, maréchal-de-camp en retraite.	*Idem.*	Westphalie.	4,000.	4,000.	*Idem.*	1,000.	
591.	RIOUFFE *(Honoré-Chamant-Pierre)*, fils du préfet de la Meurthe.	15 août 1809.	Rome.	4,000.	4,000.	Récompense des services de son père, mort le 30 novembre 1813.	1,000.	
592.	RIPERT, le Baron *(Alexandre-Antoine-Calixte)*, colonel d'état-major.	17 mars 1808.	Westphalie.	4,000.	4,000.	Récompense de ses services.	1,000.	
593.	ROBERT, le Baron *(Simon)*, maréchal-de-camp.	15 mars 1810. 1.er janvier 1812.	Rome. Illyrie.	4,000. 4,000.	8,000.	*Idem.*	1,000.	
594.	ROBERT, le Baron *(Louis-Benoît)*, maréchal-de-camp.	7 août 1810. 6 août 1811.	Rome. Stura.	4,000. 2,000.	6,000.	*Idem.*	1,000.	
595.	ROGET DE BELLOQUET, le Baron MANOUI *(Dominique)*, lieutenant général.	8 septembre 1808.	Westphalie.	4,000.	4,000.	*Idem.*	1,000.	
596.	ROGGIERI, le Baron *(Jean-Baptiste)*, ex-préf., naturalisé.	3 décembre 1809.	Rome.	4,000.	4,000.	*Idem.*	1,000.	
						A reporter.....	594,000.	

NUMÉROS D'ORDRE.	NOMS, QUALITÉS ET GRADES des donataires ou de leurs successeurs.	DATES des décrets ou décisions par lesquels les dotations ont été accordées.	DÉSIGNATION des pays, biens ou établissem.ns sur lesquels les dotations ont été constituées.	MONTANT de chaque dotation.	TOTAL des dotations réunies.	TITRE OU MOTIF auquel elles ont été accordées.	MONTANT de l'indemnité fixée par le projet de loi.	OBSERVATIONS.
						Report....	594,000f	
597.	ROIZE *(Claude)*, mar.-de-camp.	17 mars 1808.	Westphalie.	4,000f	4,000f	Récompense de ses services.	1,000.	
598.	ROLLAND, le Baron *(Jean-André-Louis)*, ancien préfet.	15 août 1809.	Rome.	4,000.	4,000.	*Idem.*	1,000.	
599.	ROLLAND, le Baron *(Pierre)*, maréchal-de-camp.	15 août 1809.	Rome.	4,000.	4,000.	*Idem.*	1,000.	
600.	ROLLAND DE CHAMBAUDOIN, le Comte *(Barthélemy-François)*, ancien préfet.	3 décembre 1809.	Rome.	4,000.	4,000.	*Idem.*	1,000.	
601.	ROMEUF *(André-Barthélemy-Jules)*, neveu du maréchal-de-camp.	19 mars 1808. 15 août 1809.	Westphalie. Rome.	2,000. 4,000.	6,000.	Récompense des services de son oncle, mort le 9 septembre 1812.	1,000.	
602.	ROSÉ *(Jean-Baptiste)*, colonel d'artillerie retraité.	17 mars 1808.	Westphalie.	4,000.	4,000.	Récompense de ses services.	1,000.	
603.	ROSEY, le Baron *(François-Jules)*, fils du major.	1.er février 1808. 15 mars 1810. 30 juin 1811.	Mont de Milan. Trasimène. Erfurt.	2,000. 2,000. 2,000.	6,000.	Récompense des services de son père, mort le 3 janvier 1813.	1,000.	
604.	ROTTEMBOURG, le Baron *(Henri)*, lieutenant général.	17 mars 1808. 1.er janvier 1812.	Westphalie. Illyrie.	4,000. 4,000.	8,000.	Récompense de ses services.	1,000.	
605.	ROUELLE, le Baron *(Pierre-Michel)*, colonel d'infanterie.	7 août 1810. 6 août 1811.	Rome. Octroi du Rhin.	4,000. 1,000.	5,000.	*Idem.*	1,000.	
606.	ROUSSEAU, le Baron *(Guillaume-Charles)*, maréchal-de-camp	1.er février 1808. 1.er janvier 1812. 6 avril 1813.	Mont de Milan. Illyrie. Trasimène.	1,000. 4,000. 2,000.	7,000.	*Idem.*	1,000.	
607.	ROUSSEAUX, le Baron *(Antoine-Alexandre)*, lieuten. général.	15 août 1810.	Hanovre.	4,000.	4,000.	*Idem.*	1,000.	
608.	ROUSSEL *(Charles-Aimé)*, fils du maréchal-de-camp.	15 août 1809.	Rome.	4,000.	4,000.	Récompense des services de son père, mort le 26 juillet 1812.	1,000.	
609.	ROUSSEL D'HURBAL, le Baron, lieutenant général.	28 septembre 1813.	"	4,000.	4,000.	Récompense de ses services.	1,000.	
610.	ROUSSILLE, le Baron *(Jean-Isaac)*, colonel du 5.e de ligne.	15 août 1809.	Rome.	4,000.	4,000.	*Idem.*	1,000.	
611.	ROUYER, le Baron *(Marie-François)*, lieutenant général en retraite.	17 mars 1808.	Westphalie.	4,000.	4,000.	*Idem.*	1,000.	
612.	ROUYER, le Baron *(Joseph-Antoine)*, adjudant-commandant	19 mars 1808. 15 août 1809.	Westphalie. Trasimène.	2,000. 2,000.	4,000.	*Idem.*	1,000.	
	S							
613.	SABATIER *(Bonaventure-Hippolyte)*, directeur général des parcs du génie.	17 mars 1808. 19 mars 1808. 15 août 1809.	Mont de Milan. Westphalie. Erfurt.	500. 2,000. 2,000.	4,500.	*Idem.*	1,000.	
614.	SAINT-AIGNAN (ROUSSEAUDE), le Baron *(Auguste)*, chef d'escadron.	15 août 1809. 30 juin 1811.	Rome. Hanovre.	4,000. 4,000.	8,000.	*Idem.*	1,000.	
						A reporter....	612,000.	

NUMÉROS D'ORDRE.	NOMS, QUALITÉS ET GRADES des donataires ou de leurs successeurs.	DATES des décrets ou décisions par lesquels les dotations ont été accordées.	DÉSIGNATION des pays, biens ou établissem.ns sur lesquels les dotations ont été constituées.	MONTANT de chaque dotation.	TOTAL des dotations réunies.	TITRE OU MOTIF auquel elles ont été accordées.	MONTANT de l'indemnité fixée par le projet de loi.	OBSERVATIONS.
						Report....	612,000f	
615.	SAINT-CYR NUGUES, le Baron, maréchal-de-camp.	17 mars 1808. 14 juin 1810. 2 mars 1811.	Mont de Milan. Trasimène. *Idem.*	500f 2,000. 2,000.	4,500f	Récompense de ses services.	1,000.	
616.	SAINT-GENIÈS DE LISLE DE FALCON, le Baron *(Jean-Marie-Noël)*, maréchal-de-camp.	17 mars 1808.	Trasimène.	4,000.	4,000.	*Idem.*	1,000.	
617.	SAINT-MARS, le Vicomte *(Joseph-César)*, maréc.-de-camp.	19 mars 1808. 15 août 1809.	Westphalie. Hanovre.	2,000. 4,000.	6,000.	*Idem.*	1,000.	
618.	SAINT-MARTIN, le Baron *(Jean)*, maréchal-de-camp.	15 août 1809.	Rome.	4,000.	4,000.	*Idem.*	1,000.	
619.	SALMON, le Baron *(Jean-Jacques)*, colonel en retraite.	19 mars 1808. 15 août 1809.	Westphalie. Trasimène.	2,000 2,000.	4,000.	*Idem.*	1,000.	
620.	SANÉ, le Baron *(Jacques-Noël)*, inspect.r du génie maritime.	15 août 1810.	Hanovre.	4,000.	4,000.	*Idem.*	1,000.	
621.	SARRUT, le Baron *(Augustin-Jean-Jacques-Thomas)*, neveu du lieutenant général.	17 mars 1808.	Westphalie.	4,000.	4,000.	Récompense des services de son oncle, mort le 26 juin 1813.	1,000.	
622.	SAUNIER, le Baron *(Louis-François)*, maréchal-de-camp.	17 mars 1808. 15 août 1809.	Mont de Milan. Rome.	500. 4,000.	4,500.	Récompense de ses services.	1,000.	
623.	SCALFORT, le Baron *(Nicolas-Joseph)*, maréchal-de-camp.	17 mars 1808.	Westphalie.	4,000.	4,000.	*Idem.*	1,000.	
624.	SCHILT *(Jean-Jacques)*, maréchal-de-camp.	15 août 1809. 15 août 1810.	Rome. Hanovre.	4,000. 4,000.	8,000.	*Idem.*	1,000.	
625.	SCHLINCKER *(Joseph)*, capitaine de cuirassiers.	15 août 1809.	Hanovre.	4,000.	4,000.	*Idem.*	1,000.	
626.	SCHNEIT, le Baron *(Pierre-Henri)*, colonel de cavalerie.	1.er février 1808. 15 mars 1810. 28 septembre 1813.	Mont de Milan. *Idem.* *"*	1,000. 1,000. 2,000.	4,000.	*Idem.*	1,000.	
627.	SCHOBERT, le Baron *(Laurent)*, maréchal-de-camp.	17 mars 1808.	Westphalie.	4,000.	4,000.	*Idem.*	1,000.	
628.	SCHWARTZ *(François-Xavier)*, maréc.-de-camp en retraite.	17 mars 1808.	Westphalie.	4,000.	4,000.	*em.*	1,000.	
629.	SCHWITER, le Baron *(Henri-César-Auguste)*, maréchal-de-camp en retraite.	17 mars 1808.	Westphalie.	4,000.	4,000.	*Idem.*	1,000.	
630.	SÉGANVILLE, le Baron *(Louis)*, colonel.	19 mars 1808. 15 août 1809.	Westphalie. Erfurt.	2,000. 2,000.	4,000.	*Idem.*	1,000.	
631.	SEMELLÉ, le Baron *(Jean-Baptiste-Pierre-Hippolyte)*, lieutenant général.	17 mars 1808.	Rome.	4,000.	4,000.	*Idem.*	1,000.	
632.	SEMERY, le Baron *(Jacques-Philippe)*, adjudant-command.t	15 août 1809.	Rome.	4,000.	4,000.	*Idem.*	1,000.	
633.	SHÉE, le Baron *(Raymond)*, maréchal-de-camp.	8 septembre 1808. 15 août 1809.	Rome. *Idem.*	2,000. 4,000.	6,000.	*Idem.*	1,000.	
634.	SHÉE, le Comte *(Henri)*, pair de France.	3 décembre 1809.	Hanovre.	4,000.	4,000.	*Idem.*	1,000.	
						A reporter....	632,000.	

NUMÉROS D'ORDRE.	NOMS, QUALITÉS ET GRADES des donataires ou de leurs successeurs.	DATES des décrets ou décisions par lesquels les dotations ont été accordées.	DÉSIGNATION des pays, biens ou établissem.ns sur lesquels les dotations ont été constituées.	MONTANT de chaque dotation.	TOTAL des dotations réunies.	TITRE OU MOTIF auquel elles ont été accordées.	MONTANT de l'indemnité fixée par le projet de loi.	OBSERVATIONS
						Report....	632,000f	
635.	SICARD *(Joseph-Victorien)*, maréchal-de-camp.	1.er février 1808. 15 mars 1810. 1.er janvier 1812.	Mont de Milan. Trasimène. Illyrie.	1,000f 2,000. 4,000.	7,000f	Récompense de ses services.	1,000.	
636.	SIMMER, le Baron *(Martin-Valentin-François)*, maréchal-de-camp.	19 mars 1808. 15 août 1809.	Westphalie. Rome.	2,000. 4,000.	6,000.	*Idem.*	1,000.	
637.	SOMIS, le Baron *(Justinien-Victor)*, lieutenant général en retraite.	17 mars 1808. 15 août 1810.	Mont de Milan. Hanovre.	500. 4,000.	4,500.	*Idem.*	1,000.	
638.	SOULT, le Baron *(Pierre-Benoît)*, lieutenant général.	17 mars 1808.	Westphalie.	4,000.	4,000.	*Idem.*	1,000.	
639.	SOYEZ, le Baron *(Louis-Stanislas-Xavier)*, maréchal de-camp.	17 mars 1808. 15 août 1809.	Westphalie. Rome.	4,000. 4,000.	8,000.	*Idem.*	1,000.	
640.	SUBERVIC, le Baron *(George-Gervais)*, lieutenant général.	17 mars 1808.	Westphalie.	4,000.	4,000.	*Idem.*	1,000.	
	T							
641.	TAILLEPIED DE BONDY, le Comte *(Pierre-Marie)*, memb. de la chambre des députés.	15 août 1809.	Hanovre.	4,000.	4,000.	*Idem.*	1,000.	
642.	TAVERNIER, le Baron *(François-Joseph)*, colonel d'état-major.	8 septembre 1808. 15 août 1809.	Westphalie. Erfurt.	2,000. 2,000.	4,000.	*Idem.*	1,000.	
643.	TAVIEL, le Baron *(Albert-Louis-Valentin)*, lieutenant général.	15 août 1809. *Idem.*	Hanovre. *Idem.*	4,000. 4,000.	8,000.	*Idem.*	1,000.	
644.	TERREYRE, le Baron *(Denis)*, maréch.-de-camp en retraite.	17 mars 1808.	Trasimène.	4,000.	4,000.	*Idem.*	1,000.	
645.	TERRIER, Baron de PALANTE, *(Jacques)*, adjudant-commandant.	19 mars 1808. 4 juin 1813.	Westphalie. Illyrie.	2,000. 4,000.	6,000.	*Idem.*	1,000.	
646.	TESTE, le Baron *(François-Antoine)*, lieutenant général.	15 août 1809.	Rome.	4,000.	4,000.	*Idem.*	1,000.	
647.	THARREAU *(Pierre-André)*, neveu du maréchal-de-camp.	15 août 1809.	Rome.	4,000.	4,000.	Récompense des services de son oncle, mort le 7 septembre 1812.	1,000.	
648.	THIERRY, le Baron *(Jean-Baptiste)*, maréchal-de-camp.	15 août 1809. 3 décembre 1809.	Erfurt. Rome.	2,000. 4,000.	6,000.	Récompense de ses services.	1,000.	
649.	THOUVENOT *(Pierre)*, maréchal-de-camp.	15 août 1810.	Hanovre.	4,000.	4,000.	*Idem.*	1,000.	
650.	THILLET *(André)*, sergent à la légion du Rhône.	20 mai 1811.	Espagne.	6,000.	6,000.	Récompense des services qu'il a rendus à l'armée française dans les journées des 5, 6 et 7 mai 1811.	1,000.	
651.	TIRLET, le Baron *(Louis)*, lieutenant général d'artillerie.	15 août 1809.	Hanovre.	4,000.	4,000.	Récompense de ses services.	1,000.	
652.	TOUSSAINT, le Baron *(Jean-François)*, maréchal-de-camp	17 mars 1808.	Westphalie.	4,000.	4,000.	*Idem.*	1,000.	
						A reporter....	650,000.	

NUMÉROS D'ORDRE.	NOMS, QUALITÉS ET GRADES des donataires ou de leurs successeurs.	DATES des décrets ou décisions par lesquels les dotations ont été accordées.	DÉSIGNATION des pays, biens ou établissem.ns sur lesquels les dotations ont été constituées.	MONTANT de chaque dotation.	TOTAL des dotations réunies.	TITRE OU MOTIF auquel elles ont été accordées.	MONTANT de l'indemnité fixée par le projet de loi.	OBSERVATIONS.
						Report.......	650,000f	
653.	TREILLARD, le Comte *(Anne-François-Charles)*, lieutenant général.	17 mars 1808.	Rome.	4,000f	4,000f	Récompense de ses services.	1,000.	
654.	TRENQUALYE *(Anne-Alexis Jean)*, adjudant-command.t	19 mars 1808. 15 août 1809.	Westphalie. Trasimène.	2,000. 2,000.	4,000.	*Idem.*	1,000.	
655.	TREUILLE DE BEAULIEU *(Jean-Pierre)*, colonel de dragons.	17 mars 1808.	Westphalie.	4,000.	4,000.	*Idem.*	1,000.	
656.	TRIAIRE, le Baron *(Joseph)*, maréchal-de-camp.	15 août 1809.	Rome.	4,000.	4,000.	*Idem.*	1,000.	
	V							
657.	VALÉE, le Comte *(Charles)*, lieuten. général d'artillerie.	19 mars 1808. 14 juin 1810. 2 mars 1811.	Westphalie. Trasimène. *Idem.*	2,000. 2,000. 2,000.	6,000.	*Idem.*	1,000.	
658.	VALLIN, le Baron *(Louis)*, maréchal-de-camp, inspecteur de cavalerie.	15 août 1809.	Rome.	4,000.	4,000.	*Idem.*	1,000.	
659.	VALTERRE DE SAINT-ANGE, le Baron *(François)*, maréchal-de-camp.	17 mars 1808.	Westphalie.	4,000.	4,000.	*Idem.*	1,000.	
660.	VARLET, le Baron *(Jean-Marie)*, colonel d'infanterie.	15 août 1809.	Rome.	4,000.	4,000.	*Idem.*	1,000.	
661.	VASSEROT, le Baron *(Louis)*, colonel.	19 mars 1808. 15 août 1809.	Westphalie. Trasimène.	2,000. 2,000.	4,000.	*Idem.*	1,000.	
662.	VAUTRÉ, le Baron *(Victor)*, maréchal-de-camp.	19 mars 1808. 15 août 1809.	Trasimène. Erfurt.	2,000. 2,000.	4,000.	*Idem.*	1,000.	
663.	VEAUX *(François-Joseph-Alfred)*, fils du maréchal-de-camp.	17 mars 1808. 15 août 1810.	Westphalie. Hanovre.	4,000. 4,000.	8,000.	Récompense des services de son père, mort le 24 septembre 1817.	1,000.	
664.	VEILANDE, le Baron *(Michel)*, maréchal-de-camp.	17 mars 1808.	Westphalie.	4,000.	4,000.	Récompense de ses services.	1,000.	
665.	VERGEZ, le Baron *(Jean-Marie)*, maréchal-de-camp.	17 mars 1808.	*Idem.*	4,000.	4,000.	*Idem.*	1,000.	
666.	WERLÉ *(Jean-Charles-François)*, fils du maréchal-de-camp.	17 mars 1808.	*Idem.*	4,000.	4,000.	Récompense des services de son père, mort le 16 mai 1811.	1,000.	
667.	VIAL, le Baron *(Jacques-Laurent-Louis-Augustin)*, maréchal-de-camp.	17 mars 1808.	*Idem.*	4,000.	4,000.	Récompense de ses services.	1,000.	
668.	VIALA, le Baron *(Sébastien)*, maréchal-de-camp.	15 août 1809.	Hanovre.	4,000.	4,000.	*Idem.*	1,000.	
669.	VIALLANES, le Baron *(Jean-Baptiste-Théodore)*, maréchal-de-camp.	17 mars 1810.	Westphalie.	4,000.	4,000.	*Idem.*	1,000.	
						A reporter....	667,000.	

NUMÉROS D'ORDRE.	NOMS, QUALITÉS ET GRADES des donataires ou de leurs successeurs.	DATES des décrets ou décisions par lesquels les dotations ont été accordées.	DÉSIGNATION des pays, biens ou établissem.s sur lesquels les dotations ont été constituées.	MONTANT de chaque dotation.	TOTAL des dotations réunies.	TITRE OU MOTIF auquel elles ont été accordées.	MONTANT de l'indemnité fixée par le projet de loi.	OBSERVATIONS.
						Report...	667,000f	
670.	VIANI, capitaine de chasseurs à cheval, fils du maréchal-de-camp.	4 octobre 1810.	Tyrol.	4,000f	4,000.	Récompense des services de son père.	1,000.	
671.	VIARIS, le Baron *(Gaëtan-Fortunat-Eusèbe-François-Marie-Benoît)*, capitaine d'infanterie.	15 août 1809.	Rome.	4.000.	4,000.	Récompense de ses services.	1,000.	
672.	VIENNOT-VAUBLANC, le Baron *(Vincent-Marie)*, ancien préfet, ministre d'état.	*Idem.*	*Idem.*	4,000.	4,000.	*Idem.*	1,000.	
673.	VILLE-SUR-ARCE, sous-inspecteur aux revues.	1.er janvier 1812.	Illyrie.	4,000.	4,000.	*Idem.*	1,000.	
674.	VINCENT, le Baron *(Henri-Catherine-Balthazar)*, maréchal-de-camp.	8 septembre 1808. 15 août 1809.	Mont de Milan. Rome.	500. 4,000.	4,500.	*Idem.*	1,000.	
	Y							
675.	YVENDORFF *(Jacques-Emmanuel-Frédéric)*, fils de Jean-Frédéric, maréchal-de-camp.	17 mars 1808.	Westphalie.	4,000.	4,000.	Récompense des services de son père, mort le 10 novembre 1816.	1,000	
	Z							
676.	ZAEPFFEL *(Louis-François)*, colonel de la légion de la Corse.	8 septembre 1808. 15 août 1809.	Mont de Milan. Hanovre.	500. 4,000.	4,500.	Récompense de ses services.	1,000.	
						TOTAUX GÉNÉRAUX...	674,000.	

5.e CLASSE.

N.o 3.

DONATAIRES DE 5.e CLASSE.

2,000 FRANCS.

NUMÉROS D'ORDRE.	NOMS, QUALITÉS ET GRADES des donataires ou de leurs successeurs.	DATES des décrets ou décisions par lesquels les dotations ont été accordées.	DÉSIGNATION des pays, biens ou établissem.ns sur lesquels les dotations ont été constituées.	MONTANT de chaque dotation.	TOTAL des dotations réunies.	TITRE OU MOTIF auquel elles ont été accordées.	MONTANT de l'indemnité fixée par le projet de loi.	OBSERVATIONS.
			A					
1.	ABERJOUX (*Jean-Marie*), major	19 mars 1808.	Westphalie.	2,000f	2,000f	Récompense de ses services.	500f	
2.	AILLET (*Pierre-Gabriel*), chef de bataillon.	15 août 1809.	Trasimène.	2,000.	2,000.	*Idem.*	500.	
3.	ALLIX (*Jean-Baptiste-Alexis*), chef d'escadron.	19 mars 1808.	Westphalie.	2,000.	2,000.	*Idem.*	500.	
4.	ALLENT, le Chevalier, conseiller d'état.	1.er janvier 1812.	Marengo.	2,000.	2,000.	*Idem.*	500.	
5.	ARMAND (*Joseph*), major....	16 juin 1812.	Apennins.	2,000.	2,000.	*Idem.*	500.	
6.	ARNAULT, le Chevalier (*Antoine-Vincent*), ancien secrétaire général de l'Université.	30 juin 1811.	Trasimène.	2,000.	2,000.	*Idem.*	500.	
7.	ARTAUD (*Jean-Pierre*), major.	19 mars 1808.	Westphalie.	2,000.	2,000.	*Idem.*	500.	
8.	ASSELIN DE VILLIENCOURT, le Chevalier (*Domitien-Joseph*), colonel d'état-major.	17 mars 1808. 15 août 1809.	Mont de Milan. Erfurt.	500. 2,000.	2,500.	*Idem.*	500.	
9.	ASTRUC (*Flavien-Henri-Félix-Achille*), fils du chef de bataillon.	20 mai 1812.	Fulde.	2,000.	2,000.	Récompense des services de son père.	500.	
10.	AUBERT (*Pierre-Alfred*), fils de Pierre-Antoine-Parfait, adjudant-commandant.	15 août 1809.	Trasimène.	2,000.	2,000.	Récompense des services de son père, mort le 31 janvier 1813.	500.	
11.	AUBERT (*Michel-Ange*), chef de bataillon.	19 mars 1808.	Westphalie.	2,000.	2,000.	Récompense de ses services.	500.	
12.	AUGER (*Augustin*), major en retraite.	15 août 1809.	Trasimène.	2,000.	2,000.	*Idem.*	500.	
13.	AUGEREAU, le Baron (*Jean-Pierre*), lieutenant général.	30 juin 1811.	Erfurt.	2,000.	2,000.	*Idem.*	500.	
14.	AUSSENAC, le Baron (*Pierre-Gabriel*), maréchal-de-camp en retraite.	17 mars 1808. 15 août 1810.	Mont de Milan. Trasimène.	500. 2,000.	2,500.	*Idem.*	500.	
			B					
15.	BAGNIOL, le Chevalier (*Jean-Louis-Charles*), adjudant-commandant.	15 août 1809.	Trasimène.	2,000.	2,000.	*Idem.*	500.	
16.	BAILLIF (*Pierre*), colonel d'infanterie.	19 mars 1808.	Trasimène.	2,000.	2,000.	*Idem.*	500.	
						A reporter....	8,000.	

NUMÉROS D'ORDRE.	NOMS, QUALITÉS ET GRADES des donataires ou de leurs successeurs.	DATES des décrets ou décisions par lesquels les dotations ont été accordées.	DÉSIGNATION des pays, biens ou établissem.ns sur lesquels les dotations ont été constituées.	MONTANT de chaque dotation.	TOTAL des dotations réunies.	TITRE OU MOTIF auquel elles ont été accordées.	MONTANT de l'indemnité fixée par le projet de loi.	OBSERVATIONS.
						Report....	8,000f.	
17.	BAILLOT (*Louis-Joseph*), colonel.	17 mars 1808. 15 août 1809.	Mont de Milan. Erfurt.	500f 2,000.	2,500f	Récompense de ses services.	500.	
18.	BAILLOT (*François-Joseph*), chef de bataillon d'artillerie.	15 août 1809.	Trasimène.	2,000.	2,000.	*Idem.*	500.	
19.	BARRÉ (*François-Martin-Trophime*), major en retraite.	15 août 1809.	Trasimène.	2,000.	2,000.	*Idem.*	500.	
20.	BARDENET (*Jacques*), colonel d'artillerie en retraite.	17 mars 1808. 15 août 1809.	Mont de Milan. Erfurt.	500. 2,000.	2,500.	*Idem.*	500.	
21.	BAROIS (*Jacques*), lieutenant en retraite.	17 mars 1808. 12 février 1810.	Mont de Milan. Trasimène.	500. 2,000.	2,500.	*Idem.*	500.	
22.	BARRAU, chef de bataillon...	15 août 1809.	Trasimène.	2,000.	2,000.	*Idem.*	500.	
23.	BARRELIER (*Jean-Claude*), chef d'escadron.	19 mars 1808.	Westphalie.	2,000.	2,000.	*Idem.*	500.	
24.	BARTHOLET (*Joseph*), lieutenant-colonel.	19 mars 1808.	Trasimène.	2,000.	2,000.	*Idem.*	500.	
25.	BASTIEN (*Joseph*), capitaine d'infanterie.	3 octobre 1809.	Bayreuth.	2,000.	2,000.	*Idem.*	500.	
26.	BAUDUY, le Chevalier (*Louis-Alexandre*), maréchal-de-camp.	15 août 1809.	Trasimène.	2,000.	2,000.	*Idem.*	500	
27.	BAUR (*Sébastien-Michel*), lieutenant de roi.	19 mars 1808.	Trasimène.	2,000.	2,000.	*Idem*	500.	
28.	BAUSSET (*Jean-Baptiste-Optat*), chef de bataillon du 62.e, en retraite.	19 mars 1808.	Westphalie.	2,000.	2,000.	*Idem.*	500.	
29.	BEAUDOUIN (*Pierre*), colonel.	15 août 1809.	Bayreuth.	2,000.	2,000.	*Idem.*	500.	
30.	BECHAUD (*Jean-Pierre*), colonel.	15 août 1810.	Trasimène.	2,000.	2,000.	*Idem.*	500.	
31.	BECKER (*Jean-Baptiste*), colonel d'infanterie.	19 mars 1808.	Westphalie.	2,000.	2,000.	*Idem.*	500.	
32.	BEDA (*Pierre-Firmin-César-Auguste*), colonel.	19 mars 1808.	Westphalie.	2,000.	2,000.	*Idem.*	500.	
33.	BEDOS (*Jacques-Louis-Victor*), chef de bataillon.	15 août 1809.	Trasimène.	2,000.	2,000.	*Idem.*	500.	
34.	BELLATON (*Pierre-Marie*), chef d'escadron.	1.er février 1808.	Mont de Milan.	2,000.	2,000.	*Idem.*	500.	
35.	BELLEBAUX (*Claude*), lieutenant colonel.	15 mars 1810. 29 décembre 1812.	Mont de Milan. Trasimène.	500. 2,000.	2,500.	*Idem.*	500.	
36.	BESNARD, le Chevalier (*Michel-Jacques*), chef d'escadron en retraite.	19 mars 1808.	Trasimène.	2,000.	2,000.	*Idem.*	500.	
37.	BERGE, le Baron (*François*), maréchal-de-camp.	19 mars 1808.	Westphalie.	2,000.	2,000.	*Idem.*	500.	
38.	BERGER (*George-Joseph*), chef de bataillon en retraite.	19 mars 1808.	Westphalie.	2,000.	2,000.	*Idem.*	500.	
						A reporter....	19,000.	

NUMÉROS D'ORDRE.	NOMS, QUALITÉS ET GRADES des donataires ou de leurs successeurs.	DATES des décrets ou décisions par lesquels les dotations ont été accordées.	DÉSIGNATION des pays, biens ou établissem. sur lesquels les dotations ont été constituées.	MONTANT de chaque dotation.	TOTAL des dotations réunies.	TITRE OU MOTIF auquel elles ont été accordées.	MONTANT de l'indemnité fixée par le projet de loi.	OBSERVATIONS.
						Report....	19,000f	
39.	BERNARD (*Urbain*), neveu de l'adjudant-commandant.	15 août 1809.	Trasimène.	2,000f	2,000f	Récompense des services de son oncle, mort le 13 janvier 1812.	500.	
40.	BERNARD (*Alexandre*), fils du chef de bataillon.	8 septembre 1808.	Westphalie.	2,000.	2,000.	Récompense des services de son père, mort le 29 août 1813.	500.	
41.	BERTÈCHE, le Chevalier (*Jean-Baptiste*), lieutenant-colonel.	19 mars 1808.	Trasimène.	2,000.	2,000.	Récompense de ses services.	500.	
42.	BERTHÉLEMY DES RADRAIS (*François-Dominique-Barbe*), colonel d'état-major.	19 mars 1808.	Westphalie.	2,000.	2,000.	*Idem.*	500.	
43.	BERTHEMY, le Chevalier (*Pierre-Augustin*), colonel.	15 août 1809.	Trasimène.	2,000.	2,000.	*Idem.*	500.	
44.	BERTIN (*Antoine-Dominique-Joseph*), capitaine.	29 décembre 1812.	Trasimène.	2,000.	2,000.	*Idem.*	500.	
45.	BERTRAND (*Joseph-Marie*), chef d'escadron.	19 mars 1808.	Westphalie.	2,000.	2,000.	*Idem.*	500.	
46.	BERTRAND (*Edme-Victor*), chef de bataillon.	19 mars 1808.	Westphalie.	2,000.	2,000.	*Idem.*	500.	
47.	BESSIÈRE (*Jean-Antoine*), chef d'escadron de gendarmerie.	19 mars 1808.	Westphalie.	2,000.	2,000.	*Idem.*	500.	
48.	BESSODE (*Jean-Joseph*), major de cavalerie.	19 mars 1808.	Westphalie.	2,000.	2,000.	*Idem.*	500.	
49.	BEUGNAT (*François*), colonel retraité.	19 mars 1808.	Trasimène.	2,000.	2,000.	*Idem.*	500.	
50.	BEURET, le Vicomte (*George*), maréchal-de-camp.	15 août 1810.	Trasimène.	2,000.	2,000.	*Idem.*	500.	
51.	BIAUNIÉ D'ARGENTRÉ (*Joseph-Achille*), fils de Jean-Baptiste-Joseph, colonel.	15 août 1809.	Erfurt.	2,000.	2,000.	Récompense des services de son père, mort le 1.er juin 1818.	500.	
52.	BLANCARD (*Jean-Charles-Marie-Guy*), chef d'escadron.	15 août 1809.	Trasimène.	2,000.	2,000.	Récompense de ses services.	500.	
53.	BLANCHEVILLE (*Napoléon-Jean-Baptiste-Eugène-Auguste*), fils du colonel, tué en Espagne.	15 janvier 1813.	Trasimène.	2,000.	2,000.	Récompense des services de son père.	500.	
54.	BLANQUET (*Bernard-Joseph-Sylvestre*), fils de l'adjudant-commandant.	2 avril 1813.	Trasimène.	2,000.	2,000.	*Idem.*	500.	
55.	BLONDEAU (*Jacques*), maréchal-de-camp.	15 août 1810.	Westphalie.	2,000.	2,000.	Récompense de ses services.	500.	
56.	BOERNER (*Jean-David*), adjudant-commandant, naturalisé.	19 mars 1808.	Westphalie.	2,000.	2,000.	*Idem.*	500.	
57.	BOISSONET (*André-Barthélemy*), chef de bataillon.	19 mars 1808.	Westphalie.	2,000.	2,000.	*Idem.*	500.	
58.	BONNAIRE (*Jean-Gerard*), maréchal-de camp.	17 mars 1808. 15 août 1809.	Mont de Milan. Erfurt.	500. 2,000.	2,500.	*Idem.*	500.	
						A reporter....	29,000.	

NUMÉROS D'ORDRE.	NOMS, QUALITÉS ET GRADES des donataires ou de leurs successeurs.	DATES des décrets ou décisions par lesquels les dotations ont été accordées.	DÉSIGNATION des pays, biens ou établissem.ns sur lesquels les dotations ont été constituées.	MONTANT de chaque dotation.	TOTAL des dotations réunies.	TITRE OU MOTIF auquel elles ont été accordées.	MONTANT de l'indemnité fixée par le projet de loi.	OBSERVATIONS.
						Report. . . .	29,000f	
59.	BONNAY DE BREUILLE (*Gabriel-François-Marie-Anne-Christine-Joseph-Madeleine*), colonel du génie.	19 mars 1808.	Westphalie.	2,000f	2,000f	Récompense de ses services.	500f	
60.	BONNE, le Chevalier (*Charles-Rigobert-Marie*), colonel au corps des ingénieurs géographes.	15 août 1809.	Erfurt.	2,000.	2,000.	*Idem*.	500.	
61.	BONNET (*François*), chef de bataillon.	19 mars 1808.	Westphalie.	2,000.	2,000.	*Idem*.	500.	
62.	BONNET DE VILLER (*Charles-Auguste*), chef d'escadron.	19 mars 1808.	Trasimène.	2,000.	2,000.	*Idem*.	500.	
63.	BONY (*François*), maréchal de camp.	19 mars 1808.	Rome.	2,000.	2,000.	*Idem*.	500.	
64.	BOREL DE LA RIVIÈRE, le Chevalier (*Pierre-Aimé*), chef d'escadron.	8 septembre 1808.	Trasimène.	2,000.	2,000.	*Idem*.	500.	
65.	BOUCHARD (*Edme-Martial-Armand*), colonel d'état-major.	19 mars 1808.	Westphalie.	2,000.	2,000.	*Idem*.	500.	
66.	BOUCHU (*François-Louis*), maréchal-de-camp.	19 mars 1808.	Westphalie.	2,000.	2,000.	*Idem*.	500.	
67.	BOUDINHON (*Jean-Claude* VALDEC), maréchal-de-camp.	19 mars 1808.	Westphalie.	2,000.	2,000.	*Idem*.	500.	
68.	BOUDON DE LACOMBE (*Étienne-Jean-Baptiste*), chef de bataillon du 48.e	19 mars 1808.	Trasimène.	2,000.	2,000.	*Idem*.	500.	
69.	BOULART (*Jean-François*), maréchal-de-camp.	1.er février 1808.	Mont de Milan.	2,000.	2,000.	*Idem*.	500.	
70.	BOULON (*Vincent*), frère du chef de bataillon.	19 mars 1808.	Westphalie.	2,000.	2,000.	Récompense des services de son frère, tué en Espagne.	500.	
71.	BOUQUEROT DES ESSARS, le Baron (*Jean-Baptiste*), colonel des dragons de la Gironde.	1.er février 1808.	Mont de Milan.	2,000.	2,000.	Récompense de ses services.	500.	
72.	BOURGEOIS (*Charles-François*), maréchal-de-camp.	15 août 1810.	Trasimène.	2,000.	2,000.	*Idem*.	500.	
73.	BOUROTTE (*Jean-François*), chef de bataillon.	8 septembre 1808.	Trasimène.	2,000.	2,000.	*Idem*.	500.	
74.	BOUSSART (*Félix-Nicolas-Joseph*), chef d'escadron.	19 mars 1808.	Westphalie.	2,000.	2,000.	*Idem*.	500.	
75.	BOUVRAIN (*François-Joseph*), adjudant-major.	3 octobre 1809.	Bayreuth.	2,000.	2,000.	*Idem*.	500.	
76.	BOYER (*Joseph*), maréchal-de-camp en retraite.	19 mars 1808.	Westphalie.	2,000.	2,000.	*Idem*.	500.	
77.	BOYER, chef d'escadron.	19 mars 1808.	Westphalie.	2,000.	2,000.	*Idem*.	500.	
78	BOYER (*Jean-Baptiste-Nicolas-Henri*), adjudant-commandant.	8 septembre 1808.	Trasimène.	2,000.	2,000.	*Idem*.	500.	
79.	BOYER (*Henri-Jacques-Jean*), maréchal-de-camp.	15 août 1810.	Westphalie.	2,000.	2,000.	*Idem*.	500.	
80.	BRANGER (*Louis-Prudence*), colonel.	19 mars 1808.	Trasimène.	2,000.	2,000.	*Idem*.	500.	
						A reporter. . . .	40,000.	

NUMÉROS D'ORDRE.	NOMS, QUALITÉS ET GRADES des donataires ou de leurs successeurs.	DATES des décrets ou décisions par lesquels les dotations ont été accordées.	DÉSIGNATION des pays, biens ou établissem.s sur lesquels les dotations ont été constituées.	MONTANT de chaque dotation.	TOTAL des dotations réunies.	TITRE OU MOTIF auquel elles ont été accordées.	MONTANT de l'indemnité fixée par le projet de loi.	OBSERVATIONS.
						Report......	40,000f	
81.	BRESSON (*Louis*), chef de bataillon.	19 mars 1808.	Westphalie.	2,000f	2,000f	Récompense de ses services.	500.	
82.	BRESSON DE VALENSOL (*Jean-Abraham-Henri*), neveu du chef d'escadron.	19 mars 1808.	Westphalie.	2,000.	2,000.	Récompense des services de son oncle, mort le 26 décembre 1812.	500.	
83.	BRICE (*Jean-Charles-Borromée*), chef de bataillon.	19 mars 1808.	Westphalie.	2,000.	2,000.	Récompense de ses services.	500.	
84.	BRILLAT (*Frédéric*), colonel en retraite.	19 mars 1808.	Westphalie.	2,000.	2,000.	*Idem.*	500.	
85.	BRINCARD (*Antoine*), colonel de chasseurs à cheval.	19 mars 1808.	Westphalie.	2,000.	2,000.	*Idem.*	500.	
86.	BRIQUEVILLE (*Armand-François-Bon-Claude*), colonel.	15 août 1809.	Trasimène.	2,000.	2,000.	*Idem.*	500.	
87.	BROSSIER (*Simon-Pierre*), maréchal-de-camp en retraite.	15 août 1809.	Erfurt.	2,000.	2,000.	*Idem.*	500.	
88.	BRONDEL (*Alexandre*), chef de bataillon.	19 mars 1808.	Trasimène.	2,000.	2,000.	*Idem.*	500.	
89.	BROUSSARD (*Richard*), major.	19 mars 1808.	Trasimène.	2,000	2,000.	*Idem.*	500.	
90.	BRU, chef de bataillon......	15 octobre 1812.	Westphalie.	2,000.	2,000.	*Idem.*	500.	
91.	BRUNOT (*Antoine-François*), chef de bataillon.	19 mars 1813.	Westphalie.	2,000.	2,000.	*Idem.*	500.	
92.	BUQUET, le Baron (*Louis-Léopold*), maréchal de-camp.	15 août 1810.	Trasimène.	2,000.	2,000.	*Idem.*	500.	
93.	BUSSIÈRE (*François-Jean-Baptiste*), colonel.	15 août 1809.	Trasimène.	2,000.	2,000.	*Idem.*	500.	
94.	BUZZINI (*Jean-Pierre*), chef de bataillon.	19 mars 1808.	Trasimène.	2,000.	2,000.	*Idem.*	500.	
	C							
95.	CACQUERAY DE PLENNE-SEVETTE, le Baron (*Abraham-François-Louis*), lieutenant des chasses.	30 janvier 1811. 1.er janvier 1812.	Octroi du Rhin. Meuse-inférieure.	1,000. 2,000.	3,000.	*Idem.*	500.	
96.	CADET DE GASSICOURT (*Charles-Louis*), pharmacien.	15 août 1809.	Trasimène.	2,000.	2,000.	*Idem.*	500.	
97.	CADILHON (*Denis*), chef de bataillon.	8 septembre 1808.	Westphalie.	2,000.	2,000.	*Idem.*	500.	
98.	CADOLT (*Louis-Germain*), chef d'escadron.	19 mars 1808.	Westphalie.	2,000.	2,000.	*Idem.*	500.	
99.	CAILLE (*François-Félix*), major en retraite.	19 mars 1808.	Westphalie.	2,000.	2,000.	*Idem.*	500.	
100.	CAILLEMER, le Chev.er (*Louis*), colonel en retraite.	19 mars 1808.	Trasimène.	2,000.	2,000.	*Idem.*	500.	
101.	CAMPANA (*Jérôme-François-Joseph*), chef d'escadron en retraite, naturalisé.	19 mars 1808.	Westphalie.	2,000.	2,000.	*Idem.*	500.	
102.	CARALP (*Jean-Germain*), chef de bataillon.	15 août 1809.	Trasimène.	2,000.	2,000.	*Idem.*	500.	
						A reporter....	51,000.	

NUMÉROS D'ORDRE.	NOMS, QUALITÉS ET GRADES des donataires ou de leurs successeurs.	DATES des décrets et décisions par lesquels les dotations ont été accordées.	DÉSIGNATION des pays, biens ou établissem. sur lesquels les dotations ont été constituées.	MONTANT de chaque dotation.	TOTAL des dotations réunies.	TITRE OU MOTIF auquel elles ont été accordées.	MONTANT de l'indemnité fixée par le projet de loi.	OBSERVATIONS.
						Report......	51,000f	
103.	CARDEILHAC (*Jean-Baptiste*), major en retraite.	19 mars 1808.	Trasimène.	2,000f	2,000f	Récompense de ses services.	500.	
104.	CARDENAU (DE), le Baron (*Bernard-Augustin*), maréchal-de-camp.	30 juin 1811.	Erfurt.	2,000.	2,000.	*Idem.*	500.	
105.	CARON (*Pierre-Louis-Auguste*), major d'artillerie.	19 mars 1808.	Westphalie.	2,000.	2,000.	*Idem.*	500.	
106.	CASSAGNE, le Baron (*Pierre*), maréchal-de-camp.	30 juin 1811.	Erfurt.	2,000.	2,000.	*Idem.*	500.	
107.	CASSAN (*François*), chef de bataillon.	19 mars 1808.	Westphalie.	2,000.	2,000.	*Idem.*	500.	
108.	CASSINO (*Charl.-Joseph-Marie*), chef d'escadron de gendarmerie en retraite.	19 mars 1808.	Westphalie.	2,000.	2,000.	*Idem.*	500.	
109.	CASTELLAN (*Noël-George*), colonel.	15 août 1810.	Trasimène.	2,000.	2,000.	*Idem.*	500.	
110.	CASTELLANE (*Esprit-Victor-Élisabeth-Boniface*), lieutenant, aide-de-camp.	15 août 1809.	Trasimène.	2,000.	2,000.	*Idem.*	500.	
111.	CASTEX (*Louis-Adolphe-Napoléon*), fils d'un officier tué à Austerlitz.	3 octobre 1809.	Trasimène.	2,000.	2,000.	Perte de son père.	500.	
112.	CASTEX (*Delph.-Napol.*) fille du même.	3 octobre 1809.	Trasimène.	2,000.	2,000.	*Idem.*	500.	
113.	CASTEX (*Anne-Catherine-Napoléon*), fille du même.	3 octobre 1809.	Trasimène.	2,000.	2,000.	*Idem.*	500.	
114.	CASTILLE (*Célestin-Joseph*), colonel d'artillerie.	8 septembre 1808. 3 décembre 1809.	Mont de Milan. Bayreuth.	500. 2,000.	2,500.	Récompense de ses services.	500.	
115.	CAUMONT DE LAFORCE (*Louis-Joseph-Nompair*), maréchal-de-camp, duc et pair de France.	15 août 1809.	Trasimène.	2,000.	2,000.	*Idem.*	500.	
116.	CAZENEUVE, le Chevalier (*Jean-Michel*), chef de bataillon retraité.	19 mars 1808.	Trasimène.	2,000.	2,000.	*Idem.*	500.	
117.	CAZENEUVE DE MARTIZY, chef de bataillon.	19 mars 1808.	Westphalie.	2,000.	2,000.	*Idem.*	500.	
118.	CAZENEUVE (*Étienne-Grégoire*), lieutenant-colonel.	19 mars 1808.	Westphalie.	2,000.	2,000.	*Idem.*	500.	
119.	CAZIN DE CAUMARTIN (*Félix-Alexis-Auguste*), chef de bat.	19 mars 1808.	Westphalie.	2,000.	2,000.	*Idem.*	500.	
120.	CESTAIN (*Jean-Alexandre-Gabriel-Nicolas*), chef de bataillon.	19 mars 1808.	Westphalie.	2,000.	2,000.	*Idem.*	500.	
121.	CHABERT (*Jean-François*), chef de bataillon.	19 mars 1808.	Westphalie.	2,000.	2,000.	*Idem.*	500.	
122.	CHABERT (*Louis*), colonel d'infanterie.	15 août 1809. 15 août 1810.	Trasimène. Mont de Milan.	2,000. 1,000.	3,000.	*Idem.*	500.	
						A reporter....	61,000.	

NUMÉROS D'ORDRE.	NOMS, QUALITÉS ET GRADES des donataires ou de leurs successeurs.	DATES des décrets ou décisions sur lesquels les dotations ont été accordées.	DÉSIGNATION des pays, biens ou établissem.s sur lesquels les dotations ont été constituées.	MONTANT de chaque dotation.	TOTAL des dotations réunies.	TITRE OU MOTIF auquel elles ont été accordées.	MONTANT de l'indemnité fixée par le projet de loi.	OBSERVATIONS.
						Report......	61,000f	
123.	CHAILLOT (*Claude-Louis*), colonel.	19 mars 1808.	Westphalie.	2,000f	2,000f	Récompense de ses services.	500.	
124.	CHALOT (*Jacques-Antoine-Auguste*), chef d'escadron aux dragons de l'Hérault.	19 mars 1808.	Westphalie.	2,000.	2,000.	*Idem.*	500.	
125.	CHAMBAUD (*Pierre*), adjudant-commandant.	19 mars 1808.	Westphalie.	2,000.	2,000.	*Idem.*	500.	
126.	CHAPUZET (*Jacques-François*), chef de bataillon.	19 mars 1808.	Westphalie.	2,000.	2,000.	*Idem.*	500.	
127.	CHARPENTIER (*Pierre*), lieutenant-colonel.	19 mars 1808.	Westphalie.	2,000.	2,000.	*Idem.*	500.	
128.	CHARPENTIER (*Charles-Etienne-Constant*), chef de bataillon en retraite.	3 octobre 1809.	Bayreuth.	2,000	2,000.	*Idem.*	500.	
129.	CHARPENTIER (*François*), lieutenant-colonel en retraite.	15 mars 1810.	Trasimène.	2,000.	2,000.	*Idem.*	500.	
130.	CHARTENER, le Chevalier (*J.n-Baptiste*), chef de bataillon.	19 mars 1808.	Rome.	2,000.	2,000.	*Idem.*	500.	
131.	CHATELAIN (*René-Julien*), lieutenant-colonel de cavalerie.	19 mars 1808.	Westphalie.	2,000.	2,000.	*Idem.*	500.	
132.	CHAUDRON-ROUSSEAU (*Antoine-Baltazar*), frère du maréchal-de-camp.	19 mars 1808.	Westphalie.	2,000.	2,000.	Récompense de ses services et de ceux de son frère, mort en 1811.	500.	
133.	CHAUVIN (*Marie-Madeleine-Napoléon*), fille d'un officier tué à Austerlitz.	3 octobre 1809.	Trasimène.	2,000.	2,000.	Perte de son père.	500.	
134.	CHAUVIN (*Jeanne-Françoise-Nap.*), fille d'un officier tué à Austerlitz.	3 octobre 1809.	Trasimène.	2,000.	2,000.	*Idem.*	500.	
135.	CHEAUVEAU, chef d'escadron.	1.er février 1808.	Mont de Milan.	2,000.	2,000.	Récompense de ses services.	500.	
136.	CHÉRY (*Louis-Vincent*), chef de bataillon.	17 mars 1808.	Mont de Milan.	2,000.	2,000.	*Idem.*	500.	
137.	CHOIN DE MONTCHOISY (*Joseph-Marie-Antoine*), lieutenant-colonel, fils du lieutenant général.	15 août 1810.	Westphalie.	2,000.	2,000.	Récompense des services de son père, mort le 15 juin 1814.	500.	
138	CHRISTIN, le Baron (*Antoine-Gabriel*), lieutenant-colonel du génie.	1.er janvier 1812.	Meuse-inférieure.	2,000.	2,000.	Récompense de ses services.	500.	
139.	CHRISTOPHE, le Baron (*Jean-Franç.*), colonel de hussards.	19 mars 1808.	Trasimène.	2,000.	2,000.	*Idem.*	500.	
140.	CIREZ, le Chevalier (*Ferdinand-François*), chef de bataillon du génie.	19 mars 1808.	Trasimène.	2,000.	2,000.	*Idem.*	500.	
141	CLÉMENT (*Louis*), chef d'escadron.	1.er février 1808.	Mont de Milan.	2,000.	2,000.	*Idem.*	500.	
						A reporter......	70,500.	

NUMÉROS D'ORDRE.	NOMS, QUALITÉS ET GRADES des donataires ou de leurs successeurs.	DATES des décrets ou décisions par lesquels les dotations ont été accordées.	DÉSIGNATION des pays, biens ou établissem.s sur lesquels les dotations ont été constituées.	MONTANT de chaque dotation.	TOTAL des dotations réunies.	TITRE OU MOTIF auquel elles ont été accordées.	MONTANT de l'indemnité fixée par le projet de loi.	OBSERVATIONS.
						Report.......	70,500f	
142.	CLERC DE MONTPIE (*César-Aug.*), frère de J.n-Baptiste, adjudant-commandant.	17 mars 1808. 15 août 1809.	Mont de Milan. Trasimène.	500f 2,000.	2,500f	Récompense des services de son frère, mort le 12 septembre 1812.	500.	
143.	COLIN (*Jean-Pierre-Chrisostome*), colonel de gendarmerie.	17 mars 1808.	Mont de Milan.	2,000.	2,000.	Récompense de ses services.	500.	
144.	COMMANT (*François-Ignace*), chef de bataillon.	19 mars 1808.	Westphalie.	2,000.	2,000.	*Idem.*	500.	
145.	COMTE (*Philibert*), capitaine..	20 juin 1812.	Rhin-et-Moselle.	2,000.	2,000.	*Idem.*	500.	
146.	CONSTANTIN (*Bertrand*), colonel du génie.	15 août 1809.	Trasimène.	2,000.	2,000.	*Idem.*	500.	
147.	CONTAMINE (*Théodore*), maréchal-de-camp.	15 août 1809.	Erfurt.	2,000.	2,000	*Idem.*	500.	
148.	COQUEUGNIOT, le Chevalier (*Lazare-Claude*), sous-inspecteur aux revues en retraite.	8 septembre 1808.	Trasimène.	2,000.	2,000.	*Idem.*	500.	
149.	COQUEREAU (*Dominique-J.n*), colonel en retraite.	15 août 1809.	Trasimène.	2,000.	2,000.	*Idem.*	500.	
150.	CORNEBIZE (*Louis-Jean-Bapt.*), colonel d'infanterie.	19 mars 1808.	Westphalie.	2,000.	2,000.	*Idem.*	500.	
151.	CORTE DE BONVOISIN (*Roch-Jos.-Laurent-Hyac.*), maréchal de-c. en retraite, natur.	19 mars 1808.	Westphalie.	2,000.	2,000.	*Idem.*	500.	
152.	CORTEZ (*Gui-Henri*), chef de bataillon en retraite.	19 mars 1808.	Westphalie.	2,000.	2,000.	*Idem.*	500.	
153.	COSTE, le Baron (*Pierre*), colonel.	15 août 1810.	Trasimène.	2,000.	2,000.	*Idem.*	500.	
154.	COTTILLON (*Jacques*), colonel en retraite.	19 mars 1808.	Westphalie.	2,000.	2,000.	*Idem.*	500.	
155.	COTTIN (*Claude-Pons*), colonel directeur d'artillerie.	15 mars 1810.	Trasimène.	2,000.	2,000.	*Idem.*	500.	
156.	COUBARD, le Chevalier (*Louis-Marie*), chef de bataillon.	8 septembre 1808.	Rome.	2,000	2,000.	*Idem.*	500.	
157.	COULAC (*Jean Labadie*), chef d'escadron de cuirassiers.	19 mars 1808.	Westphalie.	2,000.	2,000.	*Idem.*	500.	
158.	COULMIER (*Jean-Louis*), chef d'escadron de dragons.	19 mars 1808.	*Idem.*	2,000.	2,000.	*Idem.*	500.	
159.	COULON (*Jean-Pierre-Marie*), colonel d'état-major en retraite.	19 mars 1808.	*Idem.*	2,000.	2,000.	*Idem.*	500.	
160.	COURTIER (*Éléonore-Ambroise*), colonel.	19 mars 1808.	*Idem.*	2,000.	2,000.	*Idem.*	500.	
161.	COURTOIS (*Jean*), colonel...	15 août 1809.	Trasimène.	2,000.	2,000.	*Idem.*	500.	
						A reporter.....	80,500.	

NUMÉROS D'ORDRE.	NOMS, QUALITÉS ET GRADES des donataires ou de leurs successeurs.	DATES des décrets ou décisions par lesquels les dotations ont été accordées.	DÉSIGNATION des pays, biens ou établissem.ns sur lesquels les dotations ont été constituées.	MONTANT de chaque dotation.	TOTAL des dotations réunies.	TITRE OU MOTIF auquel elles ont été accordées.	MONTANT de l'indemnité fixée par le projet de loi.	OBSERVATIONS.
						Report.......	80,100f	
162.	COURTOIS (*Benjamin-Napoléon*), fils d'un officier tué à Austerlitz.	3 octobre 1809.	Trasimène.	2,000f	2,000f	Perte de son père.	500.	
163.	CRESTEAULT (*Louis-Marie*), chef d'escadron au 6.e de cuirassiers.	19 mars 1808.	Westphalie.	2,000.	2,000.	Récompense de ses services.	500.	
164.	CUNY (*Jean-Baptiste*), colonel d'artillerie.	19 mars 1808.	Westphalie.	2,000.	2,000.	*Idem.*	500.	
165.	CURNIER DE PILVERT (*François-Théodore*), colonel d'infanterie.	15 août 1809.	Trasimène.	2,000.	2,000.	*Idem.*	500.	
166.	CURNILLON, lieut.t d'infanterie, frère du chef de bataillon.	15 août 1809.	Trasimène.	2,000.	2,000.	Récompense de ses services et de ceux de son frère.	500.	
167.	CUVIER, le Chevalier, conseiller d'état, membre de l'académie française et des sciences.	30 juin 1811.	Trasimène.	2,000.	2,000.	Récompense de ses services.	500.	
	D							
168.	DAGOULT (*Charles-César-Marie*), neveu du mar.al-de-camp.	15 août 1810.	Trasimène.	2,000.	2,000.	Récompense des services de son oncle.	500.	
169.	DANLOUP, dit VERDUN (*Louis*), maréchal-de-camp.	19 mars 1808.	Westphalie.	2,000.	2,000.	Récompense de ses services.	500.	
170.	DARCANTEL (*Claude*), lieutenant-colonel en retraite.	1.er février 1808.	Mont de Milan.	2,000.	2,000.	*Idem.*	500.	
171.	D'ARSONVAL (AUGOT), (*Jean-François*), adjudant-commandant en retraite.	8 septembre 1808. 15 août 1809.	Mont de Milan. Erfurt.	500. 2,000.	2,500.	*Idem.*	500.	
172.	DAUCOURT (*Joseph-Nicolas-Xavier*), lieutenant-colonel en retraite.	19 mars 1808.	Westphalie.	2,000.	2,000.	*Idem.*	500.	
173.	DAUDIÈS (*Michel-Jean-Paul*), colonel en retraite.	19 mars 1808.	Westphalie.	2,000.	2,000.	*Idem.*	500.	
174.	DAUGER (*Jean-François-Léopold-Honoré*), lieut.-col. d'infanterie.	19 mars 1808.	Westphalie.	2,000.	2,000.	*Idem.*	500.	
175.	DAURIER, le Baron (*Charles*), maréchal-de-camp.	30 juin 1811.	Erfurt.	2,000.	2,000.	*Idem.*	500.	
176.	DAZEMARD, le Baron, maréchal-de-camp.	30 juin 1811.	Erfurt.	2,000.	2,000.	*Idem.*	500.	
177.	DEFAYSSE (*David-Joseph*), lieutenant-colonel en retraite.	15 août 1809.	Trasimène.	2,000.	2,000.	*Idem.*	500.	
178.	DEGROMETY (*Jean-Joseph*), colonel.	19 mars 1813.	Trasimène.	2,000.	2,000.	*Idem.*	500.	
189.	DEIN, colonel du 15.e de ligne.	15 août 1810.	Trasimène.	2,000.	2,000.	*Idem.*	500.	
180.	DELACHAU (*Alexandre-Joseph-Hippoyte*), lieutenant-colonel en retraite.	19 mars 1808.	Westphalie.	2,000.	2,000.	*Idem.*	500.	
181.	DELAMBRE, le Chevalier (*Jean-Baptiste-Joseph*), membre de l'académie des sciences.	30 juin 1811.	Mont de Milan.	2,000.	2,000.	*Idem.*	500.	
						A reporter....	90,500.	

NUMÉROS D'ORDRE.	NOMS, QUALITÉS ET GRADES des donataires ou de leurs successeurs.	DATES des décrets ou décisions par lesquels les dotations ont été accordées.	DÉSIGNATION des pays, biens ou établissem.ns sur lesquels les dotations ont été constituées.	MONTANT de chaque dotation.	TOTAL des dotations réunies.	TITRE OU MOTIF auquel elles ont été accordées.	MONTANT de l'indemnité fixée par le projet de loi.	OBSERVATIONS.
						Report.....	90,500f	
182.	DE LAVAL, le Chevalier (*Marie-François*), colonel.	19 mars 1808. 15 août 1810.	Trasimène. Mont de Milan.	2,000f 1,000.	3,000f	Récompense de ses services.	500.	
183.	DELISLE (*Jean-Baptiste-Charles*), major de cavalerie.	19 mars 1808.	Westphalie.	2,000.	2,000.	*Idem.*	500.	
184.	DELESALLE (*Joseph-Augustin*), chef d'escadron.	19 mars 1808.	Westphalie.	2,000.	2,000.	*Idem.*	500.	
185.	DEMBOWSKI (*Ignace-Louis-Jean-Michel-Alphonse*), fils du lieutenant général.	19 mars 1808.	Westphalie.	2,000.	2,000.	Récompense des services de son père, mort le 18 juillet 1812.	500.	
186.	DENIS (*Martial*), capitaine en retraite.	3 décembre 1809.	Bayreuth.	2,000.	2,000.	Son amputation.	500.	
187.	DENOUE (*Charles-Joseph-Gaucher-Guillaume-Valérien*), frère du capitaine.	3 octobre 1809.	Bayreuth.	2,000.	2,000.	Amputation de son frère, mort le 23 octobre 1812.	500.	
188.	DENY (*Pierre-Napoléon*), fils d'un officier tué à Austerlitz.	3 octobre 1809.	Trasimène.	2,000.	2,000.	Perte de son père.	500.	
189.	DENY (*François-Jean-Baptiste-Napoléon*), fils du même.	3 octobre 1809.	Trasimène.	2,000.	2,000.	*Idem.*	500.	
190.	DENY (*Louis-Napoléon*), fils du même.	3 octobre 1809.	Trasimène.	2,000.	2,000.	*Idem.*	500.	
191.	DENY (*Alexandrine-Éléonore-Napoléon*), sœur des précédens.	3 octobre 1809.	Trasimène.	2,000.	2,000.	*Idem.*	500.	
192.	DEREIX, le Chevalier (*Pierre*), chef de bataillon.	19 mars 1808.	Trasimène.	2,000.	2,000.	Récompense de ses services.	500.	
193.	DESALONS (*Louis-Joseph-Léonard*), colonel.	15 mars 1810.	Trasimène.	2,000.	2,000.	*Idem.*	500.	
194.	DESARGUS (*Pierre-Jean-Baptiste-Martin*), adjudant-commandant.	17 mars 1808. 15 août 1809.	Mont de Milan. Erfurt.	500. 2,000.	2,500.	*Idem.*	500.	
195.	DE SAUVAN D'ARAMON (*Camille-Élisabeth*), capitaine.	6 août 1811.	Marengo.	2,000.	2,000.	*Idem.*	500	
196.	DESBOUILLETS (BELLANGER), (*Didier-Louis-Ferdinand*), chef d'escadron.	15 août 1809.	Trasimène.	2,000.	2,000.	*Idem.*	500.	
197.	DESCHAMPS (*Nicolas-Laurent*), chef de bataillon.	19 mars 1808.	Westphalie.	2,000.	2,000.	*Idem.*	500.	
198.	DESCHAMPS, le Baron (*Charles*), colonel des cuirassiers d'Orléans.	3 décembre 1809. 28 septembre 1813.	Trasimène.	2,000. 1,000.	3,000.	*Idem.*	500.	
199.	DESGRAVIERS-BERTHELOT (*François-Ganivet*), fils du colonel.	15 août 1810.	Trasimène.	2,000.	2,000.	Récompense des services de son père, mort le 22 juillet 1812.	500.	
200.	DESMICHELS (*Louis-Alexis*), colonel.	1.er février 1808.	Mont de Milan.	2,000.	2,000.	Récompense de ses services.	500.	
201.	DESNOYERS (*Égide*), chef de de bataillon.	17 mars 1808.	Mont de Milan.	2,000.	2,000.	*Idem.*	500.	
						A reporter...	100,500.	

NUMÉROS D'ORDRE.	NOMS, QUALITÉS ET GRADES des donataires ou de leurs successeurs.	DATES des décrets ou décisions par lesquels les dotations ont été accordées.	DÉSIGNATION des pays, biens ou établissem.ns sur lesquels les dotations ont été accordées.	MONTANT de chaque dotation.	TOTAL des dotations réunies.	TITRE OU MOTIF auquel elles ont été constituées.	MONTANT de l'indemnité fixée par le projet de loi.	OBSERVATIONS.
						Report......	100,500f	
202.	DESNOYERS (PETON) (*Pierre-Charles*), maréchal-de-camp en retraite.	19 mars 1808.	Westphalie.	2,000f	2,000f	Récompense de ses services.	500.	
203.	DESTOURMEL, le C.te (*Alexandre-César-Louis*), chef d'esc.on	3 décembre 1809.	Trasimène.	2,000.	2,000.	*Idem.*	500.	
204.	DEVÁLLANT (*Ant.-Ignace*), major	19 mars 1808.	Trasimène.	2,000.	2,000.	*Idem.*	500.	
205.	DEVAUX, le Chevalier (*Quentin*), chef de bataillon en retraite.	19 mars 1808.	Trasimène.	2,000.	2,000.	*Idem.*	500.	
206.	DEVAUX-MOISSON (*Michel-Victor-Frédéric*), colonel.	15 août 1809.	Trasimène.	2,000.	2,000.	*Idem.*	500.	
207.	DEVENEVELLE, le M.is (*Henri-Louis-Charles-Aug.*), colonel des hussards du Jura.	15 août 1809.	Bayreuth.	2,000.	2,000.	*Idem.*	500.	
208.	D'HAUTPOUL (*Marie-Constant-Fidèle-Henri-Amant*), lieutenant-colonel des hussards de la garde royale.	1.er février 1808. 1.er janvier 1812.	Mont de Milan. Meuse-inférieure.	500. 2,000.	2,500.	*Idem.*	500.	
209.	D'HENIN, le Baron (*François-Nivard-Charles-Joseph*), lieutenant-général.	18 octobre 1812.	Taro.	2,000.	2,000.	*Idem.*	500.	
210.	DIDELON (*Pierre-François*), sous-inspecteur aux revues.	8 septembre 1808.	Trasimène.	2,000.	2,000.	*Idem.*	500.	
211.	DIGEON, le Baron (*Armand-Joseph-Henri*), maréchal-de-camp, commandant l'artillerie de la garde.	15 août 1810.	Trasimène.	2,000.	2,000.	*Idem.*	500.	
212.	DOGUERAU, le Chevalier (*Jean-Pierre*), colonel directeur d'artillerie.	8 septembre 1808.	Trasimène.	2,000.	2,000.	*Idem.*	500.	
213.	DOLFUS (*Jean-Henri*), chef de bataillon.	19 mars 1808.	Westphalie.	2,000.	2,000.	*Idem.*	500.	
214.	DOLLÉ (*Robert-Joseph*), capitaine adjudant.	3 décembre 1809. 3 octobre 1810.	Bayreuth. Octroi du Rhin.	2,000. 500.	2,500.	*Idem.*	500.	
215.	DONEY (*Jean-Claude*), lieutenant colonel en retraite.	3 décembre 1809.	Trasimène.	2,000.	2,000.	*Idem.*	500.	
216.	DORNIER, le Baron (*François-Gabriel*), colonel de dragons.	8 septembre 1808.	Trasimène.	2,000.	2,000.	*Idem.*	500.	
217.	DROUHOT (*Jacq.-Paul-Édouard*, fils de *Pierre-Nicolas*), adjudant-commandant.	19 mars 1808.	Westphalie.	2,000.	2,000.	Récompense des services de son père, mort le 25 juillet 1817.	500.	
218.	DROUHOT DE LA MARCHE (*François-Joseph-Dagobert*), chef d'escadron en retraite.	19 mars 1808.	Trasimène.	2,000.	2,000.	Récompense de ses services.	500.	
219.	DUBOIS (*Charles-Louis*), lieutenant-colonel en retraite.	19 mars 1808.	Westphalie.	2,000.	2,000.	*Idem.*	500.	
220.	DUBRETON, le B.on (*Jean-Louis*), lieut.t général, pair de France.	15 août 1809.	Trasimène.	2,000.	2,000.	*Idem.*	500.	
						A reporter....	110,00.	

NUMÉROS D'ORDRE	NOMS, QUALITÉS ET GRADES des donataires ou de leurs successeurs.	DATES des décrets ou décisions par lesquels les dotations ont été accordées.	DÉSIGNATION des pays, biens ou établissem.ns sur lesquels les dotations ont été constituées.	MONTANT de chaque dotation.	TOTAL des dotations réunies.	TITRE OU MOTIF auquel elles ont été accordées.	MONTANT de l'indemnité fixée par le projet de loi.	OBSERVATIONS.
						Report....	110,000f	
221.	DUCHASTEL, le Chevalier (*Louis*), colonel.	8 septembre 1808.	Trasimène.	2,000f	2,000f	Récompense de ses services.	500.	
222.	DUCHESNE (*Alexandre*), colonel d'infanterie.	15 août 1809.	Trasimène.	2,000.	2,000.	*Idem.*	500.	
223.	DUCHEYRON DU PAVILLON (*Jean-François*), frère du chef de bataillon.	2 avril 1813.	Westphalie.	2,000.	2,000.	Récompense des services de son frère, mort le 3 octobre 1812.	500.	
224.	DUCOËTLOSQUET, le Comte (*Charles-Yves-César-Cyr*), maréchal-de-camp, aide-major de la garde royale.	15 août 1809.	Trasimène.	2,000.	2,000.	Récompense de ses services.	500.	
225.	DUCOUDRAY (BIZOT), (*Pierre-Charles*), maréchal-de-camp du génie.	19 mars 1808.	Westphalie.	2,000.	2,000.	*Idem.*	500.	
226.	DUDOUIT (*Jean-Théodore*), chef d'escadron.	19 mars 1808.	Westphalie.	2,000.	2,000.	*Idem.*	500.	
227.	DUFRESNE (*Pierre-François*), intendant militaire.	15 août 1809.	Trasimène.	2,000.	2,000.	*Idem.*	500.	
228.	DUGOMMIER (*François*), adjudant-commandant.	17 mars 1808. 15 août 1809.	Mont de Milan. Trasimène.	500. 2,000.	2,500.	*Idem.*	500.	
229.	DULAC (*Emmanuel-Jean-Joseph-Marie*), chef d'escadron en retraite.	19 mars 1808.	Westphalie.	2,000.	2,000.	*Idem.*	500.	
230.	DUMAREST DE NEUVILLE (*Étienne-François*), adjudant-commandant.	19 mars 1808.	Westphalie.	2,000.	2,000	*Idem.*	500.	
231.	DUMAS (*Jean*), major en retraite.	15 août 1809.	Trasimène.	2,000.	2,000.	*Idem.*	500.	
232.	DUPIN, le Baron (*Jean-Baptiste*), colonel d'état-major.	1.er février 1808.	Mont de Milan.	2,000.	2,000.	*Idem.*	500.	
233.	DUPONT D'HERVAL (*Laure-Henriette*), fille de l'adjudant-commandant.	17 mars 1808. 15 août 1809.	Mont de Milan. Erfurt.	500. 2,000.	2,500.	Récompense des services de son père, mort le 7 septembre 1812.	500.	
234.	DUPORTAIL, major d'infanterie.	19 mars 1813.	Mont de Milan.	2,000.	2,000.	Récompense de ses services.	500.	
235.	DUPUY, le Chevalier (*André*), colonel en retraite.	19 mars 1808.	Trasimène.	2,000.	2,000.	*Idem.*	500.	
236.	DUPUY (*François*), maréchal-de-camp.	8 septembre 1808.	Westphalie.	2,000.	2,000.	*Idem.*	500.	
237.	DURANTEAU, le Baron (*Luc*), maréchal-de-camp.	15 août 1810.	Trasimène.	2,000.	2,000.	*Idem.*	500.	
238.	DURIVAL (*Jacques-Nicolas*), chef d'escadron.	19 mars 1808.	Westphalie.	2,000.	2,000.	*Idem.*	500.	
239.	DURRIEU, le Baron (*Antoine-Simon*), maréchal-de-camp.	15 août 1809.	Trasimène.	2,000.	2,000.	*Idem.*	500.	
240.	DUTHOYA (*Jean-Baptiste-Éléonore*), chef de bataillon.	8 septembre 1808.	Westphalie.	2,000.	2,000.	*Idem.*	500.	
						A reporter....	120,000.	

NUMÉROS D'ORDRE.	NOMS, QUALITÉS ET GRADES des donataires ou de leurs successeurs.	DATES des décrets ou décisions par lesquels les dotations ont été accordées.	DÉSIGNATION des pays, biens ou établissem.ns sur lesquels les dotations ont été constituées.	MONTANT de chaque dotation.	TOTAL des dotations réunies.	TITRE OU MOTIF auquel elles ont été accordées.	MONTANT de l'indemnité fixée par le projet de loi.	OBSERVATIONS.
						Report.....	120,000f	
	E							
241.	EDIGHOFFEN (*Jean-George*), sous-lieutenant, fils du maréchal-de-camp.	19 mars 1808.	Westphalie.	2,000f	2,000f	Récompense des services de son père, mort le 11 mars 1813.	500.	
242.	EICHMANN (*François-Renard*), lieutenant-colonel.	19 mars 1813.	*Idem.*	2,000.	2,000.	Récompense de ses services.	500.	
243.	EMERY, le Chevalier (*Pierre*), colonel.	19 mars 1808.	Trasimène.	2,000.	2,000.	*Idem.*	500.	
244.	ESTEVE, le Baron (*Jean-Baptiste*), maréchal-de-camp en retraite.	16 mars 1813.	*Idem.*	2,000.	2,000.	*Idem.*	500.	
	F							
245.	FALCON (*Jean-Baptiste*), major en retraite.	19 mars 1808.	Westphalie.	2,000.	2,000.	*Idem.*	500.	
246.	FAUCONNET (*Joseph-Auguste-Emmanuel-François*), lieutenant-colonel de cavalerie.	*Idem.*	*Idem.*	2,000.	2,000.	*Idem.*	500.	
247.	FAULLAIN (*Jean-François-Antoine-Michel*), colonel d'artillerie.	15 août 1809.	Trasimène.	2,000.	2,000.	*Idem.*	500.	
248.	FAURAX (*Jean-Louis*), chef d'escadron.	19 mars 1808.	Westphalie.	2,000.	2,000.	*Idem.*	500.	
249.	FAURE (*Joseph-Antoine*), chef de bataillon.	*Idem.*	*Idem.*	2,000.	2,000.	*Idem.*	500.	
250.	FAURY (*Pierre*), chef de bataillon.	15 août 1809.	Trasimène.	2,000.	2,000.	*Idem.*	500.	
251.	FAULTRIER, le Baron (*Simon*), maréchal-de-camp en retraite.	15 août 1810.	*Idem.*	2,000.	2,000.	*Idem.*	500.	
252.	FAVEROT, le Baron (*François-Jacques-Guy*), colonel de hussards.	3 février 1813.	*Idem.*	2,000.	2,000.	*Idem.*	500.	
253.	FAVRE (*Pierre-Benoît*), lieutenant-colonel.	19 mars 1808.	Westphalie.	2,000.	2,000.	*Idem.*	500.	
254.	FAYS (DE) (*Georges-Vincent*), colonel d'état-major.	15 août 1809.	Trasimène.	2,000.	2,000.	*Idem.*	500.	
255.	FERLIN (*Joseph*), chef de bataillon.	19 mars 1808.	*Idem.*	2,000.	2,000.	*Idem.*	500.	
256.	FEUILLADE (*Jean*), chef d'escadron.	*Idem.*	Westphalie.	2,000.	2,000.	*Idem.*	500.	
						A reporter.....	128,000.	

NUMÉROS D'ORDRE	NOMS, QUALITÉS ET GRADES des donataires ou de leurs successeurs.	DATES des décrets ou décisions par lesquels les dotations ont été accordées.	DÉSIGNATION des pays, biens ou établissem.ns sur lesquels les dotations ont été constituées.	MONTANT de chaque dotation.	TOTAL des dotations réunies.	TITRE OU MOTIF auquel elles ont été accordées.	MONTANT de l'indemnité fixée par le projet de loi.	OBSERVATIONS.
						Report......	128,000f	
257.	FIÉVÉE, le Chevalier (*Joseph*), ancien préfet, maître des requêtes.	1.er janvier 1812.	Marengo.	2,000f	2,000f	Récompense de ses services.	500.	
258.	FILLEY (*Victor*), chef d'escadron en retraite.	19 mars 1808.	Westphalie.	2,000.	2,000.	*Idem.*	500.	
259.	FITTREMANN (*Nicolas-Joseph-Thadée*), chef d'escadron de gendarmerie royale.	*Idem.*	*Idem.*	2,000.	2,000.	*Idem.*	500.	
260.	FLEURY (*Louis-Nicolas-Pascal*), major de cavalerie.	*Idem.*	*Idem.*	2,000.	2,000.	*Idem.*	500.	
261.	FOISON (*Charles-Julien-Pierre*), capitaine.	15 août 1809.	Erfurt.	2,000.	2,000.	*Idem.*	500.	
262.	FOLLEY (*François-Georges-Antoine*), lieutenant-colonel d'infanterie.	1.er février 1808. 29 décembre 1812.	Mont de Milan. Trasimène.	500. 2,000.	2,500.	*Idem.*	500.	
263.	FONTAINE (*Jacques-Napoléon*), fils d'un officier tué à Austerlitz.	3 octobre 1809.	*Idem.*	2,000.	2,000.	Perte de son père.	500.	
264.	FONTENAY (CADET DE) (*Hippolyte-René-Jean*), colonel d'artillerie.	19 mars 1808.	Westphalie.	2,000.	2,000.	Récompense de ses services.	500.	
265.	FONTENILLES DE LA ROCHE (*Auguste-Pierre-Fulbert*), colonel des chasseurs de l'Isère.	15 août 1809.	Trasimène.	2,000.	2,000.	*Idem.*	500.	
266.	FOULON (*Charles-Joseph*), fils d'*Antoine*, colonel d'infanterie.	*Idem.*	Erfurt.	2,000.	2,000.	Récompense des services de son père, mort le 21 juin 1813.	500.	
267.	FOUQUE (*Pierre-François-Placide*), chef de bataillon en retraite.	8 septembre 1808.	Trasimène.	2,000.	2,000.	Récompense de ses services.	500.	
268.	FOURNIER, le Chevalier (*Jean-Louis*), maréchal-de-camp.	19 mars 1808.	*Idem.*	2,000.	2,000.	*Idem.*	500.	
269.	FROMENT (*Jean-Baptiste*), colonel d'état-major.	17 mars 1808. 15 août 1809.	Mont de Milan. Erfurt.	500. 2,000.	2,500.	*Idem.*	500.	
	G							
270.	GALBOIS (*Nicolas-Marie-Mathurin*), colonel de lanciers.	3 décembre 1809.	Trasimène.	2,000.	2,000.	*Idem.*	500.	
271.	GALLAND (*Antoine*), capitaine en retraite.	15 août 1810.	*Idem.*	2,000.	2,000.	*Idem.*	500.	
272.	GARAVAQUE (*Antoine-Laurent-Marie*), colonel de cavalerie.	19 mars 1808.	Westphalie.	2,000.	2,000.	*Idem.*	500.	
273.	GASQUET (*Joseph*), maréchal-de-camp.	*Idem.*	*Idem.*	2,000.	2,000.	*Idem.*	500.	
						A reporter....	136,500.	

NUMÉROS D'ORDRE.	NOMS, QUALITÉS ET GRADES des donataires ou de leurs successeurs.	DATES des décrets ou décisions par lesquels les dotations ont été accordées.	DÉSIGNATION des pays, biens ou établissem.ns sur lesquels les dotations ont été constituées.	MONTANT de chaque dotation.	TOTAL des dotations réunies.	TITRE OU MOTIF auquel elles ont été accordées.	MONTANT de l'indemnité fixée par le projet de loi.	OBSERVATIONS.
						Report.....	136,500f	
274.	GAUCHERET (*Jacques-François*), major en non-activité.	18 juin 1812.	Apennins.	2,000f	2,000f	Récompense de ses services.	500.	
275.	GAUD, le Chevalier (*Dominique-Marie-Marcel*), colonel en retraite.	19 mars 1808.	Trasimène.	2,000.	2,000.	*Idem.*	500.	
276.	GAUDIN (*Pierre-Étienne-Simon*). colonel.	15 août 1809.	*Idem.*	2,000.	2,000.	*Idem.*	500.	
277.	GAY (*Louis*), colonel d'infant.	*Idem.*	Erfurt.	2,000.	2,000.	*Idem.*	500.	
278.	GENEVAY (*Antoine-François*), colonel.	19 mars 1808.	Westphalie.	2,000.	2,000.	*Idem.*	500.	
279.	GENTIL (*Nicolas*), chef de bataillon en retraite.	*Idem.*	*Idem.*	2,000.	2,000.	*Idem.*	500.	
280.	GENTILS (*Henri*), chef d'escadr.n	15 août 1809.	Trasimène.	2,000.	2,000.	*Idem.*	500.	
281.	GEOFFROY (*Hippolyte-Champigny-Napoléon*), fils d'un officier tué à Austerlitz.	3 octobre 1809.	*Idem.*	2,000.	2,000.	Perte de son père.	500	
282.	GEOFFROY (*Louis Napoléon*), frère du précédent.	*Idem.*	*Idem.*	2,000.	2,000.	*Idem.*	500.	
283.	GEORGE (*Joseph-Antoine-Marie*), colonel du 59.e de ligne.	19 mars 1808.	Westphalie.	2,000.	2,000.	Récompense de ses services.	500.	
284.	GILBERT (*Pierre-Joachim*), ingénieur, fils du premier médecin des armées.	15 août 1810. 29 juillet 1811.	Mont de Milan. Stura.	500. 2,000.	2,500.	Récompense de ses services et de ceux de son père, mort le 1.er décem. 1814.	500.	
285.	GIRARD (*Marie-Augustin*), chef de bataillon.	15 août 1809.	Trasimène.	2,000.	2,000.	Récompense de ses services.	500.	
286.	GIROD-NOVILLARS, le Chevalier (*Charles-Justin-Casimir*), lieutenant-colonel.	19 mars 1808.	*Idem.*	2,000.	2,000.	*Idem.*	500.	
287.	GORIN (*Simon-Napoléon*), sous-lieutenant, fils d'un officier tué à Austerlitz.	3 octobre 1809.	*Idem.*	2,000.	2,000.	Perte de son père.	500	
288.	GORIN (*Edouard-Napoléon*), brigadier aux dragons de l'Hérault, frère du précédent.	*Idem.*	*Idem.*	2,000.	2,000.	*Idem.*	500	
289.	GRANDIDIER (*Jean-Joseph-Alexandre*), fils de *Pierre-Alexandre-Valentin*, colonel d'infanterie	15 août 1809.	*Idem.*	2,000.	2,000.	*Idem.*	500.	
290.	GRANDSAIGNE (*Hippolyte-Louis-Jean-Baptiste*), fils de l'adjudant-commandant.	*Idem.*	Erfurt.	2,000.	2,000.	Récompenses des services de son père, mort le 10 mai 1812.	500.	
291.	GRATIEN (*Pierre-Guillaume*), maréchal-de-camp.	15 août 1810.	Trasimène.	2,000.	2,000.	Récompense de ses services.	500.	
292.	GRESSIN, le Chevalier (*Sylvain-Joseph*), colonel d'infanterie.	8 septembre 1808.	*Idem.*	2,000.	2,000.	*Idem.*	500.	
293.	GROGNET (*Jacques*), colonel en retraite.	*Idem.*	Westphalie.	2,000.	2,000.	*Idem.*	500.	
						A reporter......	146,500	

NUMÉROS D'ORDRE.	NOMS, QUALITÉS ET GRADES des donataires ou de leurs successeurs.	DATES des décrets ou décisions par lesquels les dotations ont été accordées.	DÉSIGNATION des pays, biens ou établissem.ns sur lesquels les dotations ont été constituées.	MONTANT de chaque dotation.	TOTAL des dotations réunies.	TITRE OU MOTIF auquel elles ont été accordées.	MONTANT de l'indemnité fixée par le projet de loi.	OBSERVATIONS.
						Report......	146,500f	
294.	GROUVEL, le Baron (*François*), maréchal-de-camp.	15 août 1809.	Erfurt.	2,000f	2,000f	Récompense de ses services.	500.	
295.	GRUYER, le Baron (*Antoine*), maréchal-de-camp.	1.er février 1808.	Mont de Milan.	2,000.	2,000.	*Idem.*	500.	
296.	GUEUREL (*Nicolas-Noël*), colonel de la légion du Gers.	17 mars 1808. 15 août 1809.	*Idem.* Trasimène.	500. 2,000.	2,500.	*Idem.*	500.	
297.	GUICHARD (*Laurent*), chef de bataillon en retraite.	19 mars 1808.	Westphalie.	2,000.	2,000.	*Idem.*	500.	
298.	GUICHARD (*François*), capitaine	3 octobre 1809.	Bayreuth.	2,000.	2,000.	Son amputation.	500.	
299.	GUILLAUMIN (*Jacques-Augustin*), major du génie.	19 mars 1808.	Westphalie.	2,000.	2,000.	Récompense de ses services.	500.	
300.	GUILLEMAN (*Marie-Anne-Adelaïde-Napoléon*), fille d'un officier tué à Austerlitz.	3 octobre 1809.	Trasimène.	2,000.	2,000.	Perte de son père.	500.	
301.	GUILLEMAN (*Marie-Marthe-Napoléon*), sœur de la précédente.	*Idem.*	*Idem.*	2,000.	2,000.	*Idem.*	500.	
302.	GUILLEMET (*Jean-Pierre*), adjudant-commandant.	17 mars 1808. 6 août 1811.	Mont de Milan. Montenotte.	500. 2,000.	2,500.	Récompense de ses services.	500.	
303.	GUILLOT (*Joseph-François*), fils du maréchal-de-camp.	15 août 1810.	Trasimène.	2,000.	2,000.	Récompense des services de son père, mort le 26 janvier 1818.	500.	
304.	GUINAND (*Jean Claude*), fils du colonel.	19 mars 1808.	*Idem.*	2,000.	2,000.	Récompense des services de son père, mort le 18 janvier 1813.	500.	
305.	GUITTON (*Claude*), major au 21.e de dragons.	*Idem.*	Westphalie.	2,000.	2,000.	Récompense de ses services	500.	
	H							
306.	HAMELINAYE (DE LA) (*Jacques-Félix-Jan*), maréch.-de-camp.	*Idem.*	*Idem.*	2,000.	2,000.	*Idem.*	500.	
307.	HARDY, le Baron (*Pierre-François-Joseph*), lieutenant-colonel en retraite.	15 mars 1810.	Trasimène.	2,000.	2,000.	*Idem.*	500.	
308.	HARTY, B.on DE PIERREBOURG, (*Olivier*), maréchal-de-camp en retraite.	30 juin 1811.	Erfurt.	2,000.	2,000.	*Idem.*	500.	
309.	HENIN DE CUVILLERS (*Etienne-Félix*), maréchal-de-camp.	19 mars 1808.	Westphalie.	2,000.	2,000.	*Idem.*	500.	
310.	HENRY (*Pierre-Philippe*), chef de bataillon en retraite.	*Idem.*	*Idem.*	2,000.	2,000.	*Idem.*	500.	
311.	HENRIET (*François-Nicolas*), chef d'escadron.	8 septembre 1808.	*Idem.*	2,000.	2,000.	*Idem.*	500.	
312.	HENRION (*François-Joseph*), adjudant-major d'artillerie.	15 mars 1810.	Trasimène.	2,000.	2,000.	*Idem.*	500.	
						A reporter......	156,000.	

NUMÉROS D'ORDRE.	NOMS, QUALITÉS ET GRADES des donataires ou de leurs successeurs.	DATES des décrets ou décisions par lesquels les dotations ont été accordées.	DÉSIGNATION des pays, biens ou établissem.s sur lesquels les dotations ont été constituées.	MONTANT de chaque dotation.	TOTAL des dotations réunies.	TITRE OU MOTIF auquel elles ont été accordées.	MONTANT de l'indemnité fixée par le projet de loi.	OBSERVATIONS.
						Report.........	156,000f	
313.	HERVÉ, le Chevalier (*Christophe*), colonel d'infanterie en retraite.	19 mars 1808.	Rome.	2,000f	2,000f	Récompense de ses services.	500.	
314.	HOFFMANN (*François-Joseph*), chef de bataillon.	19 mars 1808.	Trasimène.	2,000.	2,000.	*Idem.*	500.	
315.	HOFFMAYER (*Laurent*), colonel de cavalerie.	15 mars 1810.	Trasimène.	2,000.	2,000.	*Idem.*	500.	
316.	HOLLOSSY (D') (*Jean-Baptiste-Michel*), chef d'escadron en retraite.	19 mars 1808.	Westphalie.	2,000.	2,000.	*Idem.*	500.	
317.	HOUSSIN DE SAINT-LAURENT (*Benjamin-Léonor-Auguste*), colonel.	19 mars 1808.	Westphalie.	2,000.	2,000	*Idem.*	500.	
318.	HUBERT (*Louis*), major au 17.e	19 mars 1808.	Rome.	2,000.	2,000.	*Idem.*	500.	
319.	HUBINET DE SOUBISE (*Alexand.-Henri-Charles*), colonel en retraite.	19 mars 1808.	Trasimène.	2,000.	2,000.	*Idem.*	500.	
320.	HUGUET-CHATAUX (*Louis-Victor-Jules*), fils de Louis, aide-de-camp du duc de Bellune.	19 mars 1808.	Westphalie.	2,000.	2,000.	Récompense des services de son père, mort le 8 mai 1814.	500.	
321.	HULOT, le Baron (*Étienne*), maréchal-de-camp.	19 mars 1808.	Westphalie.	2,000.	2,000.	Récompense de ses services.	500.	
	I							
322.	IMBERT LABOISSELLE (*Jean-Baptiste*), chef d'escadron.	19 mars 1808.	Westphalie.	2,000.	2,000.	*Idem.*	500.	Mort.
323.	IZOARD (*Sébastien-Raphaël-Théodore*), colonel du génie.	19 mars 1808.	Westphalie.	2,000.	2,000.	*Idem.*	500.	
	J							
324	JACQUINOT (*Jean-Baptiste-Nicolas*), colonel.	19 mars 1808.	Westphalie.	2,000.	2,000.	*Idem.*	500.	
325.	JACQUINOT (*François*), chef de bataillon en retraite.	19 mars 1808.	Westphalie.	2,000.	2,000.	*Idem.*	500.	
326.	JAGER (*Louis-Charles*), chef de bataillon.	17 mars 1808. 15 août 1809.	Mont de Milan. Trasimène.	500. 2,000.	2,500.	*Idem.*	500.	
327.	JANIN, le Baron (*Antoine*), maréchal-de-champ.	15 mars 1810. 14 avril 1813.	Mont de Milan. Trasimène.	500. 2,000.	2,500.	*Idem.*	500.	
						A reporter.....	163,500.	

NUMÉROS D'ORDRE.	NOMS, QUALITÉS ET GRADES des donataires ou de leurs successeurs.	DATES des décrets ou décisions par lesquels les dotations ont été accordées.	DÉSIGNATION des pays, biens ou établissem.s sur lesquels les dotations ont été constituées.	MONTANT de chaque dotation.	TOTAL des dotations réunies.	TITRE OU MOTIF auquel elles ont été accordées.	MONTANT de l'indemnité fixée par le projet de loi.	OBSERVATIONS.
						Report.	163,500f	
328.	JARLAUD (*Claude-Bernard*), capitaine en retraite.	3 octobre 1809.	Bayreuth.	2,000f	2,000f	Son amputation.	500.	
329.	JEANNE (*Pierre-Antoine*), capitaine.	19 mars 1811.	Trasimène.	2,000.	2,000.	*Idem.*	500.	
330.	JODON DE VILLEROCHÉ (*François-Pierre-Charles*), major.	19 mars 1808.	*Idem.*	2,000.	2,000.	Récompense de ses services.	500.	
331.	JOUAN (*Jacques-Casimir*), chef de bataillon.	*Idem.*	Westphalie.	2,000.	2,000.	*Idem.*	500.	
332.	JOUARDET (*Claude-François*), chef de bataillon d'infanterie.	*Idem.*	*Idem.*	2,000.	2,000.	*Idem.*	500.	
333.	JOUY (*Louis-André*), chef de bataillon en retraite.	*Idem.*	*Idem.*	2,000.	2,000.	*Idem.*	500.	
334.	JOYEUX (*Jacques*), chef de bataillon.	15 août 1809.	Trasimène.	2,000.	2,000.	*Idem.*	500.	
335.	JUET (*Maurice-René*), capitaine des hussards.	25 décembre 1812.	Erfurt.	2,000.	2,000.	*Idem.*	500.	
336.	JUGE (*Claude*), chef de bataillon.	3 décembre 1809.	Bayreuth.	2,000.	2,000.	*Idem.*	500.	
337.	JULIENNE DE BELLAIR (*Antoine-Charles-Alexandre*), maréchal-de-camp.	15 août 1809.	Erfurt.	2,000.	2,000.	*Idem.*	500.	
	K							
338.	KIRMANN (*François-Antoine*), chef d'escadron de mameloucks.	17 mars 1808. 15 mars 1810.	Mont de Milan. *Idem.*	1,000. 1,000.	2,000.	Ses services.	500.	
339.	KLEIN (*Joseph-Auguste*), fils du major.	19 mars 1808.	Trasimène.	2,000.	2,000.	Récompense des services de son père, mort le 15 mars 1810.	500.	
340.	KUHMANN, le Baron (*Pierre*), officier d'infanterie, fils du colonel.	15 août 1810.	*Idem.*	2,000.	2,000.	Récompense des services de son père, mort le 3 janvier 1811.	500.	
	L							
341.	LA BARBÉE (BERARDIÈRE DE), le Chevalier (*Marin-Gilles*), chef d'escadron de dragons.	19 mars 1808.	Westphalie.	2,000.	2,000.	Récompense de ses services.	500.	
342.	LACOSTE (VERDIER), le Chevalier (*Louis*), colonel.	*Idem.*	Trasimène.	2,000.	2,000.	*Idem.*	500.	
343.	LACROIX, le Baron (*Mathieu*), maréchal-de-camp.	15 août 1810.	*Idem.*	2,000.	2,000.	*Idem.*	500.	
						A reporter.....	171,500.	

NUMÉROS D'ORDRE.	NOMS, QUALITÉS ET GRADES des donataires ou de leurs successeurs.	DATES des décrets ou décisions par lesquels les dotations ont été accordées.	DÉSIGNATION des pays, biens ou établissem.s sur lesquels les dotations ont été constituées.	MONTANT de chaque dotation.	TOTAL des dotations réunies.	TITRE OU MOTIFS auquel elles ont été accordées.	MONTANT de l'indemnité fixée par le projet de loi.	OBSERVATIONS.
						Report.	171,500f	
344.	LAFOSSE (CHARTRY DE) (*Jacques-Louis*), lieutenant-colonel de cavalerie.	3 décembre 1809.	Trasimène.	2,000f	2,000f	Récompense de ses services.	500.	
345.	LAGRANGE, le Marquis (*Auguste-François-Joseph*), colonel de cavalerie.	19 mars 1808.	Westphalie.	2,000.	2,000.	*Idem.*	500.	
346.	LAGRANGE (*Jeanne-Claude*), fille d'un officier tué à Austerlitz.	3 octobre 1809.	Trasimène.	2,000.	2,000.	Perte de son père.	500.	
347.	LAHUBERDIÈRE, le Baron (*Pierre*), colonel du 10.e des cuirassiers.	1.er février 1808. 28 septembre 1813.	Mont de Milan. "	1,000. 1,000.	2,000.	Ses services.	500.	
348.	LALLEMAND (*Henri-Dominique*), chef de bataillon d'artillerie.	1.er février 1808. 15 mars 1810.	Mont de Milan. *Idem.*	1,000. 1,000.	2,000.	*Idem.*	500.	
349.	LALYRE (*Pierre*), major de cuirassiers en retraite.	19 mars 1808.	Westphalie.	2,000.	2,000.	Récompense de ses services.	500,	
350.	LAMORENDIÈRE (*Étienne-François-Robert*), maréchal-de-camp en retraite.	15 août 1810.	Trasimène.	2,000.	2,000.	*Idem.*	500.	
351.	LANCHANTIN, le Baron (*Louis-François*), maréchal-de-camp.	30 juin 1811.	Erfurt.	2,000.	2,000.	*Idem.*	500.	Mort.
352.	LANEFRANQUE (*Joseph-Dominique*), fils de Jean-Pascal, médecin.	15 août 1809.	Trasimène.	2,000.	2,000.	Récompense des services de son père, mort le 25 septembre 1812.	500.	
353.	LANGERON (*Louis-Gaspar*), maréchal-de-camp.	*Idem.*	Erfurt.	2,000.	2,000.	Récompense de ses services.	500.	
354.	LANGLET (*Jean-Louis-Jacques*), chef de bataillon au 57.e...	19 mars 1808.	Westphalie.	2,000.	2,000.	*Idem.*	500.	
355.	LANGLOIS (*Guillaume-Pierre*), lieutenant de Roi.	*Idem.*	*Idem.*	2,000.	2,000.	*Idem.*	500.	
356	LANIER (*Laurent-Quentin*), colonel d'infanterie en retraite.	*Idem.*	*Idem.*	2,000.	2,000.	*Idem.*	500.	
357.	LAPOINTE (*Joseph-Gabriel*), colonel en retraite.	*Idem.*	*Idem.*	2,000.	2,000.	*Idem.*	500.	
358.	LAROCHE (*Pierre-Victor*), colonel du 28.e de chasseurs.	*Idem.*	*Idem.*	2,000.	2,000	*Idem.*	500.	
359.	LASALCETTE, le Baron (*Jean-Jacques-Bernardin* COLAUD), maréchal-de-camp.	15 août 1810.	Trasimène.	2,000.	2,000.	*Idem.*	500.	
360.	LA TREICHE (*Charles-Guillaume-Fortuné-Simon*), chef d'escadron.	15 août 1809.	*Idem.*	2,000.	2,000.	*Idem.*	500.	
361.	LAURAIN DE MIRELLES, le Chevalier (*Frédéric-Alexandre*), colonel.	19 mars 1808.	*Idem.*	2,000.	2,000.	*Idem.*	500.	
						A reporter.	181,500.	

NUMÉROS D'ORDRE.	NOMS, QUALITÉS ET GRADES des donataires ou de leurs successeurs.	DATES des décrets ou décisions par lesquels les dotations ont été accordées.	DÉSIGNATION des pays, biens ou établissem.s sur lesquels les dotations ont été constituées.	MONTANT de chaque dotation.	TOTAL des dotations réunies.	TITRE OU MOTIF auquel elles ont été accordées.	MONTANT de l'indemnité fixée par le projet de loi.	OBSERVATIONS.
						Report.......	181,500f	
362.	LAVIEUVILLE (BAUDE DE), le Comte (*Auguste-Joseph*), membre de la chambre des députés.	30 juin 1811.	Erfurt.	2,000f	2,000f	Récompense de ses services.	500.	
363.	LAVOYE, le Chevalier (*Claude-Joseph*), colonel d'artillerie.	19 mars 1808.	Rome.	2,000.	2,000.	*Idem.*	500.	
364.	LEBERTON (*Jacques-Denis-Louis*), adjudant-command.	15 août 1809.	Erfurt.	2,000.	2,000.	*Idem.*	500.	
365.	LEBLOND (*Claude-Marie*), frère du chef d'escadron.	19 mars 1808.	Westphalie.	2,000.	2,000.	Récompense des services de son frère, mort le 16 février 1813.	500.	
366.	LEBRUN (*Louis*), chef d'escadron en retraite.	*Idem.*	*Idem.*	2,000.	2,000.	Récompense de ses services.	500.	
367.	LEBRUN (*Auguste-Charles*), capitaine.	17 mars 1808. 15 août 1809.	Mont de Milan. Trasimène.	1,000. 2,000.	3,000.	*Idem.*	500.	
368.	LEBRUN (*Pierre-Desiré*), fils de Jean-Pierre, capitaine d'état-major.	3 décembre 1809.	*Idem.*	2,000.	2,000.	Récompense des services de son père, mort le 7 septembre 1812.	500.	
369.	LE CLÉMENT DE TAINTEGNIES, le Chevalier (*Louis-Lamoral*), officier d'ordonnance.	1.er janvier 1812.	Meuse-Inférieure.	2,000.	2,000.	Récompense de ses services.	500.	
370	LECORDIER (*Jean*), capitaine au 9.e de cuirassiers.	19 mai 1812.	"	2,000.	2,000.	*Idem.*	500.	
371.	LECUREL-DESCOREAUX, le Chevalier (*Alexandre-Etienne-René*), lieutenant-colonel en retraite.	19 mars 1808.	Trasimène.	2,000.	2,000.	*Idem.*	500.	
372.	LEDOS (*André-Marie*), capitaine au 72.e, en retraite.	21 septembre 1812.	Westphalie.	2,000.	2,000.	*Idem.*	500.	
373.	LE DUC (*Prosper*), fils du colonel.	19 mars 1808.	*Idem.*	2,000.	2,000.	Récompense des services de son père, mort le 5 juillet 1809.	500.	
374.	LEFEBVRE DAMAS, fils de Jean-Baptiste-Daniel, chef d'escadron.	*Idem.*	*Idem.*	2,000.	2,000.	Récompense de ses services.	500.	
375.	LEFEBVRE, le Baron (*Simon*), maréchal-de-camp.	30 juin 1811.	Erfurt.	2,000.	2,000.	*Idem.*	500.	
376.	LEGENDRE, le Chevalier (*Adrien-Marie*), membre de de l'académie des sciences.	*Idem.*	Trasimène.	2,000.	2,000.	*Idem.*	500.	
377.	LÉGLISE (*Bernard*), chef de bataillon en retraite.	19 mars 1808.	Westphalie.	2,000.	2,000.	*Idem.*	500.	
378.	LEGRAND, le Chevalier (*Antoine-Vincent-Thadé-Louis*), colonel du génie.	*Idem.*	Trasimène.	2,000.	2,000.	*Idem.*	500.	
379.	LEGROS (*Charles-André*), lieutenant-colonel.	*Idem.*	Westphalie.	2,000.	2,000.	*Idem.*	500.	
						A reporter......	190,500.	

NUMÉROS D'ORDRE.	NOMS, QUALIEÉS ET GRADES des donataires ou de leurs successeurs.	DATES des décrets ou décisions par lesquels les dotations ont été accordées.	DÉSIGNATION des pays, biens ou établissem.s sur lesquels les dotations ont été constituées.	MONTANT de chaque dotation.	TOTAL des dotations réunies.	TITRE OU MOTIF auquel elles ont été accordées.	MONTANT de l'indemnité fixée par le projet de loi.	OBSERVATION
						Report......	190500f	
380.	LEGROS (*Antoine-Nicolas-Roland*), lieutenant de Roi.	19 mars 1808.	Westphalie.	2,000f	2,000f	Récompense de ses services.	500.	
381.	LEHAUT (*Jean-Baptiste*), chef de bataillon.	*Idem.*	*Idem.*	2,000.	2,000.	*Idem.*	500.	
382.	LEISTENSCHNEIDER (*Sébastien*), chef d'escadron.	*Idem.*	*Idem.*	2,000.	2,000.	*Idem.*	500.	
383.	LEMERCIER, le Chevalier (*Jacques*), chef de bataillon en retraite.	*Idem.*	Trasimène.	2,000.	2,000.	*Idem.*	500.	
384.	LEMIÈRE DE CORVEY (*Jean-Frédéric-Auguste*), chef de bataillon au 46.e	17 mars 1808.	Westphalie.	2,000.	2,000.	*Idem.*	500.	
385.	LEMOYNE, le Chevalier (*Hilaire*), colonel de chasseurs.	17 mars 1808. 15 août 1809.	Mont de Milan. Erfurt.	500. 2,000.	2,500.	*Idem.*	500.	
386.	LEMPÉRIÈRE, le Chevalier (*Pierre-Alexandre*) major.	19 mars 1808.	Trasimène,	2,000.	2,000.	*Idem.*	500.	
387.	LENOURY (*Amédée-Charles-Louis*), lieutenant-colonel de chasseurs.	*Idem.*	Westphalie.	2,000.	2,000.	*Idem.*	500.	
388.	LÉOPOLD (*Charles-Philippe*), colonel.	*Idem.*	*Idem.*	2,000.	2,000.	*Idem.*	500.	
389.	LEPIC (*Joachim-Hippolyte*), colonel de dragons.	*Idem.*	*Idem.*	2,000.	2,000.	*Idem.*	500.	
390.	LÉPINAU, le Baron (*Charles-Etienne*), colonel de la 9.e légion de gendarmerie.	15 mars 1810.	Trasimène.	2,000.	2,000.	*Idem.*	500.	
391.	LEQUAY (*Nicolas-Élisabeth*), chef d'escadron.	19 mars 1808.	Westphalie.	2,000.	2,000.	*Idem.*	500.	
392.	LE ROY, le Chevalier (*Marie-Joseph-Jérôme-Laurent*), chef de bataillon.	15 août 1809.	Trasimène.	2,000.	2,000.	*Idem.*	500.	
393.	LESACHÉ (*Pierre*), fils du chef de bataillon.	19 mars 1808.	Westphalie.	2,000.	2,000.	Récomp. des services de son père, mort le 5 mai 1810.	500.	
394.	LESCAUDEY DE MENNEVAL (*Casimir-Honoré-Louis*), major.	*Idem.*	Trasimène.	2,000.	2,000.	Récompense de ses services.	500.	
395.	LESCOUVÉ, fils de (*Louis-Alexandre-Auguste*), chef de bataillon.	8 septembre 1808.	*Idem.*	2,000.	2,000.	*Idem.*	500.	
396.	LE SÉNÉCAL, le Baron (*Georges-Hippolyte*), maréc.-de-camp.	30 juin 1811.	Erfurt.	2,000.	2,000.	*Idem.*	500.	
397.	LESPINASSE (*Sylvestre*), lieutenant colonel d'infanterie.	19 mars 1808.	Westphalie.	2,000.	2,000.	*Idem.*	500.	
398.	LEVAVASSEUR (*Charles-Amable*), colonel d'infanterie.	15 août 1809.	Trasimène.	2,000.	2,000.	*Idem.*	500.	
						A reporter....	200,000.	

NUMÉROS D'ORDRE.	NOMS, QUALITÉS ET GRADES des donataires ou de leurs successeurs.	DATES des décrets ou décisions par lesquels les dotations ont été accordées.	DÉSIGNATION des pays, biens ou établissem.s sur lesquels les dotations ont été constituées.	MONTANT de chaque dotation.	TOTAL des dotations réunies.	TITRE OU MOTIF auquel elles ont été accordées.	MONTANT de l'indemnité fixée par le projet de loi.	OBSERVATIONS.
						Report.....	200,000.	
399.	LHUILLIER (*Jean-Bap.-François*), chef d'escadron de chasseurs.	19 mars 1808.	Westphalie.	2,000f	2,000f	Récompense de ses services.	500f	
400.	LIGNIM BON DE) (*Henri-Antoine*), colonel d'artillerie.	*Idem.*	*Idem.*	2,000.	2,000.	*Idem.*	500.	
401.	LIGNIVILLE (*Pierre-Joseph*), lieutenant des gardes-du-corps.	15 août 1809.	Trasimène.	2,000.	2,000.	*Idem.*	500.	
402.	LORINÉ (*Jean-Chrisostôme*) colonel d'état-major.	*Idem.*	*Idem.*	2,000.	2,000.	*Idem.*	500.	
403.	LOTHE (*Michel*), chef d'escadron en retraite.	19 mars 1808.	Westphalie.	2,000.	2,000.	*Idem.*	500.	
404.	LOUIS, le Baron DEVILLIERS (*Claude-Germain*), maréchal-de-camp.	15 août 1810.	Trasimène.	2,000.	2,000.	*Idem.*	500.	
405.	LOVERDO, le Comte (*Nicolas*), lieutenant général.	17 mars 1808. 15 août 1809.	Mont de Milan. Trasimène.	500 2,000.	2,500.	*Idem.*	500.	
406.	LOYARD (*Menoux*), chef de bataillon.	19 mars 1808.	Westphalie.	2,000.	2,000.	*Idem.*	500.	
407.	LUCHAIRE (*Sébastien*), colonel en retraite.	15 août 1809.	Erfurt.	2,000.	2,000.	*Idem.*	500.	
408.	LUGUEZ *Almd-Auguste-Napoléon*), fils du major.	*Idem.*	Trasimène.	2,000.	2,000.	Récompense des services de son père, mort le 1.er novembre 1812.	500.	

M

NUMÉROS D'ORDRE.	NOMS, QUALITÉS ET GRADES	DATES	DÉSIGNATION	MONTANT	TOTAL	TITRE OU MOTIF	MONTANT de l'indemnité	OBSERVATIONS.
409.	MAGNE (*Jean-Joseph*), chef de bataillon.	19 mars 1808.	Trasimène.	2,000.	2,000.	Récompense de ses services.	500.	
410.	MAIGNET (*Charles-Grégoire*), colonel de cavalerie.	15 août 1809.	Erfurt.	2,000.	2,000.	*Idem.*	500.	
411.	MAILLET-MARIN (*Michel*), fils d'Émeric, chef de bataillon.	*Idem.*	Trasimène.	2,000	2,000.	Récompense des services de son père, mort le 20 janvier 1811.	500.	
412.	MAINGARNAUD, colonel du 96.e de ligne.	8 septembre 1808. 15 août 1809.	Mont de Milan. Erfurt.	500. 2,000.	2,000.	Récompense de ses services.	500.	Mort.
413.	MALARTIC (*Pierre*), adjudant major.	3 octobre 1809.	Bayreuth.	2,000.	2,000.	Son amputation.	500.	
414.	MANHÈS (*Charles-Antoine*), lieutenant génér. en retraite.	19 mars 1808.	Wesphalie.	2,000.	2,000.	Récompense de ses services.	500.	
415.	MARCOUX, fils de (*Nicolas*), chef de bataillon.	*Idem.*	*Idem.*	2,000.	2,000.	*Idem.*	500.	
416.	MARÉCHAL, le Chevalier (*André*) colonel en retraite.	8 septembre 1808.	Trasimène.	2,000.	2,000.	*Idem.*	500.	
						A reporter....	209,000.	

NUMÉROS D'ORDRE.	NOMS, QUALITÉS ET GRADES des donataires ou de leurs successeurs.	DATES des décrets ou décisions par lesquelles les dotations ont été accordées.	DÉSIGNATION des pays, biens ou établissem.s sur lesquels les dotations ont été constituées.	MONTANT de chaque dotation.	TOTAL des dotations réunies.	TITRE OU MOTIF auquel elles ont été accordées.	MONTANT de l'indemnité fixée par le projet de loi.	OBSERVATIONS.
						Report...	209,000f	
417.	MARÈS, femme COT-D'ORDAN (*Marie-Étiennette-Louise-Ursule-Colette*), fille d'un officier tué à Austerlitz.	3 août 1810.	Trasimène.	2,000f	2,000f	Perte de son père.	500.	
418.	MARESCHAL DE SAUVAGNEY (*Alfred-Marie-François*), fils de Pierre-Marie-Jérôme, chef d'escadron.	15 août 1809.	*Idem.*	2,000.	2,000.	Récompense des services de son père, mort le 18 octobre 1813.	500.	
419.	MARIVEAUX (*Jacques-Claude-Martin*), chef de bataillon.	3 décembre 1809.	Hanovre.	2,000.	2,000.	Récompense de ses services.	500.	
420.	MARSANGE D'HORBOURG (*Amédée-Frédéric*), chef d'escadron.	8 septembre 1808.	Westphalie.	2,000.	2,000.	*Idem.*	500.	
421.	MARTENOT DE CORDOUX, le Baron (*François*), lieutenant colonel.	1.er février 1808. 6 avril 1813.	Mont de Milan. Trasimène.	1,000. 2,000.	3,000.	*Idem.*	500.	
422.	MARTIN (*Jean-Baptiste-Isidore*), colonel de cavalerie en retraite.	1.er février 1808.	Mont de Milan.	2,000.	2,000.	*Idem.*	500.	
423.	MARTINEAU (*Louis-René*), lieutenant-colonel.	19 mars 1808.	Westphalie.	2,000.	2,000.	*Idem.*	500.	
424.	MARTINIÈRE (DE LA) (*Étienne-Martin*), colonel d'infanterie en retraite.	*Idem.*	*Idem.*	2,000.	2,000.	*Idem.*	500.	
425.	MASSY-PARDOUX (*Charles-Oscar*), fils du colonel.	15 août 1809.	Trasimène.	2,000.	2,000.	Récompense des services de son père, mort le 7 septembre 1812.	500.	
426.	MAUFROY (*Pierre*), lieutenant de Roi.	1.er février 1808.	Mont de Milan.	2,000.	2,000.	Récompense de ses services.	500.	
427.	MAURY (*Henri*), chef de bataillon.	19 mars 1808.	Westphalie.	2,000.	2,000.	*Idem.*	500.	Mort.
428.	MAZURIÉ (*Jean-Pierre-François*), chef de bataillon.	29 novemb. 1811.	*Idem.*	2,000.	2,000.	*Idem.*	500.	
429.	MEINADIER (*Henri-Louis-René*), maréchal-de-camp.	17 mars 1808. 15 août 1809.	Mont de Milan. Trasimène.	500. 2,000.	2,500.	*Idem.*	500.	
430.	MELLIER (*Étienne*), capitaine au 2.e des fusiliers de la garde.	1.er février 1808. 15 août 1809.	Mont de Milan. Trasimène.	1,000. 1,000.	2,000.	*Idem.*	500.	
431.	MENU, le Chevalier (*Paul-Alexis-Joseph*), colonel.	8 septembre 1808.	*Idem.*	2,000.	2,000.	*Idem.*	500.	
432.	MERLE, le Baron (*Jean-Lazare-Achille*), fils du colonel.	15 août 1810.	*Idem.*	2,000.	2,000.	Récompense des services de son père, mort le 19 novembre 1809.	500.	
433.	MERLIN, le Baron (*Antoine-François-Eugène*), maréchal-de-camp.	8 septembre 1808.	*Idem.*	2,000.	2,000.	Récompense de ses services.	500.	
434.	MERMET, le Vicomte (*Julien-Augustin-Joseph*), lieutenant général.	15 août 1810.	*Idem.*	2,000.	2,000.	*Idem.*	500.	
						A reporter...	218,000.	

NUMÉROS D'ORDRE.	NOMS, QUALITÉS ET GRADES des donataires ou de leurs successeurs.	DATES des décrets ou décisions par lesquels les dotations ont été accordées.	DÉSIGNATION des pays, biens ou établissem.s sur lesquels les dotations ont été constituées.	MONTANT de chaque dotation.	TOTAL des dotations réunies.	TITRE OU MOTIF auquel elles ont été accordées.	MONTANT de l'indemnité fixée par le projet de loi.	OBSERVATIONS.
						Report...	218,000f	
435.	MESMER (*François*), lieutenant-colonel.	1.er février 1808.	Mont de Milan.	2,000f	2,000f	Récompense de ses services.	500.	
436.	MEUNIER (*Hugues-Alexandre-Joseph*), maréchal-de-camp.	19 mars 1808.	Westphalie.	2,000.	2,000.	*Idem.*	500.	
437.	MICHAL LA BRETONNIÈRE (*François-Alexandre-Gaëtan*), colonel d'état-major.	*Idem.*	*Idem.*	2,000.	2,000.	*Idem.*	500.	
438.	MICHEL (*Victor*), lieutenant des grenadiers tirailleurs.	1.er février 1808. 12 février 1810.	Mont de Milan. Trasimène.	500. 2,000.	2,500.	*Idem.*	500.	
439.	MILLER, le Chevalier (*Jean-Louis*), fils de Jacques, major de chasseurs.	19 mars 1808.	*Idem.*	2,000.	2,000.	Récompense des services de son père, mort le 26 janvier 1814.	500.	
440.	MINIER, le Chevalier (*Jean-Baptiste*), chef de bataillon du 61.e de ligne.	15 août 1809.	Rome.	2,000.	2,000.	Récompense de ses services.	500.	
441.	MINIER (*Victor-Gaspar*), lieutenant-colonel de cavalerie en retraite.	15 mars 1808.	Westphalie.	2,000.	2,000.	*Idem.*	500.	
442.	MIQUEL, le Baron (*Pierre-André*), maréchal-de-camp.	30 juin 1811.	Erfurt.	2,000.	2,000.	*Idem.*	500.	
443.	MOISSY-DESROZIERS (*Claude-Didier*), chef d'escadron.	19 mars 1808.	Westphalie.	2,000.	2,000.	*Idem.*	500.	
444.	MOLARD dit DUMOLARD (*Arthur*), fils de Michel, adjudant-commandant.	15 août 1809.	Trasimène.	2,000.	2,000.	*Idem.*	500.	
445.	MOLINE DE SAINT-YON (*Alexandre-Pierre*), chef d'escadron.	*Idem.*	*Idem.*	2,000.	2,000.	*Idem.*	500.	
446.	MONDREVILLE, le Comte (*Guillaume-Marie-Louis-Claude*), lieuten. des gardes-du-corps.	*Idem.*	*Idem.*	2,000.	2,000.	*Idem.*	500.	
447.	MONGIN (*Louis-François*), chef d'escadron.	19 mars 1808.	Westphalie.	2,000.	2,000.	*Idem.*	500.	
448.	MONNOT, le Chevalier (*Claude François-Cosme*, (colonel d'infanterie.	*Idem.*	Trasimène.	2,000.	2,000.	*Idem.*	500.	
449.	MONTEIL (*Joseph*), maréchal-de-camp.	*Idem.*	Westphalie.	2,000.	2,000.	*Idem.*	500.	
450.	MONTFALCON (*Jean*), maréchal-de-camp.	15 août 1809.	Erfurt.	2,000.	2,000.	*Idem.*	500.	
451.	MONFORT (PUNIET DE), le Chevalier (*Joseph*), maréchal-de-camp, inspecteur du génie.	19 mars 1808.	Westphalie.	2,000.	2,000.	*Idem.*	500.	
452.	MONTIGNY (*Augustin*), chef d'escadron.	*Idem.*	*Idem.*	2,000.	2,000.	*Idem.*	500.	
						A reporter...	227,000.	

NUMÉROS D'ORDRE.	NOMS, QUALITÉS ET GRADES des donataires ou de leurs successeurs.	DATES des décrets ou décisions par lesquels les dotations ont été accordées.	DÉSIGNATION des pays, biens ou établissem.s sur lesquels les dotations ont été constituées.	MONTANT de chaque dotation.	TOTAL des dotations réunies.	TITRE OU MOTIF auquel elles ont été accordées.	MONTANT de l'indemnité fixée par le projet de loi.	OBSERVATIONS.
						Report...	227,000f	
453.	MONTMORENCY, le Baron (*Anne-Louis-Raoul-Victor*), colonel aide-de-camp de S. A. S. le duc d'Orléans.	1.er janvier 1812.	Meuse-inférieure.	2,000f	2,000f	Récompense de ses services.	500.	
454.	MONTMORT, le Marquis de (*Auguste-Raimond*), colonel d'infanterie.	3 décembre 1809.	Trasimène.	2,000.	2,000.	*Idem.*	500.	
455.	MORAND (*Alexis-Bernardin-Nicolas*), colonel en retraite.	17 mars 1808. 15 août 1809.	Mont de Milan. Trasimène.	500. 2,000.	2,500.	*Idem.*	500.	
456.	MORAND, le Baron (*Nicolas-Vincent-Joseph*), fils du lieutenant général.	*Idem.*	Westphalie.	2,000.	2,000.	Récompense des services de son père, mort le 2 avril 1813.	500.	
457.	MORANGIÉS (DEMOLETTE DE), le Baron (*Jean-Baptiste*), maréchal-de-camp.	30 juin 1811.	Erfurt.	2,000.	2,000.	Récompense de ses services.	500.	
458.	MORAT (*Marie-Joseph-Raimond*), chef d'état-major.	17 mars 1808. 15 août 1809. 12 octobre 1812.	Mont de Milan. Erfurt. Octroi du Rhin.	500. 2,000. 1,000.	3,500.	*Idem.*	500.	
459.	MORIN, le Baron (*Pierre-Nicolas*), maréchal-de-camp.	30 juin 1811.	Erfurt.	2,000.	2,000.	*Idem.*	500.	
460.	MORLANT (*Jean-Pierre*), chef d'escadron.	8 avril 1812.	Meuse-inférieure.	2,000.	2,000.	*Idem.*	500.	
461.	MORONI (*Ange-Pierre*), maréchal-de-camp.	31 août 1811.	Mont de Milan.	2,000.	2,000.	*Idem.*	500.	
462.	MORTEMART (DE) DE ROCHECHOUART, le Duc (*Casimir Louis-Victurnien*), colonel général des Cent-Suisses.	1.er janvier 1812.	Meuse-inférieure.	2,000.	2,000.	*Idem.*	500.	
463.	MOSNIER, le Baron (*François-Israël*), colonel des tirailleurs de la garde.	1.er février 1808. 6 avril 1813.	Mont de Milan. *Idem.*	1,000. 2,000.	3,000.	*Idem.*	500.	
464.	MOTTE, le Baron (*Robert*), maréchal-de-camp.	30 juin 1811.	Erfurt.	2,000.	2,000.	*Idem.*	500.	
465.	MOUCHON (*Joseph*), chef de bataillon au 63.e	16 juin 1812.	Apennins.	2,000.	2,000.	*Idem.*	500.	
466.	MOULIN (*Jean-Baptiste-Martin*), chef de bataillon.	19 mars 1808.	Westphalie.	2,000.	2,000.	*Idem.*	500.	
467.	MOULUT (*Antoine*), colonel du génie.	15 août 1809.	Erfurt.	2,000.	2,000.	*Idem.*	500.	
468.	MUGNIER (*Claude*), colonel de cavalerie.	1.er février 1808. 15 mars 1810.	Mont de Milan. *Idem.*	1,000. 1,000.	2,000.	*Idem.*	500.	
469.	MULLER, le Baron (*Jacques-Léonard*), lieutenant général.	15 août 1810.	Rome.	2,000.	2,000.	*Idem.*	500.	
470.	MUSNIER (*Florent*), chef de bataillon.	17 mars 1808. 3 décembre 1809.	Mont de Milan. Bayreuth.	500. 2,000.	2,500.	*Idem.*	500.	
						A reporter...	236,000.	

NUMÉROS D'ORDRE.	NOMS, QUALITÉS ET GRADES des donataires ou de leurs successeurs.	DATES des décrets ou décisions par lesquels les dotations ont été accordées.	DÉSIGNATION des pays, biens ou établissem.ns sur lesquels les dotations ont été constituées.	MONTANT de chaque dotation.	TOTAL des dotations réunies.	TITRE OU MOTIF auquel elles ont été accordées.	MONTANT de l'indemnité fixée par le projet de loi.	OBSERVATIONS.
						Report....	236,000f	
471.	MUTEAU (*Jean-François*), major de cavalerie.	8 septembre 1808.	Trasimène.	2,000f	2,000f	Récompense de ses services.	500.	
472.	MUTEL, le Chevalier DE BOUCHEVILLE, maréchal-de-camp, en retraite.	15 août 1809.	Erfurt.	2,000.	2,000.	*Idem.*	500.	
	N							
473.	NIBOYET, le Chevalier (*Jean*), colonel d'état-major.	15 août 1809.	Erfurt.	2,000.	2,000.	*Idem.*	500.	
474.	NICOLAS (*Jean-Bapsiste*), conel de chasseurs.	19 mars 1808.	Westphalie.	2,000.	2,000.	*Idem.*	500.	
475.	NOIROT, le Baron, maréchal-de-camp.	22 mars 1813.	Trasimène.	2,000.	2,000.	*Idem.*	500.	
476.	NOIZET (*Jean-Remi*), adjudant-commandant.	19 mars 1808.	Westphalie.	2,000.	2,000.	*Idem.*	500.	
	O							
477.	OBERT, le Vicomte (*Marc-Antoine*), maréchal-de-camp.	19 mars 1808.	Westphalie.	2,000.	2,000.	*Idem.*	500.	
478.	ORDIONI, colonel.........	31 août 1811.	Mont de Milan.	2 000.	2,000.	*Idem.*	500.	
479.	ORMANCEY (*François-Léon*), maréchal-de-camp.	19 mars 1808.	Westphalie.	2,000.	2,000.	*Idem.*	500.	
480.	ORSATELLI (*Eugène-Joseph-Louis*), fils du général.	4 octobre 1810.	Tyrol.	2,000.	2,000.	Récomp. des services de son père, mort le 12 mai 1811.	500.	
481.	OZILLIAU (*Jacques-François*), colonel en retraite.	19 mars 1808.	Westphalie.	2,000.	2,000.	Récompense de ses services.	500.	
	P							
482.	PALMAROLE, le Baron (*François-Joseph-Antoine*), maréchal-de-camp.	30 juin 1811.	Erfurt.	2,000.	2,000.	*Idem.*	500.	
483.	PARENT (*Louis-Jean-Baptiste-Hilaire*), chef de bataillon en retraite.	15 août 1809.	Hanovre.	2,000.	2,000.	*Idem.*	500.	
484.	PARTOUNEAUX, le C.te (*Louis*), lieutenant général.	30 juin 1811.	Erfurt.	2,000.	2,000.	*Idem.*	500.	
485.	PASQUIER (*Jacques-François*), chef de bataillon.	8 septembre 1808.	Westphalie.	2,000.	2,000.	*Idem.*	500.	
486.	PASSINGE (*Eustache-Hubert*), adjudant-commandant.	19 mars 1808.	Westphalie.	2,000.	2,000.	*Idem.*	500.	
						A reporter...	244,000.	

NUMÉROS D'ORDRE.	NOMS, QUALITÉS ET GRADES des donataires ou de leurs successeurs.	DATES des décrets ou décisions par lesquels les dotations ont été accordées.	DÉSIGNATION des pays, biens ou établissem.ns sur lesquels les dotations ont été constituées.	MONTANT de chaque dotation.	TOTAL des dotations réunies.	TITRE OU MOTIF auquel elles ont été accordées.	MONTANT de l'indemnité fixée par le projet de loi.	OBSERVATIONS.
						Report.....	244,000f	
487.	PATUREL (*François-Étienne*), chef de bataillon.	19 mars 1808.	Westphalie.	2,000f	2,000f	Récompense de ses services.	500.	
488.	PAUL (*Joseph-Dominique*), chef de bataillon en retraite.	19 mars 1808.	Westphalie.	2,000.	2,000.	*Idem.*	500.	
489.	PAULIN (*Jules*), colonel du du génie.	15 août 1809.	Trasimène.	2,000.	2,000.	*Idem.*	500.	
490.	PEGOT (le fils de *Jean-Claude-Gaudens*), maréchal-de-camp.	19 mars 1808.	Westphalie.	2,000.	2,000.	Récompense des services de son père, mort le 1.er avril 1819.	500.	
491.	PÉLÉ (*Jean-Jacques-Germain*), maréchal-de-camp.	15 août 1809.	Trasimène.	2,000.	2,000.	Récompense de ses services.	500.	
492.	PERIDIEZ (*Louis-Michel-Jacques*), colonel en retraite.	19 mars 1808.	Westphalie.	2,000.	2,000.	*Idem.*	500.	
493.	PERRIN (*Aubert-Joseph-Vincent*), capitaine, aide-de-camp.	15 août 1809.	Trasimène.	2,000.	2,000.	*Idem.*	500.	
494.	PERROT, le Baron (*Étienne-Martin*), maréchal-de-camp.	17 mars 1808.	Mont de Milan.	2,000.	2,000.	*Idem.*	500.	
495.	PETIET (*Pierre-Claude*), colonel d'état-major.	19 mars 1808.	Westphalie.	2,000.	2,000.	*Idem.*	500.	
496.	PETIET, le Baron (*Pierre-François-Charles-Alexandre-Claude*), capitaine d'artillerie.	15 août 1810.	Westphalie.	2,000.	2,000.	*Idem.*	500.	
497.	PETIT-PRESSIGNY (*Noël-Remi-Anselme*), colonel en retraite.	17 mars 1808. 15 août 1809.	Mont de Milan, Erfurt.	500. 2,000.	2,500.	*Idem.*	500.	
498.	PEYRIS (*Jean-François-Hippolyte*), lieutenant-colonel d'infanterie.	3 décembre 1809.	Bayreuth.	2,000.	2,000.	*Idem.*	500.	
499.	PIAUD (*Jean*), capitaine-adjudant-major, en retraite.	3 octobre 1809.	Bayreuth.	2,000.	2,000.	Son amputation.	500.	
500.	PICHARD, le Chevalier (*Louis-Jacques*), colonel en retraite.	19 mars 1808.	Trasimène.	2,000.	2,000.	Récompense de ses services.	500.	
501.	PICQUERY DE WASRONVAL, le Chevalier (*Philippe-Louis-Benoît*), chef de bataillon.	17 mars 1808. 15 août 1809.	Mont de Milan. Hanovre.	500. 2,000.	2,500.	*Idem.*	500.	
502.	PIERRE, le Chevalier (*Pierre Charles-Antoine*), fils du chef de bataillon.	19 mars 1808.	Trasimène.	2,000.	2,000.	Récompense des services de son père, mort le 9 février 1814.	500.	
503.	PIERROT, dit SARREBOURG (*Jean-Nicolas-Gabriel*), major de cuirassiers.	8 septembre 1808.	Westphalie.	2,000.	2,000.	Récompense de ses services.	500.	
504.	PIERSON (*Jean-Baptiste-Jacob*), major en retraite.	19 mars 1808.	Westphalie.	2,000.	2,000.	*Idem.*	500.	
505.	PIGNET (*Pierre*), chef de bataillon.	19 mars 1808.	Westphalie.	2,000.	2,000.	*Idem.*	500.	
						A reporter....	253,500.	

NUMÉROS D'ORDRE.	NOMS, QUALITÉS ET GRADES des donataires ou de leurs successeurs.	DATES des décrets ou décisions par lesquels les dotations ont été accordées.	DÉSIGNATION des pays, biens ou établissem.ns sur lesquels les dotations ont été constituées.	MONTANT de chaque dotation.	TOTAL des dotations réunies.	TITRE OU MOTIF auquel elles ont été accordées.	MONTANT de l'indemnité fixée par le Projet de loi.	OBSERVATIONS.
						Report....	253,500f	
506.	PILLAY (*Maurice-Magloire*), lieutenant-colonel de cavalerie.	19 mars 1808.	Westphalie.	2,000f	2,000f	Récompense de ses services.	500.	
507.	PINCHINAT (*Pierre-Antoine*), chef de bataillon.	19 mars 1818.	Westphalie.	2,000.	2,000.	*Idem.*	500.	
508.	PINTHON (*Jean-Louis-Almaric-Hippolyte*), fils du chef de bataillon.	19 mars 1808.	Westphalie.	2,000.	2,000.	Récompense des services de son père, mort le 3 janvier 1813.	500.	
509.	PISTRE (*Benoît*), major.....	19 mars 1808.	Westphalie.	2,000.	2,000.	Récompense de ses services.	500.	
510.	PLAIGE, le Baron (*Jean-Baptiste*), chef de bataillon.	19 mars 1808.	Trasimène.	2,000.	2,000.	*Idem.*	500.	
511.	PLAZANET (*Pierre-Jean-Baptiste*), colonel en retraite.	19 mars 1808.	Westphalie.	2,000.	2,000.	*Idem.*	500.	
512.	POINSOT (*Claude*), chef de bataillon.	19 mars 1808.	Westphalie.	2,000.	2,000.	*Idem.*	500.	
513.	POIRSON (*Louis-Onésime*), colonel.	3 décembre 1809.	Bayreuth.	2,000.	2,000.	*Idem.*	500.	
514.	PONSARD (*Jean-Marie*), lieutenant des grenadiers à pied de la garde.	1.er février 1808. 15 août 1809.	Mont de Milan. Trasimène.	500. 1,500.	2,000.	*Idem.*	500.	
515.	PORET, Chevalier DE DESTIÈRE (*Prosper*), colonel d'infanterie.	3 décembre 1809.	Trasimène.	2,000.	2,000.	*Idem.*	500.	
516.	PORSON, le Baron (*Jean-François*), maréchal-de-camp en retraite.	17 mars 1808. 30 juin 1811.	Mont de Milan. Erfurt.	500. 2,000.	2,500.	*Idem.*	500.	
517.	POULE (*André-Joseph*), ancien capitaine au 12.e de ligne.	3 octobre 1809.	Bayreuth.	2,000.	2,000.	Son amputation.	500.	
518.	POURTALÈS, le Comte (*Jules-Henri-Charles-Frédéric*), capitaine.	15 août 1809.	Trasimène.	2,000.	2,000.	Récompense de ses services.	500.	
519.	PROST (*Didier*), chef de bataillon.	19 mars 1808.	Westphalie.	2,000.	2,000.	*Idem.*	500.	
520.	PRUDHOMME, le Chevalier (*Jean-Baptiste*), maréchal-de-camp.	19 mars 1808.	Trasimène.	2,000.	2,000.	*Idem.*	500.	
521.	PUJO (*Paul-Laurent*), fils de (*Laurent-Maignan*), capitaine de cavalerie.	3 octobre 1809.	Bayreuth.	2,000.	2,000.	L'amputation de son père, mort le 25 avril 1819.	500	
						A reporter....	261,500.	

NUMÉROS D'ORDRE.	NOMS, QUALITÉS ET GRADES des donataires ou de leurs successeurs.	DATES des décrets ou décisions par lesquels les dotations ont été accordées.	DÉSIGNATION des pays, biens ou établissem.ns sur lesquels les dotations ont été constituées.	MONTANT de chaque dotation.	TOTAL des dotations réunies.	TITRE OU MOTIF auquel elles ont été accordées.	MONTANT de l'indemnité fixée par le projet de loi.	OBSERVATION.
						Report....	261,500f	
			Q					
522.	QUÉNARD, le Chevalier (*François-Remi*), chef de bataillon.	8 septembre 1808.	Trasimène.	2,000f	2,000f	Récompense de ses services.	500.	
523.	QUERELLES (DE) (*Jean-Jacques-Louis*), major, colonel d'état-major en retraite.	29 décembre 1812.	Trasimène.	2,000.	2,000.	*Idem.*	500.	
524.	QUERILHAC (*Clément*), inspecteur aux revues.	15 août 1809.	Trasimène.	2,000.	2,000.	*Idem.*	500.	
525.	QUESNEL (*Louis-François*), chef de bataillon.	19 mars 1808.	Westphalie.	2,000.	2,000.	*Idem.*	500.	
			R					
526.	RAFFRON-DEVAL (*Cyprien-Joseph*), colonel d'artillerie.	6 août 1811.	Montenotte.	2,000.	2,000.	*Idem.*	500.	
527.	RAGOIS (*Thomas*), ancien adjudant du palais.	15 août 1809.	Trasimène.	2,000.	2,000.	*Idem.*	500.	
528.	RAMEAUX (*Antoine-Simon*), colonel.	19 mars 1808.	Westphalie.	2,000.	2,000.	*Idem.*	500.	
529.	RANSONNET (*Jacques-Joseph*), lieutenant de vaisseau.	25 décembre 1812.	Westphalie.	2,000.	2,000.	*Idem.*	500.	
530.	RATEAU, le Chevalier (*Louis-René*), chef de bataillon.	15 mars 1808.	Trasimène.	2,000.	2,000.	*Idem.*	500.	
531.	RAULOT (*Jean-François*), major d'artillerie.	15 mars 1808.	Westphalie.	2,000.	2,000.	*Idem.*	500.	
532.	RAYNARDI DE SAINTE-MARGUERITE, Comte DE BELVÉDÈRE (*Joseph-François-Grégoire-Félix*), adjudant-commandant en retraite, naturalisé.	17 mars 1808. 15 août 1809.	Mont de Milan. Trasimène.	500. 2,000.	2,500.	*Idem.*	500.	
533.	REBILLOT, le Chevalier (*Paul*), adjudant-commandant.	19 mars 1808.	Trasimène.	2,000.	2,000.	*Idem.*	500.	
534.	RECEVEUR DE LIVREMONT (*Vincent-Auguste*), chef d'escadron en retraite.	19 mars 1808.	Westphalie.	2,000.	2,000.	*Idem.*	500.	
535.	REGEAU (*Jean-Marie*), colonel en retraite.	19 mars 1808.	Westphalie.	2,000.	2,000.	*Idem.*	500.	
536.	REGNARD, le Chevalier (*Auguste-Jean*), sous-intendant militaire.	19 mars 1808.	Trasimène.	2,000.	2,000.	*Idem.*	500.	
537.	REGNAULD (*Jacques-Mathieu*), capitaine de vaisseau.	3 décembre 1809.	Bayreuth.	2,000.	2,000.	*Idem.*	500.	
						A reporter.....	269,500.	

NUMÉROS D'ORDRE.	NOMS, QUALITÉS ET GRADES des donataires ou de leurs successeurs.	DATES des décrets ou décisions par lesquels les dotations ont été accordées.	DÉSIGNATION des pays, biens ou établissem.ns sur lesquels les dotations ont été constituées.	MONTANT de chaque dotation.	TOTAL des dotations réunies.	TITRE OU MOTIF auquel elles ont été accordées.	MONTANT de l'indemnité fixée par le projet de loi.	OBSERVATIONS.
						Report....	269,500f	
538.	REILLE (*Honoré-Martin-Polieucte*), chef d'escadron.	15 août 1809.	Trasimène.	2,000f	2,000f	Récompense de ses services.	500.	
539.	RENARD, le Chevalier (*François-Nicolas*), maréchal-de-camp.	8 septembre 1808.	Trasimène.	2,000.	2,000.	*Idem*.	500.	
540.	RENOU-DE-LA BRUNE (*Jean-François*), colonel de gendarmerie.	19 mars 1808.	Trasimène.	2,000.	2,000.	*Idem*.	500.	
541.	RENOUX (*Jean-Pierre*), capitaine d'artillerie.	3 décembre 1809.	Bayreuth.	2,000.	2,000.	Son amputation.	500.	
542.	REVEST (*Jean*), maréchal-de-camp.	17 mars 1808. 15 août 1809.	Mont de Milan. Erfurt.	500. 2,000.	2,500.	Récompense de ses services.	500.	
543.	RICARD (*François*), colonel d'état-major.	6 août 1811.	Marengo.	2,000.	2,000.	*Idem*.	500.	
544.	ROBILLARD, le Chevalier (*Jean-Michel*), colonel en retraite.	19 mars 1808.	Trasimène.	2,000.	2,000.	*Idem*.	500.	
545.	RODELSTURTZ (*Louis*), adjudant-major.	3 octobre 1809.	Bayreuth.	2,000.	2,000.	Son amputation.	500.	
546.	ROHR femme HARDY (*Anne-Marie-Napoléon*), fille d'un officier tué à Austerlitz.	3 octobre 1809.	Trasimène.	2,000.	2,000.	Perte de son père.	500.	
547.	ROIDOT, le Baron, chef de bataillon.	6 avril 1813.	Trasimène.	2,000.	2,000.	Récompense de ses services.	500.	
548.	ROME (*Jean-François*), maréchal-de-camp.	18 juin 1812.	Dép.t des Apennins.	2,000.	2,000.	*Idem*.	500.	
549.	ROSSETTI (*Joseph-Marie-Thomas*), colonel. Naturalisé.	19 mars 1808.	Westphalie.	2,000.	2,000.	*Idem*.	500.	
550.	ROSSIGNOL (*Louis-Jacques-Henri*), colonel.	1.er février 1808.	Mont de Milan.	2,000.	2,000.	*Idem*.	500.	
551.	ROUGELIN (*Jean-Baptiste*) chef de bataillon en retraite.	3 décembre 1809.	Bayreuth.	2,000.	2,000.	Son amputation.	500.	
552.	ROUSSOT (*Marie-Françoise-Aimée*), fille d'un officier tué à Austerlitz.	3 octobre 1809.	Trasimène.	2,000.	2,000.	Perte de son père.	500.	
553.	ROUSSOT (*Marie-Madeleine*), fille du même.	3 octobre 1809.	Trasimène.	2,000.	2,000.	*Idem*.	500.	
554.	ROUVIER (*Paul*), colonel en retraite.	1.er février 1809.	Mont de Milan.	2,000.	2,000.	Récompense de ses services.	500.	
555.	ROUZEAU (*Médard*), chef d'escadron en retraite.	19 mars 1808.	Westphalie.	2,000.	2,000.	*Idem*.	500.	
556.	ROZA DE MANDRES (*Nicolas-Felix*), colonel du 6.e de dragons.	15 août 1809.	Erfurt.	2,000.	2,000.	*Idem*.	500.	
557.	RUAT (*Jean-François-Noël*), colonel du 21.e dragons.	15 août 1809.	Trasimène.	2,000.	2,000.	*Idem*.	500.	
						A reporter....	279,500.	

NUMÉROS D'ORDRE.	NOMS, QUALITÉS ET GRADES des donataires ou de leurs successeurs.	DATES des décrets ou décisions par lesquels les dotations ont été accordées.	DÉSIGNATION des pays, biens ou établissem.ns sur lesquels les décisions ont été constituées.	MONTANT de chaque dotation.	TOTAL des dotations réunies.	TITRE OU MOTIF auquel elles ont été accordées.	MONTANT de l'indemnité fixée par le projet de loi.	OBSERVATIONS.
						Report....	279,500.	
			S					
558.	SACHON (*Claude-Marie*), lieutenant-colonel.	15 mars 1808. 29 décembre 1812.	Mont de Milan. Trasimène.	500f 2,000.	2,500f	Récompense de ses services.	400.	
559.	SAINT-ALBIN (le fils de *Pierre*), chef d'escadron.	19 mars 1808.	Westphalie.	2,000.	2,000.	*Idem.*	500.	
560.	SAINT-CHAMANS, le Comte (*Alfred-Armand-Robert*), colonel des dragons de la garde royale.	19 mars 1808.	Westphalie.	2,000.	2,000.	*Idem.*	500.	
561.	SAINT-ELME (GAILLARD DE) (*Joseph-Félix*), chef d'escadron.	3 décembre 1809.	Trasimène.	2,000.	2,000.	*Idem.*	500.	
562.	SAINT-JEAN (*Pierre*), chef de bataillon en retraite.	19 mars 1808.	Westphalie.	2,000.	2,000.	*Idem.*	500.	
563.	SAINT-REMY (*Maurice-Louis*), chef de bataillon.	15 août 1809.	Trasimène.	2,000.	2,000.	*Idem.*	500.	
564.	SAINT-SAUVEUR (RAFELIS DE) (*Alonze-Charles-Joseph-François-de-Paul-Samaritain*), maréchal-de-camp.	19 mars 1808.	Westphalie.	2,000.	2,000.	*Idem.*	500.	
565.	SAINT-VINCENT (*Édouard-Marie-Joseph*), fils du colonel d'artillerie.	15 août 1809.	Erfurt.	2,000.	2,000.	Récompense des services de son père, mort le 15 septembre 1812.	500.	
566.	SALAMON (le Baron (*Joseph-Étienne-Marie*), chef de bataillon.	5 novembre 1813.	Dép.t des Apennins.	2,000.	2,000.	Récompense de ses services.	500.	
567.	SCHAUENBOURG, le Baron (*Alexis-Baltazar-Henri-Antoine*), lieutenant-général.	15 août 1810.	Trasimène.	2,000.	2,000.	*Idem.*	500.	
568.	SCHERB (*Léopold-Élisée*), chef d'escadron.	19 mars 1808.	Westphalie.	2,000.	2,000.	*Idem*	500.	
569.	SCHERER, le Chevalier (*Jean*), lieutenant-colonel en retraite.	19 mars 1808.	Trasimène.	2,000.	2,000.	*Idem.*	500.	
570.	SCHILT (*Charlemagne-Denis*), sergent d'infanterie, fils d'un officier tué à Austerlitz.	3 octobre 1809.	Trasimène.	2,000.	2,000.	Perte de son père.	500.	
571.	SCHMITZ, le Chevalier (*Nicolas*), maréchal-de-camp.	19 mars 1808.	Trasimène.	2,000.	2,009.	Récompense de ses services.	500.	
572.	SCHWEICKERT (*Jean-Jacques*)) lieutenant-colonel en retraite.	19 mars 1808.	Westphalie.	2,000.	2,000.	*Idem.*	500.	
573.	SÉGLAS (*Joseph-Sébastien-Napoléon*), fils d'un officier tué à Austerlitz.	3 octobre 1809.	Trasimène.	2,000.	2,000.	Perte de son père.	500.	
574.	SENTUARI, le Baron (*Louis-Joseph-Paulin*), colonel en retraite.	15 août 1809.	Trasimène.	2,000.	2,000.	Récompense de ses services.	500.	
						A reporter....	288,000.	

NUMÉROS D'ORDRE.	NOMS, QUALITÉS ET GRADES des donataires ou de leurs successeurs.	DATES des décrets ou décisions par lesquels les dotations ont été accordées.	DÉSIGNATION des pays, biens ou établissem.ns sur lesquels les dotations ont été constituées.	MONTANT de chaque dotation.	TOTAL des dotations réunies.	TITRE OU MOTIF auquel elles ont été accordées.	MONTANT de l'indemnité fixée par le projet de loi.	OBSERVATIONS.
						Report........	288,000f	
575.	SEPTEUIL, le Chevalier (*Achille-Hippolyte-Jean-Louis*), lieutenant.	3 décembre 1809.	Trasimène.	2,000f	2,000f	Son amputation.	500.	
576.	SERUZIER, le Baron (*Jean-Joseph-Théodore*), colonel d'artillerie.	17 mars 1808.	Westphalie.	2,000.	2,000.	Récompense de ses services.	500.	
577.	SEZILLE (*Montain-Alexis*), chef de bataillon d'artillerie.	19 mars 1808.	Westphalie.	2,000.	2,000.	*Idem.*	500.	
578.	SIBILLE (*Claude*), sous-directeur d'artillerie.	19 mars 1808.	Westphalie.	2,000.	2,000.	*Idem.*	500.	
579.	SIBUET (*Joseph-Prosper*), fils de *Benoît*, maréchal-de-camp.	19 mars 1808.	Trasimène.	2,000.	2,000.	Récompense des services de son père, mort le 29 août 1813.	500.	
580.	SIEGMUNDT (le fils de *Jean-Georges*), capitaine d'infanterie.	19 mars 1811.	Trasimène.	2,000.	2,000.	*Idem*, mort le 6 novembre 1819.	500.	
581.	SIMON, le Baron (*Édouard-François*), maréchal-de-camp.	15 août 1810.	Trasimène.	2,000.	2,000.	Récompense de ses services.	500	
582.	SIMONIN (*Claude-Louis*), colonel d'état-major.	19 mars 1808.	Westphalie.	2,000.	2,000.	*Idem.*	500.	
583.	SONGEON (*Jean-Marie*), adjudant-commandant.	15 août 1809.	Erfurt.	2,000.	2,000.	*Idem.*	500.	
584.	SOULAGES (*Étienne-Henri*), adjudant-commandant.	19 mars 1808.	Westphalie.	2,000.	2,000.	*Idem.*	500.	
585.	SOULIER, le Baron (*Jean-Antoine*), maréchal-de-camp.	15 août 1810.	Trasimène.	2,000.	2,000.	*Idem.*	500	
586.	SPARRE, le Comte (*Louis-Ernest-Joseph*), lieutenant-général, pair de France.	15 août 1810.	Trasimène.	2,000.	2,000.	*Idem.*	500.	
587.	STECK (le Chevalier (*François-Joseph*), chef d'escadron en retraite.	19 mars 1808.	Trasimène.	2,000.	2,000.	*Idem.*	500.	
588.	STEINAM (*Jean-Charles-Gottlieb-George*), capitaine de chasseurs.	3 décembre 1809.	Bayreuth.	2,000.	2,000.	Son amputation.	500.	
589.	STOFFEL, le Baron (*Christophe-Antoine-Jacob*), colonel d'état-major.	15 août 1809.	Trasimène.	2,000.	2,000.	Récompense de ses services.	500.	

T

590.	TARDÉ (*Charles-Hardouin*), chef d'escadron.	19 mars 1808.	Westphalie.	2,000.	2,000.	*Idem.*	500.	
591.	TARGET (*Désiré*), fils du colonel.	19 mars 1808.	Westphalie.	2,000.	2,000.	Récompense des services de son père, mort le 21 novembre 1809.	500.	
						A reporter....	296,500	

NUMÉROS D'ORDRE.	NOMS, QUALITÉS ET GRADES des donataires ou de leurs successeurs.	DATES des décrets ou décisions par lesquels les dotations ont été accordées.	DÉSIGNATION des pays, biens ou établissem.s sur lesquels les dotations ont été constituées.	MONTANT de chaque dotation.	TOTAL des dotations réunies.	TITRE OU MOTIF auquel elles ont été accordées.	MONTANT de l'indemnité fixée par le projet de loi.	OBSERVATIONS.
						Report.........	296,500	
592.	TASCHER (*Louis*), colonel...	19 mars 1808.	Rome.	2,000f	2,000f	Récompense de ses services.	500.	
593.	TAULIER (*Claude-Dominique*), fils du chef de bataillon.	19 mars 1808.	Westphalie.	2,000.	2,000.	Récompense des services de son père, mort le 20 mars 1808.	500.	
594.	TENAULT (le Chevalier (*Nicolas Cantin*), chef d'escadron en retraite.	8 septembre 1808.	Trasimène.	2,000.	2,000.	Récompense de ses services.	500.	
595.	TESSIER (*René*), chef d'escadron de chasseurs.	19 mars 1808.	Westphalie.	2,000.	2,000.	*Idem.*	500.	
596.	TEULLÉ (*François-Marie-Cyprien*), colonel d'infanterie.	8 septembre 1808.	Westphalie.	2,000.	2,000.	*Idem.*	500.	
597.	THANARON (*Pierre-Pascal*), capitaine de frégate.	15 mars 1810.	Trasimène.	2,000.	2,000.	*Idem.*	500.	
698.	THEVENET (*Louis-Marie-Joseph*) maréchal-de-camp.	19 mars 1808.	Westphalie.	2,000.	2,000.	*Idem.*	500.	
599.	THOMAS, le Chevalier (*Joseph*), chef de bataillon en retraite.	19 mars 1808.	Westphalie.	2,000.	2,000.	*Idem.*	500.	
500.	TITARD (*Jacques*), chef d'escadron en retraite.	19 mars 1808.	Westphalie.	2,000.	2,000.	*Idem.*	500.	
601.	TORTEL, le Baron (*Gilbert-Joseph*), adjudant commandant en retraite.	15 août 1809.	Trasimène.	2,000.	2,000.	*Idem.*	500.	
602.	TOUCHALAUME (*Jacques-François*) major au 108.e de ligne.	19 mars 1808.	Westphalie.	2,000.	2,000.	*Idem.*	500.	
603.	TRIPOUL DE REIZAN, le Chevalier (*Joseph-César*), colonel en retraite.	8 septembre 1808.	Trasimène.	2,000.	2,000.	*Idem.*	500.	
604.	TROCMET (*Louis-Joseph*), chef de bataillon d'infanterie légère.	19 mars 1808.	Westphalie.	2,000.	2,000.	*Idem.*	500.	
605.	TRUFFIER (*Madeleine-Alexandrine*), fille d'un officier tué à Austerlitz.	3 octobre 1809.	Trasimène.	2,000.	2,000.	Perte de son père.	500.	
606.	TURENNE, le Comte (*Henri-Amédée-Mercure*), colonel de cavalerie.	15 août 1809.	Trasimène.	2,000.	2,000.	Récompense de ses services.	500.	

V ET W

NUMÉROS D'ORDRE.	NOMS, QUALITÉS ET GRADES	DATES	DÉSIGNATION	MONTANT	TOTAL	TITRE	MONTANT de l'indemnité	OBSERVATIONS.
607.	VADET (*Étienne-Augustin*), chef d'escadron en retraite.	19 mars 1808.	Trasimène.	2,000.	2,000.	*Idem.*	500.	
608.	VAILLANT (*Pierre-François*), chef d'escadron.	19 mars 1808.	Westphalie.	2,000.	2,000.	*Idem.*	500.	
						A reporter....	305,000.	

NUMÉROS D'ORDRE.	NOMS, QUALITÉS ET GRADES des donataires ou de leurs successeurs.	DATES des décrets ou décisions par lesquels les dotations ont été accordées.	DÉSIGNATION des pays, biens ou établissem.s sur lesquels les dotations ont été constituées.	MONTANT de chaque dotation.	TOTAL des dotations réunies.	TITRE OU MOTIF auquel elles ont été accordées.	MONTANT de l'indemnité fixée par le projet de loi.	OBSERVATIONS.
						Report......	305,000.	
609.	VALAZÉ (*Eléonor-Bernard-Anne-Chrisostome-Zoé*), maréchal-de-camp.	19 mars 1808.	Westphalie.	2,000f	2,000f	Récompense de ses services.	500.	
610.	VALHIADE DE RONNEL, le Chevalier (*Henri-Constance-Casimir*), chef de bataillon.	19 mars 1808.	Trasimène.	2,000.	2,000.	*Idem.*	500.	
611.	WALTER (*Jean*), major de cavalerie.	19 mars 1808.	Westphalie.	2,000.	2,000.	*Idem.*	500.	
612.	VAN-ROSSEM (*Hippolyte-Antoine*), chef de bataillon.	8 septembre 1808.	Trasimène.	2,000.	2,000.	*Idem.*	500.	
613.	VARELIAUD (*Antoine*), chirurgien.	15 août 1809.	*Idem.*	2,000.	2,000.	*Idem.*	500.	
614.	WARENGHIEN (*Adrien-Lamorel-Jean-Marie*), colonel d'infanterie.	19 mars 1808.	Westphalie.	2,000.	2,000.	*Idem.*	500.	
615.	VARIN (*Pierre-Jacques-Ferdinand*), colonel d'infanterie.	19 mars 1808.	*Idem.*	2,000.	2,000.	*Idem.*	500.	
616.	WASSERVAS (*Philippe-François-Roch*), major.	19 mars 1808.	*Idem.*	2,000.	2,000.	*Idem.*	500.	Mort.
617.	WATTHIEZ (*François-Isidore*), maréchal-de-camp.	17 mars 1808. 15 août 1809.	Mont de Milan. Trasimène.	500. 2,000.	2,500.	*Idem.*	500.	
618.	WATRIN (*Marie-Dominique*), colonel de chasseurs à cheval en retraite.	19 mars 1808.	Westphalie.	2,000.	2,000.	*Idem.*	500.	
619.	VAUGRIGNEUSE (*Ancelis-Joseph-Edouard-Melchior*), fils du colonel.	19 mars 1808.	*Idem.*	2,000.	2,000	Récompense des services de son père, mort le 27 juin 1816.	500.	
620.	VAUTRIN (*Hubert*), chef d'escadron.	19 mars 1808.	*Idem.*	2,000.	2,000.	Récompense de ses services.	500.	
621.	VERNET (*Victor-René*), chef de bataillon en retraite.	17 mars 1808. 19 août 1809.	Mont de Milan. Trasimène.	500. 2,000.	2,500.	*Idem.*	500.	
622.	VERRIÈRES (D'AULMONT DE), le Baron (*Nicolas-Grégoire*), maréchal-de-camp.	19 mars 1808.	Westphalie.	2,000.	2,000.	*Idem.*	500.	
623.	VETTER (*Joseph-Ignace-Hubert*), fils d'un chef d'escadron tué à Essling.	19 mars 1813.	*Idem.*	2,000.	2,000.	Perte de son père, mort le 22 mai 1809.	500.	
624.	VIGENT, le Baron (*François-Pascal-Théodore*), fils du colonel.	15 août 1810.	*Idem.*	2,000.	2,000.	Récompense des services de son père, mort le 14 avril 1811.	500.	
625.	VILMAIN Louise D'HAME (V.e DE) (*François-Joseph-Ferdinand*), chef de bataillon.	19 mars 1808.	Westphalie.	2,000.	2,000.	Récompense des services de son mari, mort le 16 novembre 1812.	500.	
626.	VINOT (*Gilbert-Julien*), maréchal-de-camp.	19 mars 1808.	*Idem.*	2,000.	2,000.	Récompense de ses services.	500.	
						A reporter.....	314,000.	

NUMÉROS D'ORDRE.	NOMS, QUALITÉS ET GRADES des donataires ou de leurs successeurs.	DATES des décrets ou décisions par lesquels les dotations ont été accordées.	DÉSIGNATION des biens ou établissem.s sur lesquels les dotations ont été constituées.	MONTANT de chaque dotation.	TOTAL des dotations réunies.	TITRE OU MOTIF auquel elles ont été accordées.	MONTANT de l'indemnité fixée par le projet de loi.	OBSERVATIONS.
						Report......	313,000f	
627.	VIVIEN (*Pierre-Joseph-Michel*), major en retraite.	19 mars 1808.	Westphilie.	2,000f	2,000f	Récompense de ses services.	500.	
628.	WOLFF (*Marc-Jérôme-François*), maréchal-de-camp.	19 mars 1808.	*Idem.*	2,000.	2,000.	*Idem.*	500.	
	Z							
629.	ZANOLY (*Jean-Baptiste-Barthélemi-Marie*), chef de bataillon.	19 mars 1808.	*Idem.*	2,000.	2,000.	*Idem.*	500.	
630.	ZIMMER, le Chevalier (*Joseph*), lieutenant-colonel.	19 mars 1808.	*Idem.*	2,000.	2,000.	*Idem.*	500.	
						TOTAL GÉNÉRAL...	315,000.	

6.e CLASSE.

N.o 4.

DONATAIRES DE 6.e CLASSE,

500 ET 1,000 FRANCS.

NUMÉROS D'ORDRE.	NOMS, QUALITÉS ET GRADES des donataires ou de leurs successeurs.	DATES des décrets ou décisions par lesquels les dotations ont été accordées.	DÉSIGNATION des pays, biens ou établissem.s sur lesquels les dotations ont été accordées.	MONTANT de chaque dotation.	TITRE OU MOTIF auquel elles ont été accordées.	MONTANT de l'indemnité fixée par le projet de loi.	OBSERVATIONS.
	A						
1.	ABDALLA DASBONNE, chef d'escadron des Mameloucks, en retraite.	1.er février 1808.	Mont de Milan.	500f	Ses services.	250f	
2.	ACHINTRE (*Louis-Armand*), fils de Louis-Joseph, lieutenant de chasseurs à cheval.	*Idem.*	*Idem.*	500.	Les services de son père, mort le 7 mars 1814.	250.	
3.	ACQUIN (*Louis*), voltigeur au 16.e de ligne.	3 octobre 1809.	*Idem.*	500.	Son amputation.	250.	
4.	ADAM (*Henri-Joseph*), soldat au 46.e de ligne.	16 mai 1811.	Octroi du Rhin.	500.	*Idem.*	250.	
5.	ADAM, chef de bataillon au 12.e d'infanterie de ligne.	12 octobre 1812.	*Idem.*	500.	Ses services.	250.	
6.	AGNÈS (*Jean-Nicolas-Michel*) lieutenant des chasseurs à pied de la garde.	1.er février 1808.	Mont de Milan.	500.	*Idem.*	250.	
7.	AGUY (*Jacques-François-Robert*), chef d'escadron.	*Idem.*	*Idem.*	500.	*Idem.*	250.	
8.	AIRAUD (*Pierre-Étienne*), capitaine de cavalerie en retraite.	15 mars 1810.	*Idem.*	500.	*Idem.*	250.	
9.	ALAIN (*Guillaume*), voltigeur au 53.e de ligne.	3 octobre 1809.	*Idem.*	500.	Son amputation.	250.	
10.	ALLAVENNE (*Jean-Baptiste*), chef de bataillon d'artillerie en retraite.	1.er février 1808.	*Idem.*	500.	Ses services.	250.	
11.	ALBERT (*Georges*), colonel d'infanterie.	*Idem.*	*Idem.*	1,000.	*Idem.*	250.	
12.	ALEXANDRE (*Nicolas*), sous-adjudant-major des dragons de la garde.	*Idem.*	*Idem.*	1,000.	*Idem.*	250.	
13.	ALEXANDRE (*Nicolas-Louis*), tambour au 25.e d'infanterie légère.	3 octobre 1809.	*Idem.*	500.	Son amputation.	250.	
14.	ALLAIN (*Jacques-Gabriel-Victor*), colonel d'état-major.	17 mars 1808.	*Idem.*	500.	Ses services.	250.	
15.	ALLAIN (*François-Pierre*), capitaine de gendarmerie à cheval, en retraite.	5 mars 1813.	Octroi du Rhin.	1,000.	*Idem.*	250.	
16.	ALLIOT (*Claude-Louis*), capitaine d'infanterie légère, en retraite.	8 septembre 1808.	Mont de Milan.	500.	*Idem.*	250.	
					A reporter...	4,000.	

NUMÉROS D'ORDRE.	NOMS, QUALITÉS ET GRADES des donataires ou de leurs successeurs.	DATES des décrets ou décisions par lesquels les dotations ont été accordées.	DÉSIGNATION des pays, biens ou établissem.s sur lesquels les dotations ont été constituées.	MONTANT de chaque dotation.	TITRE OU MOTIF auquel elles ont été accordées.	MONTANT de l'Indemnité fixée par le projet de loi.	OBSERVATIONS.
					Report...	4,000f	
17.	ALONCLE (*Joseph-François*), contre-maître, sergent-major des marins de la garde.	15 mars 1810.	Mont de Milan.	500f	Ses services.	250.	
18.	ANCIAUX (*Lazare*), grenadier à pied de la garde.	*Idem.*	*Idem.*	500.	*Idem.*	250.	
19.	ANDRÉ (*Jacques-Nicolas*), fusilier au 121.e d'infanterie de ligne.	16 mai 1811.	Octroi du Rhin.	500.	Son amputation.	250.	
20.	ANDRIEUX (*Claude*), capitaine de pontonniers.	15 août 1810.	Mont de Milan.	500.	Ses services.	250.	
21.	ANOZET (*Vincent*), lieutenant d'artillerie.	15 mars 1810.	*Idem.*	500.	*Idem.*	250.	
22.	ANQUETIN (*Joseph*), chasseur à cheval.	3 octobre 1809.	*Idem.*	500.	Son amputation.	250.	
23.	APPE (*Joseph*), caporal au 37.e de ligne.	*Idem.*	*Idem.*	500.	*Idem.*	250.	
24.	ARDANT (*Jacques-François*), colonel du génie.	17 mars 1808.	*Idem.*	500.	Ses services.	250.	
25.	ARMAGNAC (*Antoine*), capit. des chasseurs à cheval de la garde.	1.er février 1808.	*Idem.*	500.	*Idem.*	250.	
26.	ARMET (*Pierre*), sergent-major au 26.e d'infanterie légère.	3 octobre 1809.	*Idem.*	500.	Son amputation.	250.	
27.	ARNOULD (*George*), fusilier au 96.e d'infanterie de ligne.	16 mai 1811.	Octroi du Rhin.	500.	*Idem.*	250.	
28.	ARNOUX (*Michel*), capitaine d'artillerie de la garde.	15 mars 1810.	Mont de Milan.	500.	Ses services.	250.	
29.	ARQUET (*Dominique*), sergent au 8.e d'infanterie légère.	3 août 1810.	Octroi du Rhin.	500.	Son amputation.	250.	
30.	ARRONDEAU (*Jean*), soldat au 10.e d'infanterie légère.	16 mai 1811.	*Idem.*	500.	*Idem.*	250.	
31.	ASSANT (*Henri*), lieutenant des chasseurs à cheval de la garde.	1.er février 1808.	Mont de Milan.	500.	Ses services.	250.	
32.	ASTRUC (*Pierre*), fusilier au 42.e de ligne.	3 août 1810.	Octroi du Rhin.	500.	Son amputation.	250.	
33.	AUBERT (*François*), lieutenant-colonel d'artillerie à pied.	15 mars 1810.	Mont de Milan.	500.	Ses services.	250.	
34.	AUBRY (*Jacques-Nicolas*), sous-lieutenant au 21.e de ligne.	3 octobre 1809.	*Idem.*	500.	Son amputation.	250.	
35.	AUBURTIN (*Charles*), maréchal-des-logis au 8.e des chasseurs à cheval.	*Idem.*	*Idem.*	500.	*Idem.*	250.	
36.	AUDEVAL, lieutenant des grenadiers à cheval de la garde.	1.er février 1808.	*Idem.*	500.	Ses services.	250.	
					A reporter...	9,000.	

NUMÉROS D'ORDRE.	NOMS, QUALITÉS ET GRADES des donataires ou de leurs successeurs.	DATES des décrets ou décisions par lesquels les dotations ont été accordées.	DÉSIGNATION des pays, biens ou établissem.s sur lesquels les dotations ont été accordées.	MONTANT de chaque dotation.	TITRE ou MOTIF auquel elles ont été accordées.	MONTANT de l'indemnité fixée par le projet de loi.	OBSERVATIONS.
					Report...	9 000f	
37.	AUDEVAUX (*Pierre*), grenadier au 30.e de ligne.	3 octobre 1809.	Mont de Milan.	500f	Son amputation.	250.	
38.	AUDOUY (*Jean*), lieutenant des chasseurs à pied de la garde.	15 mars 1810.	*Idem.*	500.	Ses services.	250.	
39.	AUGÉ (*Jean*), capitaine de cuirassiers.	5 mars 1813.	*Idem.*	500.	*Idem.*	250.	
40.	AUGER (*Jacques - Benjamin*), grenadier de la garde.	16 mai 1811.	Octroi du Rhin.	500.	Son amputation.	250.	
41.	AUROUSSEAU (*François*), chasseur au 8.e d'infanterie légère.	3 octobre 1809.	Mont de Milan.	500.	*Idem.*	250.	
42.	AUTRAN (*Antoine - Camille*), fils de Jean-Vincent, colonel d'infanterie.	17 mars 1808.	*Idem.*	500.	Les services de son père, mort le 29 août 1813.	250.	
43.	AVERSENC (*Jacques*), chef de bataillon en retraite.	1.er février 1808.	*Idem.*	1,000.	Ses services.	250.	
44.	AVIGNON (*François*), voltigeur au 52.e de ligne.	3 octobre 1809.	*Idem.*	500.	Son ampution.	250.	
45.	AYRAL (*Jean-Joseph*), grenadier au 65.e de ligne.	3 août 1810.	Octroi du Rhin.	500.	*Idem.*	250.	
46.	AYRAULT (*Jacques*), soldat au 12.e de ligne.	22 novemb. 1811.	*Idem.*	500.	*Idem.*	250.	
47.	AZEM (*Marc - Antoine*), capitaine de chasseurs à pied, en retraite.	1.er février 1808.	Mont de Milan.	250.	Ses services.	500.	
	B						
48.	BACHELET (*Louis-Joseph-Thomas-Alexandre*), chef d'escadron de dragons.	17 mars 1808.	*Idem.*	500.	*Idem.*	250.	
49.	BACHELIER (*Pierre-François*), voltigeur au 56.e de ligne.	3 octobre 1809.	*Idem.*	500.	Son amputation.	250.	
50.	BACQUET (*Louis-Alexandre*), fusilier au 33.e de ligne.	*Idem.*	*Idem.*	500.	*Idem.*	250.	
51.	BADUEL (*François*), grenadier au 30.e de ligne.	*Idem.*	*Idem.*	500.	*Idem.*	250.	
52.	BAGNERIS, le Baron (*François*), maréchal-de-camp.	17 mars 1808.	*Idem.*	500.	Ses services.	250.	
53.	BAGNY (*Paul*), sous-lieutenant des chasseurs à cheval.	3 octobre 1809.	*Idem.*	500.	Son amputation.	250.	
54.	BAHOLET (*Jean*), fusilier au 85.e de ligne.	*Idem.*	*Idem.*	500.	*Idem.*	250.	
					A reporter...	13,500.	

NUMÉROS D'ORDRE.	NOMS, QUALITÉS ET GRADES des donataires ou de leurs successeurs.	DATES des décrets ou décisions par lesquels les dotations ont été accordées.	DÉSIGNATION des pays, biens ou établisssem.ᵗˢ sur lesquels les dotations ont été constituées.	MONTANT de chaque dotation.	TITRE OU MOTIF auquel elles ont été accordées.	MONTANT de l'indemnité fixée par le projet de loi.	OBSERVATIONS.
					Report.	13,500f	
55.	BAILLÉ (*Jean*), canonnier d'artillerie à cheval.	16 mai 1811.	Octroi du Rhin.	500f	Son amputation.	250.	
56.	BAILLET (*Bernard*), chasseur au 24.e d'infanterie légère.	16 mai 1811.	*Idem.*	500.	*Idem.*	250.	
57.	BAILLEUX (*Charles-Frédéric*), chef de bataillon en retraite.	1.er février 1808.	Mont de Milan.	500.	Ses services.	250.	
58.	BAILLOT (*Jean-Baptiste*), cuirassier au 8.e	16 mai 1811.	Octroi du Rhin.	500.	Son amputation.	250.	
59.	BALDY (*Jean-Joachim*), sous-lieutenant au 67.e de ligne.	3 octobre 1809.	Mont de Milan.	500.	*Idem.*	250.	
60.	BALLAY (*Claude-Joseph*), fusilier au 103.e de ligne.	3 octobre 1809.	*Idem.*	500.	*Idem.*	250.	
61.	BALLET (*Pierre*), chasseur au 8.e d'infanterie légère.	3 octobre 1810.	Octroi du Rhin.	500.	*Idem.*	250.	
62.	BALLEYDIER, colonel au 18.e d'infanterie légère.	15 mars 1810.	Mont de Milan.	500.	Ses services.	250.	
63.	BALLYAT (*Prosper*), chef de bataillon au 92.e de ligne.	17 mars 1808.	*Idem.*	500.	*Idem.*	250.	
64.	BANCEL (*Félix-Édouard-Joseph*), fils de Pierre-François, chirurgien-major en retraite.	4 juin 1813.	*Idem.*	500.	*Idem.*	250.	
65.	BARAILLER (*Jean*), fils de Barthélemy, tambour au 100.e de ligne.	3 octobre 1809.	*Idem.*	500.	Services et amputation de son père, mort le 31 octobre 1813.	250.	
66.	BARAILLON (*Gilbert-Brice*), chef de bataillon du génie.	17 mars 1808.	*Idem.*	500.	Ses services.	250.	
67.	BARAILLON (*Jean-François-Boniface*), colonel du génie.	17 mars 1808.	*Idem.*	500.	*Idem.*	250.	
68.	BARBANEGRE (*Jacques*), chef d'escadron de chasseurs.	1.er février 1808.	*Idem.*	500.	*Idem.*	250.	
69.	BARBAS (*Antoinette-Marguerite*), fille de Jean-Bapt., capitaine des voltigeurs de la garde.	1.er février 1808.	*Idem.*	500.	Les services de son père, mort le 17 novembre 1812.	250.	
70.	BARBIER (*Jean*), fusilier au 16.e de ligne.	3 octobre 1809.	*Idem.*	500.	Son amputation.	250.	
71.	BARBIER (*George-Louis*), sergent de chasseurs à pied de la garde.	15 mars 1810.	*Idem.*	500.	Ses services.	250.	
72.	BARBOT (*Marie-Étienne*), maréchal-de-camp.	17 mars 1808.	*Idem.*	500.	*Idem.*	250.	
73.	BARBOT (*Elie*), chef de bataillon d'infanterie.	17 mars 1808.	*Idem.*	1,000.	*Idem.*	250.	
74.	BARBOT DE SILLIAC, capitaine au 21.e de ligne.	15 janvier 1813.	Octroi du Rhin.	500.	*Idem.*	250.	
					A reporter.	18,500.	

NUMÉROS D'ORDRE.	NOMS, QUALITÉS ET GRADES des donataires ou de leurs successeurs.	DATES des décrets ou décisions par lesquels les dotations ont été accordées.	DÉSIGNATION des pays, biens ou établissem.s sur lesquels les dotations ont été constituées.	MONTANT de chaque DOTATION.	TITRE OU MOTIF auquel elles ont été accordées.	MONTANT de l'indemnité fixée par le projet de loi.	OBSERVATIONS.
					Report......	18,500f	
75.	BARDOT (*Jean-Claude*), fusilier au 106.e de ligne.	16 mai 1811.	Octroi du Rhin.	500f	Son amputation.	250.	
76.	BAREAU (*Laurent*), fusilier au 46.e de ligne.	3 octobre 1809.	Mont de Milan.	500.	*Idem.*	250.	
77.	BAREILLES (*Jean*), caporal au 24.e d'infanterie.	22 novembre 1811.	Octroi du Rhin.	500.	*Idem.*	250.	
78.	BARON dit TISSIER (*Louis-Léopold*), fils de Louis, caporal au 61.e de ligne.	*Idem.*	*Idem.*	500.	Les services et l'amputation de son père, mort le 16 août 1816.	250.	
79.	BARON (*Louis*), fusilier au 18.e de ligne.	3 octobre 1809.	Mont de Milan.	500.	Son amputation.	250.	
80.	BAROT (*Louis*), fusilier au 46.e de ligne.	*Idem.*	*Idem.*	500.	*Idem.*	250.	
81.	BARRAL (*Étienne*), lieutenant-colonel.	17 mars 1808.	*Idem.*	500.	Ses services.	250.	
82.	BARRAUD (*Jacques*), fusilier des chasseurs à pied de la garde.	15 mars 1810.	*Idem.*	500.	*Idem.*	250.	
83.	BARRIEUX (*Jean-Louis-Balthazar*), sergent-major des marins de la garde.	*Idem.*	*Idem.*	500.	*Idem.*	250.	
84.	BARTHON (*Jean*), major des chasseurs du Cantal.	1.er février 1808.	*Idem.*	500.	*Idem.*	250.	
85.	BASSE, lieutenant des chasseurs à cheval de la garde.	*Idem.*	*Idem.*	500.	*Idem.*	250.	
86.	BASSIGNY (*Joseph-Paul*), sous-lieutenant au 8.e de cuirassiers.	3 octobre 1809.	*Idem.*	500.	Son amputation.	250.	
87.	BASSOT (*Joseph*), voltigeur au 96.e	*Idem.*	*Idem.*	500.	*Idem.*	250.	
88.	BASTIDE (*François*), sergent-major au 5.e d'infanterie.	15 mars 1810.	*Idem.*	500.	Ses services.	250.	
89.	BAUDANT (*René*), canonnier d'artillerie à pied.	3 octobre 1809.	*Idem.*	500.	Son amputation.	250.	
90.	BAUDICHON (*Joseph*), brigadier au 14.e des chasseurs à cheval.	*Idem.*	*Idem.*	500.	*Idem.*	250.	
91.	BAUDIN (*Joseph-Pierre*), voltigeur au 93.e de ligne.	*Idem.*	*Idem.*	500.	*Idem.*	250.	
92.	BAUDOIN (*Nicolas*), chasseur au 9.e d'infanterie légère.	*Idem.*	*Idem.*	500.	*Idem.*	250.	
93.	BAUDOIN (*Jean-Charles*), fils de Charles-François, chef de bataillon d'artillerie.	17 mars 1808.	*Idem.*	500.	Les services de son père, mort le 8 avril 1812.	250.	
					A reporter....	23,250.	

NUMÉROS D'ORDRE.	NOMS, QUALITÉS ET GRADES des donataires ou de leurs successeurs.	DATES des décrets ou décisions par lesquels les dotations ont été accordées.	DÉSIGNATION des pays, biens ou établissem.s sur lesquels les dotations ont été constituées.	MONTANT de chaque DOTATION.	TITRE OU MOTIF auquel elles ont été accordées.	MONTANT de l'indemnité fixée par le projet de loi.	OBSERVATIONS.
					Report.	23,250.	
94.	BAUDUS (*Élie*), chef de bataillon d'infanterie.	15 mars 1810.	Mont de Milan.	1,000f	Ses services.	250.	
95.	BAUM (*Jean-Louis*), chasseur au 6.e à cheval.	3 octobre 1810.	Octroi du Rhin.	500.	Son amputation.	250.	
96.	BAUMIER (*Mathurin*), carabinier au 27.e d'infanterie légère.	16 mai 1811.	*Idem.*	500.	*Idem.*	250.	
97.	BAUSSARD, canonnier au 7.e d'artillerie à pied.	3 octobre 1809.	Mont de Milan.	500.	*Idem.*	250.	
98.	BAYART (*Jean-Baptiste*), grenadier au 17.e de ligne.	*Idem.*	*Idem.*	500.	*Idem.*	250.	
99.	BAYEUX (*Alexandre-Constant*), lieutenant-colonel de cavalerie.	1.er février 1808.	*Idem.*	1,000.	Ses services.	250.	
100.	BAZARD (*Louis-Luglien*), caporal au 8.e de ligne.	3 octobre 1810.	Octroi du Rhin.	500.	Son amputation.	250.	
101.	BEATTE, fusilier au 85.e d'infanterie de ligne.	3 octobre 1809.	Mont de Milan.	500.	*Idem.*	250.	
102.	BEAU dit LEBEAU (*Jean-Louis*), lieutenant des chasseurs à pied de la garde.	1.er février 1808.	*Idem.*	500.	Ses services.	250.	
103.	BEAUFRANCHET (*Henri* DE), colonel d'artillerie.	17 mars 1808.	*Idem.*	500.	*Idem.*	250.	
104.	BEAUGEOIS (*Jean-Louis-Antoine*), capitaine des grenadiers à cheval de la garde.	1.er février 1808.	*Idem.*	500.	*Idem.*	250.	
105.	BEAUJARD (*Mathieu-Laurent*), fusilier au 29.e de ligne.	20 juin 1812.	Octroi du Rhin.	500.	Son amputation.	250.	
106.	BEAUVAIS (*René*), fusilier au 17.e d'infanterie de ligne.	16 mai 1811.	*Idem.*	500.	*Idem.*	250.	
107.	BECHANT (*Joseph*), chasseur au 24.e d'infanterie légère.	*Idem.*	*Idem.*	500.	*Idem.*	250.	
108.	BECKER (*Gerhar*), grenadier au 16.e d'infanterie de ligne.	3 octobre 1809.	Mont de Milan.	500.	*Idem.*	250.	
109.	BECQUART (*Charles-Célestin-Joseph*), soldat du train d'artillerie.	*Idem.*	*Idem.*	500.	*Idem.*	250.	
110.	BECU (*Pierre-Marie-Adrien*), chef de bataillon d'artillerie.	15 mars 1810.	*Idem.*	500.	Ses services.	250.	
111.	BÉDIAUX (*Jean-Louis-Nicolas*), fusilier au 9.e de ligne.	3 octobre 1810.	Octroi du Rhin.	500.	Son amputation.	250.	
112.	BÉGOND, canonnier au 7.e d'artillerie à pied.	3 octobre 1809.	Mont de Milan.	500.	*Idem.*	250.	
					A reporter.	28,000.	

NUMÉROS D'ORDRE.	NOMS, QUALITÉS ET GRADES des donataires ou de leurs successeurs.	DATES des décrets ou décisions par lesquels les dotations ont été accordées.	DÉSIGNATION des pays, biens ou établissem.s sur lesquels les dotations ont été constituées.	MONTANT de chaque DOTATION.	TITRE OU MOTIF auquel elles ont été accordées.	MONTANT de l'indemnité fixée par le projet de loi	OBSERVATIONS.
					Report...........	28,000f	
113.	BELCOURT (*Vincent-Disien*), lieutenant-colonel.	1.er février 1808.	Mont de Milan.	500f	Ses services.	250.	
114.	BELLAGUET (*Jean*), lieutenant des ouvriers de la garde.	15 mars 1810.	Mont de Milan.	500.	*Idem.*	250.	
115.	BELLAMY (*Mathurin*), fusilier au 84.e de ligne.	3 octobre 1809.	Mont de Milan.	500.	Son amputation.	250.	
116.	BELLANGER (*Joseph-Frédéric*), chef de bataillon d'infanterie.	1.er février 1808.	Mont de Milan.	500.	Ses services.	250.	
117.	BELLANGER (*Jean-Marie*), fusilier au 25.e de ligne.	3 octobre 1809.	Mont de Milan.	500.	Son amputation.	250.	
118.	BELLE (*Jean-Laurent*), sergent au 60.e de ligne.	16 mai 1811.	Octroi du Rhin.	500.	*Idem.*	250.	
119.	BELLIARD (*Louis*), chasseur au 16.e à cheval.	3 octobre 1809.	Mont de Milan.	500.	*Idem.*	255.	
120.	BENEUX (*Jean-François*), soldat au 57.e d'infanterie de ligne.	16 mai 1811.	Octroi du Rhin.	500.	*Idem.*	250.	
121.	BENEZECH (*Louis-Antoine*), fusilier au 67.e de ligne.	3 octobre 1809.	Mont de Milan.	500.	*Idem.*	250.	
122.	BER (*François*), fusilier au 72.e de ligne.	3 octobre 1810.	Octroi du Rhin.	500.	*Idem.*	250.	
123.	BERA (*Charles-Joseph*), fusilier au 92.e de ligne.	3 octobre 1809.	Mont de Milan.	500.	*Idem.*	250.	
124.	BÉRANGER (*Aimable-Alexandre*), chef de bataillon d'artillerie.	15 mars 1810.	Mont de Milan.	500.	Ses services.	250.	
125.	BERDUCAT (*François*), sergent au 8.e légère.	22 novembre 1811.	Octroi du Rhin.	500.	Son amputation.	250.	
126.	BÉRÉ, capitaine aide-de-camp.	17 mars 1808.	Mont de Milan.	1,000.	Ses services.	250.	
127.	BÉRANGER (*Raimond-Ismidon-Marie*), fils de l'ancien officier d'ordonnance.	20 juin 1813.	"	1,000.	Les services de son père, mort le 30 août 1813.	250.	
128.	BERGER (*Jean-Louis-Prudent*), chef d'escadron.	1.er février 1808.	Mont de Milan.	500.	Ses services.	250.	
129.	BERNARD (*Gilles*), voltigeur au 63.e de ligne.	22 novembre 1811.	Octroi du Rhin.	500.	Son amputatio.	250.	
130.	BERNARD (*Jean-Joseph*), fourrier des grenadiers du 4.e de ligne.	22 novembre 1811.	Octroi du Rhin.	500.	*Idem.*	250.	
131.	BERNEL (*Louis-Sigisbert*), lieutenant des dragons de la garde.	1.er février 1808.	Mont de Milan.	500.	Ses services.	250	
132.	BERO (*Bernard*), sergent au 17.e de ligne.	22 novembre 1811.	Octroi du Rhin.	500.	Son amputation.	250.	
					A reporter..........	33,000.	

NUMÉROS D'ORDRE.	NOMS, QUALITÉS ET GRADES des donataires ou de leurs successeurs.	DATES des décrets ou décisions par lesquels les dotations ont été accordées.	DÉSIGNATION des pays, biens ou établissem.s sur lesquels les dotations ont été constituées.	MONTANT de chaque dotation.	TITRE OU MOTIF auquel elles ont été accordées.	MONTANT de l'indemnité fixée par le projet de loi.	OBSERVATIONS.
					Report	33,000f	
133.	BERQUIER (*Joseph-Nicolas*), grenadier à pied de la garde.	15 mars 1810.	Mont de Milan.	500f	Ses services.	250.	
134.	BERT (*Louis-Dominique*), major d'infanterie en retraite.	1.er février 1808.	*Idem.*	1,000.	*Idem.*	250.	
135.	BERTHELOT (*Lazare*), fusilier au 92.e de ligne.	3 octobre 1809.	*Idem.*	500.	Son amputation.	250.	
136.	BERTHIER (*François-Paul*), chef d'escadron d'artillerie, en retraite.	1.er février 1808.	*Idem.*	1,000.	Ses services.	250.	
137.	BERTHIER (*Jean-Claude*), maréchal-des-logis des dragons de la garde.	15 mars 1810.	*Idem.*	500.	*Idem.*	250.	
138.	BERTHOD (*Antoine*), capitaine de gendarmerie à cheval en retraite.	5 mars 1813.	Octroi du Rhin.	1,000.	*Idem.*	250.	
139.	BERTHOUX (*Jean*), fusilier au 30.e de ligne.	3 août 1810.	*Idem.*	500.	Son amputation.	250.	
140.	BERTIN (*Pierre*), caporal de grenadiers au 21.e de ligne.	16 mai 1811.	*Idem.*	500.	*Idem.*	250.	
141.	BERTIN (*Marie André François*), sergent au 9.e de ligne.	22 novembre 1811.	*Idem.*	500.	*Idem.*	250.	
142.	BERTON (*Jean-Baptiste*), maréchal-de-camp.	17 mars 1808.	Mont de Milan.	500.	Ses services.	250.	
143.	BERTRAND (*Zélia-Céline-Jeanne*), fille de Jean-Antoine, colonel du 18.e de ligne.	17 mars 1808.	*Idem.*	500.	Les services de son père, mort le 26 novembre 1815.	250.	
144.	BERTRAND (*Étienne*), capitaine d'artillerie en retraite.	15 mars 1810.	*Idem.*	500.	Ses services.	250.	
145.	BESANÇON (*Jean-Françios*), capitaine de gendarmerie, retraité.	1.er février 1808.	*Idem.*	500.	*Idem.*	250.	
146.	BESNARD (*Claude*), fusilier au 53.e de ligne.	3 octobre 1809.	*Idem.*	500.	Son amputation.	250.	
147.	BESSON (*Jean*), sergent au 84.e de ligne.	3 octobre 1809.	*Idem.*	500.	*Idem.*	250.	
148.	BEUDOT, lieutenant du train d'artillerie de la garde.	15 mars 1810.	*Idem.*	500.	Ses services.	250.	
149.	BEURMANN (*Pierre-Frédéric*), lieutenant-colonel d'infanterie.	1.er février 1808.	*Idem.*	1,000.	*Idem.*	250.	
150.	BEZANSON (*André*), chef de bataillon, sous-intendant militaire.	17 mars 1808.	*Idem.*	500.	*Idem.*	250.	
					A reporter	37,500.	

NUMÉROS D'ORDRE.	NOMS, QUALITÉS ET GRADES des donataires ou de leurs successeurs.	DATES des décrets ou décisions par lesquels les dotations ont été accordées.	DÉSIGNATION des pays, biens ou établissem.s sur lesquels les dotations ont été constituées.	MONTANT de chaque DOTATION.	TITRE OU MOTIF auquel elles ont été accordées.	MONTANT de l'indemnité fixée par le projet de loi.	OBSERVATIONS.
					Report........	37,500f	
151.	BICAIS (*Antoine*), capitaine au 22.e d'infanterie légère.	4 mai 1813.	Mont de Milan.	500f	Ses services.	250.	
152.	BICAULT (*George-Martin*), capitaine au 10.e de cuirassiers.	5 mars 1813.	Octroi du Rhin.	500.	*Idem.*	250.	
153.	BIDAT (*Charles*), chef de bataillon.	17 mars 1808.	Mont de Milan.	500.	*Idem.*	250.	
154.	BIEHLMANN (*Jean-Michel*), caporal au 16.e de ligne.	3 octobre 1809.	Mont de Milan.	500.	Son amputation.	250.	
155.	BIGI (*Charles-Sébastien*), chef de bataillon.	17 mars 1808.	Mont de Milan.	500.	Ses services.	250.	
156.	BIGOT (*Jean-Nicolas*), chef de bataillon d'infanterie.	1.er février 1808.	Mont de Milan.	500.	*Idem.*	250.	
157.	BIGOT (*François*), fusilier au 29.e de ligne.	3 octobre 1809.	Mont de Milan.	500.	Son amputation.	250.	
158	BIGOT (*Jacques*), fusilier au 105.e de ligne.	3 août 1810.	Octroi du Rhin.	500.	*Idem.*	250.	
159.	BIGOT (*Jacques-Nicolas*), fusilier au 57.e de ligne.	22 novembre 1811.	Octroi du Rhin.	500.	*Idem.*	250.	
160.	BILLAUDET, lieutenant des grenadiers à cheval de la garde.	1.er février 1808.	Mont de Milan.	500.	Ses services.	250.	Mort.
161.	BILLON (*François*), maréchal-des-logis aux dragons de la garde.	15 mars 1810.	Mont de Milan.	500.	*Idem.*	250.	
162.	BILLOT (*Hippolyte*), fusilier au 92.e de ligne.	3 octobre 1809.	Mont de Milan.	500.	*Idem.*	250.	
163.	BINARD (*Jean-Baptiste-Nicolas-Giles*), caporal de grenadiers au 72.e de ligne.	16 mai 1811.	Octroi du Rhin.	500.	*Idem.*	250.	
164.	BISIAUX, grenadier à pied de la garde.	15 mars 1810.	Mont de Milan.	500.	Ses services.	250.	
165.	BIACKWELL (*Jacques-Barthélemi-Alexandre*), chef de bataillon d'état-major.	8 octobre 1808.	Mont de Milan.	500.	*Idem.*	250.	
166.	BLANC (*Anne-Emmanuel*), lieutenant-colonel du génie.	17 mars 1808.	Mont de Milan.	500.	*Idem.*	250.	
167.	BLANCHET (*Julien*), fusilier au 53.e de ligne.	3 octobre 1809.	Mont de Milan.	500.	Son amputation.	250.	
168.	BLANCHET (*Jean*), fusilier au 12.e de ligne.	3 août 1810.	Mont de Milan.	500.	*Idem.*	250.	
169.	BLANGHIN (*Toussaint-Zacharie*), fusilier au 85.e de ligne.	3 octobre 1809.	Mont de Milan.	500.	*Idem.*	250.	
170.	BLESIMARE (*Jacques*), colonel d'état-major.	17 mars 1808.	Mont de Milan.	500.	Ses services.	250.	
					A reporter.....	42,500.	

NUMÉROS D'ORDRE.	NOMS, QUALITÉS ET GRADES des donataires ou de leurs successeurs.	DATES des décrets ou décisions par lesquels les dotations ont été accordées.	DÉSIGNATION des pays, biens ou établissem.ts sur lesquels les dotations ont été constituées.	MONTANT de chaque DOTATION.	TITRE OU MOTIF auquel elles ont été accordées.	MONTANT de l'indemnité fixée par le projet de loi.	OBSERVATIONS.
					Report....	42,500f	
171.	BLOCAILLE (*Jean-Baptiste-François-Alexandre-Prosper*), lieutenant de gendarmerie royale.	15 mars 1810.	Mont de Milan.	500f	Ses services.	250.	
172.	BLONDEAU (*André-Jacques-Philippe*), major d'infanterie.	1.er février 1808.	Mont de Milan.	1,000.	*Idem.*	250.	
173.	BLONDIAUX (*Pierre-François-Joseph*), cuirassier au 5.e régiment.	22 novembre 1811.	Octroi du Rhin.	500.	Son amputation.	250.	
174.	BLONDON (*Nicolas*), chef de bataillon en retraite.	1.er février 1808.	Mont de Milan.	500.	Ses services.	250	
175.	BLOQUET (*Casimir*), fusilier au 85.e de ligne.	3 octobre 1809.	Mont de Milan.	500.	Son amputation.	250.	
176.	BLOUELET (*Jacques*), fusilier au 92.e de ligne.	3 octobre 1809.	Mont de Milan.	500.	*Idem.*	250.	
177.	BOCHATON (*Jean-Marie*), colonel d'infanterie en retraite.	17 mars 1808.	Mont de Milan.	500.	Ses services.	250.	
178.	BOISSEAU (*Jean*), fusilier au 30.e d'infanterie de ligne.	16 mai 1811.	Octroi du Rhin.	500.	Son amputation.	250.	
179.	BOISSELOT (*François*), fusilier au 92.e de ligne.	3 octobre 1809.	Mont de Milan.	500.	*Idem.*	250.	
180.	BOISSIER (*Henri*), colonel en retraite.	17 mars 1808.	Mont de Milan.	500.	Ses services.	250.	
181.	BOISSON (*Bertrand*), sergent de grenadiers à pied de la garde.	15 mars 1810.	Mont de Milan.	500.	*Idem.*	250.	
182.	BOISSY D'ANGLAS, le Baron, ancien préfet.	30 juin 1811.	Octroi du Rhin.	500.	*Idem.*	250.	
183.	BOISTHIERRY (*Charles-Juste*), chef de bataillon.	1.er février 1808.	Mont de Milan.	500.	*Idem.*	250.	
184.	BOITE (*Ildephonse-Joseph*), canonnier au 7.e d'artillerie à pied.	3 octobre 1809.	Mont de Milan.	500.	Son amputation.	250.	
185.	BOLLARD (*Joseph*), fusilier au 52.e de ligne.	3 octobre 1809.	Mont de Milan.	500.	*Idem.*	250.	
186.	BOLLEMONT (*Nicolas*), lieutenant d'artillerie à pied de la garde.	15 mars 1810.	Mont de Milan.	500.	Ses services.	250	
187.	BOMPARD (*Marc*), voltigeur au 3.e d'infanterie de ligne.	16 mai 1811.	Octroi du Rhin.	500.	Son amputation.	250.	
188.	BONAFFOS (*Jean-Pierre-Paul*), chef d'escadron d'artillerie.	1.er février 1808.	Mont de Milan.	500.	Ses services.	250.	
					A reporter...	47,000.	

NUMÉROS D'ORDRE.	NOMS, QUALITÉS ET GRADES des donataires ou de leurs successeurs.	DATES des décrets ou décisions par lesquels les dotations ont été accordées.	DÉSIGNATION des pays, biens ou établissem.s sur lesquels les dotations ont été constituées.	MONTANT de chaque DOTATION.	TITRE OU MOTIF auquel elles ont été accordées.	MONTANT de l'indemnité fixée par le projet de loi.	OBSERVATIONS.
						47,000f	
189.	BONAFOUS (*Pierre*), colonel de cavalerie.	1.er février 1808.	Mont de Milan.	500f	Ses services.	250.	
190.	BONIN (*Jean-François-Lizier*), chef de bataillon, aide-de-camp.	17 mars 1808.	Mont de Milan.	500.	*Idem.*	250.	
191.	BONNAMAZON (*Pierre*), capitaine en retraite, du 66.e de ligne.	19 mars 1813.	"	1,000.	*Idem* et son amputation.	250.	
192.	BONNET, lieutenant de chasseurs à pied de la garde.	1.er février 1808.	Mont de Milan.	500.	Ses services.	250.	
193.	BONNEVILLE (*Félix*), chef de bataillon au 12.e de ligne.	12 octobre 1812.	Octroi du Rhin.	500.	*Idem.*	250.	
194.	BONNOLLON (*Jean*), fusilier au 111.e de ligne.	3 octobre 1809.	Mont de Milan.	500.	Son amputation.	250.	
195.	BONTÉ (*Jean-Baptiste*), chasseur au 23.e d'infanterie légère.	3 octobre 1809.	Mont de Milan.	500.	*Idem.*	250.	
196.	BONTEMS (*Antoine*), canonnier au 5.e d'artillerie à pied.	3 octobre 1809.	Mont de Milan.	500.	*Idem.*	250.	
197.	BOQUEY (*Félix-Michel*), capitaine d'infanterie en retraite.	15 mars 1810.	Mont de Milan.	500.	Ses services.	250.	
198.	BORDE (*Étienne-Jean-Ambroise*), lieutenant de grenadiers à cheval de la garde.	1.er février 1808.	Mont de Milan.	500.	*Idem.*	250.	
199.	BORGOGNO (*Joseph-Jean-Baptiste*), voltigeur au 111.e d'infanterie de ligne.	3 octobre 1809.	Mont de Milan.	500.	Son amputation.	250.	
200.	BORNE (*François*), chef d'escadron de gendarmerie en retraite.	1.er février 1808.	Mont de Milan.	500.	Ses services.	250.	
201.	BORNE (*Pierre*), fusilier au 92.e d'infanterie de ligne.	3 octobre 1809.	Mont de Milan.	500.	Son amputation.	250.	
202.	BORNIER (*Bénigne-Marie*), fusilier au 92.e de ligne.	3 octobre 1809.	Mont de Milan.	500.	*Idem.*	250.	
203.	BORREAU-DESLANDES (*Alexis-Guillaume*), caporal au 102.e de ligne.	16 mai 1811.	Octroi du Rhin.	500.	*Idem.*	250.	
204.	BORRELLI (*Charles-Luce-Paulin-Clément*), maréchal-de-camp.	17 mars 1808.	Mont de Milan.	500.	Ses services.	250.	
205.	BOSCUS (*Célestine-Luce-Agathe*), fille de Dominique, chef de bataillon,	17 mars 1808.	Mont de Milan.	500.	Les services de son père, mort en 1812.	250.	
206.	BOSQUET (*Jean-Marie*), lieutenant-colonel d'infanterie.	1.er février 1808.	Mont de Milan.	500.	Ses services.	250.	
207.	BOSQUETTE (*Louis-Joseph*), chef de bataillon d'artillerie.	15 mars 1810.	Mont de Milan.	500.	*Idem.*	250.	
					A reporter...	51,750.	

NUMÉROS D'ORDRE.	NOMS, QUALITÉS ET GRADES des donataires ou de leurs successeurs.	DATES des décrets ou décisions par lesquels les dotations ont été accordées.	DÉSIGNATION des pays, biens ou établissem.ns sur lesquels les dotations ont été constituées.	MONTANT de chaque DOTATION.	TITRE OU MOTIF auquel elles ont été accordées.	MONTANT de l'indemnité fixée par le projet de loi.	OBSERVATIONS.
						51,750l	
208.	BOSSY (*Jean-Joseph*), grenadier au 37.e de ligne.	3 octobre 1809.	Mont de Milan.	500f	Son amputation.	250.	
209.	BOTTEX (*Joseph-Catherine*), capitaine d'état-major.	15 mars 1810.	Mont de Milan.	500.	Ses services.	250.	
210.	BOUARD (*Pierre-Augustin*), fusilier au 46.e de ligne.	3 octobre 1809.	Mont de Milan.	500.	Son amputation.	250.	
211.	BOUCHER (*Pierre*), colonel d'infanterie retraité.	1.er février 1808.	Mont de Milan.	1,000.	Ses services.	250.	
212.	BOUCRET (*Michel-François*), fusilier au 61.e de ligne.	3 octobre 1809.	Mont de Milan.	500.	Son amputation.	250.	
213.	BOUDIER (*Claude*), fusilier au 121.e de ligne,	3 octobre 1809.	Mont de Milan.	500.	*Idem.*	250.	
214.	BOUDIER (*Jean-Louis*), chasseur au 15.e d'infanterie légère.	3 octobre 1809.	Mont de Milan.	500.	*Idem.*	250.	
215.	BOUÉ (*Jean*), soldat au 4.e bataillon principal du train.	3 octobre 1809.	Mont de Milan.	500.	*Idem.*	250.	
216.	BOUHOT (*Benoît*), fusilier au 92.e de ligne.	3 octobre 1809.	Mont de Milan.	500.	*Idem.*	250.	
217.	BOULANGÉ (*Nicolas*), sergent au 71.e de ligne.	20 juin 1812.	Octroi du Rhin.	500.	Ses services.	250.	
218.	BOUNOURE (*Vincent*), chef de bataillon d'infanterie en retraite.	1.er février 1808.	Mont de Milan.	500.	*Idem.*	250.	
219.	BOUQUERET (*Michel*), fusilier au 61.e de ligne.	3 octobre 1809.	Mont de Milan.	500.	Son amputation.	250.	
220.	BOURBON (*Louis*), voltigeur au 108.e de ligne.	3 octobre 1809.	Mont de Milan.	500.	*Idem.*	250.	
221.	BOURDIGNON (*Étienne-Benjamin*), lieutenant des marins de la garde.	15 août 1810.	Mont de Milan.	500.	Ses services.	250.	
222.	BOURDIN (*Joseph*), chef de bataillon d'infanterie en retraite.	1.er février 1808.	Mont de Milan.	500.	*Idem.*	250.	
223.	BOURDIN (*Jean-Baptiste-François*), maréchal-des-logis au 3.e des cuirassiers.	3 octobre 1809.	Mont de Milan.	500.	Son amputation.	250.	
224.	BOURDON (*Jean-Baptiste-Joseph*), fusilier au 72.e de ligne.	22 novembre 1811.	Octroi du Rhin.	500.	*Idem.*	250.	
225.	BOURGEOIS (*Jean-Baptiste*), lieutenant de grenadiers à cheval, en retraite.	1.er février 1808.	Mont de Milan.	500.	Ses services.	250.	
226.	BOURGEOIS (*Martin-Denis-Eustache*), lieutenant de chasseurs à cheval, en retraite.	1.er février 1808.	Mont de Milan.	500.	*Idem.*	250.	
					A reporter....	56,500.	

NUMÉROS D'ORDRE.	NOMS, QUALITÉS ET GRADES des donataires ou de leurs successeurs.	DATES des décrets ou décisions par lesquels les dotations ont été accordées.	DÉSIGNATION des pays, biens ou établissem.s sur lesquels les dotations ont été constituées.	MONTANT de chaque DOTATION.	TITRE ou MOTIF auquel elles ont été accordées.	MONTANT de l'indemnité fixée par le projet de loi.	OBSERVATIONS.
					Report	56,500f	
227.	BOURGEOIS, capitaine à la suite des grenadiers de la garde.	17 mars 1808.	Mont de Milan.	1,000f	Ses services.	250.	
228.	BOURGEOIS (*François-Théodore*), soldat au 1.er bat.on du train.	3 octobre 1809.	*Idem.*	500.	Son amputation.	250.	
229.	BOURGOIN (*François*), fusilier au 59.e de ligne.	16 mai 1811.	Octroi du Rhin.	500.	*Idem.*	250.	
230.	BOURRIOT (*Casimir-Charles-Aug.*), lieutenant d'artillerie au régiment de Douai.	15 mars 1810.	Mont de Milan.	500.	Ses services.	250.	
231.	BOUSSENT, fusilier au 121.e de ligne.	3 octobre 1809.	*Idem.*	500.	Son amputation.	250.	
232.	BOUSSIN (*Claude-Christophe*), adjudant-commandant en retraite.	17 mars 1808.	*Idem.*	500.	Ses services.	250.	
233.	BOUSSON (*Pierre-François*), caporal au 15.e d'infanterie légère.	3 octobre 1809.	*Idem.*	500.	Son amputation.	250.	
234.	BOUVERET (*Étienne*), soldat au 4.e bataillon.	*Idem.*	*Idem.*	500.	*Idem.*	250.	
235.	BOUVIER (*Jean*), chasseur au 5.e d'infanterie légère.	*Idem.*	*Idem.*	500.	*Idem.*	250.	
236.	BOUVIER (*Jean*), fusilier au 46.e de ligne.	*Idem.*	*Idem.*	500.	*Idem.*	250.	
237.	BOUVIER-DESTOUCHES (*Urbain-Mathurin Marie*), capitaine de cavalerie en retraite.	1.er février 1808.	*Idem.*	500.	Ses services.	250.	
238.	BOYER, le Baron, major du 7.e des chasseurs.	28 septembre 1813.	"	1,000.	*Idem.*	250.	
239.	BOYES (*Joseph*), chef de bataillon.	15 mars 1810.	Mont de Milan	500.	*Idem.*	250.	
240.	BRACONNIER (*Pierre*), tambour au 108.e de ligne.	3 octobre 1809.	*Idem.*	500.	Son amputation.	250.	
241.	BRASSEUR (*Jean-Baptiste Jos.*), chef de bataillon d'infanterie.	15 mars 1810.	*Idem.*	500.	Ses services.	250.	
242.	BREDA (*Jean-Baptiste*), soldat au 8.e bataillon du train.	3 octobre 1809.	*Idem.*	500.	Son amputation.	250.	
243.	BREMONT (*Louis-Léopold*), lieutenant-colonel d'infanterie.	1.er février 1808.	*Idem.*	500.	Ses services.	250.	
244.	BRESSON (*Pierre*), capitaine d'infanterie, en retraite.	15 mars 1810.	*Idem.*	500.	*Idem.*	250.	
245.	BREUIL (*François*), grenadier au 84.e de ligne.	3 octobre 1809.	*Idem.*	500.	Son amputation.	250.	
246.	BRIAND (*Jacques*), grenadier au 85.e de ligne.	*Idem.*	*Idem.*	500.	*Idem.*	250.	
247.	BROCARD (*Michel*), invalide de la 6.e division.	13 mars 1813.	*Idem.*	500.	*Idem.*	250.	
					A reporter.....	61,750.	

NUMÉROS D'ORDRE.	NOMS, QUALITÉS ET GRADES des donataires ou de leurs successeurs.	DATES des décrets ou décisions par lesquels les dotations ont été accordées.	DÉSIGNATION des pays biens ou établissemens sur lesquels les dotations ont été constituées.	MONTANT de chaque dotation.	TITRE OU MOTIF auquel elles ont été accordées.	MONTANT de l'indemnité fixée par le projet de loi.	OBSERVATIONS.
					Report	61,750f	
248.	BROCARD (*Jean-Baptiste*), caporal au 106.e de ligne.	15 août 1809.	"	500f	Son amputation.	250.	
249.	BROUSSE (*André Gaspar*), capitaine des fusiliers de la garde.	1.er février 1808.	Mont de Milan.	1,000.	Ses services.	250.	
250.	BROUSSEAUD (*Jean-Baptiste*), colonel au corps royal des ingénieurs géographes.	17 mars 1808.	*Idem.*	500.	*Idem.*	250.	
251.	BROUSSON (*Antoine*), lieutenant des chasseurs à pied de la garde.	1.er février 1808	*Idem.*	500.	*Idem.*	250.	
252.	BRUAND (*Nicolas*), lieutenant honoraire invalide.	3 octobre 1810.	Octroi du Rhin.	500.	Son amputation.	250.	
253.	BRUE (*Louis-Urbain*), colonel au 19.e des chasseurs.	17 mars 1808.	Mont de Milan.	500.	Ses services.	250.	
254.	BRULÉ (*Jean-Baptiste*), fusilier au 55.e de ligne.	3 octobre 1809.	*Idem.*	500.	Son amputation.	250.	
255.	BRUNDSAUX (*Pierre*), capitaine des chasseurs du Cantal.	1.er février 1808.	*Idem.*	500.	Ses services.	250.	
256.	BRUNEL (*Pierre*), lieutenant des chasseurs à cheval de la garde.	*Idem.*	*Idem.*	500.	*Idem.*	250.	
257.	BRUNETEAU DE SAINTE-SUZANNE (*Alexandre-François*), ancien préfet.	30 juin 1811.	Octroi du Rhin.	500.	*Idem.*	250.	
258.	BRUYER (*Nicolas*), colonel directeur d'artillerie.	17 mars 1808.	Mont de Milan.	500.	*Idem.*	250.	
259.	BRUYÈRE (*Jean-Baptiste*), fusilier au 72.e de ligne.	20 juin 1812.	Octroi du Rhin.	500.	Son amputation.	250.	
260.	BUCHOUAT (*François*), lieutenant aux grenadiers à cheval de la garde.	1.er février 1808.	Mont de Milan.	500.	Ses services.	250.	
261.	BUFFILE (*Jean-Antoine*), grenadier au 37.e de ligne.	3 décembre 1809.	*Idem.*	500.	Son amputation.	250.	
262.	BUFQUIN (*Marie-Fulgence-Ferdinand*), capitaine de cavalerie en retraite.	1.er février 1808.	*Idem.*	500.	Ses services.	250.	
263.	BUGROS (*Xavier-Louis*), adjudant-major retraité.	15 mars 1810.	*Idem.*	500.	*Idem.*	250.	
264.	BUISSON (*Bertrand*), capitaine d'infanterie en retraite.	*Idem.*	*Idem.*	500.	*Idem.*	250.	
265	BUISSON DE CHAMBOIS (*André*), capitaine d'infanterie retraité.	22 novembre 1811.	Octroi du Rhin.	500.	*Idem.*	250.	
					A reporter	66,250.	

NUMÉROS D'ORDRE.	NOMS, QUALITÉS ET GRADES des donataires ou de leurs successeurs.	DATES des décrets ou décisions par lesquels les dotations ont été accordées.	DÉSIGNATION des pays, biens ou établissem.ts sur lesquels les dotations ont été constituées.	MONTANT de chaque dotation.	TITRE OU MOTIF auquel elles ont été accordées.	MONTANT de l'indemnité fixée par le projet de loi.	OBSERVATIONS.
					Report.....	66,250f	
266.	BULEUX (*Louis-Auguste*), voltigeur au 15.e d'infanterie légère.	3 octobre 1809.	Mont de Milan.	500f	Son amputation.	250.	
267.	BULLE (*Nicolas*), lieutenant des chasseurs à pied de la garde.	1.er février 1808.	*Idem.*	500.	Ses services.	250.	
268.	BULTEL (*André-Joseph*), cuirassier au 12.e	3 octobre 1809.	*Idem.*	500.	Son amputation.	250.	
269.	BUNOUT (*Godefroi*), maréchal-des-logis au 24.e des chasseurs à cheval.	*Idem.*	*Idem.*	500.	*Idem.*	250.	
270.	BUREAU (*Médard*), lieutenant-colonel d'infanterie.	1.er février 1808.	*Idem.*	1,000.	Ses services.	250.	
271.	BUREAUX de PUSY (*Joachim-Irénée-Adélaïde*), colonel des dragons de la Garonne.	*Idem.*	*Idem.*	1,000.	*Idem.*	250	
272.	BUREAU (*Christian*), voltigeur au 7.e légère.	3 octobre 1810.	Octroi du Rhin.	500.	Son amputation.	250.	
273.	BURET (*Amable-Louis-Joseph*), maréchal-des-logis au 23.e des chasseurs à cheval.	3 octobre 1809.	Mont de Milan.	500.	*Idem.*	250.	
274.	BURETTE (*Jean-Baptiste*), chef d'escadron de gendarmerie.	17 mars 1808.	*Idem.*	500.	Ses services.	250.	
275.	BURNEL (*Louis-François*), chasseur à cheval au 23.e	3 octobre 1810.	Octroi du Rhin.	500.	Son amputation.	250.	
276.	BURES (*Gaspar-Thérèse*), chef de bataillon en retraite.	17 mars 1808.	Mont de Milan.	500.	Ses services.	250.	
277.	BURSTERT (*François-Antoine*), cuirassier au 9.e régiment.	3 octobre 1809.	*Idem.*	500.	Son amputation.	250.	
278.	BUTSCHERT dit BOURCHETTE (*Philippe-Frédéric*), lieutenant-colonel d'infanterie.	1.er février 1808.	*Idem.*	500.	Ses services.	250.	
279.	BUYCK (*Pierre-François-Bernard*), capitaine de gendarmerie en retraite.	*Idem.*	*Idem.*	500.	*Idem.*	250.	

C

NUMÉROS D'ORDRE.	NOMS, QUALITÉS ET GRADES	DATES	DÉSIGNATION	MONTANT	TITRE OU MOTIF	MONTANT de l'indemnité	OBSERVATIONS.
280.	CABLAT (*André*), lieutenant des chasseurs à pied de la garde, en retraite.	15 mars 1810.	Mont de Milan.	500.	Ses services.	250.	
281.	CABRIÉ (*Antoine-François*), LESPEROUX, colonel d'artillerie retraité.	17 mars 1808.	*Idem.*	500.	*Idem.*	250.	
					Report.....	70,250.	

NUMÉROS D'ORDRE.	NOMS, QUALITÉS ET GRADES des donataires ou de leurs successeurs.	DATES des décrets ou décisions par lesquels les dotations ont été accordées.	DÉSIGNATION des pays, biens ou établissemens sur lesquels les dotations ont été constituées.	MONTANT de chaque dotation.	TITRE OU MOTIF auquel elles ont été accordées.	MONTANT de l'indemnité fixée par le projet de loi.	OBSERVATIONS.
					Report.....	70,250f	
282.	CABROL (*Pierre*), major aide-de-camp.	17 mars 1808.	Mont de Milan.	500f	Ses services.	250.	
283.	CACHARDY (*Ange-Louis*), lieutenant-colonel d'artillerie.	*Idem.*	*Idem.*	500.	*Idem.*	250.	
284.	CADOL (*Agricol-Joachim*), grenadier au 57.e d'infanterie de ligne.	16 mai 1811.	Octroi du Rhin.	500.	Son amputation.	250.	
285.	CAILLOT (*Jean-Baptiste-Laurent*), chef de bataillon d'infanterie en retraite.	15 mars 1810.	Mont de Milan.	500.	Ses services.	250.	
286.	CALCAT dit LACOUTURE (*Pierre*), caporal au 19.e de ligne.	3 octobre 1809.	*Idem.*	500.	Son amputation.	250.	
287.	CALLORY (*Adrien-Louis-Joseph*), lieutenant-colonel de cavalerie.	1.er février 1808.	*Idem.*	1,000.	Ses services.	250.	
288.	CAMBOUR (*Louis-Juste*), capitaine des chasseurs à pied de la garde.	15 mars 1810.	*Idem.*	500.	*Idem.*	250.	
289.	CAMILLAT (*Julien*), voltigeur au 5.e d'infanterie légère.	3 octobre 1809.	*Idem.*	500.	Son amputation.	250.	
290.	CAMPARIOL (*Pierre-Victor*), lieutenant-colonel de cavalerie.	1.er février 1808.	*Idem.*	1,000.	Ses services.	250.	
291.	CAMUS (*François*), caporal au 21.e de ligne.	3 octobre 1809.	*Idem.*	500.	Son amputation.	250.	
292.	CANY (*Jean-François*), chasseur à cheval du 11.e	*Idem.*	*Idem.*	500.	*Idem.*	250.	
293.	CAPELLE (*Antoine-Laurent*), lieutenant-colonel du régiment de Toulouse.	2 mars 1811.	Octroi du Rhin.	500.	Ses services.	250.	
294.	CAPELLINI (*Paul-Sébastien*), adjudant-commandant.	17 mars 1808.	Mont de Milan.	500.	*Idem.*	250.	
295.	CARAVACHE (*Pierre*), fusilier au 59.e de ligne.	3 octobre 1809.	*Idem.*	500.	Son amputation.	250.	
296.	CARLIER dit DÉTRÉ (*Pierre-Louis*), chasseur à cheval au 24.e	3 octobre 1810.	Octroi du Rhin.	500.	*Idem.*	250.	
297.	CARLUER (*Jean*), fusilier au 56.e de ligne.	3 octobre 1809.	Mont de Milan.	500.	*Idem.*	250.	
298.	CARON (*Louis-François-Denis-René*), major d'infanterie en retraite.	1.er février 1808.	*Idem.*	500.	Ses services.	250.	
299.	CARRÉ (*Pierre-François-René-Augustin*), lieutenant des dragons de la garde.	*Idem.*	*Idem.*	500.	*Idem.*	250.	
					A reporter......	74,750.	

NUMÉROS D'ORDRE.	NOMS, QUALITÉS ET GRADES des donataires ou de leurs successeurs.	DATES des décrets ou décisions par lesquels les dotations ont été accordées.	DÉSIGNATION des pays, biens ou établissem.s sur lesquels les dotations ont été constituées.	MONTANT de chaque dotation.	TITRE OU MOTIF auquel elles ont été accordées.	MONTANT de l'indemnité fixée par le projet de loi.	OBSERVATIONS.
					Report......	74,750f	
300.	CARRIÈRE (*François*), colonel directeur d'artillerie.	15 août 1810.	Mont de Milan.	1,000f	Ses services.	250.	
301.	CARTERET (*Louis*), capitaine des chasseurs à pied de la garde.	15 mars 1810.	Mont de Milan.	500.	*Idem.*	250.	
302.	CARTIER (*Pierre-François*), grenadier au 13.e de ligne.	22 novembre 1811.	Octroi du Rhin.	500.	Son amputation.	250.	
303.	CASAMAJOR (*Louis*), chef d'escadron.	17 mars 1808.	Mont de Milan.	500.	Ses services.	250.	
304.	CASTANIÉ (*Jean-Jacques*), colonel d'infanterie.	1.er février 1808.	Mont de Milan.	1,000.	*Idem.*	250.	
305.	CASTANIER (*Hyacinthe*), chef de bataillon en retraite.	1.er février 1808.	Mont de Milan.	500.	*Idem.*	250.	
306.	CASTERA (*Léonard*), chef de bataillon.	17 mars 1808.	Mont de Milan.	500.	*Idem.*	250.	
307.	CASTILLON (*Jean-François-Antoine-Marie*), lieutenant-colonel d'infanterie.	17 mars 1808.	Mont de Milan.	1,000.	*Idem.*	250.	
308.	CATTELAIN (*Louis-Joseph*), fusilier au 37.e de ligne.	3 octobre 1809.	Mont de Milan.	500.	Son amputation.	250.	
309.	CATELOT (*Jean*), ancien sous-inspecteur aux revues.	17 mars 1808.	Mont de Milan.	500.	Ses services.	250.	
310.	CAUDEL (*Jean-Baptiste*), capitaine de la gendarmerie d'élite.	1.er février 1808. 5 mars 1813.	Mont de Milan. Octroi du Rhin.	500. 1,000.	*Idem.*	250.	
311.	CAVAILHON (*Pierre-Philippe*), capitaine au 6.e de cuirassiers.	5 mars 1813.	Mont de Milan.	500.	*Idem.*	250.	
312.	CAYRE (*Pierre*), chef d'escadron des chasseurs à cheval.	15 mars 1810.	Mont de Milan.	500.	*Idem.*	250.	
313.	CECILLON (*Jacques*), lieutenant au 1.er de carabiniers.	5 mars 1813.	Octroi du Rhin.	500.	*Idem.*	250.	
314.	CÉCIRE (*Nicolas*), chef d'escadron de cavalerie en retraite.	20 mai 1811.	Octroi du Rhin.	500.	*Idem.*	250.	
315.	CEILLAC (*Dominique*), voltigeur au 8.e d'infanterie légère.	16 mai 1811.	Octroi du Rhin.	500.	Son amputation.	250.	
316.	CÉLIS (*Jean-François*), fusilier au 59.e de ligne.	3 octobre 1809.	Mont de Milan.	500.	*Idem.*	250.	
317.	CERTAIN (*Julien-François*), hussard au 8.e	3 août 1810.	Octroi du Rhin.	500.	*Idem*	250.	
318.	CHABOU (*Claude-François*), grenadier à pied de la garde.	15 mars 1810.	Mont de Milan.	500.	Ses services.	250.	
					A reporter....	79,500.	

NUMÉROS D'ORDRE.	NOMS, QUALITÉS ET GRADES des donataires ou de leurs successeurs.	DATES des décrets ou décisions par lesquels les dotations ont été accordées.	DÉSIGNATION des pays, biens ou établissem.s sur lesquels les dotations ont été constituées.	MONTANT de chaque dotation.	TITRE ou MOTIF auquel elles ont été accordées.	MONTANT de l'indemnité fixée par le projet de loi.	OBSERVATIONS.
					Report.........	79,500f	
319.	CHABRIER (*Égérie-Jeannette-Charlotte-Julie*), fille du chef de bataillon ingénieur géographe.	15 mars 1810.	Mont de Milan.	500f	Les services de son père, mort en septembre 1812.	250.	
320.	CHAILLOU (*Benjamin*), chef de bataillon d'infanterie.	1.er février 1808.	Mont de Milan.	500.	Ses services.	250.	
321.	CHAILLOU (*Jacques*), canonnier au 7.e d'artillerie à pied.	20 juin 1812.	Octroi du Rhin.	500.	Son amputation.	250.	
322.	CHAHIN (*Jean*), chef d'escadron, capitaine des Mamelouks.	1.er février 1808.	Mont de Milan.	500.	Ses services.	250.	
323.	CHALANDON (*Pierre*), soldat au 7.e d'infanterie légère.	22 novembre 1811.	Octroi du Rhin.	500.	Son amputation.	250.	
324.	CHALLE (*Marie-Joseph-Emmanuel*), lieutenant des chasseurs à pied de la garde.	15 mars 1810.	Mont de Milan.	500.	Ses services.	250.	
325.	CHAMEAU (*Louis-François*), adjudant-commandant.	17 mars 1808	Mont de Milan.	500.	*Idem.*	250.	
326.	CHAMOIN (*Pierre-François*), fusilier au 30.e de ligne.	3 octobre 1819.	Mont de Milan.	500.	Son amputation.	250.	
327.	CHAMORIN (*Charles-Germain*), lieutenant-colonel de cavalerie.	1.er février 1810.	Mont de Milan.	500.	Ses services.	250.	
328.	CHAMPEAUX (*François-Bonaventure-Yves* PALASNE DE), chef d'esc.on, aide-de-camp.	17 mars 1808.	Mont de Milan.	500.	*Idem.*	250.	
329.	CHAMPO (*Edme*), fusilier au 30.e de ligne.	3 octobre 1809.	Mont de Milan.	500.	Son amputation.	250	
330.	CHANFROID (*Jacques-Joseph*), lieutenant des chasseurs à pied.	1.er février 1808.	Mont de Milan.	500.	Ses services.	250.	
331.	CHANTEGAY (*Pierre*), major du génie.	17 mars 1808. 2 mars 1811.	Mont de Milan. Octroi du Rhin.	500. 500.	*Idem.*	250.	
332.	CHANTEL (*André*), chef de bataillon d'artillerie.	17 mars 1808.	Mont de Milan.	500.	*Idem.*	250.	
333.	CHANU (*Jean*), chef de bataillon du 2.e de ligne.	17 mars 1808.	Mont de Milan.	500.	*Idem.*	250.	
334.	CHAPON (*Antoine*), grenadier au 18.e de ligne.	3 octobre 1809.	Mont de Milan.	500.	Son amputation.	250.	
335.	CHAPUIS (*Joseph*), colonel d'état-major.	17 mars 1808.	Mont de Milan.	500.	Ses services.	250.	
336.	CHAREL (*Mathurin-André*), lieutenant des chasseurs à cheval de la garde.	1.er février 1808.	Mont de Milan.	500.	*Idem.*	250.	
337.	CHARLES (*Boniface-Joseph*), grenadier au 4.e d'infanterie de ligne.	16 mai 1811.	Octroi du Rhin.	500.	Son amputation.	250.	
					A reporter.	84,250.	

NUMÉROS D'ORDRE.	NOMS, QUALITÉS ET GRADES des donataires ou de leurs successeurs.	DATES des décrets ou décisions par lesquels les dotations ont été accordées.	DÉSIGNATION des pays, biens ou établissem.ns sur lesquels les dotations ont été constituées.	MONTANT de chaque dotation.	TITRE OU MOTIF auquel elles ont été accordées.	MONTANT de l'indemnité fixée par le projet de loi.	OBSERVATIONS.
					Report..........	84,250f	
338.	CHARLOT (*Alexandre-Louis-Pierre*), fils de Joseph, capitaine des chasseurs à pied de la garde.	15 mars 1810.	Mont de Milan.	500f	Les services de son père, mort le 16 mars 1814.	250.	
339.	CHARPANTIER (*Jean-Théodore*), fusilier au 21.e de ligne.	3 octobre 1809.	Mont de Milan.	500.	Son amputation.	250.	
340.	CHARPENTIER (*Antoine*), fusilier au 92.e de ligne.	3 octobre 1809.	Mont de Milan.	500.	*Idem.*	250.	
341.	CHARPIOT (*Xavier*), fusilier au 27.e de ligne.	22 novembre 1811.	Octroi du Rhin.	500.	*Idem.*	250.	
342.	CHARRIER (*Antoine*), soldat au 8.e bataillon du train.	3 octobre 1809.	Mont de Milan.	500.	*Idem.*	250.	
343.	CHARROY (*Sébastien*), lieutenant-colonel d'état-major.	15 mars 1810.	Mont de Milan.	1,000.	Ses services.	250.	
344.	CHARTIAUX (*Alex.re-Édouard*), fourrier au 7.e de ligne.	3 octobre 1809.	Mont de Milan.	500.	Son amputation.	250.	
345.	CHARUE (*Jean-Chrysostome-Dominique*), chef de bataillon d'artillerie.	17 mars 1808.	Mont de Milan.	500.	Ses services.	250.	
346.	CHARVIN (*Jean-Pierre*), chef de bataillon d'infanterie en retraite.	1.er fevrier 1808.	Mont de Milan.	500.	*Idem.*	250.	
347.	CHASAINE (*Corneille*), fusilier au 56.e de ligne.	3 octobre 1809.	Mont de Milan.	500.	Son amputation.	250.	
348.	CHASSAY (*Jean-Baptiste*), lieutenant-colonel d'infanterie.	1.er février 1808.	Mont de Milan.	500.	Ses services.	250.	
349.	CHASSEPOT DE CHAPLAINE (*Aimé-Jean-François*), ancien préfet.	30 juin 1811.	Octroi du Rhin.	500.	*Idem.*	250.	
350.	CHASSIN (*Jean-Baptiste*), lieutenant-colonel de cavalerie.	1.er février 1808.	Mont de Milan.	500.	*Idem.*	250.	
351.	CHASTE (*Marie-Gerod*), caporal au 19.e de ligne.	3 octobre 1809.	Mont de Milan.	500.	Son amputation.	250.	
352.	CHATELAIN (*Benjamin-Magloire*), capitaine de flottille.	15 août 1810.	Mont de Milan.	500.	Ses services.	250.	
353.	CHAUSSE (*Claude*), capitaine d'infanterie en retraite.	15 mars 1810.	Mont de Milan.	500.	*Idem.*	250.	
354.	CHAUVETON DE SAINT-LÉGER (*Jean-Jacques-François*), fils de Louis-Charles-François, chef d'escadron.	17 mars 1808.	Mont de Milan.	500.	Les services de son père, mort le 17 février 1813.	250.	
					A reporter.......	88,500.	

NUMÉROS D'ORDRE.	NOMS, QUALITÉS ET GRADES des donataires ou de leurs successeurs.	DATES des décrets ou décisions par lesquels les dotations ont été accordées.	DÉSIGNATION des pays, biens ou établissem.ns sur lesquels les dotations ont été constituées.	MONTANT de chaque dotation.	TITRE OU MOTIF auquel elles ont été accordées.	MONTANT de l'indemnité fixée par le projet de loi.	OBSERVATIONS.
					Report.......	88,500f	
355.	CHAUVEY (*Jean-Louis*), capitaine d'infanterie en retraite.	15 mars 1810.	Mont de Milan.	500f	Ses services.	250.	
356.	CHAUVIÈRE (*Michel*), fusilier au 11.e d'infanterie de ligne.	16 mai 1811.	Octroi du Rhin.	500.	Son amputation.	250.	
357.	CHAVENTRÉ (*George*), caporal aux chasseurs à pied de la garde.	15 mars 1810.	Mont de Milan.	500.	Ses services.	250.	
358.	CHAZALON (*Louis-François-Régis*), chef de bataillon au 35.e de ligne.	17 mars 1808.	Mont de Milan.	500.	*Idem.*	250.	
359.	CHEILAN (*Joseph-Marie*), fusilier au 37.e de ligne.	3 octobre 1809.	Mont de Milan.	500.	Son amputation.	250.	
360.	CHENERAS (*Jean*), fusilier au 46.e de ligne.	3 octobre 1809.	Mont de Milan.	500.	*Idem.*	250.	
361.	CHEREL (*Jean-Sulpice*), fusilier au 25.e de ligne.	22 novembre 1811.	Octroi du Rhin.	500.	*Idem.*	250.	
362.	CHESNAIS (*Bertrand*), chasseur à cheval.	15 mars 1810.	Mont de Milan.	500.	Ses services.	250.	
363.	CHEVAL (*Mathurin*), grenadier au 16.e de ligne.	3 octobre 1809.	Mont de Milan.	500.	Son amputation.	250.	
364.	CHEVALIER (*Théodore*), fusilier au 21.e de ligne.	3 octobre 1809.	Mont de Milan.	500.	*Idem.*	250.	
365.	CHEVALIER, fusilier des chasseurs à pied de la garde.	15 mars 1810.	Mont de Milan.	500.	Ses services.	250.	
366.	CHEVALIER (*Louis*), chasseur à pied de la garde.	15 mars 1810.	Mont de Milan.	500.	*Idem.*	250.	
367.	CHEVALLOT (*Jean*), voltigeur au 92.e de ligne.	3 octobre 1809.	Mont de Milan.	500.	Son amputation.	250.	
368.	CHEVILLET (*Jacques*), maréchal-des-logis au 8.e des chasseurs à cheval.	3 octobre 1809.	Mont de Milan.	500.	*Idem.*	250.	
369.	CHEVRE (*Charles-Michel*), fils de Michel-François, canonnier au 5.e d'artillerie à cheval.	3 octobre 1809.	Mont de Milan.	500.	L'amputation de son père, mort le 5 octobre 1816.	250.	
370.	CHEVRIER (*André*), caporal au 53.e de ligne.	3 octobre 1809.	Moont de Milan.	500.	Son amputation.	250.	
371.	CHEVRU (*Jean*), soldat au 17.e de ligne.	22 novembre 1811.	Octroi du Rhin.	500.	*Idem.*	250.	
372.	CHICOT (*Germain-Gabriel*) chef de bataillon d'infanterie en retraite.	1.er février 1808.	Mont de Milan.	500.	Ses services.	250.	
373.	CHOPIN (*Louis-Simon*), colonel d'artillerie en retraite.	17 mars 1808.	Mont de Milan.	500.	*Idem.*	250.	
374.	CHRÉTIEN (*Pierre*), grenadier au 37.e de ligne.	3 octobre 1809.	Mont de Milan.	500.	Son amputation.	250.	
					A reporter.......	93,500.	

NUMÉROS D'ORDRE.	NOMS, QUALITÉS ET GRADES des donataires ou de leurs successeurs.	DATES des décrets ou décisions par lesquels les dotations ont été accordées.	DÉSIGNATION des pays, biens ou établissem.s sur lesquels les dotations ont été constituées.	MONTANT de chaque dotation.	TITRE OU MOTIF auquel elles ont été accordées.	MONTANT de l'indemnité fixée par le projet de loi.	OBSERVATIONS.
					Report...	93,500f	
375.	CHRÉTIEN (*Charles*), voltigeur au 8.e léger.	3 août 1810.	Octroi du Rhin.	500f	Son amputation.	250.	
376.	CHRISTOPHE DE LA MOTTE GUÉRY (*Philippe*), colonel du 5.e des cuirassiers.	28 septembre 1813.	"	1,000.	Ses services.	250.	
377.	CHURLAUD-LÉMERGÈRE (*Jacques*), chef de bataillon d'artillerie.	17 mars 1808.	Mont de Milan.	500.	*Idem.*	250.	
378.	CICÉRON (*Jean-Baptiste-Antoine-Hyacinthe*), lieutenant-colonel d'infanterie.	1.er février 1808.	*Idem.*	1,000.	*Idem.*	250.	
379.	CIRET (*Pierre-Louis*), capitaine d'artillerie retraité.	15 mars 1810.	*Idem.*	500.	*Idem.*	250.	
380.	CIRET (*Prosper-Marie*), capitaine d'artillerie retraité.	*Idem.*	*Idem.*	500.	*Idem.*	250.	
381.	CIROU-ROCHEFORT (*Jean-François-Marie*), lieutenant-colonel d'infanterie.	1.er février 1808.	*Idem*	500.	*Idem.*	250.	
382.	CLAIRET (*Jean*), voltigeur au 56.e de ligne.	3 octobre 1809.	*Idem.*	500.	Son amputation.	250.	
383.	CLARAC (*Louis-Antoine*), intendant militaire de la maison du Roi.	15 mars 1810.	*Idem.*	500.	Ses services.	250.	
384.	CLÉMENT (*Jean-François*), chef de bataillon d'infanterie, retraité.	1.er février 1808.	*Idem.*	500.	*Idem.*	250.	
385.	CLÉMENT (*Jean-Joseph*), grenadier à pied de la garde.	15 mars 1810.	*Idem.*	500.	*Idem.*	250.	
386.	CLERC (*Jean-Jacques*), voltigeur au 25.e de ligne.	3 octobre 1809.	*Idem.*	500.	Son amputation.	250.	
387.	CLERGUE (*François*), voltigeur au 13.e de ligne.	22 novembre 1811.	Octroi du Rhin.	500.	*Idem.*	250.	
388.	COCHAT (*Jean-Pierre*), chasseur à cheval au 23.e	20 juin 1812.	*Idem.*	500.	Ses services.	250.	
389.	COGNE (*Jérome-Étienne*), lieutenant-colonel d'infanterie.	1.er février 1808.	Mont de Milan.	500.	*Idem.*	250.	
390.	COLET (*Lambert-Joseph*), grenadier à pied de la garde.	15 mars 1810.	*Idem.*	500.	*Idem.*	250.	
391.	COLIN (*Jean-Louis*), capitaine des grenadiers à cheval de la garde.	1.er février 1808.	*Idem.*	1,000.	*Idem.*	250.	
392.	COLLIGNON, chef de bataillon de pontonniers.	17 mars 1808.	*Idem.*	500.	*Idem.*	250.	
393.	COLLIGNON (*Jean*), chasseur à cheval.	3 octobre 1810.	Octroi du Rhin.	500.	Son amputation.	250.	
					A reporter...	98,250.	

NUMÉROS D'ORDRE.	NOMS, QUALITÉS ET GRADES des donataires ou de leurs successeurs.	DATES des décrets ou décisions par lesquels les dotations ont été accordées.	DÉSIGNATION des pays, biens ou établissem.ns sur lesquels les dotations ont été constituées.	MONTANT de chaque dotation.	TITRE OU MOTIF auquel elles ont été accordées.	MONTANT de l'indemnité fixée par le projet de loi.	OBSERVATIONS.
					Report.....	98,250f	
394.	COLLOT (*Antoine-François*), sous-lieutenant au 8.e des cuirassiers.	22 novembre 1811.	Octroi du Rhin.	500f	Son amputation.	250f	
395.	COLOMBAN (*Jacques*), lieutenant-colonel d'infanterie, retraité.	1.er février 1808.	Mont de Milan.	500.	Ses services.	250.	
396.	COLSON (*Nicolas-Timothée-Élisabeth*), sous-lieutenant au 92.e de ligne.	3 octobre 1809.	*Idem.*	500.	Son amputation.	250.	
397.	COMOUL (*Jean*), fusilier au 42.e de ligne.	*Idem.*	*Idem.*	500.	*Idem.*	250.	
398.	COMNON (*Pierre*), fusilier au 92.e de ligne.	*Idem.*	*Idem.*	500.	*Idem.*	250.	
399.	COMPAGNON (*Jérôme*), capitaine de gendarmerie d'élite.	15 mars 1810.	*Idem.*	500.	Ses services.	250.	
400.	CONDÉ (*Auguste-Émilan*), lieutenant-colonel d'infanterie.	1.er février 1808.	*Idem.*	500.	*Idem.*	250.	
401.	CORDIER (*Constant-Joseph*), fourrier au 72.e de ligne.	3 octobre 1809.	*Idem.*	500.	Son amputation.	250.	
402.	CORMIGNOLLE (*Jean-Jacques*), chasseur à cheval de la garde.	15 mars 1810.	*Idem.*	500.	Ses services.	250.	
403.	CORNETTE (*Jean-Baptiste*), fusilier au 111.e de ligne.	3 octobre 1809.	*Idem.*	500.	Son amputation.	250.	
404.	CORNOT (*Pierre*), fusilier au 92.e de ligne.	*Idem.*	*Idem.*	500.	*Idem.*	250.	
405.	COSTALIN (*Pierre-François-Amand*), chef d'escadron de grenadiers à cheval de la garde royale.	1.er février 1808.	*Idem.*	500.	Ses services.	250.	
406.	COSTE (*Pierre*), capitaine d'infanterie en retraite.	15 mars 1810.	*Idem.*	500.	*Idem.*	250.	
407.	COTARD (*Pierre*), grenadier au 84.e de ligne.	16 mai 1811.	Octroi du Rhin.	500.	Son amputation.	250.	
408.	COTTARD (*Pierre-François*), grenadier au 33.e de ligne.	25 décembre 1812.	*Idem.*	500.	*Idem.*	250.	
409.	COUDRIOT, fusilier au 92.e de ligne.	3 octobre 1809.	Mont de Milan.	500.	*Idem.*	250.	
410.	COUIN (*Pierre-Gabriel*), lieutenant-colonel d'artillerie.	1.er février 1808.	*Idem.*	1,000.	Ses services.	250.	
411.	COULON (*Claude*), capitaine d'infanterie en retraite.	*Idem.*	*Idem.*	500.	*Idem.*	250.	
412.	COULLOUX (*Jean-Baptiste*), voltigeur au 85.e de ligne.	22 novembre 1811.	Octroi du Rhin.	500.	Son amputation.	250.	
					A reporter....	103,000.	

NUMÉROS D'ORDRE.	NOMS, QUALITÉS ET GRADES des donataires ou de leurs successeurs.	DATES des décrets ou décisions par lesquels les dotations ont été accordées.	DÉSIGNATION des pays, biens ou établissem.ns sur lesquels les dotations ont été constituées.	MONTANT de chaque dotation.	TITRE OU MOTIF auquel elles ont été accordées.	MONTANT de l'indemnité fixée par le projet de loi.	OBSERVATIONS.
					Report........	103,000f	
413.	COURANT (*Mathurin*), soldat du train.	3 octobre 1809.	Mont de Milan.	500f	Son amputation.	250f	
414.	COURT (*Antoine*), chasseur au 7.e d'infanterie.	*Idem.*	*Idem.*	500.	*Idem.*	250.	
415.	COUTARD (*Michel-Louis-Gilles*), lieutenant des chasseurs à cheval de la garde.	1.er février 1808.	*Idem.*	500.	Ses services.	250.	
416.	COUTURIER (*Louis-Marc*), fusilier au 33.e de ligne.	3 octobre 1809.	*Idem.*	500.	Son amputation.	250.	
417.	COUYBA-VILLENEUVE (*Marc-Louis-Nicolas*), fils du lieutenant des grenadiers de la garde.	17 mars 1808.	*Idem.*	500.	Les services de son père, mort le 15 juin 1809.	250.	
418.	CRANCIER (*Fiacre*), voltigeur au 21.e de ligne.	3 octobre 1809.	*Idem.*	500.	Son amputation.	250.	
419.	CREPY (*Bon*), neveu du capitaine des chasseurs à pied de la garde.	1.er février 1808.	*Idem.*	1,000.	Les services de son oncle, tué à la bataille de Lutzen.	250.	
420.	CRÉTIN (*Étienne*), chasseur au 26.e d'infanterie légère,	3 octobre 1809.	*Idem.*	500.	Son amputation.	250.	
421.	CRETTÉ (*Louis*), lieutenant des chasseurs à pied de la garde.	1.er février 1808.	*Idem.*	500.	Ses services.	250.	
422.	CRIBIER, fusilier au 17.e de ligne.	3 octobre 1809.	*Idem.*	500.	Son amputation.	250.	
423.	CROIZAT (*Henri-Joseph*), canonnier d'artillerie à pied.	*Idem.*	*Idem.*	500.	*Idem.*	250.	
424.	CRÔNIER (*Louis-Ambroise*), lieutenant des dragons de la garde.	1.er février 1808.	*Idem.*	500.	Ses services.	250.	
425.	CROUSSE (*Dominique*), lieutenant des fusiliers de la garde.	*Idem.*	*Idem.*	500.	*Idem.*	250.	
426.	CUENOT (*Claude-Baptiste*), capitaine d'infanterie en retraite.	*Idem.*	*Idem.*	500.	*Idem.*	250.	
427.	CUNY (*Jean-Pierre*), chef de bataillon d'artillerie.	*Idem.*	*Idem.*	500.	*Idem.*	250.	
428.	CUVELIER (*François-Joseph*), voltigeur au 19.e de ligne.	octobre 1809.	*Idem.*	500.	Son amputation.	250.	
429.	CUVELIER (*Charles-Antoine-Jacques*), fusilier au 56.e de ligne.	*Idem.*	*Idem.*	500.	*Idem.*	250.	
					A reporter........	107,250.	

NUMÉROS D'ORDRE.	NOMS, QUALITÉS ET GRADES des donataires ou de leurs successeurs.	DATES des décrets ou décisions par lesquels les dotations ont été accordées.	DÉSIGNATION des pays, biens ou établissem.s sur lesquels les dotations ont été accordées.	MONTANT de chaque dotation.	TITRE OU MOTIF auquel elles ont été accordées.	MONTANT de l'indemnité fixée par le projet de loi.	OBSERVATIONS.
					Report. . .	107,250f	
	D						
430.	DAIX (*Louis-Charles*), lieutenant-colonel d'infanterie en retraite.	1.er février 1808.	Mont de Milan.	500f	Ses services.	250.	
431.	DALBEDIGUE, grenadier au 30.e de ligne.	3 octobre 1809.	*Idem.*	500.	Son amputation.	250.	
432.	DALSTEIN (*Joseph*), sergent des grenadiers à pied de la garde.	15 mars 1810.	*Idem.*	500.	Ses services.	250.	
433.	DAMBLY (*Jacques-Marcel*), major d'infanterie.	1.er février 1808.	*Idem.*	1,000.	*Idem.*	250.	
434.	DAMBOISE (*Antoine*), sous-lieutenant au 92.e de ligne, en retraite.	3 octobre 1809.	*Idem.*	500.	Son amputation.	250.	
435.	DAMÉ (*Jean-Marie*), cuirassier au 8.e	16 mai 1811.	Octroi du Rhin.	500.	*Idem.*	250.	
436.	DANGASPE (*Jean*), grenadier au 33.e de ligne.	3 octobre 1809.	Mont de Milan.	500.	*Idem.*	250.	
437.	DANIEL (*Denis*), voltigeur au 84.e d'infanterie de ligne.	*Idem.*	*Idem.*	500.	*Idem.*	250.	
438.	DAOUD-HABAÏBY, capitaine des Mamelouks en retraite.	1.er février 1808.	*Idem.*	1,000.	Ses services.	250.	
439.	DARNEAUX (*André*), fusilier au 92.e de ligne.	3 octobre 1809.	*Idem.*	500.	Son amputation.	250.	
440.	DATAS (*Félix-Bernard*), fils de Jean, chef d'escadron, aide-de-camp.	17 mars 1808.	*Idem.*	500.	Les services de son père, mort le 6 février 1813.	250.	
441.	DAVID (*Joseph*), voltigeur au 105.e de ligne.	3 octobre 1809.	*Idem.*	500.	Son amputation.	250.	
442.	DAVID (*Pierre-François*), chef d'escadron d'artillerie.	15 mars 1810.	*Idem.*	500.	Ses services.	250.	
443.	DAVID (*Michel-Joseph*), sergent au 81.e de ligne.	3 août 1810.	Octroi du Rhin.	500.	Son amputation.	250.	
444.	DAVOISE (*Jean-Claude*), grenadier au 92.e de ligne.	3 octobre 1809.	Mont de Milan.	500.	*Idem.*	250.	
445.	DAVOUST (*Pierre*), fusilier au 17.e de ligne.	*Idem.*	*Idem.*	500.	*Idem.*	250.	
446.	DAYREN (*Jean*), caporal au 100.e de ligne.	*Idem.*	*Idem.*	500.	*Idem.*	250.	
447.	DEBEINE (*Jean-Pierre*), lieutenant au 1.er des fusiliers de la garde.	1.er février 1808.	*Idem.*	500.	Ses services.	250.	
448.	DEBLOU (*Jean-Nicolas-Bruno*), capitaine du 6.e de cavalerie, en retraite.	19 mars 1813.	"	1,000.	*Idem.*	250.	
					A reporter. . .	112,000.	

NUMÉROS D'ORDRE.	NOMS, QUALITÉS ET GRADES des donataires ou de leurs successeurs.	DATES des décrets ou décisions par lesquels les dotations ont été accordées.	DÉSIGNATION des pays, biens ou établissem.ns sur lesquels les dotations ont été constituées.	MONTANT de chaque DOTATION.	TITRE OU MOTIF auquel elles ont été accordées.	MONTANT de l'indemnité fixée par le projet de loi.	OBSERVATIONS.
					Report. . . .	112,000f	
449.	DEBORD (*François*), voltigeur au 3.e de ligne.	3 octobre 1810.	Octroi du Rhin.	500f	Son amputation.	250.	
450.	DEBRY (*Raphaël-Antoine*), chasseur au 15.e légère.	22 novembre 1811.	*Idem*.	500.	*Idem*.	250.	
451.	DECOSNE (*Étienne*), sous-lieutenant au 94.e de ligne.	3 octobre 1809.	Mont de Milan.	500.	*Idem*.	250.	
452.	DEFAURE (*Jacques*), fusilier au 21.e de ligne.	*Idem*.	*Idem*.	500.	*Idem*.	250.	
453.	DEHEURLE (*Pierre*), sergent-major au 69.e de ligne.	*Idem*.	*Idem*.	500.	*Idem*.	250.	
454.	DELABARRE (*Louis-Pierre-Isidore*), adjudant sous-officier au 19.e de ligne.	*Idem*.	*Idem*.	500.	*Idem*.	250.	
455.	DELAIRE (*Gustave-Arbogaste*), fils de Jean-Baptiste-Joseph-Amable, chef de bataillon d'infanterie.	1.er février 1808.	*Idem*.	500.	Les services de son père, mort le 25 janvier 1814.	250.	
456.	DELAITRE, ancien préfet. . . .	30 juin 1811.	Octroi du Rhin.	500.	Ses services.	250.	
457.	DELAMARRE (*Louis-Guillaume*), capitaine de cavalerie en retraite.	1.er février 1808.	Mont de Milan.	500.	*Idem*.	250.	
458.	DELAPORTE (*René-Jacques-Henri*), lieutenant-colonel de cavalerie en retraite.	*Idem*.	*Idem*.	500.	*Idem*.	250.	
459.	DELASALLE, sapeur au 2.e bataillon.	3 octobre 1809.	*Idem*.	500.	Son amputation.	250.	
460.	DELASSUS (*Jean-Charles*), lieutenant-colonel de cavalerie.	1.er février 1808.	*Idem*.	1,000.	Ses services.	250.	
461.	DELAVEAU (*François*), maréchal-des-logis aux chasseurs à cheval de la garde.	15 mars 1810.	*Idem*.	500.	*Idem*.	250.	
462.	DELBECQ (*Venditien*), fusilier au 30.e de ligne.	3 octobre 1809.	*Idem*.	500.	Son amputation.	250.	
463.	DELÉPINE (*Pierre-Charlemagne*), grenadier au 84.e de ligne.	*Idem*.	*Idem*.	500.	*Idem*.	250.	
464.	DELESSARD (*Nicolas-David-S.t-Clair*), chef de bataillon en retraite.	17 mars 1808.	*Idem*.	500.	Ses services.	250.	
465.	DELÉTANG (*Nicolas*), soldat au 18.e d'infanterie de ligne.	16 mai 1811.	Octroi du Rhin.	500.	Son amputation.	250.	
466.	DELEURY (*François-Louis-Joseph*), maréchal-des-logis-chef au train d'artillerie de la garde.	15 mars 1810.	Mont de Milan.	500.	Ses services.	250.	
					A reporter. . .	116,500.	

NUMÉROS D'ORDRE.	NOMS, QUALITÉS ET GRADES des donataires ou de leurs successeurs.	DATES des décrets ou décisions par lesquels les dotations ont été accordées.	DÉSIGNATION des pays, biens ou établissemens sur lesquels les dotations ont été constituées.	MONTANT de chaque DOTATION.	TITRE ou MOTIF auquel elles ont été accordées.	MONTANT de l'indemnité fixée par le projet de loi.	OBSERVATIONS.
					Report...	116,500f	
467.	DELEUZE (*Jean-Baptiste-Pierre*), lieutenant au 2.e des fusiliers de la garde.	17 mars 1808.	Mont de Milan.	500f	Ses services.	250.	
468.	DELFOUR (*Henri-Gérand*), fusilier au 96.e de ligne.	3 août 1810.	Octroi du Rhin.	500.	Son amputation.	250.	
469.	DELIÈGE (*François*), lieutenant d'infanterie en retraite.	15 mars 1810.	Mont de Milan.	500.	Ses services.	250.	
470.	DELIGNY (*Antoine-Lucien*), capitaine de dragons en retraite.	5 mars 1813.	*Idem.*	500.	*Idem.*	250.	
471.	DELITOT (*Jean-Claude*), lieutenant des grenadiers à cheval.	1.er février 1808.	*Idem.*	500.	*Idem.*	250.	
472.	DELOM (*Joseph*), colonel d'infanterie.	17 mars 1808.	*Idem.*	500.	*Idem.*	250.	
473.	DELOR (*Étienne-Noël*), chef d'escadron, aide-de-camp.	1.er février 1808.	*Idem.*	500.	*Idem.*	250.	
474.	DELOY (*Jean*), carabinier au 3.e d'infanterie légère.	3 octobre 1809.	*Idem.*	500.	Son amputation.	250.	
475.	DELVOLVÉ (*Jean-Baptiste*), lieutenant des grenadiers à pied de la garde.	1.er février 1808.	*Idem.*	500.	Ses services.	250.	
476.	DEMANCHE (*François*), fourrier au 18.e de ligne.	3 octobre 1809.	*Idem.*	500.	Son amputation.	250.	
477.	DEMATIN (*Pierre*), sergent au 10.e d'infanterie légère.	22 novembre 1811.	Octroi du Rhin.	500.	*Idem.*	250.	
478.	DEMAY (*Michel*), fusilier au 30.e de ligne.	3 octobre 1809.	Mont de Milan.	500.	*Idem.*	250.	
479.	DEMELUN (*Jean-Baptiste*), canonnier au 6.e d'artillerie à cheval.	*Idem.*	*Idem.*	500.	*Idem.*	250.	
480.	DEMESSINE (*Louis-Joseph*), chasseur à cheval de la garde.	15 mars 1810.	*Idem.*	500.	Ses services.	250.	
481.	DEMETZ (*Victor-Silvestre*), lieutenant d'artillerie à pied de la garde.	*Idem.*	*Idem.*	500.	*Idem.*	250.	
482.	DEMEULE (*Georges-François*), fourrier au 3.e des cuirassiers.	3 octobre 1809.	*Idem.*	500.	Son amputation.	250.	
483.	DEMEYER (*Dominique*), soldat au 100.e de ligne.	21 septembre 1812.	Octroi du Rhin.	500.	*Idem.*	250.	
484.	DEMINIEUX (*Claude*), fusilier au 53.e de ligne.	3 octobre 1809.	Mont de Milan.	500.	*Idem.*	250.	
					A reporter...	121,000.	

NUMÉROS D'ORDRE.	NOMS, QUALITÉS ET GRADES des donataires ou de leurs successeurs.	DATES des décrets ou décisions par lesquels les dotations ont été accordées.	DÉSIGNATION des pays, biens ou établissem.ts sur lesquels les dotations ont été constituées.	MONTANT de chaque DOTATION.	TITRE ou MOTIF auquel elles ont été accordées.	MONTANT de l'indemnité fixée par le projet de loi.	OBSERVATIONS.
					Report...	121,000f	
485.	DEMORGNY (*Pierre-Joseph-François*), cuirassier au 3.e	3 octobre 1809.	Mont de Milan.	500f	Son amputation.	250.	
486.	DEMORTIER (*Jean*), capitaine au 12.e de cuirassiers.	5 mars 1813.	*Idem.*	500.	Ses services.	250.	
487.	DEMOULIN (*Jean-Laurent*), capitaine de gendarmerie à cheval.	5 mars 1813.	Octroi du Rhin.	1,000.	*Idem.*	250.	
488.	DENERIEUX (*François*), canonnier au 5.e d'artillerie à cheval.	3 octobre 1809.	Mont de Milan.	500.	Son amputation.	250.	
489.	DENEUILLY (*Jean-Joseph*), capitaine d'infanterie retraité.	1.er février 1808.	*Idem.*	500.	Ses services.	250.	
490.	DENIS (*Michel-Jean*), grenadier au 33.e de ligne.	22 novembre 1811.	Octroi du Rhin.	500.	Son amputation.	250.	
491.	DENISOT (*Louis*), fusilier au 92.e de ligne.	3 octobre 1809.	Mont de Milan.	500.	*Idem.*	250.	
492.	DENISET (*Jean-Nicolas*), capitaine d'artillerie à cheval.	15 mars 1810.	*Idem.*	500.	Ses services.	250.	
493.	DEODANT, sergent au 61.e d'infanterie de ligne.	3 octobre 1809.	*Idem.*	500.	Son amputation.	250.	
494.	DEPRIECK (*Pierre-Cornil*), capitaine de gendarmerie d'élite.	1.er février 1808.	*Idem.*	500.	Ses services.	250.	
495.	DERAT (*Jacques*), fusilier au 25.e de ligne.	3 octobre 1809.	*Idem.*	500.	Son amputation.	250.	
496.	DERCOURT (*Pierre-Antoine-Alexandre*), chasseur au 25.e légère.	3 août 1810.	Octroi du Rhin.	500.	*Idem.*	250.	
497.	DEREDEC (*Joseph*), chasseur au 27.e légère.	3 octobre 1810.	*Idem.*	500.	*Idem.*	250.	
498.	DEROCHE (*Claude-François*), sous-lieutenant retraité du 61.e de ligne.	*Idem.*	Mont de Milan.	500.	*Idem.*	250.	
499.	DEROLLEPOT (*Paul*), lieutenant d'artillerie à pied de la garde.	15 mars 1810.	*Idem.*	500.	Ses services.	250	
500.	DERRIÈRE, fusilier au 79.e de ligne.	3 octobre 1809.	*Idem.*	500.	Son amputation.	250.	
501.	DERRION (*Michel*), capitaine commandant l'artillerie à Valence.	15 mars 1810.	*Idem.*	500.	Ses services.	250.	
502.	DERYECK (*Julien*), caporal au 53.e de ligne.	3 octobre 1809.	*Idem.*	500.	Son amputation.	250.	
503.	DESBUES (*Stanislas-Prosper*), fusilier au 57.e de ligne.	*Idem.*	*Idem.*	500.	*Idem.*	250.	
					A reporter...	125,750.	

NUMÉROS D'ORDRE.	NOMS, QUALITÉS ET GRADES des donataires ou de leurs successeurs.	DATES des décrets ou décisions par lesquels les dotations ont été accordées	DÉSIGNATION des pays, biens ou établissem. sur lesquels les dotations ont été constituées.	MONTANT de chaque DOTATION.	TITRE OU MOTIF auquel elles ont été accordées.	MONTANT de l'indemnité fixée par le projet de loi.	OBSERVATIONS.
					Report.....	125,750f	
504.	DESCHAMPS, le Chevalier (*Pierre*), lieutenant de gendarmerie.	8 septembre 1808. 1.er janvier 1812.	Mont de Milan. Meuse-inférieure.	500f 500.	Ses services.	250.	
505.	DESCLAIBES D'HUST (*Auguste-Louis-Marcel*), lieutenant-colonel d'artillerie.	6 août 1811.	Octroi du Rhin.	500.	*Idem.*	250.	
506.	DESCOMBES (*Pierre*), capitaine des grenadiers à pied de la garde, en retraite.	1.er février 1808.	Mont de Milan.	1,000.	*Idem.*	250.	
507.	DESERT (*Pierre*), fusilier au 62.e de ligne.	3 octobre 1809.	*Idem.*	500.	Son amputation.	250.	
508.	DESFOSSÉS (*François-Michel*), colonel du 22.e des chasseurs.	15 août 1810.	*Idem.*	1,000.	Ses services.	250.	
509.	DESGAIS (*Étienne*), voltigeur au 92.e de ligne.	3 octobre 1809.	*Idem.*	500.	Son amputation.	250.	
510.	DESMARETS (*Guillaume-Joseph*), lieutenanant-colonel de cavalerie.	20 mai 1811.	Octroi du Rhin.	500.	Ses services.	250.	
511.	DESMAROUX (*Gilbert-Jean-Eugène*), fils de Gilbert, colonel d'infanterie.	8 septembre 1808.	Mont de Milan.	1,000.	Services de son père, mort le 3 mai 1817.	250.	
512.	DEMEUSY (*Claude Jacques*), fusilier au 61.e de ligne.	3 octobre 1809.	*Idem.*	500.	Son amputation.	250.	
513.	DESMONTS (*Jacques*), lieutenant-colonel de cavalerie en retraite.	1.er février 1808.	*Idem.*	1,000.	Ses services.	250.	
514.	DESMOULINS (*Jean-Baptiste*), major d'infanterie en retraite.	1.er février 1808.	*Idem.*	1,000.	*Idem.*	250.	
515.	DESNYAU (*Jean-Louis*), chasseur au 15.e d'infanterie légère.	3 octobre 1809.	*Idem.*	500.	Son amputation.	250.	
516.	DESPIERRES (*Pierre-Désiré*), chef d'escadron.	1.er février 1808.	*Idem.*	500.	Ses services.	250.	
517.	DESPLACES (*François-Victor*), fusilier au 33.e de ligne.	16 mai 1811.	Octroi du Rhin.	500.	Son amputation.	250.	
518.	DESPLAN (*Marie*), fille mineure de Gabriel, fusilier chasseur de la garde.	18 juillet 1811.	*Idem.*	500.	Les services de son père, mort le 16 janvier 1817.	250.	
519.	DESSALON, canonnier au 5.e d'artillerie à pied.	3 octobre 1809.	Mont de Milan.	500.	Son amputation.	250.	
520.	DESSERY (*Pierre-François*), sapeur au 3.e bataillon.	*Idem.*	*Idem.*	500.	*Idem.*	250.	
521.	DESTÉ (*Guillaume*), cuirassier au 7.e	*Idem.*	*Idem.*	500.	*Idem.*	250.	
					A reporter...	130,250.	

NUMÉROS D'ORDRE.	NOMS, QUALITÉS ET GRADES des donataires ou de leurs successeurs.	DATE des décrets ou décisions par lesquels les dotations ont été accordées.	DÉSIGNATION des pays, biens ou établissem.s sur lesquels les dotations ont été constituées.	MONTANT de chaque DOTATION.	TITRE OU MOTIF auquel elles ont été accordées.	MONTANT de l'indemnité fixée par le projet de loi.	OBSERVATIONS.
					Report.......	130,250f	
522.	DETERRE (*Augustin*), chasseur à pied de la garde.	15 mars 1810.	Mont de Milan.	500f	Ses services.	250.	
523.	DETHAN (*Louis-Auguste*) fils de Louis-Jean-François, chef de bataillon d'infanterie.	1.er février 1808.	Mont de Milan.	500.	Les services de son père, mort le 12 novembre 1813.	250.	
524.	DEVAUX (*Marie-Jean Baptiste-Urbain*), maréchal-de-camp en retraite.	17 mars 1808.	Mont de Milan.	500.	Ses services.	250.	
525.	DEVEZ, colonel de la 6.e demi-brigade.	15 août 1810.	Mont de Milan.	1,000.	*Idem.*	250.	
526.	D'HALANCOURT (*François-Emile-Jean*), fils de l'adjudant commandant.	17 mars 1808.	Mont de Milan.	500.	Les services de son père, mort le 5 mars 1809.	250.	
527.	D'HUBERT (*Pierre-Louis*), lieutenant au 8.e des cuirassiers.	3 octobre 1809.	Mont de Milan.	500.	Son amputation.	250.	
528.	DILLIES (*Jean-Baptiste-Joseph*), fusilier au 92.e de ligne.	3 octobre 1809.	Mont de Milan.	500.	*Idem.*	250.	
529.	DINET (*Jean*), soldat au 18.e d'infanterie de ligne.	16 mai 1811.	Octroi du Rhin.	500.	*Idem.*	250.	
530.	DINGREMONT (*Etienne*), chef de bataillon d'infanterie.	8 septembre 1808.	Mont de Milan.	500.	Ses services.	250.	
531.	DISTRIBUÉ (*Jean-Baptiste*), tambour au 9.e de ligne.	3 octobre 1809.	Mont de Milan.	500.	Son amputation.	250.	
532.	DITCH (*Jean-Baptiste*), lieutenant d'artillerie de la garde.	15 mars 1810.	Mont de Milan.	500.	Ses services.	250.	
533.	DIVAT (*Augustin-Franç.-Regis*), chef de bataillon d'infanterie	1.er février 1808.	Mont de Milan.	500.	*Idem.*	250.	
534.	DIVAT (*André*), capitaine des chasseurs à pied de la garde.	1.er février 1808.	Mont de Milan.	1,000.	*Idem.*	250.	
535.	DOAZAN (*Jean-Marie-Thérèse*), ancien préfet.	30 juin 1811.	Octroi du Rhin.	500.	*Idem.*	250.	
536.	DODE (*Hugues*), colonel d'infanterie en retraite.	8 septembre 1808.	Mont de Milan.	1,000.	*Idem.*	250.	
537.	DOLCH (*Élie*), fusilier au 95.e de ligne.	3 août 1810.	Octroi du Rhin.	500.	Son amputation.	250.	
538.	DOMINGE (*André*), chasseur à pied de la garde.	15 mars 1810.	Mont de Milan.	500.	Ses services.	250.	
539.	DONOP (*Claude-Frédéric*), fils de Frédéric-Guillaume, maréchal-de-camp.	17 mars 1808.	Mont de Milan.	500.	Les services de son père, mort le 18 juin 1815.	250.	
540.	DOR (*Jean*), voltigeur au 13.e d'infanterie de ligne.	16 mai 1811.	Octroi du Rhin.	500.	Son amputation.	250.	
541.	D'ORDONNEAU, le B.on (*Louis*), maréchal-de-camp.	22 juillet 1811.	Octroi du Rhin.	1,000.	Ses services.	250.	
					A reporter....	135,250.	

NUMÉROS D'ORDRE.	NOMS, QUALITÉS ET GRADES des donataires ou de leurs successeurs.	DATES des décrets ou décisions par lesquels les dotations ont été accordées.	DÉSIGNATION des pays, biens ou établissem.ns sur lesquels les décisions ont été constituées.	MONTANT de chaque DOTATION.	TITRE OU MOTIF auquel elles ont été accordées.	MONTANT de l'indemnité fixée par le projet de loi.	OBSERVATIONS.
					Report......	135,250f	
542.	DORTU (*Marie-Pierre-Louis*), lieutenant des dragons de la garde.	1.er février 1808.	Mont de Milan.	500f	Ses services.	250.	
543.	DORVAUX (*Jean-Guillaume*), chef de bataillon d'artillerie.	17 mars 1808.	Mont de Milan.	500.	*Idem.*	250.	
544.	DOUAT (*Jean*), sous-lieutenant au 24.e d'infanterie légère.	3 octobre 1809.	Mont de Milan.	500.	Son amputation.	250.	
545.	DOUDAN (*Jean-Baptiste*), fusilier au 9.e de ligne.	3 octobre 1810.	Octroi du Rhin.	500.	*Idem.*	250.	
546.	DOUMENGÉ (*François*), lieutenant-colonel de cavalerie en retraite.	1.er février 1808.	Mont de Milan.	500.	Ses services.	250.	
547.	DOURY (*Denis*), chasseur à cheval de la garde.	15 mars 1810.	Mont de Milan.	500.	*Idem.*	250.	
548.	DRIEU (*Alexandre-Frédéric*), capitaine de pontonniers.	15 août 1810.	Mont de Milan.	500.	*Idem.*	250.	
549.	DROUARD (*Adrien-Sévère*), fusilier au 57.e de ligne.	3 octobre 1810.	Octroi du Rhin.	500.	Son amputation.	250.	
550.	DROUIN (*Joseph*), fourrier au 48.e de ligne.	3 décembre 1809.	Mont de Milan.	500.	*Idem.*	250.	
551.	DROUOT (*Balthazar*), cuirassier au 12.e	3 octobre 1809.	Mont de Milan.	500.	*Idem.*	250.	
552.	DUBIEZ (*Louis*), chef de bataillon d'infanterie.	1.er février 1808.	Mont de Milan.	500.	Ses services.	250.	
553.	DUBIGNON (*Guy-Marie*), colonel de gendarmerie.	17 mars 1808.	Mont de Milan.	500.	*Idem.*	250.	
554.	DUBOIS (*Antoine*), lieutenant au 1.er des fusiliers de la garde.	1.er février 1808.	Mont de Milan.	500.	*Idem.*	250.	
555.	DUBOIS, adjudant-commandant.	17 mars 1808.	Mont de Milan.	500.	*Idem.*	250.	
556.	DUBOIS (*Charles-Joseph-Julien*), capitaine d'artillerie en retraite.	15 mars 1810.	Mont de Milan.	500.	*Idem.*	250.	
557.	DUBOIS (*François-Joseph*), caporal au 12.e de ligne.	3 août 1810.	Mont de Milan.	500.	Son amputation.	250.	
558.	DUBOURG (*Jacques*), lieutenant des dragons de la garde.	1.er février 1808.	Mont de Milan.	500.	Ses services.	250.	
559.	DUBOURG, soldat au 8.e bataillon principal du train.	3 octobre 1809.	Mont de Milan.	500.	Son amputation.	250.	
560.	DUBREUIL (*Daniel*), voltigeur au 16.e de ligne.	3 octobre 1809.	Mont de Milan.	500.	*Idem.*	250.	
561.	DUBUS (*Jean-Louis*), fusilier au 85.e de ligne.	22 novembre 1811.	Octroi du Rhin.	500.	*Idem.*	250.	
					A reporter......	140,250.	

NUMÉROS D'ORDRE.	NOMS, QUALITÉS ET GRADES des donataires ou de leurs successeurs.	DATES des décrets ou décisions par lesquels les dotations ont été accordées.	DÉSIGNATION des pays, biens ou établissem.ns sur lesquels les dotations ont été constituées.	MONTANT de chaque DOTATION.	TITRE OU MOTIF auquel elles ont été accordées.	MONTANT de l'indemnité fixée par le projet de loi.	OBSERVATIONS.
					Report.......	140,250f	
562.	DUBUQUOI (*Louis-Joseph*), soldat du train d'artillerie.	16 mai 1811.	Octroi du Rhin.	500f	Son amputation.	250.	
563.	DUC (*Jean-Baptiste*), voltigeur au 28.e d'infanterie légère.	16 mai 1811.	Octroi du Rhin.	500.	*Idem.*	250.	
564.	DUCASSE, le Baron (*Jacques-Nicolas-Xavier*), maréchal-de-camp.	17 mars 1808.	Mont de Milan.	500.	Ses services.	250.	
565.	DUCHARRAUD (*Jacques-Elie*), lieutenant des chasseurs à pied de la garde.	1.er février 1808.	Mont de Milan.	500.	*Idem.*	250.	
566.	DUCHAND, Baron de SANCEY, (*Jean-Baptiste*), colonel d'artillerie.	2 mars 1811.	Octroi du Rhin.	500.	*Idem.*	250.	
567.	DUCHATEL (*Simon*), fusilier au 30.e de ligne.	3 octobre 1809.	Mont de Milan.	500.	Son amputation.	250.	
568.	DUCHESNE, fusilier des chasseurs à pied de la garde.	15 mars 1810.	Mont de Milan.	500.	Ses services.	250.	
569.	DUCLOS (*Louis-Casimir-François*), fusilier au 57.e de ligne.	3 octobre 1809.	Mont de Milan.	500.	Son amputation.	250.	
570.	DUCOLOMBIER, ancien préfet.	30 juin 1811.	Octroi du Rhin.	500.	Ses services.	250.	
571.	DUCRET (*Louis-Marie*), capitaine honoraire invalide.	3 octobre 1810.	Octroi du Rhin.	500.	Son amputation.	250.	
572.	DUCURTYL (*François*), sergent au 18.e de ligne.	3 octobre 1809.	Mont de Milan.	500.	*Idem.*	250.	
573.	DUFEIL (*Jacques*), grenadier à pied de la garde.	3 octobre 1810.	Octroi du Rhin.	500.	*Idem.*	250.	
574.	DUFEUX (*René*), voltigeur au 16.e de ligne.	3 octobre 1809.	Mont de Milan.	500.	*Idem.*	250.	
575.	DUFOUR (*Elie*), major d'infanterie en retraite.	1.er février 1808.	Mont de Milan.	1,000.	Ses services.	250.	
576.	DUFOUR (*Henri-Jean*), canonnier au 7.e d'artillerie à pied.	3 octobre 1809.	Mont de Milan.	500.	Son amputation.	250.	
577.	DUFOUR (*Jean-Marie*), fusilier au 23.e d'infanterie de ligne.	16 mai 1811.	Octroi du Rhin.	500.	*Idem.*	250.	
578.	DUFOUR (*Jérôme*), capitaine de gendarmerie à cheval.	5 mars 1813.	Octroi du Rhin.	1,000.	Ses services.	250.	
579.	DUFOURG (*Maurice-Xavier*), major de cavalerie en retraite.	8 septembre 1808.	Mont de Milan.	500.	*Idem.*	250.	
580.	DUHOT (*Théodore*), lieutenant au 19.e de ligne.	3 octobre 1809.	Mont de Milan.	500.	Son amputation.	250.	
581.	DUMENIL (*Pierre-Alexandre*), lieutenant au 1.er des fusiliers de la garde.	1.er février 1808.	Mont de Milan.	500.	Ses services.	250.	
					A reporter.....	145,250.	

NUMÉROS D'ORDRE.	NOMS, QUALITÉS ET GRADES des donataires ou de leurs successeurs.	DATES des décrets ou décisions par lesquels les dotations ont été accordées.	DÉSIGNATION des pays, biens ou établissem.ns sur lesquels les dotations ont été constituées.	MONTANT de chaque DOTATION.	TITRE OU MOTIF auquel elles ont été accordées.	MONTANT de l'indemnité fixée par le projet de loi.	OBSERVATIONS.
					Report.......	145,250f	
582.	DUMERGE, sous-lieutenant au 61.e d'infanterie de ligne.	10 octobre 1812.	Octroi du Rhin.	500f	Ses services.	250.	
583.	DUMEY (*Etienne*), fusilier au 92.e de ligne.	3 octobre 1809.	Mont de Milan.	500.	Son amputation.	250.	
584.	DUMONT (*François*), capitaine d'artillerie retraité.	1.er février 1808.	Mont de Milan.	500.	Ses services.	250.	
585.	DUMONT (*Jean*), enseigne de vaisseau.	15 août 1810.	Mont de Milan.	500.	*Idem.*	250.	
586.	DUMOULIN dit PASSERIEU (*Antoine*), lieutenant des chasseurs à cheval de la garde.	1.er février 1808.	Mont de Milan.	500.	*Idem.*	250.	
587.	DUPARC (*François*), major du 4.e de ligne.	15 mars 1810.	Mont de Milan.	500.	*Idem.*	250.	
588.	DUPAU (*Anne-Pierre-François-Auguste*), chef de bataillon du génie.	6 août 1811.	Octroi du Rhin.	500.	*Idem.*	250.	
589.	DUPETY (*Henri-François*), lieutenant des grenadiers à cheval de la garde.	1.er février 1808.	Mont de Milan.	500.	*Idem.*	250.	
590.	DUPIN (*Claude-François-Etienne*), conseiller, maître des comptes.	30 juin 1811.	Octroi du Rhin.	500.	*Idem.*	250.	
591.	DUPONCHELLE (*Jean-Baptiste-Joseph*), voltigeur au 35.e de ligne.	3 août 1810.	Octroi du Rhin.	500.	Son amputation.	250.	
592.	DUPONT (*Pierre*), lieutenant des chasseurs à cheval de la garde.	1.er février 1808.	Mont de Milan.	500.	Ses services.	250.	
593.	DUPONT (*Sébastien-Alphonse*), fils de Xavier-Alexandre, capitaine aux chasseurs à pied de la garde.	15 mars 1810.	Mont de Milan.	500.	Les services de son père, mort le 25 août 1812.	250.	
594.	DUPONT (*Jean Baptiste-Joseph*), fusilier au 48.e de ligne.	3 octobre 1810.	Octroi du Rhin.	500.	Son amputation.	250.	
595.	DUPRIEZ (*Desiré-Joseph*), fils du chasseur au 8.e d'infanterie légère.	3 décembre 1809.	Mont de Milan.	500.	L'amputation de son père, mort le 5 mars 1810.	250.	
596.	DUPUIS (*Jean-François*), chef d'escadron en retraite.	17 mars 1808.	Mont de Milan.	500.	Ses services.	250.	
597.	DUPUY (*Antoine*), lieutenant des dragons de la garde.	1.er février 1808.	Mont de Milan.	500.	*Idem.*	250.	
598.	DURBACH (*Joseph-Léopold*), lieutenant-colonel d'artillerie à pied.	1.er février 1808.	Mont de Milan.	500.	*Idem.*	250.	
599.	DURELLE (*Guillaume*), chef de bataillon d'artillerie.	17 mars 1808.	Mont de Milan.	500.	*Idem.*	250.	
					A reporter....	149,750.	

NUMÉROS D'ORDRE.	NOMS, QUALITÉS ET GRADES des donataires ou de leurs successeurs.	DATES des décrets ou décisions par lesquels les dotations ont été accordées.	DÉSIGNATION des pays, biens ou établissem.s sur lesquels les dotations ont été constituées.	MONTANT de chaque dotation.	TITRE OU MOTIF auquel elles ont été accordées.	MONTANT de l'indemnité fixée par le projet de loi.	OBSERVATIONS.
					Report...	149,750f	
600.	DUREZ (*Louis-François*), caporal au 19.e de ligne.	3 octobre 1809.	Mont de Milan.	500f	Son amputation.	250.	
601.	DURIEU (*Pierre-François-Joseph*), voltigeur au 19.e de ligne.	13 août 1813.	Octroi du Rhin.	500.	Ses services.	250.	
602.	DURIEZ (*Jean-Baptiste-Joseph*), voltigeur au 19.e de ligne.	3 octobre 1809.	Mont de Milan.	500	Ses blessures.	250.	
603.	DURIEZ (*Pierre-Paul-Joseph*), grenadier au 33.e de ligne.	3 octobre 1810.	Octroi du Rhin.	500.	Son amputation.	250.	
604.	DURIVET DE BRUNVILLE, chef d'escadron d'état-major.	17 mars 1808.	Mont de Milan.	500.	Ses services.	250.	
605.	DUSSOUB (*Léonard*), chasseur à cheval au 19.e	3 octobre 1809.	*Idem.*	500.	Son amputation.	250.	
606.	DUTAILLY (*Jean-Baptiste*), chef d'escadron du train d'artillerie.	15 mars 1810.	*Idem.*	500.	Ses services.	250.	
607.	DUTERTRE (*Jean-Louis*), fusilier au 46.e de ligne.	22 novembre 1811.	Octroi du Rhin.	500.	Son amputation.	250.	
608.	DUTHOIT (*Antoine-Jean-Baptiste-Joseph*), voltigeur au 19.e de ligne.	3 octobre 1809.	Mont de Milan.	500.	Ses blessures.	250.	
609.	DUTRONE (*Joseph-Pierre*), chef de bataillon d'infanterie retraité.	1.er février 1808.	*Idem.*	1,000.	Ses services.	250.	
610.	DUVAL (*Louis-François*), capitaine d'artillerie à cheval.	15 mars 1810.	*Idem.*	500.	*Idem.*	250.	
611.	DUVERNOY (*Jacques-Frédéric*), adjudant-major des dragons de la garde.	1.er février 1808.	*Idem.*	1,000.	*Idem.*	250	
	E						
612.	ÉDINNE (*François*), fusilier au 63.e de ligne.	3 octobre 1809.	*Idem.*	500.	Son amputation.	250.	
613.	ÉGRET (*Louis*), chef de bataillon d'infanterie en retraite.	1.er février 1808.	*Idem.*	500.	Ses services.	250.	
614.	ÉLIAS-MASSADE, lieutenant des Mameloucks.	*Idem.*	*Idem.*	500.	*Idem.*	250.	
615.	ENCOUGNÈRE (*Jean*), caporal au 92.e de ligne.	3 octobre 1809.	*Idem.*	500.	Son amputation.	250.	
616.	ENGELEN (*Albert-Henri*), grenadier au 65.e de ligne.	3 octobre 1810.	Octroi du Rhin.	500.	*Idem.*	250.	
617.	ÉRHARD (*Nicolas-François*), ex-major au 142.e de ligne.	6 août 1811.	*Idem.*	500.	Ses services.	250.	
					A reporter...	154,250.	

NUMÉROS D'ORDRE.	NOMS, QUALITÉS ET GRADES des donataires ou de leurs successeurs.	DATES des décrets ou décisions par lesquels les dotations ont été accordées.	DÉSIGNATION des pays, biens ou établissem.ns sur lesquels les dotations ont été constituées.	MONTANT de chaque dotation.	TITRE OU MOTIF auquel elles ont été accordées.	MONTANT de l'indemnité fixée par le projet de loi.	OBSERVATIONS.
					Report...	154,250f	
618.	ERNOUF (*Gaspar-Augustin*), colonel d'état-major.	8 septembre 1808.	Mont de Milan.	500f	Ses services.	250.	
619.	ESCARAVAGE (*Pierre*), fusilier au 17.e de ligne.	3 octobre 1809.	*Idem.*	500.	Son amputation.	250.	
620.	ESCUDIER (*Joseph*), lieutenant au 1.er des fusiliers de la garde.	1.er février 1808.	*Idem.*	500.	Ses services.	250.	
621.	ESSON (*Claude*), gendarme de la ville de Paris.	15 mars 1810.	*Idem.*	500.	*Idem.*	250.	
622.	EUVRARD (*Augustin*), major d'artillerie en retraite.	1.er février 1808.	*Idem.*	500.	*Idem.*	250.	
623.	EVAIN (*Auguste-Joseph*), lieutenant-colonel d'artillerie au régiment de Douai.	15 mars 1808.	*Idem.*	500.	*Idem.*	250.	

F

624.	FABRE (*Jean-François*), fusilier au 92.e de ligne.	3 octobre 1809.	Mont de Milan.	500.	Son amputation.	250.	
625.	FABRE-BARRAL (*Antoine-Elisabeth*), lieutenant au 23.e des chasseurs à cheval.	22 novembre 1811.	Octroi du Rhin.	500.	*Idem.*	250.	
626.	FAGET DE RENOL (*Pierre-Abdon*), chef de bataillon du 65.e d'infanterie, en retraite.	8 septembre 1808.	Mont de Milan.	1,000.	Ses services.	250.	
627.	FAILLE, grenadier au 85.e de de ligne.	3 octobre 1809.	*Idem.*	500.	Son amputation.	250.	
628.	FAIVRE (*Jean-François-Denis*), lieutenant-colonel d'artillerie.	15 mars 1810.	*Idem.*	500.	Ses services.	250.	
629.	FAIVRE dit PICOUD (*Etienne-François*), fusilier au 106.e de ligne.	16 mai 1811.	Octroi du Rhin.	500.	Son amputation.	250.	
630.	FAIVRE (*Claude-Bénigne*), capitaine de gendarmerie à cheval	5 mars 1813.	Mont de Milan.	500.	Ses services.	250.	
631.	FAIVRE-PICON (*Louis-Etienne*), grenadier au 85.e de ligne.	3 octobre 1809.	*Idem.*	500.	Son amputation.	250.	
632.	FAROLET (*Jean*), sergent au 65.e de ligne.	3 août 1810.	Octroi du Rhin.	500.	*Idem.*	250.	
633.	FASSEUR (*Jean-Constantin*), grenadier au 57.e de ligne.	3 octobre 1810.	*Idem.*	500.	*Idem.*	250.	
634.	FAUCON (*Jacques-Philippe-Apollinaire*), major d'infanterie en retraite.	1.er février 1808.	Mont de Milan.	1,000.	Ses services.	250.	
					A reporter...	158,500.	

NUMÉROS D'ORDRE.	NOMS, QUALITÉS ET GRADES des donataires ou de leurs successeurs.	DATES des décrets ou décisions par lesquels les dotations ont été accordées.	DÉSIGNATION des pays, biens ou établissem.s sur lesquels les dotations ont été constituées.	MONTANT de chaque dotation.	TITRE OU MOTIF auquel elles ont été accordées.	MONTANT de l'indemnité fixée par le projet de loi.	OBSERVATIONS.
					Report........	158,500f	
635.	FAUDOR (*Joseph*), sergent au 18.e de ligne.	22 novembre 1811.	Octroi du Rhin.	500f	Son amputation.	250.	
636.	FAURE (*Léonard*), fusilier au 24.e d'infanterie de ligne.	16 mai 1811.	*Idem.*	500.	*Idem.*	250.	
637.	FÉLIX (*Antoine*), chef de bataillon d'infanterie.	15 mars 1810.	Mont de Milan.	500.	Ses services.	250.	
638.	FELVOTTE, chasseur au 16.e à cheval.	3 octobre 1809.	*Idem.*	500.	Son amputation.	250.	
639.	FÉOLLET (*Michel-Dominique*), grenadier au 92.e de ligne.	*Idem.*	*Idem.*	500.	*Idem.*	250.	
640.	FÉRANDI (*Joseph-Barthélemy*), lieutenant-colonel du génie.	17 mars 1808.	*Idem.*	500.	Ses services.	250.	
641.	FERLICOT (*Yves*), fusilier au 53.e de ligne.	3 octobre 1809.	*Idem.*	500.	Son amputation.	250.	
642.	FERRAND (*Louis*), soldat au 4.e bataillon du train d'artillerie.	*Idem.*	*Idem.*	500.	*Idem.*	250.	
643.	FERRY (*Jean-François*), soldat au 1.er bataillon du train.	*Idem.*	*Idem.*	500.	*Idem.*	250.	
644.	FETU (*Pierre*) fusilier au 105.e de ligne.	3 août 1810.	Octroi du Rhin.	500.	*Idem.*	250.	
645.	FILLION (*Marc-Siméon*), chasseur au 15.e légère.	*Idem.*	*Idem.*	500.	*Idem.*	250.	
646.	FLAGEOLLET (*Léopold*), hussard au 8.e régiment.	3 octobre 1809.	Mont de Milan.	500.	*Idem.*	250.	
647.	FLEURDEPIED (*Jean-René*), dragon de la garde.	15 mars 1810.	*Idem.*	500.	Ses services.	250.	
648.	FLEURENTIN (*Pierre*), major d'infanterie en retraite.	1.er février 1808.	*Idem.*	1,000.	*Idem.*	250.	
649.	FLORAINVILLE (*Nicolas-Stanislas-Jacob*), colonel de cavalerie en retraite.	17 mars 1808.	*Idem.*	500.	*Idem.*	250.	
650.	FOLTZ (*Nicolas*), chef de bataillon d'artillerie en retraite.	15 mars 1810.	*Idem.*	500.	*Idem.*	250.	
651.	FONSAGRIVES (*Pierre*), voltigeur au 100.e de ligne.	16 mai 1811.	Octroi du Rhin.	500.	Son amputation.	250.	
652.	FONTAINE-MOREAU (*Pierre-Armand*), fils du chef d'escadron de gendarmerie.	17 mars 1808.	Mont de Milan.	500.	Les services de son père.	250.	
653.	FONTAINE (*Louis*), carabinier au 31.e d'infanterie légère.	3 octobre 1809.	*Idem.*	500.	Son amputation.	250.	
654.	FONTENIER (*Adrien-Joseph*), chef d'escadron de gendarmerie.	8 septembre 1808.	*Idem.*	500.	Ses services.	250.	
					A reporter....	163,500.	

NUMÉROS D'ORDRE.	NOMS, QUALITÉS ET GRADES des donataires ou de leurs successeurs.	DATES des décrets ou décisions par lesquels les dotations ont été accordées.	DÉSIGNATION des pays, biens ou établissem.ns sur lesquels les dotations ont été constituées.	MONTANT de chaque dotation.	TITRE OU MOTIF auquel elles ont été accordées.	MONTANT de l'indemnité fixée par le projet de loi.	OBSERVATIONS.
					Report...	163,500f	
655.	FORESTIER (*Gaspar-François*), maréchal-de-camp.	17 mars 1808. 20 mai 1811.	Mont de Milan. Octroi du Rhin.	500f 1,000.	Ses services.	250.	
656.	FOREY (*Frédéric*), capitaine de carabiniers.	5 mars 1813.	Mont de Milan.	500.	*Idem.*	250.	
657.	FORGEOT (*Nicolas*), colonel de cavalerie retraité.	17 mars 1808.	*Idem.*	500.	*Idem.*	250.	
658.	FORGUES (*Pierre-Marie-Laurent*), chef de bataillon.	*Idem.*	*Idem.*	500.	*Idem.*	250.	
659.	FORZO (*Marc-Antoine-Claude-Philippe*), chasseur au 11.e d'infanterie légère.	21 septembre 1812.	Octroi du Rhin.	500.	Son amputation.	250.	
660.	FOUCAULD (*Joseph-Jules*), colonel du génie.	2 mars 1811.	*Idem.*	500.	Ses services.	250.	
661.	FOUET (*Louis-Pascal*), capitaine de cavalerie.	1.er février 1808.	Mont de Milan.	500.	*Idem.*	250.	
662.	FOUET (*Louis-Charles*), capitaine d'artillerie à Douai.	15 mars 1810.	*Idem.*	500.	*Idem.*	250.	
663.	FOULLOIS (*Paul*), voltigeur au 39.e d'infanterie de ligne.	16 mai 1811.	Octroi du Rhin.	500.	Son amputation.	250.	
664.	FOULQUIER (*Moïse-Samson*), chasseur au 7.e d'infanterie légère.	3 octobre 1809.	Mont de Milan.	500.	*Idem.*	250.	
665.	FOURCY (*Ambroise-Louis*), sous-inspecteur à l'école polytechnique.	1.er février 1808.	*Idem.*	1,000.	Ses services.	250.	
666.	FOURNEAU (*Nicolas-Gabriel*), grenadier au 9.e de ligne.	3 octobre 1810.	Octroi du Rhin.	500.	Son amputation.	250.	
667.	FOURNEL (*Paterne*), lieutenant commandant du train d'artillerie.	15 mars 1810.	Mont de Milan.	500.	Ses services.	250.	
668.	FOURNET (*Augustin*), voltigeur au 12.e de ligne.	22 novembre 1811.	Octroi du Rhin.	500.	Son amputation.	250.	
669.	FOURNIER (*Étienne-Pierre*), lieutenant-colonel-major de la place de Paris.	17 mars 1808.	Mont de Milan.	500.	Ses services.	250.	
670.	FOURNIER (*Pierre-André*), voltigeur au 33.e de ligne.	3 octobre 1809.	*Idem.*	500.	Son amputation.	250.	
671.	FOURNIER (*Louis*), lieutenant de l'artillerie à pied de la garde.	15 mars 1810.	*Idem.*	500.	Ses services.	250.	
672.	FOUYEUL (*Jean-Baptiste*), maréchal-des-logis au 7.e des cuirassiers.	3 octobre 1809.	*Idem.*	500.	Son amputation.	250.	
673.	FRAMERY (*Henri-Alexandre-Eugène*), lieutenant-colonel du régiment d'artillerie de Metz.	1.er février 1808.	*Idem.*	500.	Ses services.	250.	
					A reporter...	168,250	

NUMÉROS D'ORDRE.	NOMS, QUALITÉS ET GRADES des donataires ou de leurs successeurs.	DATES des décrets ou décisions par lesquels les dotations ont été accordées.	DÉSIGNATION des pays, biens ou établissem.ns sur lesquels les dotations ont été constituées.	MONTANT de chaque dotation.	TITRE OU MOTIF auquel elles ont été accordées.	MONTANT de l'indemnité fixée par le projet de loi.	OBSERVATIONS.
					Report....	168,250f	
674.	FRANÇOIS (*Jean-Louis*), lieutenant-colonel de cavalerie en retraite.	1.er février 1808.	Mont de Milan.	500f	Ses services.	250.	
675.	FRAPILION (*Philibert*), capitaine de gendarmerie en retraite.	1.er février 1808.	Mont de Milan.	500.	*Idem.*	250.	
676.	FRECHAUD, sous-lieutenant au 17.e de ligne.	3 octobre 1809.	Mont de Milan.	500.	Son amputation.	250.	
677.	FRECHOU (*François*), chasseur au 24.e d'infanterie légère.	8 janvier 1813.	Octroi du Rhin.	500.	*Idem.*	250.	
678.	FRESCHU (*Louis-Jacques*), dragon de la garde.	15 mars 1810.	Mont de Milan.	500.	Ses services.	250.	
679.	FREVILLE, le Baron, maître des requêtes.	30 juin 1811.	Octroi du Rhin.	500.	*Idem.*	250	
680.	FRICH (*Claude-Laurent*), adjudant-lieutenant de gendarmerie d'élite.	1.er février 1808.	Mont de Milan.	500.	Ses services.	250.	
681.	FUIRCK (*Jean-Baptiste*), brigadier au 23.e des chasseurs à cheval.	3 octobre 1810.	Octroi du Rhin.	500.	Son amputation.	250.	
682.	FUZELLIER (*Laurent*), capitaine d'infanterie.	15 mars 1810.	Mont de Milan.	500.	Ses services.	250.	
	G						
683.	GABAUDE (*Pierre*), fusilier au 93.e de ligne.	3 octobre 1809.	Mont de Milan.	500.	Son amputation.	250.	
684.	GABOR (*Jean-Barthelémi*), chef de bataillon d'artillerie.	17 mars 1808.	Mont de Milan.	500.	Ses services.	250.	
685.	GACON (*Joseph*), carabinier au 2.e régiment.	3 octobre 1809.	Mont de Milan.	500.	Son amputation.	250.	
686.	GAGNÉ (*Charles-Michel-Marie-Victoire-Angélique*), grenadier au 46.e de ligne.	3 octobre 1809.	Mont de Milan.	500.	*Idem.*	250.	
687.	GAGNEUX (*Jacques*), chasseur au 20.e à cheval.	3 octobre 1810.	Octroi du Rhin.	500.	*Idem.*	250.	
688.	GAHILLE (*Mathias-Joseph*), caporal au 108.e de ligne.	22 novembre 1811.	Octroi du Rhin.	500.	*Idem.*	250.	
689.	GAILLARD (*Armand*), fusilier au 92.e de ligne.	3 octobre 1809.	Mont de Milan.	500.	*Idem.*	250.	
690.	GAILLARD (*Daniel*), canonnier au 6.e d'artillerie à cheval.	3 octobre 1809.	Mont de Milan.	500.	*Idem.*	250.	
691.	GAILLARD (*Joseph-Étienne*), fusilier au 17.e de ligne.	3 octobre 1810.	Octroi du Rhin.	500.	*Idem.*	250.	
					A reporter....	172,750.	

NUMÉROS D'ORDRE.	NOMS, QUALITÉS ET GRADES des donataires ou de leurs successeurs.	DATES des décrets ou décisions par lesquels les dotations ont été accordées.	DÉSIGNATION des pays, biens ou établissem.ns sur lesquels les dotations ont été constituées.	MONTANT de chaque dotation.	TITRE OU MOTIF auquel elles ont été accordées.	MONTANT de l'indemnité fixée par le projet de loi.	OBSERVATIONS.
					Report......	172,750f	
692.	GALLIAY (*Bernard*), sergent des grenadiers à pied de la garde.	15 mars 1810.	Mont de Milan.	500f	Ses services.	250.	
693.	GAILLOT, chef de bataillon au 44.e de ligne.	17 mars 1808.	Mont de Milan.	500.	*Idem.*	250.	
694.	GAIRARD (*Joseph*), chasseur au 1.er d'infanterie légère.	3 octobre 1809.	Mont de Milan.	500.	Son amputation.	250.	
695.	GALAND (*Louis*), fusilier au 25.e de ligne.	3 octobre 1809.	Mont de Milan.	500.	*Idem.*	250.	
696.	GALDEMAR (*Anne-Jacques-Jean-Louis*), maréchal-de-camp.	17 mars 1808.	Mont de Milan.	500.	Ses services.	250.	
697.	GALICHET (*Pierre-Julien*), voltigeur au 46.e de ligne.	3 octobre 1809.	Mont de Milan.	500.	Son amputation.	250.	
698.	GAILLAUD (*Jean-Louis*), lieutenant des chasseurs à pied de la garde.	1.er février 1808.	Mont de Milan.	500.	Ses services.	250.	
699.	GALOIS (*Théodore-Michel*), lieutenant-colonel d'infanterie.	1.er février 1808.	Mont de Milan.	500.	*Idem.*	250.	
700.	GALTÉ (*Charles-Marie*), colonel d'infanterie en retraite.	1.er février 1808.	Mont de Milan.	500.	*Idem.*	250.	
701.	GAMET (*Jacques*), chasseur au 16.e à cheval.	3 octobre 1809.	Mont de Milan.	500.	Son amputation.	250.	
702.	GANIER (*Joseph Stanislas*), lieutenant des chasseurs à cheval de la garde.	1.er février 1808.	Mont de Milan.	500.	Ses services.	250.	
703.	GARBÉ (*Charles-Antoine-Lambert*), capitaine de gendarmerie en retraite.	1.er février 1808.	Mont de Milan.	500.	*Idem.*	250.	
704.	GARDARENS DE BOISSE (*Joseph-Catherine*), capitaine des marins de la garde.	15 août 1810.	Mont de Milan.	500.	Son amputation.	250.	
705.	GAREAU (*Joseph-Charles-Auguste*), chasseur au 13.e légère.	22 novembre 1811.	Octroi du Rhin.	500.	*Idem.*	250.	
706.	GARNIER (*Jean*), lieutenant des chasseurs à cheval de la garde.	1.er février 1808.	Mont de Milan.	500.	Ses services.	250.	
707.	GARNIER (*Jean*), sergent au 84.e de ligne.	3 octobre 1809.	Mont de Milan.	500.	Son amputation.	250.	
708.	GARNIER (*Étienne-Bathelemi*), lieutenant-colonel d'infanterie.	12 octobre 1812.	Octroi du Rhin.	1,000.	Ses services.	250.	
709.	GASCHET (*François*), chasseur au 26.e d'infanterie légère.	3 octobre 1809.	Mont de Milan.	500.	Son amputation.	250.	
710.	GASSEAU (*Claude*), soldat au 4.e bataillon principal du train.	3 octobre 1809.	Mont de Milan.	500.	*Idem.*	250.	
					A reporter....	177,500.	

NUMÉROS D'ORDRE.	NOMS, QUALITÉS ET GRADES des donataires ou de leurs successeurs.	DATES des décrets ou décisions par lesquels les dotations ont été accordées.	DÉSIGNATION des pays, biens ou établissem.s sur lesquels les dotations ont été constituées.	MONTANT de chaque dotation.	TITRE OU MOTIF auquel elles ont été accordées.	MONTANT de l'indemnité fixée par le projet de loi.	OBSERVATIONS.
					Report...	177,500l	
711.	GASSER (*Jean-Joseph*), canonnier au 2.e d'artillerie à cheval.	3 octobre 1809.	Mont de Milan.	500f	Son amputation.	250.	
712.	GATEAU (*Pierre*), fusilier au 92.e de ligne.	3 octobre 1809.	Mont de Milan.	500.	*Idem.*	250.	
713.	GAUCHÉ (*Gilles-Marie*), grenadier à pied de la garde.	15 mars 1810.	Mont de Milan.	500.	Ses services.	250.	
714.	GAUDIN (*Guy-Michel*), apprenti marin, 2.e équipage de flottille.	22 novembre 1811.	Octroi du Rhin.	500.	Son amputation.	250	
715.	GAUDINOT (*François*), lieutenant des grenadiers à cheval de la garde.	1.er février 1808.	Mont de Milan.	500.	Ses services.	250.	
716.	GAULT (*Jean-Baptiste-François-Célestin*), colonel d'état-major.	17 mars 1808.	Mont de Milan.	500.	*Idem.*	250.	
717.	GAULTIER (*Gilbert*), colonel.	17 mars 1808.	Mont de Milan.	500.	*Idem.*	250.	
718.	GAUMARD (*Pierre*), fusilier au 23.e de ligne.	22 novembre 1811.	Octroi du Rhin.	500.	Son amputation.	250.	
719.	GAUTERNET (*Jacques*), gendarme à cheval de la ville de Paris.	15 mars 1810.	Mont de Milan.	500.	Ses services.	250.	
720.	GAUTHIER (*Éloi-Jean-Baptiste*), grenadier au 84.e de ligne.	3 octobre 1809.	Mont de Milan.	500.	Son amputation.	250.	
721.	GAUTHIER (*Louis-Henri-Joseph*), grenadier au 35.e de ligne.	3 août 1810.	Octroi du Rhin.	500.	*Idem.*	250.	
722.	GAUTHIER (*Augustin*), grenadier au 69.e de ligne.	3 octobre 1810.	Octroi du Rhin.	500.	*Idem.*	250.	
723.	GAVARDIE (*Pierre*), lieutenant des grenadiers à pied de la garde.	1.er février 1808.	Mont de Milan.	500.	Ses services.	250.	
724.	GAVOTY (*Célestin-André-Vincent*), maréchal-de-camp.	17 mars 1808.	Mont de Milan.	500.	*Idem.*	250.	
725.	GAY (*Joseph-Marie*), voltigeur au 33.e de ligne.	22 novembre 1811.	Octroi du Rhin.	500.	Son amputation.	250.	
726.	GEIST (*François-Joseph*), major de cavalerie en retraite.	1.er février 1808.	Mont de Milan.	1,000.	Ses services.	250.	
727.	GENCY (*Ponce*), lieutenant des dragons de la garde.	1.er février 1808.	Mont de Milan.	500.	*Idem.*	250.	
728.	GENIN (*Jean-Nicolas*), capitaine d'infanterie en retraite.	15 mars 1810.	Mont de Milan.	500.	*Idem.*	250.	
729.	GENISSON, lieutenant des chasseurs à pied de la garde.	15 mars 1810.	Mont de Milan.	500.	*Idem.*	250.	
730.	GENTIL SAINT-ALPHONSE (*Louis*), maréchal-de-camp.	8 septembre 1808.	Mont de Milan.	500.	*Idem.*	250.	
					A reporter...	182,500.	

NUMÉROS D'ORDRE.	NOMS, QUALITÉS ET GRADES des donataires ou de leurs successeurs.	DATES des décrets ou décisions par lesquels les dotations ont été accordées.	DÉSIGNATION des pays, biens ou établissem.s sur lesquels les dotations ont été constituées.	MONTANT de chaque dotation.	TITRE OU MOTIF auquel elles ont été accordées.	MONTANT de l'indemnité fixée par le projet de loi.	OBSERVATIONS.
					Report.	182,500f	
731.	GEORGES DE LEMUD (*François-Joseph*), lieutenant-colonel d'artillerie en retraite.	1.er février 1808.	Mont de Milan.	1,000f	Ses services.	250.	
732.	GEORGES (*Pierre-François*), fusilier au 85.e de ligne.	3 octobre 1809.	Mont de Milan.	500.	Son amputation.	250.	
733.	GEORGES (*Nicolas*), grenadier au 4.e d'infanterie de ligne.	16 mai 1811.	Octroi du Rhin.	500.	*Idem.*	250.	
734.	GERAIN (*Remi-Joseph*), sergent au 35.e de ligne.	3 août 1810.	Octroi du Rhin.	500.	*Idem.*	250.	
735.	GÉRARD (*Laurent*), chasseur au 9.e d'infanterie légère.	20 juin 1812.	Octroi du Rhin.	500.	Ses services.	250.	
736.	GERARDIN (*Claude*), sergent au 84.e de ligne.	3 octobre 1809.	Mont de Milan.	500.	Son amputation.	250.	
737.	GERARDOT (*Nicolas*), voltigeur au 92.e de ligne.	3 octobre 1809.	Mont de Milan.	500.	*Idem.*	250.	
738.	GERMAIN (*Nicolas*), chef d'escadron de gendarmerie.	17 mars 1808.	Mont de Milan.	500.	Ses services.	250.	
739.	GERMAIN (*Nicolas-Romary*), fusilier au 29.e de ligne.	3 octobre 1809.	Mont de Milan.	500.	Son amputation.	250.	
740.	GERMAIN (*Joseph*), brigadier au 2.e des carabiniers.	3 octobre 1809.	Mont de Milan.	500.	*Idem.*	250.	
741.	GERMOLACCI (*Marie-Françoise*), fille d'un soldat tué à Austerlitz.	3 août 1810.	Mont de Milan.	500.	La perte de son père.	250.	
742.	GEY, colonel d'artillerie.	17 mars 1808.	Mont de Milan.	500.	Ses services.	250.	
743.	GHIGNY, colonel du 12.e de chasseurs à cheval.	28 septembre 1813.	"	1,000.	*Idem.*	250.	
744.	GILLET (*Eugénie-Susanne*), fille de Jacques-Marie, chef de bataillon d'infanterie.	1.er février 1808.	Mont de Milan.	1,000.	Les services de son père, mort le 8 décembre 1812.	250.	
745.	GILLET (*Antoine-Médéric*), lieutenant au 1.er des fusiliers de la garde.	1.er février 1808.	Mont de Milan.	500.	Ses services.	250.	
746.	GILLET DE BRONELLE, le Chevalier (*Jean-Pierre*) lieutenant de la gendarmerie d'élite en retraite.	1.er février 1808.	Mont de Milan.	500.	*Idem.*	250.	
747.	GILLIARD (*Zéa-Sophie*), fille de Jean-Baptiste-Joseph, chef de bataillon d'artillerie.	17 mars 1808.	Mont de Milan.	500.	Les services de son père, mort le 21 juin 1813.	250.	
748.	GIMEZ (*Joseph*), hussard au 9.e régiment.	3 octobre 1809.	Mont de Milan.	500.	Son amputation.	250.	
749.	GINCAS (*Jacques*), grenadier au 52.e de ligne.	3 octobre 1809.	Mont de Milan.	500.	*Idem.*	250.	
750.	GIRARD (*Étienne-François*), colonel d'infanterie.	17 mars 1808.	Mont de Milan.	500.	Ses services.	250.	
751.	GIRARD (*Jean-Baptiste*), chasseur à cheval de la garde.	15 mars 1810.	Mont de Milan.	500.	*Idem.*	250.	
					A reporter. . .	187,750.	

NUMÉROS D'ORDRE.	NOMS, QUALITÉS ET GRADES des donataires ou de leurs successeurs.	DATES des décrets ou décisions par lesquels les dotations ont été accordées.	DÉSIGNATION des pays, biens ou établissem.ts sur lesquels les dotations ont été constituées.	MONTANT de chaque dotation.	TITRE OU MOTIF auquel elles ont été accordées.	MONTANT de l'indemnité fixée par le projet de loi.	OBSERVATIONS.
					Report....	187,750.	
752.	GIRARDET (*Joseph*), fusilier au 92.e de ligne.	3 octobre 1809.	Mont de Milan.	500f	Son amputation.	250.	
753.	GIRARDIN (*Jean-Nicolas*), chasseur à pied de la garde.	15 mars 1810.	*Idem.*	500.	Ses services.	250.	
754.	GIRAULT (*Antoine*), chasseur au 26.e d'infanterie légère.	3 octobre 1809.	*Idem.*	500.	Son amputation.	250.	
755.	GOBERT (*Jean-Baptiste-François*), voltigeur au 19.e d'infanterie de ligne.	*Idem.*	*Idem.*	500.	*Idem.*	250.	
756.	GODARD (*Henri-Bénigne*), brigadier au 9.e de cuirassiers.	*Idem.*	*Idem.*	500.	*Idem.*	250.	
757.	GODARD (*Étienne*), lieutenant-colonel d'infanterie.	26 juin 1812.	Octroi du Rhin.	500.	Ses services.	250.	
758.	GODBILLON (*Simon-Pierre*), lieutenant de gendarmerie.	15 mars 1810.	Mont de Milan.	500.	*Idem.*	250.	
759.	GODEFROY (*Nicolas*), tambour au 61.e de ligne.	3 octobre 1809.	*Idem.*	500.	Son amputation.	250.	
760.	GODEFROY (*Jean-Louis*), lieutenant-colonel d'infanterie en retraite.	1.er février 1808.	*Idem.*	500.	Ses services.	250.	
761.	GODET (*Maurice*), capitaine au 2.e des tirailleurs de la garde.	15 mars 1810.	*Idem.*	500.	*Idem.*	250.	
762.	GODIN (*Jean-Charles*), capitaine d'artillerie en retraite.	15 mars 1810.	*Idem.*	500.	*Idem.*	250.	
763.	GODIN (*Pierre-Guillaume*), capitaine d'artillerie de la marine.	15 août 1810.	*Idem.*	500.	*Idem.*	250.	
764.	GOFFIS, chasseur au 16.e à cheval.	3 octobre 1809.	*Idem.*	500.	Son amputation.	250.	
765.	GOLL (*Joseph-Jacques-Samuel*), chef de bataillon du génie.	17 mars 1808.	*Idem.*	500.	Ses services.	250.	
766.	GOLT (*Jean-Baptiste*), grenadier au 19.e d'infanterie de ligne.	3 octobre 1809.	*Idem.*	500.	Son amputation.	250.	
767.	GOLZIO (*Juste*), lieutenant-colonel d'infanterie.	1.er février 1808.	*Idem.*	1,000.	Ses services.	250.	
768.	GOMBAUD (*Pierre*), chef d'escadron de cavalerie légère.	17 mars 1808.	*Idem.*	500.	*Idem.*	250.	
769.	GOMBERVEAUX (*Joseph*), chef d'escadron en retraite.	5 mars 1813.	Octroi du Rhin.	1000.	*Idem.*	250.	
770.	GONON (*Pierre*), fusilier au 92.e de ligne.	3 octobre 1809.	Mont de Milan.	500.	Son amputation.	250.	
					A reporter....	192,500.	

NUMÉROS D'ORDRE.	NOMS, QUALITÉS ET GRADES des donataires ou de leurs successeurs.	DATES des décrets ou décisions par lesquels les dotations ont été accordées.	DÉSIGNATION des pays, biens ou établissem.s sur lesquels les dotations ont été constituées.	MONTANT de chaque dotation.	TITRE OU MOTIF auquel elles ont été accordées.	MONTANT de l'indemnité fixée par le projet de loi.	OBSERVATIONS.
					Report.......	192,500.	
771.	GORET, grenadier à pied de la garde.	15 mars 1810.	Mont de Milan.	500f	Ses services.	250.	
772.	GOSSERET (*Clément*), fils du lieutenant des grenadiers à pied de la garde.	1.er février 1808.	*Idem.*	500.	Les services de son père, mort le 4 juillet 1812.	250.	
773.	GOUBET (*Louis*), capitaine de cavalerie en retraite.	*Idem.*	*Idem.*	500.	Ses services.	250.	
774.	GOUBLIN (*Jean-Baptiste*), maréchal-des-logis du train d'artillerie de la garde.	15 mars 1810.	*Idem.*	500.	*Idem.*	250.	
775.	GOUILLARD, lieutenant des chasseurs à pied de la garde.	*Idem.*	*Idem.*	500.	*Idem.*	250.	Mort.
776.	GOUIRAN (*Augustin*), canonnier au 7.e d'artillerie à pied.	3 octobre 1809.	*Idem.*	500.	Son amputation.	250.	
777.	GOUJON (*Pierre*), fusilier au 53.e de ligne.	*Idem.*	*Idem.*	500.	*Idem.*	250.	
778.	GOULET (*Edme*), fusilier au 92.e de ligne.	*Idem.*	*Idem.*	500.	*Idem.*	250.	
779.	GOURIOUX (*Jean*), maréchal-des-logis au 6.e d'artillerie à cheval.	*Idem.*	*Idem.*	500.	*Idem.*	250.	
780.	GOUSSIN (*Pierre-François*), chef de bataillon d'artillerie en retraite.	1.er février 1808.	*Idem.*	500.	Ses services.	250.	
781.	GOUTEFREY (*Louis-Marie-Hubert-Victor*), lieutenant-colonel d'infanterie.	*Idem.*	*Idem.*	500.	*Idem.*	250.	
782.	GOYAU (*Pierre*), cornet au 84.e de ligne.	3 octobre 1809.	*Idem.*	500.	Son amputation.	250.	
783.	GRABHERR (*François-Antoine*), hussard du 8.e régiment.	3 août 1810.	Octroi du Rhin.	500.	*Idem.*	250.	
784.	GRANDVILLEMIN (*Marie-Barbe*), fille d'Antoine, cuirassier au 9.e régiment.	3 octobre 1809.	Mont de Milan.	500.	L'amputation de son père, mort le 13 mai 1811.	250.	
785.	GRANGE (*Joseph*), chasseur à pied de la garde.	15 mars 1810.	*Idem.*	500.	Ses services.	250.	
786.	GRAPPIN (*Pierre*), caporal au 26.e d'infanterie légère.	3 octobre 1809.	*Idem.*	500.	Son amputation.	250.	
787.	GRAPPIN (*François-Louis-Honoré-Napoléon*), fils de Sébastien, lieutenant d'artillerie.	15 mars 1810.	*Idem.*	500.	Services de son père, mort dans la campagne de 1812.	250.	
788.	GREFF (*Joseph*), capitaine de cavalerie retraité.	1.er février 1808.	*Idem.*	500.	Ses services.	250.	
					A reporter.....	197,000.	

NUMÉROS D'ORDRE.	NOMS, QUALITÉS ET GRADES des donataires ou de leurs successeurs.	DATES des décrets ou décisions par lesquels les dotations ont été accordées.	DÉSIGNATION des pays, biens ou établissem.s sur lesquels les dotations ont été constituées.	MONTANT de chaque dotation.	TITRE OU MOTIF auquel elles ont été accordées.	MONTANT de l'indemnité fixée par le projet de loi.	OBSERVATIONS.
					Report.......	197,000f	
789.	GRENET (*Jean-Nicolas*), fusilier au 57.e de ligne.	3 octobre 1810.	Octroi du Rhin.	500f	Son amputation.	250.	
790.	GRENIER (*François-Jean*), major de cavalerie en retraite.	17 mars 1808.	Mont de Milan.	500.	Ses services.	250.	
791.	GRIMAUD (*Jean-Baptiste*), sergent au 102.e d'infanterie de ligne.	16 mai 1811.	Octroi du Rhin.	500.	Son amputation.	250.	
792.	GRIMBERT (*Jacques-Jean*), fils de Jacques, grenadier au 46.e de ligne.	3 octobre 1809.	Mont de Milan.	500.	Les services et l'amputation de son père.	250.	
793.	GRIMPET (*Pierre-Benoît*), lieutenant des chasseurs à pied de la garde.	15 mars 1810.	*Idem.*	500.	Ses services.	250.	
794.	GRISY (*Jacques*), adjudant au 65.e de ligne.	3 août 1810.	Octroi du Rhin.	500.	Son amputation.	250.	
795.	GROS (*Louis-Alfred*), fils de Jean-Louis, lieutenant des chasseurs à pied de la garde.	15 mars 1810.	Mont de Milan.	500.	Les services de son père, mort le 3 décembre 1812.	250.	
796.	GROS (*Joseph*), chasseur à cheval de la garde.	*Idem.*	*Idem.*	500.	Ses services.	250.	
797.	GROSJEAN (*Jean-Claude*), fusilier au 18.e de ligne.	3 octobre 1810.	Octroi du Rhin.	500.	Son amputation.	250.	
798.	GROSSELIN (*Robert*), capitaine de cavalerie en retraite.	1.er février 1808.	Mont de Milan.	500.	Ses services.	250.	
799.	GRUARDET (*Nicolas*), maréchal-de-camp en retraite.	17 mars 1808.	*Idem.*	500.	*Idem.*	250.	
800.	GRUYER (*George*), grenadier au 84.e de ligne.	3 octobre 1809.	*Idem.*	500.	Son amputation.	250.	
801.	GUARDIA (*Félix-Joseph-Abdon*), lieutenant-colonel du génie.	17 mars 1808.	*Idem.*	500.	Ses services.	250.	
802.	GUELAIN (*Jean*), sous-lieutenant au 93.e de ligne, en retraite.	3 octobre 1809.	*Idem.*	500.	Son amputation.	250.	
803.	GUELPAIN (*François*), sergent au 19.e de ligne.	*Idem.*	*Idem.*	500.	*Idem.*	250.	
804.	GUENAIN (*Jean-Baptiste*), caporal au 92.e de ligne.	*Idem.*	*Idem.*	500.	*Idem.*	250.	
805.	GUENIN (*Nicolas*), sous-lieutenant du train d'artillerie de la garde.	15 mars 1810.	*Idem.*	500.	Ses services.	250.	
806.	GUÉRIN (*André*), grenadier au 84.e d'infanterie de ligne.	16 mai 1811.	Octroi du Rhin	500.	Son amputation.	250.	
807.	GUETTMANN (*Jean-Pierre*), commandant les ouvriers d'artillerie de la garde.	1.er février 1808.	Mont de Milan.	500.	Ses services.	250.	
					A reporter....	201,750.	

NUMÉROS D'ORDRE.	NOMS, QUALITÉS ET GRADES des donataires ou de leurs successeurs.	DATES des décrets ou décisions par lesquels les dotations ont été accordées.	DÉSIGNATION des pays, biens ou établissem.ns sur lesquels les dotations ont été constituées.	MONTANT de chaque dotation.	TITRE OU MOTIF auquel elles ont été accordées.	MONTANT de l'indemnité fixée par le projet de loi.	OBSERVATIONS.
					Report.......	201,750.	
808.	GUIARD dit LACHAPELLE (*Nicolas-Thomas*), lieutenant des chasseurs à pied de la garde.	1.er février 1808.	Mont de Milan.	500f	Ses services.	250.	
809.	GUICHARD (*Jacques*), voltigeur au 8.e légère.	3 août 1810.	Octroi du Rhin.	500.	Son amputation.	250.	
810.	GUICHEMANS (*Jean*), carabinier au 24.e d'infanterie légère.	16 mai 1811.	*Idem.*	500.	*Idem.*	250.	
811.	GUIDEL (*Nicolas*), sergent au 92.e de ligne.	3 octobre 1809.	Mont de Milan.	500.	*Idem.*	250.	
812.	GUIGNOT (*Jean*), soldat au 5.e d'infanterie de ligne.	16 mai 1811.	Octroi du Rhin.	500.	*Idem.*	250.	
813.	GUILLAIN (*Charles-Louis*), capitaine d'infanterie.	15 mars 1810.	Mont de Milan.	500.	Ses services.	250.	
814.	GUILLAUME (*Claude-Antoine*), major de dragons en retraite.	1.er février 1808.	*Idem.*	1,000.	*Idem.*	250.	
815.	GUILLAUME (*Henri*), major de chasseurs à cheval.	15 mars 1810.	*Idem.*	500.	*Idem.*	250.	
816.	GUILLAUME (*Nicolas-Marie*), dragon de la garde.	*Idem.*	*Idem.*	500.	*Idem.*	250.	
817.	GUILLAUME (*Julien-Jérôme*), caporal-fourrier au 29.e de ligne.	12 novembre 1811.	Octroi du Rhin.	500.	Son amputation.	250.	
818.	GUILLAUME (*Charles-Bernard*), capitaine de carabiniers.	5 mars 1813.	Mont de Milan.	500.	Ses services.	250.	
819.	GUILLEBERT (*Pierre*), canonnier au 5.e d'artillerie à pied.	3 octobre 1809.	*Idem.*	500.	Son amputation.	250.	
820	GUILLEMAC (*Louis*), fusilier au 46.e de ligne.	*Idem.*	*Idem.*	500.	*Idem.*	250.	
821.	GUILLEMARE (*Louis-Isidore*), voltigeur au 46.e de ligne.	*Idem.*	*Idem.*	500.	*Idem.*	250.	
822.	GUILLEMAIN (*Jean Claude-Vincent*), lieutenant-colonel d'infanterie.	1.er février 1808.	*Idem.*	500.	Ses services.	250.	
823.	GUILLOT (*Claude*), carabinier au 26.e d'infanterie légère.	3 octobre 1809.	*Idem.*	500.	Son amputation.	250.	
824.	GUIOT (*Philibert*), lieutenant-colonel des cuirassiers de la garde royale.	15 mars 1810.	*Idem.*	500.	Ses services.	250.	
825.	GUIRAUD, canonnier au 7.e d'artillerie à pied.	3 octobre 1819.	*Idem.*	500.	Son amputation.	250.	
826.	GUIRAUD (*Raimond*), colonel du génie.	15 mars 1810.	*Idem.*	500.	Ses services.	250.	
					A reporter...	206,500.	

NUMÉROS D'ORDRE.	NOMS, QUALITÉS ET GRADES des donataires ou de leurs successeurs.	DATES des décrets ou décisions par lesquels les dotations ont été accordées.	DÉSIGNATION des pays, biens ou établissem.s sur lesquels les dotations ont été constituées.	MONTANT de chaque dotation.	TITRE OU MOTIF auquel elles ont été accordées.	MONTANT de l'indemnité fixée par le projet de loi.	OBSERVATIONS.
					Report...	206,500f	
827.	GUISLAIN (*Jean-Baptiste-Joseph*), voltigeur au 72.e d'infanterie de ligne.	16 mai 1811.	Octroi du Rhin.	500f	Son amputation.	250.	
828.	GULLY (*Pierre*), canonnier au 6.e d'artillerie à cheval.	3 octobre 1809.	Mont de Milan.	500.	*Idem.*	250.	
829.	GURSCHING (*Jean-Georges*), sous-lieutenant au 56.e de ligne.	*Idem.*	*Idem.*	500.	*Idem.*	250.	
830.	GUTHMANN (*André*), trompette-major aux dragons de la garde.	15 mars 1810.	*Idem.*	500.	Ses services.	250.	
831.	GUYOT (*Louis-Jacques*), lieutenant des chasseurs à pied de la garde.	*Idem.*	*Idem.*	500.	*Idem.*	250.	
832.	GYON (*Henri*), chasseur à cheval de la garde.	*Idem.*	*Idem.*	500.	*Idem.*	250.	

H

833.	HABEMONT (*Jean-François*), sergent au 84.e de ligne.	3 octobre 1809.	Mont de Milan.	500.	Son amputation.	250.	
834.	HAILLECOURT, lieutenant des grenadiers à pied de la garde.	15 mars 1810.	*Idem.*	500.	Ses services.	250.	
835.	HALLÉ (*Charles*), chef de bataillon d'infanterie.	1.er février 1808.	*Idem.*	500.	*Idem.*	250.	
836.	HALLOUIN (*François-Hilaire*), lieutenant de la gendarmerie d'élite.	*Idem.*	*Idem.*	500.	*Idem.*	250.	
837.	HAMAYON, fusilier au 25.e de ligne.	22 novembre 1811.	Octroi du Rhin.	500.	Son amputation.	250.	
838.	HANNUS (*Christophe*), voltigeur au 3.e légère.	20 juin 1812.	*Idem.*	500.	Ses services.	250.	
839.	HANUCHE (*Victor-Nicolas-Marie*), chef de bataillon d'infanterie.	1.er février 1808.	Mont de Milan.	500.	*Idem.*	250.	
840.	HARDOUIN (*Bon-Amable-Juste*), canonnier au 5.e d'artillerie à cheval.	3 octobre 1809.	*Idem.*	500.	Son amputation.	250.	
841.	HAREL (*Jacques*), fourrier au 92.e de ligne.	*Idem.*	*Idem.*	500.	*Idem.*	250.	
842.	HAREL (*Guillaume-Augustin*), soldat au 8.e bataillon du train.	*Idem.*	*Idem.*	500.	*Idem.*	250.	
					A reporter...	210,500.	

NUMÉROS D'ORDRE.	NOMS, QUALITÉS ET GRADES des donataires ou de leurs successeurs.	DATES des décrets ou décisions par lesquels les dotations ont été accordées.	DÉSIGNATION des pays biens ou établissem.ns sur lesquels les dotations ont été constituées.	MONTANT de chaque dotation.	TITRE OU MOTIF auquel elles ont été accordées.	MONTANT de l'indemnité fixée par le projet de loi.	OBSERVATIONS.
					Report.	210,500f	
843.	HAREMBERT (D') (*Idulphe-François-Marie*), lieutenant-colonel de cavalerie.	1.er février 1808.	Mont de Milan.	500f	Ses services.	250.	
844.	HATTENVILLE (*Jean-Charles*), brigadier au 11.e de chasseurs à cheval.	3 octobre 1809.	*Idem.*	500.	Son amputation.	250.	
845.	HAUTCŒUR (*Olivier-Auguste-Joseph*), chasseur au 8.e d'infanterie légère.	3 octobre 1810.	Octroi du Rhin.	500.	*Idem.*	250.	
846.	HAUTZ (*Michel-Eugène*), sous-lieutenant aux dragons de la Loire, fils de Nicolas, chef de bataillon, aide-de-camp.	17 mars 1808.	Mont de Milan.	500.	Les services de son père, mort le 13 mai 1812.	250.	
847.	HAZARD (*Louis-Henri-Joseph*), colonel d'artillerie en activité.	*Idem.*	*Idem.*	500.	Ses services.	250.	
848.	HÉBERT (*Charles*), grenadier à pied de la garde.	15 mars 1810.	*Idem.*	500.	*Idem.*	250.	
849.	HEBERT (*Jean-François*), soldat au 57.e de ligne.	22 novembre 1811.	Octroi du Rhin.	500.	Son amputation.	250.	
850.	HEDOUX, capitaine au 22.e de ligne.	19 mars 1813.	"	1,000.	Ses services.	250	
851.	HEID (*Dominique*), lieutenant des dragons de la garde.	1.er février 1808.	Mont de Milan.	500.	*Idem.*	250.	
852.	HEINA (*Amédée-Marie-Joseph*), chef d'escadron de hussards.	17 mars 1808.	*Idem.*	500.	*Idem.*	250.	
853.	HÉMON, chef de bataillon au 12.e d'infanterie de ligne.	18 juin 1812.	Octroi du Rhin.	1,000.	*Idem.*	250.	
854.	HENERS (*Jean*), fusilier au 93.e de ligne.	3 octobre 1809.	Mont de Milan.	500.	Son amputation.	250.	
855.	HENRION (*Christophe*), maréchal-de-camp.	1.er février 1808.	*Idem.*	1,000.	Ses services.	250.	
856.	HENRIONNET (*Didier-Nicolas*), fusilier au 17.e de ligne.	3 octobre 1809.	*Idem.*	500.	Son amputation.	250.	
857.	HERAUD (*Jean*), lieutenant des chasseurs à pied de la garde.	1.er février 1808.	*Idem.*	500.	Ses services.	150.	
858.	HERAULT (*Fidèle*), soldat au 6.e bataillon du train.	22 novembre 1811	Octroi du Rhin.	500.	Son amputation.	250.	
859.	HERBEAU (*Pierre-Joseph*), voltigeur au 21.e d'infanterie de ligne.	16 mai 1811.	*Idem.*	500.	*Idem.*	250.	
860.	HERLÉ (*Martin*), capitaine d'artillerie en retraite.	1.er février 1808.	Mont de Milan.	500.	Ses services.	250.	
					A reporter.	215,000.	

NUMÉROS D'ORDRE.	NOMS, QUALITÉS ET GRADES des donataires ou de leurs successeurs.	DATES des décrets ou décisions par lesquels les dotations ont été accordées.	DÉSIGNATION des pays, biens ou établissem.ns sur lesquels les dotations ont été constituées.	MONTANT de chaque dotation.	TITRE OU MOTIF auquel elles ont été accordées.	MONTANT de l'indemnité fixée par le projet de loi.	OBSERVATIONS.
					Report......	215,000f	
861.	HERSENT (*Pierre*), fusilier au 33.e de ligne.	3 octobre 1809.	Mont de Milan.	500f	Son amputation.	250.	
862.	HEUILLET (*Joseph-Gabriel*), chef de bataillon d'infanterie.	1.er février 1808.	*Idem.*	500.	Ses services.	250.	
863.	HEURAS (*Pierre-Nicolas*), fusilier au 18.e de ligne.	3 octobre 1810.	Octroi du Rhin.	500.	Son amputation.	250.	
864.	HIGONET (*Philippe*), colonel d'infanterie.	15 mars 1810.	Mont de Milan.	500.	Ses services.	250.	
865.	HIOLLE (*François-Joseph*), cuirassier au 2.e régiment.	3 octobre 1809.	*Idem.*	500.	Son amputation.	250.	
866.	HOGQUARD (*Jean*), sergent au 65.e de ligne.	3 août 1810.	Octroi du Rhin.	500.	*Idem.*	250.	
867.	HOLDRINET (*Pierre*), colonel de cavalerie en retraite.	1.er février 1808.	Mont de Milan.	1,000.	Ses services.	250.	
868.	HOLLIER (*Sauveur-Étienne*), capitaine d'infanterie en retraite.	*Idem.*	*Idem.*	500.	*Idem.*	250.	
869.	HOLLIER (*François*), grenadier au 84.e de ligne.	3 octobre 1809.	*Idem.*	500.	Son amputation.	250.	
870.	HOLTZMANN (*Georges-Henri*), canonnier au 7.e d'artillerie à pied.	*Idem.*	*Idem.*	500.	*Idem.*	250.	
871.	HORTET (*François-Blaise-Thomas*), major d'artillerie au régiment de Douai.	15 mars 1810.	*Idem.*	500.	Ses services.	250.	
872.	HOUARNE (*Joseph-François*), capitaine d'infanterie en retraite.	*Idem.*	*Idem.*	500.	*Idem.*	250.	
873.	HOUEL (*Joseph*), chasseur au 9.e d'infanterie légère.	3 octobre 1809.	*Idem.*	500.	Son amputation.	250.	
874.	HOUSSELIN (*Frédéric*), lieutenant d'artillerie de la garde.	1.er février 1808.	*Idem.*	500.	Ses services.	250.	
875.	HOUSSET (*Anselme*), chasseur au 3.e d'infanterie légère.	3 août 1810.	Octroi du Rhin.	500.	Son amputation.	250.	
876.	HOUSSIER (*Boniface*), fusilier au 17.e de ligne.	3 octobre 1809.	Mont de Milan.	500.	*Idem.*	250.	
877.	HOUYET *dit* LEFÈVRE (*Jacques-Joseph*), grenadier au 19.e de ligne.	*Idem.*	*Idem.*	500.	*Idem.*	250.	
878.	HUART (*Charles-Marc-Antoine-Henri-François*), lieutenant-colonel du génie.	17 mars 1808.	*Idem.*	500.	Ses services.	250.	
879.	HUBERT (*Pascal-André*), gendarme de la 1.re légion à cheval.	5 mars 1813.	Octroi du Rhin.	500.	*Idem.*	250.	
					A reporter....	219,750.	

NUMÉROS D'ORDRE.	NOMS, QUALITÉS ET GRADES des donataires ou de leurs successeurs.	DATES des décrets ou décisions par lesquels les dotations ont été accordées.	DÉSIGNATION des pays, biens ou établissem.ns sur lesquels les dotations ont été constituées.	MONTANT de chaque dotation.	TITRE OU MOTIF auquel elles ont été accordées.	MONTANT de l'indemnité fixée par le projet de loi.	OBSERVATIONS.
					Report......	219,750f	
880.	HUDRY (*Jean-Martin*), colonel d'état-major en retraite.	17 mars 1808.	Mont de Milan.	500f	Ses services.	250.	
881.	HUDRY (*Hippolyte-Imbert*), fusilier au 3.e de ligne.	3 octobre 1810.	Octroi du Rhin.	500.	Son amputation.	250.	
882.	HUE (*Jean-Louis-Augustin*), fusilier des grenadiers de la garde.	22 novembre 1811.	*Idem.*	500.	*Idem.*	250.	
883.	HUET (*Jean-Étienne*), sergent au 26.e d'infanterie légère.	3 octobre 1809.	Mont de Milan.	500.	*Idem.*	250.	
884.	HUG (*Gaspar*), colonel de cavalerie.	17 mars 1808.	*Idem.*	500.	Ses services.	250.	
885.	HUGERON (*François*), carabinier au 27.e légère.	3 octobre 1810.	Octroi du Rhin.	500.	Son amputation.	250.	
886.	HUGOT (*Pierre*), fusilier au 106.e d'infanterie de ligne.	16 mai 1811.	*Idem.*	500.	*Idem.*	250.	
887.	HUGUET (*Jean-Joseph*), chasseur au 27.e d'infanterie légère.	3 octobre 1809.	Mont de Milan.	500.	*Idem.*	250.	
888.	HUNOLD (*Guillaume-Jacques*), lieutenant de dragons de la garde.	1.er février 1808.	*Idem.*	500.	Ses services.	250.	
889.	HUREL (*François-Alexandre*), colonel d'infanterie en non-activité.	15 mars 1810.	*Idem.*	500.	*Idem.*	250.	

I

890.	ISSORGUES (*Jean-Hilaire*), cuirassier au 6.e régiment.	3 octobre 1809.	Mont de Milan.	500.	Son amputation.	250.	

J

891.	JACQUES (*François*), grenadier au 25.e d'infanterie de ligne.	16 mai 1811.	Octroi du Rhin.	500.	Son amputation.	250.	
892.	JACQUIN (*Michel*), fusilier au 57.e de ligne.	3 octobre 1810.	*Idem.*	500.	*Idem.*	250.	
893.	JACQUOT (*Claude*), capitaine au 2.e des fusiliers de la garde.	1.er février 1808.	Mont de Milan.	1,000.	Ses services.	250.	
894.	JACQUOT (*Jean-François*), chasseur à cheval de la garde.	15 mars 1810.	*Idem.*	500.	*Idem.*	250.	
					A reporter....	223,500.	

NUMÉROS D'ORDRE.	NOMS, QUALITÉS ET GRADES des donataires ou de leurs successeurs.	DATES des décrets ou décisions par lesquels les dotations ont été accordées.	DÉSIGNATION des pays, biens ou établissem.^ns sur lesquels les dotations ont été constituées.	MONTANT de chaque dotation.	TITRE OU MOTIF auquel elles ont été accordées.	MONTANT de l'indemnité fixée par le projet de loi.	OBSERVATIONS.
					Report.......	223,500f	
895.	JANIN (*Pierre*), fusilier au 67.e de ligne.	22 novembre 1811.	Octroi du Rhin.	500f	Son amputation.	250.	
896.	JAQUEMET (*Michel*), colonel d'infanterie en retraite.	17 mars 1808.	Mont de Milan.	500.	Ses services.	250.	
897.	JARDIN (*François-Louis*), grenadier au 46.e de ligne.	3 octobre 1809.	*Idem.*	500.	Son amputation.	250.	
898.	JARRY (*Jacques*), fusilier au 88.e de ligne.	*Idem.*	*Idem.*	500.	*Idem.*	250.	
899.	JAVARY (*Louis-Pierre-Brice*), lieutenant des grenadiers à cheval de la garde.	1.er février 1808.	*Idem.*	500.	Ses services.	250.	
900.	JEAN-BAPTISTE, canonnier au 2.e d'artillerie à pied.	3 octobre 1809.	*Idem.*	500.	Son amputation.	250.	
901.	JEANNOT (*Jean-Baptiste*), premier canonnier au 6.e d'artillerie à cheval.	*Idem.*	*Idem.*	500.	*Idem.*	250.	
902.	JEANTON (*Joseph*), grenadier au 30.e de ligne.	*Idem.*	*Idem.*	500.	*Idem.*	250.	
903.	JEUFFRAULT (*Louis*), sergent au 105.e d'infanterie de ligne.	16 mai 1811.	Octroi du Rhin.	500.	*Idem.*	250.	
904.	JEULIN (*Jean-Toussaint*), chasseur à cheval de la garde.	15 mars 1810.	Mont de Milan.	500.	Ses services.	250.	
905.	JOANNES (*Jean-Sylvestre*), colonel de cavalerie.	1.er février 1808.	*Idem.*	1,000.	*Idem.*	250.	
906.	JOB (*Alexandre-Germain*), voltigeur au 30.e de ligne.	3 octobre 1809.	*Idem.*	500.	Son amputation.	250.	
907.	JOFFRENOT-MONTLEBERT (*Hector-Félicie*), fille de Joseph-Marie-Claude, capitaine de l'artillerie à cheval de la garde.	15 mars 1810.	*Idem.*	500.	Les services du père, mort le 29 décembre 1812.	250.	
908.	JOLLY (*Louis*), adjudant-major des dragons de la garde.	1.er février 1808.	*Idem.*	1,000.	Ses services.	250.	
909.	JONCKBLOET (*Jean*), fourrier du palais.	1.er janvier 1812.	Rhin-et-Moselle.	500.	*Idem.*	250.	
910.	JORÉ (*Jean-Antoine*), chef de bataillon commandant la réserve.	17 novembre 1811.	Octroi du Rhin.	1,000.	*Idem.*	250.	
911.	JOURDAN (*Jean*), chasseur au 7.e d'infanterie légère.	3 octobre 1809.	Mont de Milan.	500.	Son amputation.	250.	
912.	JOURDAN (*Jacques*), fusilier au 47.e de ligne.	*Idem.*	*Idem.*	500.	*Idem.*	250.	
913.	JOURDANT (*Joseph-Marie*), caporal au 26.e d'infanterie légère.	16 mai 1811.	Octroi du Rhin.	500.	*Idem.*	250.	
					A reporter...	22[illegible],250.	

NUMÉROS D'ORDRE.	NOMS, QUALITÉS ET GRADES des donataires ou de leurs successeurs.	DATES des décrets ou décisions par lesquels les dotations ont été accordées	DÉSIGNATION des pays, biens ou établissem.ns sur lesquels les dotations ont été constituées.	MONTANT de chaque DOTATION.	TITRE OU MOTIF auquel elles ont été accordées.	MONTANT de l'indemnité fixée par le projet de loi.	OBSERVATIONS.
					Report....	228,250f	
914.	JOURNAU (*Claude*), fusilier au 85.e de ligne.	3. octobre 1809.	Mont de Milan.	500f	Son amputation.	250.	
915.	JOUSLIN (*Jacques-Nicolas*), maréchal-des-logis-chef au 20.e des chasseurs à cheval.	16 mai 1811.	Octroi du Rhin.	500.	*Idem*.	250.	
916.	JOYEUX (*Jean-Baptiste*), sergent des grenadiers au 106.e de ligne.	3 octobre 1809.	Mont de Milan.	500.	*Idem*.	250.	
917.	JUBERT, lieutenant des grenadiers à cheval de la garde.	1.er février 1808.	Mont de Milan.	500.	Ses services.	250.	
918.	JUDIC (*Jean*), fusilier au 84.e de ligne.	3 octobre 1809.	Mont de Milan.	500.	Son amputation.	250.	
919.	JULIOT (*Joseph*), fusilier au 84.e de ligne.	3 octobre 1809.	Mont de Milan.	500.	*Idem*.	250.	
920.	JULLIEN (*Jeanne-Méline*), fille du major au 16.e d'infanterie légère.	1.er février 1808.	Mont de Milan.	1,000.	Les services de son père, mort le 19 novembre 1811.	250.	
921.	JULLIEN (*Jean-Antoine-Gaspar*), chef de bataillon d'infanterie.	1.er février 1808.	Mont de Milan.	500.	Ses services.	250.	
922.	JULLIEN (*Marie-Élisabeth*), fille du grenadier au 23.e d'infanterie de ligne.	16 mai 1811.	Octroi du Rhin.	500.	Les services et l'amputation de son père.	250.	
923.	JUNCKER (*Henri-Philippe-Charles*), lieutenant-colonel de cavalerie.	1.er février 1808.	Mont de Milan.	500.	Ses services.	250.	
924.	JUNG (*Chrétien-Daniel*), hussard au 9.e régiment.	3 octobre 1809.	Mont de Milan.	500.	Son amputation.	250.	
925.	JUNGMANN (*Laurent*), sous-lieutenant au 8.e des cuirassiers.	3 octobre 1809.	Mont de Milan.	500.	*Idem*.	250.	

K

926.	KESLER (*Philippe*), lieutenant au 6.e d'artillerie à cheval.	3 octobre 1809.	Mont de Milan.	500.	*Idem*.	250.	
927.	KESSEL (*Jean-Jacques*), maréchal-de-camp.	1.er février 1808.	Mont de Milan.	1,000.	Ses services.	250.	
928.	KITZ (*Georges-Frédéric*), chirurgien-major du 1.er régiment de la Vistule. Naturalisé.	31 mars 1812.	Octroi du Rhin.	500.	*Idem*.	250.	
929.	KLEINPETER (*François*), canonnier au 6.e d'artillerie à cheval.	3 octobre 1809.	Mont de Milan.	500.	Son amputation.	250.	
930.	KLINGLER (*Jean-Baptiste*), adjudant-commandant.	17 mars 1808.	Mont de Milan.	500.	Ses services.	250.	
					A reporter.....	232,500.	

NUMÉROS D'ORDRE.	NOMS, QUALITÉS ET GRADES des donataires ou de leurs successeurs.	DATES des décrets ou décisions par lesquels les dotations ont été accordées.	DÉSIGNATION des pays, biens ou établissem.s sur lesquels les dotations ont été constituées.	MONTANT de chaque DOTATION.	TITRE OU MOTIF auquel elles ont été accordées.	MONTANT de l'indemnité accordée par le projet de loi.	OBSERVATIONS.
					Report....	232,500f	
931.	KŒNIG (*Pierre*), maréchal-des-logis au 16.e des chasseurs à cheval.	3 octobre 1809.	Mont de Milan.	500f	Son amputation.	250.	
932.	KRAIEWSKI (*Stanislas-Auguste*), brigadier des chevau-légers polonais. Naturalisé.	15 mars 1810.	Mont de Milan.	500.	Ses services.	250.	
933.	KRETTLY (*Élie*), lieutenant porte-étendart des chasseurs à cheval de la garde.	1.er février 1808.	Mont de Milan.	500.	*Idem.*	250.	
934.	KUNGLER (*Christian*), caporal au 92.e de ligne.	3 octobre 1809.	Mont de Milan.	500.	Son amputation.	250.	
935.	KUSER (*Loup*), cuirassier au 2.e régiment.	3 octobre 1809.	Mont de Milan.	500.	*Idem.*	250.	
	L.						
936.	LABADY (*Pierre-Charles*), sergent au 19.e de ligne.	3 octobre 1809.	Mont de Milan.	500.	*Idem.*	250.	
937.	LABBÉ (*Jean-Louis*), chef d'escadron de gendarmerie, en retraite.	1.er février 1808.	Mont de Milan.	500.	Ses services.	250.	
938.	LABORDE (*Jean*), carabinier au 24.e d'infanterie légère.	3 octobre 1809.	Mont de Milan.	500.	Son amputation.	250.	
939.	LABORDE (*Léonard-Valentin*), capitaine des grenadiers à pied de la garde.	15 mars 1810.	Mont de Milan.	500.	Ses services.	250.	
940.	LACAZE (*Jean-Baptiste*), capitaine d'infanterie en retraite.	1.er février 1808.	Mont de Milan.	500.	*Idem.*	250.	
941.	LAFARGUE (*Paul-Charles-Marie-Tancrède*), fils de Pierre-Luc-Toussaint, chef de bataillon d'infanterie.	15 mars 1810.	Mont de Milan.	500.	Les services de son père, mort le 18 juin 1815.	250.	
942.	LAFONT, le Baron (*André-Jacques*), maréchal-de-camp.	1.er février 1808.	Mont de Milan.	1,000.	Ses services.	250.	
943.	LAFOSSE (CHATRY DE) (*Gabriel-Henri*), lieutenant-colonel de cavalerie.	1.er février 1808.	Mont de Milan.	1,000.	*Idem.*	250.	
944.	LAGIER (*Joseph*), lieutenant honoraire invalide.	3 octobre 1810.	Octroi du Rhin.	500.	*Idem.*	250.	
945.	LAGORSSE (*Antoine*), capitaine de gendarmerie d'élite.	15 mars 1810.	Mont de Milan.	500.	*Idem.*	250.	
					A reporter....	236,250.	

NUMÉROS D'ORDRE.	NOMS, QUALITÉS ET GRADES des donataires ou de leurs successeurs.	DATES des décrets ou décisions par lesquels les dotations ont été accordées.	DÉSIGNATION des pays, biens ou établissem.ns sur lesquels les dotations ont été constituées.	MONTANT de chaque DOTATION.	TITRE OU MOTIF auquel elles ont été accordées.	MONTANT de l'indemnité fixée par le projet de loi.	OBSERVATIONS.
					Report....	236,250f	
946.	LAHACHE (*Jean-Jacques*), caporal aux chasseurs à pied de la garde.	15 mars 1810.	Mont de Milan.	500f	Ses services.	250.	
947.	LAJOIE (*Louis-Innocent*), ex-major de cavalerie.	1.er février 1808.	Mont de Milan.	500.	*Idem*.	250.	
948.	LAJUGIE (*Jean*), fils du fusilier au 92.e de ligne.	3 octobre 1809.	Mont de Milan.	500.	Les services et l'amputation de son père, mort le 1.er janvier 1815.	250.	
949.	LALOU (*Jean-Victor-Constant*), fils du chef de bataillon du 100.e de ligne.	20 mai 1811.	Octroi du Rhin.	10,000.	Les services de son père, mort le 16 novembre 1812.	250.	
950.	LAMBALLERIE (*Nicolas-François*), lieutenant de gendarmerie à cheval.	5 mars 1813.	Mont de Milan.	500.	Ses services.	250.	
951.	LAMBERT (*Jean-Nicolas*), chef de bataillon d'infanterie en retraite.	1.er février 1808.	Mont de Milan.	500.	*Idem*.	250.	
952.	LAMBERT (*Christophe*), lieutenant des chasseurs à cheval de la garde.	1.er février 1808.	Mont de Milan.	500.	*Idem*.	250.	
953.	LAMBERT (*Pierre*), grenadier au 18.e de ligne.	3 octobre 1809.	Mont de Milan.	500.	Son amputation.	250.	
954.	LAMBERT (*Louis*), fusilier au 105.e de ligne.	3 août 1810.	Mont de Milan.	500.	*Idem*.	250.	
955.	LAMEZAN, le Comte de (*Jean-Louis-Gabriel-Hugues-Léon*), chef de bataillon du génie.	20 juin 1813.	Mont de Milan.	1,000.	Ses services.	250.	
956.	LAMOTTE (*Alexandre*), chef de bataillon d'infanterie.	1.er février 1808.	Mont de Milan.	1,000.	*Idem*.	250.	
957.	LAMOURET (*Antoine-Jean-Baptiste*), chef de bataillon d'infanterie.	1.er février 1808.	Mont de Milan.	500.	*Idem*.	250.	
958.	LAMOUREUX (*Jean-Pascal*), fusilier au 17.e de ligne.	3 octobre 1809.	Octroi du Rhin.	500.	Son amputation.	250.	
959.	LANAY (*Sébastien*), grenadier au 37.e de ligne.	3 octobre 1809.	Mont de Milan.	500.	*Idem*.	250.	
960.	LANCELIN (*Edme*), voltigeur au 33.e d'infanterie de ligne.	16 mai 1811.	Octroi du Rhin.	500.	Ses services.	250.	
961.	LANCERY (*Jean-Baptiste*), chef de bataillon d'artillerie en retraite.	17 mars 1808.	Mont de Milan.	500.	*Idem*.	250.	
962.	LANCESTRE (*Joseph-Nicolas-Toussaint*), chef d'escadron de dragons.	1.er février 1808.	Mont de Milan.	1,000.	*Idem*.	250.	
963.	LANDRY (*Mathieu*), lieutenant de dragons de la garde.	1.er février 1808.	Mont de Milan.	500.	*Idem*.	250.	
964.	LANGE (*Jacob*), voltigeur au 67.e de ligne.	3 octobre 1809.	Mont de Milan.	500.	Son amputation.	250.	
					A reporter....	241,000.	

NUMÉROS D'ORDRE.	NOMS, PRÉNOMS ET GRADES des donataires ou de leurs successeurs.	DATES des décrets ou décisions par lesquels les dotations ont été accordées.	DÉSIGNATION des pays, biens ou établissem.s sur lesquels les dotations ont été accordées.	MONTANT de chaque dotation.	TITRE OU MOTIF auquel elles ont été accordées.	MONTANT de l'indemnité fixée par le projet de loi.	OBSERVATIONS.
					Report...	241,000f	
965.	LANGEVIN (*Pierre-Jean-Baptiste*), canonnier au 7.e d'artillerie à pied.	3 octobre 1809.	Mont de Milan.	500f	Son amputation.	250.	
966.	LANNEAU (*Jean*), caporal au 8.e d'artillerie à pied.	3 octobre 1809.	Mont de Milan.	500.	*Idem.*	250.	
967.	LANOÉ (*François*), voltigeur au 84.e de ligne.	16 mai 1811.	Octroi du Rhin.	500.	*Idem.*	250.	
968.	LAPEYRE (*Jean*), lieutenant-colonel d'infanterie.	1.er février 1808.	Mont de Milan.	500.	Ses services.	250.	
969.	LAPEYRIÈRE (*Fabien-Sébastien*), chef d'escadron.	15 mars 1810.	Mont de Milan.	1,000.	*Idem.*	250.	
970.	LAPIERRE, lieutenant des dragons de la garde.	1.er février 1808.	Mont de Milan.	500.	*Idem.*	250.	
971.	LAPLANE, capitaine au 1.er des fusiliers de la garde.	1.er février 1808.	Mont de Milan.	1,000.	*Idem.*	250.	
972.	LAPORTE (DE) (*Arnaud-Auguste*), lieutenant-colonel d'artillerie à cheval.	15 mars 1810.	Mont de Milan.	500.	*Idem.*	250.	
973.	LAPORTE (*Raimond*), canonnier au 2.e d'artillerie.	3 octobre 1810.	Octroi du Rhin.	500.	Son amputation.	250.	
974.	LARCHER-CHAMONT (*François*), chef de bataillon du génie.	17 mars 1808.	Mont de Milan.	500.	Ses services.	250.	
975.	LARDIER (*Etienne-Claude*), ex-capitaine d'infanterie.	15 mars 1810.	Mont de Milan.	500.	*Idem.*	250.	
976.	LARLOT (*Claude*), grenadier au 92.e d'infanterie de ligne.	3 octobre 1809.	Mont de Milan.	500.	Son amputation.	250.	
977.	LAROUSSE (*Bernard*), major d'infanterie en retraite.	1.er février 1808.	Mont de Milan.	1,000.	Ses services.	250.	
978.	LARROUY (*Jean-Baptiste*), chef de bataillon d'infanterie.	17 mars 1808.	Mont de Milan.	1,000.	*Idem.*	250.	
979.	LASSERONT (*Françoise-Louise*), fille du chef de bataillon d'artillerie.	17 mars 1808.	Mont de Milan.	500.	Les services de son père, mort le 31 janvier 1811.	250.	
980.	LATOUR-FOISSAC, colonel de cuirassiers.	15 mars 1810.	Mont de Milan.	500	Ses services.	250.	
981.	LAURENT (*Louis-Damas*), capitaine du 59.e de ligne, en retraite.	19 mars 1813.	"	1,000.	*Idem.*	250.	
982.	LAURIOT (*Jacques-François-Joseph*), voltigeur au 46.e de ligne.	3 octobre 1809.	Mont de Milan.	500.	Son amputation.	250.	
983.	LAVENANT (*Ambroise-Louis*), chef de bataillon commandant d'armes.	17 mars 1808.	Mont de Milan.	500.	Ses services.	250.	
984.	LAVIGNE (*François-Marie-Joseph*), colonel d'infanterie.	17 mars 1808.	Mont de Milan.	1,000.	*Idem.*	250.	
					A reporter...	246,000.	

NUMÉROS D'ORDRE.	NOMS, QUALITÉS ET GRADES des donataires ou de leurs successeurs.	DATES des décrets ou décisions par lesquels les dotations ont été accordées.	DÉSIGNATION des pays, biens ou établissem.nr sur lesquels les dotations ont été constituées.	MONTANT de chaque dotation.	TITRE OU MOTIF auquel elles ont été accordées.	MONTANT de l'indemnité fixée par le projet de loi.	OBSERVATIONS.
					Report......	246,000l	
985.	LAVILLE (*Joseph-Alexandre-Félix-Marie*), maréchal-de-camp, naturalisé.	17 mars 1808.	Mont de Milan.	500f	Ses services.	250.	
986.	LAVILLETTE (*François-Joseph-Marie-Charles*), chef d'escadron du 19.e des chasseurs.	17 mars 1808.	Mont de Milan.	500.	*Idem.*	250.	
987.	LAVILLETTE, lieutenant aide-de-camp.	17 mars 1808.	Mont de Milan.	500.	*Idem.*	250.	
988.	LAVOINE (*Jacques*), capitaine d'infanterie en retraite.	1.er février 1808.	Mont de Milan.	500.	*Idem.*	250.	
989.	LAZARET (*Pierre*), fusilier au au 92.e de ligne.	3 octobre 1809.	Mont de Milan.	500.	Son amputation.	250.	
990.	LAZERUS (*Antoine*), hussard au 8.e régiment.	3 août 1810.	Octroi du Rhin.	500.	*Idem.*	250.	
991.	LEBEC (*Louis*), chasseur à pied de la garde.	15 mars 1810.	Mont de Milan.	500.	Ses services.	250.	
992.	LEBEAU (*Jean-Louis*), lieutenant-colonel d'infanterie en retraite.	1.er février 1808.	Mont de Milan.	500.	*Idem.*	250.	
993.	LEBLANC (*Claude-Jacques*), colonel d'infanterie en retraite.	17 mars 1808.	Mont de Milan.	500.	*Idem.*	250.	
994.	LEBLANC (*David-Joseph*), maréchal-des-logis aux dragons de la garde.	15 mars 1810.	Mont de Milan.	500.	*Idem.*	250.	
995.	LEBŒUF (*Pierre-Michel*), sous lieutenant au 16.e d'infanterie légère.	3 octobre 1809.	Mont de Milan.	500.	Son amputation.	250.	
996.	LEBOURSIER (*Jean-Baptiste-Jacques-Alexandre*), lieutenant-colonel d'infanterie.	1.er février 1808.	Mont de Milan.	500.	Ses services.	250.	
997.	LEBRASSEUR (*Louis-Georges*), ex-lieutenant-colonel de cavalerie.	1.er février 1808.	Mont de Milan.	500.	*Idem.*	250.	
998.	LEBRUN (*Joseph*), grenadier au 3.e d'infanterie de ligne.	16 mai 1811.	Octroi du Rhin.	500.	Son amputation.	250.	
999.	LECALOH (*Mathurin*), chasseur à cheval au 2.e régiment.	16 mai 1811.	Octroi du Rhin.	500.	*Idem.*	250.	
1000.	LECANUET (*André*), grenadier au 52.e de ligne.	3 octobre 1810.	Octroi du Rhin.	500.	*Idem.*	250.	
1001.	LECARDINAL DE KERNIER (*Jacques-Ange-Marie-Paul*, lieutenant de l'artillerie à cheval de la garde.	15 mars 1810.	Mont de Milan.	500.	Ses services.	250.	
1002.	LECARPENTIER (*Jean-Baptiste*), fusilier au 84.e de ligne.	3 octobre 1809.	Mont de Milan.	500.	Son amputation.	250.	
1003.	LECERF (*Jean-Baptiste*), sapeur des grenadiers à pied.	15 mars 1810.	Mont de Milan.	500.	Ses services.	250.	
					A reporter....	250,750.	

NUMÉROS D'ORDRE.	NOMS, QUALITÉS ET GRADES des donataires ou de leurs successeurs.	DATES des décrets ou décisions par lesquels les dotations ont été accordées.	DÉSIGNATION des pays, biens ou établissem.ns sur lesquels les dotations ont été constituées.	MONTAMT de chaque dotation.	TITRE OU MOTIF auquel elles ont été accordées.	MONTANT de l'indemnité fixée par le projet de loi.	OBSERVATIONS.
					Report......	250,750f	
1004.	LECLAIRE (*Louis-Benjamin-Jean-Baptiste-Alexis*), chef de bataillon commandant d'armes à Prague.	17 mars 1808.	Mont de Milan.	500f	Ses services.	250.	
1005.	LECLERC-LAFAGE (*François*), colonel aide-de-camp.	17 mars 1808.	Mont de Milan.	500.	*Idem*	250.	
1006.	LECLERC (*Charles-Louis*), major des pontonniers.	15 mars 1810.	Mont de Milan.	500.	*Idem.*	250.	
1007.	LECLERC (*Pierre-Louis-Joseph*), chasseur au 15.e d'infanterie légère.	3 août 1810.	Octroi du Rhin.	500.	Son amputation.	250.	
1008	LECLERC (*Joseph*), colonel d'infanterie.	1.er février 1808.	Mont de Milan.	500.	Ses services.	250.	
1009.	LECLERC (*Joseph*), fusilier au 30.e de ligne.	3 octobre 1809.	Mont de Milan.	500.	Son amputation.	250.	
1010.	LECOMPTE (*Charles*), grenadier au 19.e de ligne.	3 octobre 1809.	Mont de Milan.	500.	*Idem.*	250.	
1011.	LECOMTE (*Charles-François-Gaspar*), lieutenant sous-adjudant-major des fusiliers de la garde.	1.er février 1808.	Mont de Milan.	500.	Ses services.	250.	
1012.	LECORBEILLER (*Ferdinand-Marin-Charles*), soldat au 1.er bataillon du train.	3 octobre 1809.	Mont de Milan.	500.	Son amputation.	250.	
1013.	LECORPS (*Pierre*), capitaine d'infanterie.	15 mars 1810.	Mont de Milan.	500.	Ses services.	250.	
1014.	LEFAIVRE, le B.on (*Louis-Jean Claude-Clément*), colonel de gendarmerie.	28 septembre 1813.	"	1,000.	*Idem.*	250.	
1015.	LEFAOU (*Yves*), fusilier au 72.e de ligne.	3 octobre 1810.	Octroi du Rhin.	500.	Son amputation.	250.	
1016.	LEFEBRE-DEPLANQUE (*Philibert-Augustin-Joseph*), chef de bataillon en retraite.	17 mars 1808.	Mont de Milan.	500.	Ses services.	250.	
1017.	LEFEBVRE (*Pierre*), tambour au 19.e de ligne.	3 octobre 1809.	Mont de Milan.	500.	Son amputation.	250.	
1018.	LEFEBVRE (*Jean-Jacques*), grenadier au 19.e de ligne.	3 octobre 1809.	Mont de Milan.	500.	*Idem.*	250.	
1019.	LEFEBVRE (*Joseph-Xavier*), colonel du 3.e de hussards.	1.er février 1808.	Mont de Milan.	1,000.	Ses services.	250.	
1020.	LEFÈVRE-DESGARDES (*Urbain-Jacques*), lieutenant-colonel.	17 mars 1808.	Mont de Milan.	500.	*Idem.*	250.	
1021.	LEFEVRE (*Louis-François*), soldat au 85.e de ligne.	22 novembre 1811.	Octroi du Rhin.	500.	Son amputation.	250.	
1022.	LEFORESTIER (*Félix-Marie*), grenadier au 84.e de ligne.	3 octobre 1809.	Mont de Milan.	500.	*Idem.*	250.	
					A reporter.....	255,000.	

NUMÉROS D'ORDRE.	NOMS, QUALITÉS ET GRADES des donataires ou de leurs successeurs.	DATES des décrets ou décisions par lesquels les dotations ont été accordées.	DÉSIGNATION des pays, biens ou établissem.s sur lesquels les dotations ont été constituées.	MONTANT de chaque dotation.	TITRE OU MOTIF auquel elles ont été accordées.	MONTANT de l'indemnité fixée par le projet de loi.	OBSERVATIONS.
					Report...	255,500f	
1023.	LEFRANÇOIS (*Frédéric-Louis*), lieutenant-colonel d'artillerie à l'école de Metz.	1.er février 1808.	Mont de Milan.	500f	Ses services.	250.	
1024.	LEGAY (*François-Eugène*), canonnier au 2.e d'artillerie à cheval.	16 mai 1811.	Octroi du Rhin.	500.	Son amputation.	250.	
1025.	LEGENDRE (*Marie-Jeanne*), femme LAURENT, fille de François, chef de bataillon d'artillerie.	17 mars 1808.	Mont de Milan.	500.	Les services de son père, mort le 16 février 1817.	250.	
1026.	LÉGER (*Jean-Baptiste*), caporal au 92.e de ligne.	3 octobre 1809.	Mont de Milan.	500.	Son amputation.	250.	
1027.	LÉGLISE, le Baron (*Pierre*), maréchal-de-camp.	1.er février 1808.	Mont de Milan.	1,000.	Ses services.	250.	
1028.	LEGRAND (*Juste-Valentin*), chef de bataillon.	17 mars 1808.	Mont de Milan.	500.	*Idem.*	250.	
1029.	LEGROS (*Pierre-Antoine-Hubert*), sergent au 92.e de ligne.	3 octobre 1809.	Mont de Milan.	500.	Son amputation.	250.	
1030.	LEGUERNAY (*Victor-Louis-Roch*), capitaine d'artillerie.	15 mars 1810.	Mont de Milan.	500.	Ses services.	250.	
1031.	LEIFEEIE (*Simon*), voltigeur au 36.e de ligne.	3 octobre 1809.	Mont de Milan.	500.	Son amputation.	250.	
1032.	LELARGE (*Tranquille*), lieutenant de gendarmerie d'élite, retraité.	1.er février 1808.	Mont de Milan.	500.	Ses services.	250.	
1033.	LELARGE (*Frédéric*), lieutenant de gendarmerie en retraite.	5 mars 1813.	Mont de Milan.	500.	*Idem.*	250.	
1034.	LEMAIRE (*Jean-François*), chef d'escadron.	1.er février 1808.	Mont de Milan.	500.	*Idem.*	250.	
1035.	LEMAIRE (*Jean-Baptiste*), lieutenant des chasseurs à cheval de la garde.	1.er février 1808.	Mont de Milan.	500.	*Idem.*	250.	
1036.	LEMAIRE (*Jean-Baptiste*), fusilier au 35.e d'infanterie de ligne.	3 octobre 1809.	Mont de Milan.	500.	Son amputation.	250.	
1037.	LEMAIRE (*Jean-Martin*), maréchal-des-logis aux dragons de la garde.	15 mars 1810.	Mont de Milan.	500.	Ses services.	250.	
1038.	LEMAIRE (*Jacques-Auguste*), grenadier au 85.e de ligne.	3 octobre 1810.	Octroi du Rhin.	500.	Son amputation.	250.	
1039.	LEMAROIS (*René-Marie*), lieutenant-colonel d'infanterie, retraité.	1.er février 1808.	Mont de Milan.	1,000.	Ses services.	250.	
1040.	LEMAY (*Jean*), grenadier au 30.e de ligne.	3 octobre 1809.	Mont de Milan.	500.	Son amputation.	250.	
1041.	LEMERCIER, soldat du train d'artillerie de la garde.	15 mars 1810.	Mont de Milan.	500.	Ses services.	250.	
					A reporter....	260,250.	

NUMÉROS D'ORDRE.	NOMS, QUALITÉS ET GRADES des donataires ou de leurs successeurs.	DATES des décrets ou décisions par lesquels les dotations ont été accordées.	DÉSIGNATION des pays, biens ou établissem.s sur lesquels les dotations ont été constituées.	MONTANT de chaque dotation.	TITRE ou MOTIF auquel elles ont été accordées.	MONTANT de l'indemnité fixée par le projet de loi.	OBSERVATIONS.
					Report......	260,250f	
1042.	LEMERCIER (*Jean-Christophe*), lieutenant du train d'artillerie de la garde.	15 mars 1810.	Mont de Milan.	500f	Ses services.	250.	
1043.	LEMIRHE (*Lucien-Armand*), lieutenant de gendarmerie à cheval.	5 mars 1813.	Mont de Milan.	500.	*Idem.*	250.	
1044.	LENOIR (*Auguste-Nicolas*), maréchal-de-camp en retraite.	1.er février 1808.	Mont de Milan.	1,000.	*Idem.*	250.	
1045.	LENOIR (*Hubert-Joseph*), grenadier au 108.e de ligne.	3 août 1810.	Octroi du Rhin.	500.	Son amputation.	250.	
1046.	LENOIR (*Jean*), voltigeur au 105.e de ligne.	3 octobre 1810.	Octroi du Rhin.	500.	*Idem.*	250.	
1047.	LENTZ (*François-Antoine*, grenadier au 65.e de ligne.	3 août 1810.	Octroi du Rhin.	500.	*Idem.*	250.	
1048.	LEPAGE (*François*), capitaine d'infanterie en retraite.	15 mars 1810.	Mont de Milan.	500.	Ses services.	250.	
1049.	LE PAUMIER (*Jean-François-Louis*), lieutenant des dragons de la garde.	1.er février 1808.	Mont de Milan.	500.	*Idem.*	250.	
1050.	LEPOT (*Médard*), lieutenant des grenadiers à cheval de la garde.	1.er février 1808.	Mont de Milan.	500.	*Idem.*	250.	
1051.	LEPRÊTRE (*Adam-Alexandre*), capitaine de gendarmerie à cheval, en retraite.	5 mars 1813.	Mont de Milan.	500.	*Idem.*	250.	
1052.	LEPROUX (*François*), adjudant au 23.e de ligne.	3 octobre 1809.	Mont de Milan.	500.	Son amputation.	250.	
1053.	LÉRÉAU (*Jean-Marie*), fusilier au 69.e de ligne.	3 octobre 1810.	Octroi du Rhin.	500.	*Idem.*	250.	
1054.	LERICHE (*Constant*), fusilier au 53.e de ligne.	3 octobre 1809.	Mont de Milan.	500.	*Idem.*	250.	
1055.	LERIVINT (*Charles-Gabriel*), fils du chef d'escadron.	1.er février 1808.	Mont de Milan.	1,000.	Les services de son père, mort le 21 septembre 1812.	250.	
1056.	LEROY (*François-Jacques-Alexandre*), capitaine adjudant-major au 2.e des fusiliers de la garde.	1.er février 1808.	Mont de Milan.	1,000.	Ses services.	250.	
1057.	LE ROY (*Mathieu*), soldat au 27.e de ligne.	3 octobre 1809.	Mont de Milan.	500.	Son amputation.	250.	
1058.	LEROUX (*Claude*), fusilier au 21.e d'infanterie de ligne.	8 janvier 1813.	Octroi du Rhin.	500.	*Idem.*	250.	
1059.	LE SAULNIER DE LA HAUTIÈRE (*François-Marie-Augustin*), capitaine des chasseurs à pied de la garde.	15 mars 1810.	Mont de Milan.	500.	Ses services.	250.	
					A reporter......	264,750.	

NUMÉROS D'ORDRE.	NOMS, QUALITÉS ET GRADES des donataires ou de leurs successeurs.	DATES des décrets ou décisions par lesquels les dotations ont été accordées.	DÉSIGNATION des pays, biens ou établissem.ns sur lesquels les dotations ont été constituées.	MONTANT de chaque DOTATION.	TITRE OU MOTIF auquel elles ont été accordées.	MONTANT de l'indemnité fixée par le projet de loi.	OBSERVATIONS.
					Report.....	264,750f	
1060.	LESTRELIN (*Jean-Baptiste-Amand*), cuirassier au 8.e régiment.	16 mai 1811.	Octroi du Rhin.	500f	Son amputation.	250.	
1061.	LEURET (*Quentin*), sergent au 37.e de ligne.	3 octobre 1809.	Mont de Milan.	500.	*Idem.*	250.	
1062.	LEVAILLANT (*Adrien-Louis-Mathieu*), ex-capitaine d'artillerie de la garde; inspecteur des eaux-et-forêts.	1.er février 1808.	*Idem.*	1,000.	Ses services.	250.	
1063.	LEVASSEUR (*Jean*), ex-lieutenant des chasseurs à cheval de la garde; garde général des forêts à Valence.	*Idem.*	*Idem.*	500.	*Idem.*	250.	
1064.	LEVASSEUR (*René-Gabriel*), adjudant-commandant.	17 mars 1808.	*Idem.*	500.	*Idem.*	250.	
1065.	LEVÉ (*Michel*), capitaine d'infanterie.	1.er février 1808.	*Idem.*	500.	*Idem.*	250.	
1066.	LEVEAUX (*Philippe-Jean-Henri*), capitaine d'infanterie en retraite.	*Idem.*	*Idem.*	500.	*Idem.*	250.	
1067.	LÉVÊQUE (*Henri-Roch*), lieutenant des chasseurs à pied de la garde.	*Idem.*	*Idem.*	500.	*Idem.*	250.	
1068	LEYMARIE (*Antoine*), lieutenant de gendarmerie à cheval.	5 mars 1813.	*Idem.*	500.	*Idem.*	250.	
1069.	LEZADT (*Pierre*), voltigeur au 19.e de ligne.	3 octobre 1809.	*Idem.*	500.	Son amputation.	250.	
1070.	L'HOMME (*Pierre*), fusilier au 92.e de ligne.	3 octobre 1809.	*Idem.*	500.	*Idem.*	250.	
1071.	L'HUILLIER (*Jean-Charles*), lieutenant des grenadiers à cheval de la garde.	1.er février 1808.	*Idem.*	500.	Ses services.	250.	
1072.	LIÉNART (*Félix-François-Joseph*), chasseur au 8.e d'infanterie légère.	3 octobre 1809.	*Idem.*	500.	Son amputation.	250.	
1073.	LIEUTAUD (*Joseph-François-Bruno*), lieutenant de Roi.	17 mars 1808.	*Idem.*	500.	Ses services.	250	
1074.	LIGIER (*Claude-Marie-Paul*), chef d'escadron en retraite.	1.er février 1808.	*Idem.*	1,000.	*Idem.*	250.	
1075.	LIGNY (*Jean-Baptiste*), caporal au 105.e de ligne.	3 août 1810.	Octroi du Rhin.	500.	Son amputation.	250.	
1076.	LIONAIS (*Joseph*), grenadier au 106.e de ligne.	3 octobre 1809.	Mont de Milan.	500.	*Idem.*	250.	
1077.	LIONNETTE (*Pierre*), canonnier au 5.e d'artillerie à cheval.	*Idem.*	*Idem.*	500.	*Idem.*	250.	
					A reporter...	269,250.	

NUMÉROS D'ORDRE.	NOMS, QUALITÉS ET GRADES des donataires ou de leurs successeurs.	DATES des décrets ou décisions par lesquels les dotations ont été accordées.	DÉSIGNATION des pays, biens ou établissem.ns sur lesquels les dotations ont été constituées.	MONTANT de chaque DOTATION.	TITRE OU MOTIF auquel elles ont été accordées.	MONTANT de l'indemnité fixée par le projet de loi.	OBSERVATIONS.
					Report....	269,250f	
1078.	LIOTIER (*Pierre*), grenadier au 85.e d'infanterie de ligne.	8 janvier 1813.	Octroi du Rhin.	500f	Son amputation.	250.	
1079.	LOHIER (*Louis-Joseph*), grenadier au 19.e de ligne.	3 octobre 1809.	Mont de Milan.	500.	*Idem.*	250.	
1080.	LOLIER (*Jacques*), chasseur à cheval de la garde.	15 mars 1810.	*Idem.*	500.	Ses services.	250.	
1081.	LOMBARD (*Paul*), major de cavalerie en retraite.	6 août 1811.	Octroi du Rhin.	1,000.	*Idem.*	250.	
1082.	LOUP (*Jean-François*), capitaine de dragons de la garde.	1.er février 1808.	Mont de Milan.	1,000.	*Idem.*	1,000.	
1083.	LOUPEY (*Claude*), fusilier au 29.e de ligne.	3 octobre 1809.	*Idem.*	500.	Son amputation.	250.	
1084.	LOURS (*Savinien*), lieutenant-colonel d'infanterie.	15 mars 1810.	*Idem.*	500.	Ses services.	250.	
1085.	LOUVEAU (*Nicolas*), fusilier au 92.e de ligne.	3 octobre 1809.	*Idem.*	500.	Son amputation.	250.	
1086.	LUCAS DE PESLOUAN (*Pierre-Marie-Augustin*), lieutenant au 46.e de ligne.	3 octobre 1809.	*Idem.*	500.	*Idem.*	250.	
1087.	LUNEAU (*Eurixène-Joseph*), colonel d'infanterie.	1.er février 1808.	*Idem.*	1,000.	Ses services.	250.	
1088.	LUXEMBOURG (*Jacob*), capitaine honoraire aux invalides.	16 mai 1811.	Octroi du Rhin.	500.	Son amputation.	250.	
1089.	LUZÈRE (*Bernard*), fusilier au 93.e de ligne.	3 octobre 1809.	Mont de Milan.	500.	*Idem.*	250.	
1090.	LYONS, lieutenant des chasseurs à pied de la garde.	15 mars 1810.	*Idem.*	500.	Ses services.	250.	

M

1091.	MABIRE (*Philippe*), lieutenant au 61.e de ligne.	3 octobre 1809.	Mont de Milan.	500.	Son amputation.	250.	
1092.	MABIT (*Jean*), fusilier au 85.e de ligne.	*Idem.*	*Idem.*	500.	*Idem.*	250.	
1093.	MABRU (*Claude*), chef de bataillon d'artillerie.	15 mars 1810.	*Idem.*	500.	Ses services.	250.	
1094.	MAGÉ (*Isidor*), capitaine de cavalerie.	1.er février 1808.	*Idem.*	500.	*Idem.*	250.	
1095.	MACÉ (*Laurent*), lieutenant-colonel de cavalerie en retraite.	15 mars 1810.	*Idem.*	500.	*Idem.*	250.	
1096.	MAGNAC (*Adolphe-Jean-Charles*), capitaine d'infanterie, fils du chef d'escadron.	17 mars 1808.	*Idem.*	500.	Les services de son père, mort le 12 juillet 1809.	250.	
					A reporter....	274,000.	

NUMÉROS D'ORDRE.	NOMS, QUALITÉS ET GRADES des donataires ou de leurs successeurs.	DATES des décrets et décisions par lesquels les dotations ont été accordées.	DÉSIGNATION des pays, biens ou établissem.s sur lesquels les dotations ont été constituées.	MONTANT de chaque DOTATION.	TITRE OU MOTIF auquel elles ont été accordées.	MONTANT de l'indemnité fixée par le projet de loi.	OBSERVATIONS.
					Report.......	274,000[l]	
1097.	MAGNIN (*Pierre-Antoine*), chasseur à cheval de la garde.	15 mars 1810.	Mont de Milan.	500[f]	Ses services.	250.	
1098.	MAIGROT (*Pierre-François*), colonel d'infanterie en retraite.	1.er février 1808.	*Idem.*	500.	*Idem.*	250.	
1099.	MAILLARD (*Pierre-Nicolas*), capitaine des chasseurs à pied de la garde.	*Idem.*	*Idem.*	1,000.	*Idem.*	250.	
1100.	MAILLARD (*Jean-Baptiste*), capitaine de cavalerie en retraite.	*Idem.*	*Idem.*	500.	*Idem.*	250.	
1101.	MAILLARD DE LISCOURT (*Louis-Édouard*), lieutenant-colonel d'artillerie.	*Idem.*	*Idem.*	500.	*Idem.*	250.	
1102.	MAILLARD (*Adrien-Étienne*), chasseur au 1.er à cheval.	22 novembre 1811.	Octroi du Rhin.	500.	Son amputation.	250.	
1103.	MAINGARNAUD (*Marie-Caroline-Livia*), fille du colonel aide-de-camp.	8 septembre 1808.	Mont de Milan.	500.	Les services de son père, mort le 5 mars 1811.	250.	
1104.	MAISONNEUVE (*Julien-Antoine-Félix*), fils du chef d'escadron.	17 mars 1808.	*Idem.*	500.	Les services de son père, mort le 3 août 1809.	250.	
1105.	MAJEUN (*Guillaume*), fusilier au 17.e de ligne.	3 octobre 1809.	*Idem.*	500.	Son amputation.	250.	
1106.	MALBERT (*François*), voltigeur au 92.e de ligne.	*Idem.*	*Idem.*	500.	*Idem.*	250.	
1107.	MALLET, matelot des marins de la garde.	15 mars 1810.	*Idem.*	500.	Ses services.	250.	
1108.	MALYC (*Étienne-Pierre*), chef de bataillon du 7.e de ligne.	17 mars 1808.	*Idem.*	500.	*Idem.*	250.	
1109.	MANCEAU (*Jacques-Louis*), cornette au 108.e de ligne.	3 octobre 1809.	*Idem.*	500.	Son amputation.	250.	
1110.	MANCEL (*Antoine*), chef d'escadron d'artillerie.	15 mars 1810.	*Idem.*	500.	Ses services.	250.	
1111.	MANCY (*Guillaume*), voltigeur au 17.e de ligne.	3 octobre 1809.	*Idem.*	500.	Son amputation.	250.	
1112.	MANDEVILLE (*Eugène-Charles-Auguste-David*), maréchal-de-camp commandant le département des Vosges.	8 septembre 1808.	*Idem.*	1,000.	Ses services.	250.	
1113.	MANEL, voltigeur au 17.e de ligne.	3 octobre 1809.	*Idem.*	500.	Son amputation.	250.	
1114.	MANGEOT (*Jean-Baptiste*), lieutenant des grenadiers à cheval de la garde.	1.er février 1808.	*Idem.*	500.	Ses services.	250.	
					A reporter.....	278,500.	

NUMÉROS D'ORDRE.	NOMS, QUALITÉS ET GRADES des donataires ou de leurs successeurs.	DATES des décrets ou décisions sur lesquels les dotations ont été accordées.	DÉSIGNATION des pays, biens ou établissem. sur lesquels les dotations ont été constituées.	MONTANT de chaque DOTATION.	TITRE OU MOTIF auquel elles ont été accordées.	MONTANT de l'indemnité fixée par le projet de loi.	OBSERVATIONS.
					Report......	278,500f	
1115.	MANGIN-DOINS, le Baron (*Jean-Baptiste*), maréchal-de-camp d'artillerie retraité.	15 août 1810.	Mont de Milan.	1,000f	Ses services.	250.	
1116.	MANIER (*Nicolas-Joseph*), cuirassier au 3.e régiment.	21 septembre 1812.	Octroi du Rhin.	500.	Son amputation.	250.	
1117.	MANSEAU (*Eustache*), grenadier au 53.e de ligne.	22 novembre 1811.	*Idem.*	500.	*Idem.*	250.	
1118.	MARAIS (*Louis*), carabinier au 2.e régiment.	3 octobre 1809.	Mont de Milan.	500.	*Idem.*	250.	
1119.	MARAN (*Pierre*), maréchal-de-camp.	17 mars 1808.	*Idem.*	500.	Ses services.	250.	
1120.	MARCHAND (*François-Xavier*), colonel en retraite.	*Idem.*	*Idem.*	500.	*Idem.*	250.	
1121.	MARET (*Stanislas-Joseph*), soldat au 2.e des carabiniers.	3 octobre 1809.	*Idem.*	500.	Son amputation.	250.	
1122.	MARIE (*François*), maréchal-des-logis au 14.e des chasseurs à cheval.	*Idem.*	*Idem.*	500.	*Idem.*	250.	
1123.	MARIÉ, grenadier à pied de la garde.	15 mars 1810.	*Idem.*	500.	Ses services.	250.	
1124.	MARILHAC (*Robert*), colonel du régiment de Strasbourg.	17 mars 1808.	*Idem.*	500.	*Idem.*	250.	
1125.	MARION (*Claude*), colonel d'artillerie.	*Idem.*	*Idem.*	500.	*Idem.*	250.	
1126.	MARITANO (*Victor-Joseph*), canonnier au 6.e d'artillerie à cheval.	3 octobre 1809.	*Idem.*	500.	Son amputation.	250.	
1127.	MARMAGNANT (*Jean-Marie*), sergent-major au 85.e de ligne.	*Idem.*	*Idem.*	500.	*Idem.*	250.	
1128	MARMEILLON (*Dominique*), fusilier au 25.e ligne.	*Idem.*	*Idem.*	500.	*Idem.*	250.	
1129.	MARMILLON (*Jean-François*), fusilier au 39.e d'infanterie de ligne.	16 mai 1811.	Octroi du Rhin.	500.	*Idem.*	250.	
1130	MARTHE (*Joseph*), lieutenant-colonel d'infanterie.	15 mars 1810.	Mont de Milan.	500.	Ses services.	250.	
1131.	MARTIN (*Jean-Baptiste-Noël*), lieutenant des chasseurs à pied de la garde.	15 mars 1810.	*Idem.*	500.	*Idem.*	250.	
1132.	MARTIN-LAFORÊT (*Étienne-Auguste*) chef d'escadron.	15 mars 1810.	*Idem.*	500.	*Idem.*	250.	
1133.	MARTIN (*Jean-Baptiste*), soldat au 9.e d'infanterie légère.	16 mai 1811.	Octroi du Rhin.	500.	Son amputation.	250.	
					A reporter.....	283,250.	

NUMÉROS D'ORDRE.	NOMS, QUALITÉS ET GRADES des donataires ou de leurs successeurs.	DATES des décrets ou décisions par lesquels les dotations ont été accordées.	DÉSIGNATION des pays, biens ou établissem.s sur lesquels les dotations ont été constituées.	MONTANT de chaque DOTATION.	TITRE OU MOTIF auquel elles ont été accordées.	MONTANT de l'indemnité fixée par le projet de loi.	OBSERVATIONS.
					Report.......	283,250f	
1134.	MARTIN (*Jacques-Nicolas*), fusilier au 57.e de ligne.	16 mai 1811.	Octroi du Rhin.	500f	Son amputation.	250	
1135.	MARTY (*Pierre-Jacques*), chasseur à pied de la garde.	15 mars 1810.	Mont de Milan.	500.	Ses services.	250.	
1136.	MARY (*Nicolas*), chef d'escadron en retraite.	1.er février 1808.	Mont de Milan.	500.	*Idem.*	250.	
1137.	MAS (*Ignace André-François*), colonel du 3.e d'inf. légère, en retraite.	17 mars 1808.	Mont de Milan.	500.	*Idem.*	250.	
1138.	MASSABEAU (*Jean-Baptiste-Vincent*), adjudant-commandant.	17 mars 1808.	Mont de Milan.	500.	*Idem.*	250.	
1139.	MASSIAS (*Gabriel-Joseph-Phiné*), capitaine d'artillerie en retraite.	15 mars 1810.	Mont de Milan.	500.	*Idem.*	250.	
1140.	MASSOL (*Joseph*), lieutenant-colonel d'infanterie.	1.er février 1808.	Mont de Milan.	500.	*Idem.*	250.	
1141.	MASSON (*André-Pierre*), colonel d'infanterie en retraite.	1.er février 1808.	Mont de Milan.	1,000.	*Idem.*	250.	
1142.	MASSOT (*Macaire*), fils du chef de bataillon de la 3.e division.	17 mars 1808.	Mont de Milan.	500.	Les services de son père, mort le 22 mai 1809.	250.	
1143.	MATHIEU (*Jean-Bapt.-Joseph*), grenadier au 92.e de ligne.	3 octobre 1809.	Mont de Milan.	500.	Son amputation.	250.	
1144.	MATHIS (*Jean-Joseph*), caporal au 17.e de ligne.	3 octobre 1809.	Mont de Milan.	500.	*Idem.*	250.	
1145.	MATHIVET (*Pierre*), colonel d'infanterie.	15 août 1810.	Mont de Milan.	1,000.	Ses services.	250.	
1146.	MAULARD (*Pierre-Claude*), fusilier au 61.e de ligne.	16 mai 1811.	Octroi du Rhin.	500.	Son amputation.	250.	
1147.	MAUREL (*Marie*), femme FABRE, fille de Laurent, chef de bataillon au 3.e corps.	17 mars 1808.	Mont de Milan.	500.	Les services de son père, mort le 20 novembre 1816.	250.	
1148.	MAURIN (*Joseph*), chasseur à pied de la garde.	15 mars 1810.	Mont de Milan.	500.	Ses services.	250.	
1149.	MAURUP (*Antoine*), sergent au 53.e de ligne.	3 octobre 1809.	Mont de Milan.	500.	Son amputation.	250.	
1150.	MAYEUX (*Louis*), capitaine de cavalerie en retraite.	1.er février 1808.	Mont de Milan.	500.	Ses services.	250.	
1151.	MAYOT (*Benoît*), capitaine d'infanterie en retraite.	1.er février 1808.	Mont de Milan.	500.	*Idem.*	250.	
1152.	MAZAS (*François Félix*), capitaine d'infanterie en retraite.	1.er février 1808.	Mont de Milan.	500.	*Idem.*	250.	
1153.	MAZATTE, canonnier du 7.e d'artillerie à pied.	3 octobre 1809.	Mont de Milan.	500.	Son amputation.	250.	
					A reporter.....	288,250.	

NUMÉROS D'ORDRE.	NOMS, QUALITÉS ET GRADES des donataires ou de leurs successeurs.	DATES des décrets ou décisions par lesquels les dotations ont été accordées.	DÉSIGNATION des pays, biens ou établissem.s sur lesquels les dotations ont été constituées.	MONTANT de chaque DOTATION.	TITRE OU MOTIF auquel elles ont été accordées.	MONTANT de l'indemnité fixée par le projet de loi.	OBSERVATIONS.
					Report......	288,250f	
1154.	MAZIAUX (*Antoine*), capitaine chef d'escadron en retraite.	1.er février 1808.	Mont de Milan.	500f	Ses services.	250.	
1155.	MEINADIER (*Jean-Baptiste*), fusilier au 92.e de ligne.	3 octobre 1809.	Mont de Milan.	500.	Son amputation.	250.	
1156.	MÉLINE (*Joseph-Charles*), lieutenant-colonel de cavalerie.	1.er février 1808.	Mont de Milan.	1,000.	Ses services.	250.	
1157.	MELINOT (*Jean-Baptiste*), fusilier au 85.e de ligne.	3 octobre 1809.	Mont de Milan.	500.	Son amputation.	250.	
1158.	MÉNAGER (*Jean*), grenadier au 46.e de ligne.	3 octobre 1809.	Mont de Milan.	500.	*Idem.*	250.	
1159.	MENDER, canonnier au 1.er d'artillerie à pied.	3 octobre 1809.	Mont de Milan.	500.	*Idem.*	250.	
1160.	MENGIN, le Baron (*François-Louis*), colonel d'artillerie.	15 août 1810.	Mont de Milan.	1,000.	Ses services.	250.	
1161.	MENGIN (*Charles-Dominique*), capitaine de carabiniers.	5 mars 1813.	Mont de Milan.	500.	*Idem.*	250.	
1162.	MENTREL (*Jean-François*), capitaine commandant l'artillerie à Colmar.	15 août 1810.	Mont de Milan.	500	*Idem.*	250.	
1163.	MENY (*Jean-Baptiste*), lieutenant-colonel de cavalerie.	1.er février 1808.	Mont de Milan.	1,000.	*Idem.*	250.	
1164.	MERAT (*Pierre*), capitaine de gendarmerie.	1.er février 1808.	Mont de Milan.	500.	*Idem.*	250.	
1165.	MERCHETTI (*Pierre-Xavier*), tirailleur du bataillon corse.	3 août 1810.	Octroi du Rhin.	500.	Son amputation.	250.	
1166.	MERCIER (*Louis-Édouard*), fusilier au 67.e de ligne.	3 octobre 1809.	Mont de Milan.	500.	*Idem.*	250.	
1167.	MERCIER (*Antoine*), chasseur à cheval au 14.e régiment.	3 octobre 1809.	Mont de Milan.	500.	*Idem.*	250.	
1168.	MERCIER (*Louis-Nicolas*), fusilier au 16.e de ligne.	3 octobre 1809.	Mont de Milan.	500.	*Idem.*	250.	
1169.	MERCIER (*Charles-Nicolas*), lieutenant-colonel de cavalerie.	15 mars 1810.	Mont de Milan.	500.	Ses services.	250.	
1170.	MERCIER (*Louis*), grenadier au 121.e de ligne.	3 octobre 1809.	Mont de Milan.	500.	Son amputation.	250.	
1171.	MERLET (*Jean-Baptiste-Julien*), fusilier des chasseurs à pied de la garde.	15 mars 1810.	Mont de Milan.	500.	Ses services.	250.	
1172.	MERLHES (*Jean-Marie*), colonel du 12.e de dragons.	15 août 1810.	Mont de Milan.	1,000.	*Idem.*	250.	
1173.	MERTIGNON (*Jacques*), soldat du train d'artillerie.	3 octobre 1809.	Mont de Milan.	500.	Son amputation.	250.	
					A reporter....	293,250.	

NUMÉROS D'ORDRE.	NOMS, QUALITÉS ET GRADES des donataires ou de leurs successeurs.	DATES des décrets ou décisions par lesquels les dotations ont été accordées.	DÉSIGNATION. des pays, biens ou établissem.ns sur lesquels les dotations ont été constituées.	MONTANT de chaque dotation.	TITRE OU MOTIF auquel elles ont été accordées.	MONTANT de l'indemnité fixée par le projet de loi.	OBSERVATIONS.
					Report....	293,250f	
1174.	MESCLOP (*Jean-Zacharie*), maréchal-de-camp.	17 mars 1808.	Mont de Milan.	500f	Ses services.	250.	
1175.	MESNIER, maréchal-des-logis aux dragons de la garde.	15 mars 1810.	Mont de Milan.	500.	*Idem.*	250.	
1176.	MESNIER (*Claude-Antoine-Eustache*), sergent au 105.e de ligne.	3 août 1810.	Octroi du Rhin.	500.	Son amputation.	250.	
1177.	MESSAGER (*François-Dominique*), chef d'escadron en retraite.	1.er février 1808.	Mont de Milan.	500.	Ses services.	250.	
1178.	MESSIER (*Jean-Jacques*), lieutenant-colonel des chasseurs à cheval.	1.er février 1808.	Mont de Milan.	1,000.	*Idem.*	250.	
1179.	MÉTILLON (*Simon*), brigadier au 4.e des cuirassiers.	3 octobre 1809.	Mont de Milan.	500	Son amputation.	250.	
1180.	MEYRONNET (*Balthazar-Henri-Bernard*), lieutenant-colonel de cavalerie.	1.er février 1808.	Mont de Milan.	500.	Ses services.	250.	
1181.	MEYSSIN (*Jean-François*) capitaine au 22.e d'infanterie légère.	3 octobre 1810.	Octroi du Rhin.	500.	Son amputation.	250.	
1182.	MÉZERAY (*Louis*), brigadier au 1.er des cuirassiers.	3 octobre 1809.	Mont de Milan.	500.	*Idem.*	250	
1183.	MICHEL (*Louis*), lieutenant des grenadiers à pied de la garde.	1.er février 1808.	Mont de Milan.	500.	Ses services.	250.	
1184.	MICHEL (*Claude*), lieutenant au 1.er des fusiliers de la garde.	1.er février 1808.	Mont de Milan.	500.	*Idem.*	250.	
1185.	MICHEL (*Charles*), fusilier au 21.e de ligne.	3 octobre 1809.	Mont de Milan.	500.	Son amputation.	250.	
1186.	MICHEL (*Louis-Gabriel*), capitaine d'infanterie en retraite.	15 mars 1810.	Mont de Milan.	500.	Ses services.	250.	
1187.	MICHEL dit MIQUEL (*Pierre*), chasseur du 10.e d'infanterie légère.	16 mai 1811.	Octroi du Rhin.	500.	Son amputation.	250.	
1188.	MICHELER (*Charles*), lieutenant-colonel d'infanterie.	1.er février 1808.	Mont de Milan.	500.	Ses services.	250.	
1189.	MICHEVANT (*Jean-Richard*), maréchal-des-logis du train d'artillerie de la garde.	15 mars 1810.	Mont de Milan.	500.	*Idem.*	250.	
1190.	MIEGGE (*Pierre*), fusilier au 111.e de ligne.	22 novembre 1811.	Octroi du Rhin.	500.	Son amputation.	250.	
1191.	MIGNOLY (*François*), caporal au 92.e de ligne.	3 octobre 1809.	Mont de Milan.	500.	*Idem.*	250.	
1192.	MIGNOT (*Simon-Charles*), fusilier au 61.e de ligne.	3 octobre 1809.	Mont de Milan.	500.	*Idem.*	250.	
					A reporter....	298,000.	

NUMÉROS D'ORDRE.	NOMS, QUALITÉS ET GRADES des donataires ou de leurs successeurs.	DATES des décrets ou décisions par lesquels les dotations ont été accordées.	DÉSIGNATION des pays, biens ou établissem.ns sur lesquels les dotations ont été constituées.	MONTANT de chaque dotation.	TITRE ou MOTIF auquel elles ont été accordées.	MONTANT de l'indemnité fixée par le projet de loi.	OBSERVATIONS.
					Report.......	298,000f	
1193.	MIOQUE (*Simon-Victor*), maréchal-des-logis au 16.e de chasseurs à cheval.	3 octobre 1809.	Mont de Milan.	500f	Son amputation.	250.	
1194.	MIROFFLE (*Pierre-Thomas*), lieutenant des chasseurs à pied de la garde, en retraite.	1.er février 1808.	Mont de Milan.	500.	Ses services.	250.	
1195.	MIRZA (*Daniel*), ex-lieutenant de lanciers.	15 mars 1810.	Mont de Milan.	500.	*Idem.*	250.	
1196.	MOCQUARD (*Prudence-Adolphe*), fils aîné de Bonaventure, capitaine d'artillerie à pied de la garde.	15 mars 1810.	Mont de Milan.	500.	Les services de son père, mort en 1812.	250.	
1197.	MOITY (*François-Joseph*), tambour au 19.e de ligne.	3 octobre 1809.	Mont de Milan.	500.	Son amputation.	250.	
1198.	MANAVANT (*Joseph*), chasseur au 8.e d'infanterie légère.	3 octobre 1809.	Mont de Milan.	500.	*Idem.*	250.	
1199.	MONNET (*Jérémie-Gratien*), caporal au 16.e d'infant. légère.	3 octobre 1809.	Mont de Milan.	500.	*Idem.*	250.	
1200.	MONNIER, fusilier au 84.e d'infanterie de ligne.	3 octobre 1809.	Mont de Milan.	500.	*Idem.*	250.	
1201.	MONTARBY (*Jean-Antoine*), chef d'escadron en retraite.	1.er février 1808.	Mont de Milan.	500.	Ses services.	250.	
1202.	MONTAUDOUIN (*Jacq.-Pierre*), sergent des grenadiers à pied de la garde.	15 mars 1810.	Mont de Milan.	500.	*Idem.*	250.	
1203.	MONTAZET (*Christophe-Balthazar*), capitaine d'infanterie retraité.	1.er février 1808.	Mont de Milan.	500.	*Idem.*	250.	
1204.	MONTÉ, fusilier au 16.e de ligne.	3 octobre 1809.	Mont de Milan.	500.	Son amputation.	250.	
1205.	MONTIGNY (*Denis-Charles*), sergent des chasseurs à pied de la garde.	15 mars 1810.	Mont de Milan.	500.	Ses services.	250.	
1206.	MORACHINI (*Dominique*), tirailleur corse.	22 novembre 1811.	Octroi du Rhin.	500.	Son amputation.	250.	
1207.	MORÉ (*Louis*), fusilier au 29.e de ligne.	3 octobre 1809.	Mont de Milan.	500.	*Idem.*	250.	
1208.	MOREAU (*Jacq.-Antoine*), lieutenant-colonel de cavalerie.	1.er février 1808.	Mont de Milan.	500.	Ses services.	250.	
1209.	MOREAU (*Philippe-Jacques*), chef de bataillon du génie.	15 août 1810.	Mont de Milan.	500.	Son amputation.	250.	
1210.	MOREAU (*Marie-Martin*), lieutenant-colonel d'infanterie.	2 mars 1811.	Octroi du Rhin.	1,000.	Ses services.	250.	
1211.	MOREL (*Pierre-Charles*), colonel d'état-major.	17 mars 1808.	Mont de Milan.	500.	*Idem.*	250.	
1212.	MOREL, fusilier au 16.e de ligne.	3 octobre 1809.	Mont de Milan.	500.	Son amputation.	250.	
					A reporter....	303,000.	

NUMÉROS D'ORDRE.	NOMS, QUALITÉS ET GRADES des donataires ou de leurs successeurs.	DATES des décrets ou décisions par lesquels les dotations ont été accordées.	DÉSIGNATION des pays biens ou établissem.ns sur lesquels les dotations ont été constituées.	MONTANT de chaque dotation.	TITRE OU MOTIF auquel elles ont été accordées.	MONTANT de l'indemnité fixée par le projet de loi.	OBSERVATIONS.
					Report......	303,000f	
1213.	MOREL (*Étienne*), voltigeur au 45.e de ligne,	22 novembre 1811.	Octroi du Rhin.	500f	Son amputation.	250.	
1214.	MORET (*Jacques-Roch*), brigadier des dragons de la garde.	15 mars 1810.	Mont de Milan.	500.	Ses services.	250.	
1215.	MORIN (*Jean-Pierre*), lieutenant au 1.er des fusiliers de la garde.	1.er février 1808.	*Idem.*	500.	*Idem.*	250.	
1216.	MORIN (*Jean*), canonnier au 1.er d'artillerie à pied.	3 octobre 1809.	*Idem.*	500.	Son amputation.	250.	
1217.	MORLAY (*Quentin*), chef de bataillon d'infanterie en retraite.	1.er février 1808.	*Idem.*	500.	Ses services.	250.	
1218.	MOULIN (*Charles-François*), lieutenant-colonel d'infanterie.	*Idem.*	*Idem.*	500.	*Idem.*	250.	
1219.	MOUNET (*Jean-Baptiste*), chef de bataillon.	17 mars 1808.	*Idem.*	500.	*Idem.*	250.	
1220.	MOURIER (*Jean-Louis*), caporal au 25.e de ligne.	3 octobre 1809.	*Idem.*	500.	Son amputation.	250.	
1221.	MOUSIN DE VILLERS (*François-Eugène*), capitaine de gendarmerie.	19 mars 1813.	//	1,000.	Ses services.	250.	
1222.	MOUSSÉ (*Jacques*), fusilier au 105.e de ligne.	16 mai 1811.	Octroi du Rhin.	500.	Son amputation.	250.	
1223.	MOUTH (*Jacques*), fusilier au 112.e de ligne.	3 octobre 1809.	Mont de Milan.	500.	*Idem.*	250.	
1224.	MOUTON (*Lugle-Luglien*), fusilier au 61.e de ligne.	*Idem.*	*Idem.*	500.	*Idem.*	250	
1225.	MOUTOT (*Laurent*), fusilier au 61.e de ligne.	16 mai 1811.	Octroi du Rhin.	500.	*Idem.*	250.	
1226.	MOYSANT (*Hippolyte-Eustache*), chef d'escadron.	1.er février 1808.	Mont de Milan.	500.	Ses services.	250	
1227.	MOZON (*Pierre-Joseph*), fusilier au 37.e de ligne.	3 octobre 1809.	*Idem.*	500.	Son amputation.	250.	
1228.	MULLER (*Jean*), lieutenant des chasseurs à cheval de la garde.	1.er février 1808.	*Idem.*	500.	Ses services.	250.	
1229.	MULLOISE (*Alain*), fusilier au 72.e d'infanterie de ligne.	3 octobre 1809.	*Idem.*	500.	Son amputation.	250.	
1230.	MUNEROT (*Hilaire*), capitaine d'artillerie en retraite.	1.er février 1808.	*Idem.*	500.	Ses services.	250.	
1231.	MURE (*Jean-Baptiste*), grenadier au 3.e de ligne.	25 décembre 1812.	Octroi du Rhin.	500.	Son amputation.	250	
					A reporter.....	307,750.	

NUMÉROS D'ORDRE.	NOMS, PRÉNOMS ET GRADES des donataires ou de leurs successeurs.	DATES des décrets ou décisions par lesquels les dotations ont été accordées.	DÉSIGNATION des pays biens ou établissem.s sur lesquels les dotations ont été constituées.	MONTANT de chaque dotation.	TITRE ou MOTIF auquel elles ont été accordées.	MONTANT de l'indemnité fixée par le projet de loi.	OBSERVATIONS.
					Report	307,750f	
1232.	MURGET (*Edme*), fusilier au 30.e de ligne.	3 octobre 1809.	Mont de Milan.	500f	Son amputation.	250.	
1233.	MUSSET, voltigeur au 56.e de ligne.	*Idem.*	*Idem.*	500.	*Idem.*	250.	
1234.	MUTRECY (*Jean-Constant*), chef de bataillon d'infanterie.	31 mars 1812.	Octroi du Rhin.	500.	Ses services.	250.	
1235.	MUTSCHLER (*Daniel*), capitaine des voltigeurs de la garde.	1.er février 1808.	Mont de Milan.	500.	*Idem.*	250.	

N

1236.	NAGER (*Louis-Félix*), fils de Pierre-Bernard, capitaine des chasseurs à cheval de la garde.	1.er février 1808.	Mont de Milan.	1,000.	Les services de son père, mort le 3 mars 1815.	250.	
1237.	NAU (*Jean-Pierre*), chasseur à cheval au 24.e régiment.	16 mai 1811.	Octroi du Rhin.	500.	Son amputation.	250.	
1238.	NEEL (*Jacques*), fusilier au 17.e de ligne.	3 octobre 1810.	*Idem.*	500.	*Idem.*	250.	
1239.	NERRIÈRE (*François*), fusilier au 84.e de ligne.	3 octobre 1809.	Mont de Milan.	500.	*Idem.*	250.	
1240.	NEVEUX (*François-Joseph*), soldat au 64.e d'infanterie de ligne.	8 janvier 1813.	Octroi du Rhin.	500.	*Idem.*	250.	
1241.	NEZAN (*Guillaume*), soldat au 8.e bataillon principal du train.	3 octobre 1809.	Mont de Milan.	500.	*Idem.*	250.	
1242.	NIBODAUT (*Germain*), fusilier au 21.e de ligne.	3 octobre 1810.	Octroi du Rhin.	500.	*Idem.*	250.	
1243.	NICAISE (*Emmanuel-Joseph*), caporal au 21.e de ligne.	3 octobre 1809.	Mont de Milan.	500.	*Idem.*	250.	
1244.	NICOLAS, soldat au 4.e bataillon du train d'artillerie.	*Idem.*	*Idem.*	500.	*Idem.*	250.	
1245.	NICOLAS (*Joseph-Jean-Baptiste*), capitaine d'artillerie.	15 mars 1810.	*Idem.*	500.	Ses services.	250.	
1246.	NICOLLE (*Jean-Augustin*), chasseur au 24.e à cheval.	3 octobre 1809.	*Idem.*	500.	Son amputation.	250.	
1247.	NOEL (*Louis-François*), lieutenant des chasseurs à pied de la garde, en retraite.	1.er février 1808.	*Idem.*	500.	Ses services.	250.	
1248.	NOEL (*Rocher-Martin-Joseph*), voltigeur au 92.e d'infanterie de ligne.	3 octobre 1809.	*Idem.*	500.	Son amputation.	250.	
					A reporter	312,000.	

NUMÉROS D'ORDRE.	NOMS, QUALITÉS ET GRADES des donataires ou de leurs successeurs.	DATES des décrets ou décisions par lesquels les dotations ont été accordées.	DÉSIGNATION des pays, biens ou établissem.s sur lesquels les dotations ont été constituées.	MONTANT de chaque dotation.	TITRE OU MOTIF auquel elles ont été accordées.	MONTANT de l'indemnité fixée par le projet de loi.	OBSERVATIONS.
					Report.........	312,000f	
1249.	NOIROT (*François*), chef d'escadron de gendarmerie, en retraite.	1.er février 1808.	Mont de Milan.	1,000f	Ses services.	250.	
1250.	NOROY (*Gaspar-François*), canonnier au 3.e d'artillerie à cheval.	3 octobre 1809.	Mont de Milan.	500.	Son amputation.	250.	
1251.	NOURY (*Vincent*), capitaine d'infanterie.	15 mars 1810.	Mont de Milan.	500.	Ses services.	250.	
1252.	NOVION (BEAUMONT DE) (*Louis-Eugène-Félicien*), sous-lieutenant d'infanterie.	31 mars 1812.	Octroi du Rhin.	500.	*Idem.*	250.	
	O						
1253.	OGER (*Alexandre*), fils de Claude, capitaine de gendarmerie d'élite.	1.er février 1808.	Mont de Milan.	1,000.	Les services de son père, mort le 26 décembre 1812.	250.	
1254.	OLIER (*François*), capitaine au 9.e des cuirassiers.	5 mars 1813.	Mont de Milan.	500.	Ses services.	250.	
1255.	OLIGER (*Mathias*), sapeur aux chasseurs à pied de la garde.	15 mars 1810.	Mont de Milan.	500.	*Idem.*	250.	
1256.	OLLIVIER (*Jean-Joseph*), capitaine de cavalerie.	8 septembre 1808.	Mont de Milan.	500.	*Idem.*	250.	
1257.	OLLIER (*François*), major du train d'artillerie.	17 mars 1808.	Mont de Milan.	500.	*Idem.*	250.	
1258.	OLLIER (*Jean-Pierre*), fusilier au 67.e de ligne.	22 novembre 1811.	Octroi du Rhin.	500.	Son amputation.	250.	
1259.	ORNFELD (*Louis*), fourrier au 61.e de ligne.	3 octobre 1809.	Mont de Milan.	500.	*Idem.*	250.	
	P						
1260.	PACOTTE (*Philippe*), voltigeur au 56.e de ligne.	3 octobre 1809.	Mont de Milan.	500.	Son amputation.	250.	
1261.	PADER (*Jean-Baptiste*), tambour au 17.e de ligne.	*Idem.*	Mont de Milan.	500.	*Idem.*	250.	
1262.	PAGEOT (*Louis*), caporal au 85.e de ligne.	*Idem.*	Mont de Milan.	500.	*Idem.*	250.	
1263.	PAGLIOTTO (*Jacques-Pierre*), fusilier au 111.e de ligne.	20 juin 1812.	Octroi du Rhin.	500.	Ses services.	250.	
					A reporter....	315,750.	

NUMÉROS D'ORDRE.	NOMS, QUALITÉS ET GRADES des donataires ou de leurs successeurs.	DATES des décrets ou décisions par lesquels les dotations ont été accordées.	DÉSIGNATION des pays, biens ou établissem.ns sur lesquels les dotations ont été constituées.	MONTANT de chaque dotation.	TITRE OU MOTIF auquel elles ont été accordées.	MONTANT de l'indemnité fixée par le projet de loi.	OBSERVATIONS.
					Report.........	315,750f	
1264.	PAILHÈS (*Antoine-César-Alexandre*), colonel en retraite.	17 mars 1808.	Mont de Milan.	500f	Ses services.	250.	
1265.	PAPIGNY (*Pierre-Joseph*), chef d'escadron.	1.er février 1808.	Mont de Milan.	500.	*Idem.*	250.	
1266.	PARADIS (*Pierre-François*), capitaine d'infanterie.	*Idem.*	Mont de Milan.	500.	*Idem.*	250.	
1267.	PARDAILLAN (*Jean-Baptiste*), lieutenant-colonel en retraite.	17 mars 1808.	Mont de Milan.	500.	*Idem.*	250.	
1268.	PARIS (*Louis-François*), maréchal-des-logis aux dragons de la garde.	15 mars 1810.	Mont de Milan.	500.	*Idem.*	250.	
1269.	PARIZOT (*Edme*), lieutenant-colonel de cavalerie.	1.er février 1808.	Mont de Milan.	500.	*Idem.*	250.	
1270.	PARMENTIER (*Louis-Charles-Antoine*), chasseur à cheval au 11.e régiment.	3 octobre 1809.	Mont de Milan.	500.	Son amputation.	250.	
1271.	PARROD (*Pierre-François*), lieutenant porte-drapeau du 1.er des fusiliers de la garde.	1.er février 1808.	Mont de Milan.	500.	Ses services.	250.	
1272.	PASTRE-VERDIER (*Jean-Pierre-Jacques-Ferréol*), chef d'escadron de gendarmerie.	*Idem.*	Mont de Milan.	500.	*Idem.*	250.	
1273.	PATRICE (*Pierre*), fusilier au 52.e de ligne.	3 octobre 1809.	Mont de Milan.	500.	Son amputation.	250.	
1274.	PATRIN (*Édouard-Félix*), lieutenant de gendarmerie d'élite.	1.er février 1808.	Mont de Milan.	500.	Ses services.	250.	
1275.	PATURET (*Jean-Baptiste*), lieutenant des dragons de la garde.	*Idem.*	Mont de Milan.	500.	*Idem.*	250.	
1276.	PAUVERT (*Joseph*), voltigeur au 15.e d'infanterie légère.	3 octobre 1809.	Mont de Milan.	500.	Son amputation.	250.	
1277.	PAVY (*Auguste-Joseph*), chasseur au 25.e d'infanterie légère.	22 novembre 1811.	Octroi du Rhin.	500.	*Idem.*	250.	
1278.	PEITZ (*Jean-Antoine*), chasseur à cheval de la garde.	15 mars 1810.	Mont de Milan.	500.	Ses services.	250.	
1279.	PELÉE (*Jean-Baptiste-Aimable*), lieutenant-colonel d'infanterie en retraite.	1.er février 1808.	Mont de Milan.	500.	*Idem.*	250.	
1280.	PELISSIER (*Jean*), lieutenant des chasseurs à cheval de la garde.	*Idem.*	Mont de Milan.	500.	*Idem.*	250.	
					A reporter......	320,000.	

NUMÉROS D'ORDRE.	NOMS, QUALITÉS ET GRADES des donataires ou de leurs successeurs.	DATES des décrets ou décisions par lesquels les dotations ont été accordées,	DÉSIGNATION des pays, biens ou établissem.s sur lesquels les dotations ont été constituées.	MONTANT de chaque dotation.	TITRE ou MOTIF auquel elles ont été accordées.	MONTANT de l'indemnité accordée par le projet de loi.	OBSERVATIONS.
					Report.....	320,000f	
1281.	PELLET *(Pierre)*, capitaine d'infanterie en retraite.	1.er février 1808.	Mont de Milan.	500f	Ses services.	250.	
1282.	PELLETIER *(Pierre-Alexandre)*, sous-lieutenant au 17.e de ligne.	3 octobre 1809.	*Idem.*	500.	Son amputation.	250.	
1283.	PELLETIER *(Jean-Claude)*, fils d'Alexis, grenadier au 61e de ligne.	*Idem*	*Idem.*	500.	Les services et l'amputation de son père, mort le 13 novembre 1809.	250.	
1284.	PENGUERN *(Guillaume-Joseph-Marie)*, colonel d'infanterie.	1.er février 1808.	*Idem.*	1,000.	Ses services.	250.	
1285.	PENOT *(Jean)*, capitaine d'infanterie retraité.	*Idem.*	*Idem.*	500.	*Idem.*	250.	
1286.	PÉQUIGNOT *(André)*, chef d'escadron de gendarmerie.	*Idem.*	*Idem.*	1,000.	*Idem.*	250.	
1287.	PERCEVAL *(Pierre)*, grenadier à pied de la garde.	15 mars 1810.	*Idem.*	500.	*Idem.*	250.	
1288.	PERCEVAUX *(Olivier-François)*, voltigeur au 56.e de ligne.	3 octobre 1809.	*Idem.*	500.	Son amputation.	250.	
1289.	PERIGAUT *(Gabriel)*, fusilier au 84e de ligne.	*Idem.*	*Idem.*	500.	*Idem.*	250.	
1290.	PÉRIN *(Hubert)*, sergent au 92.e ligne.	*Idem,*	*Idem.*	500.	*Idem.*	250.	
1291.	PERNET, lieutenant en premier des grenadiers à cheval de la garde.	1.er février 1808.	*Idem.*	500.	Ses services.	250.	
1292.	PERRET *(Jean-Mathieu)*, ex-capitaine d'artillerie.	*Idem.*	*Idem.*	500.	*Idem.*	250.	
1293.	PERRET *(Jean-Pierre)*, fusilier au 53.e de ligne.	3 octobre 1809.	*Idem.*	500.	Son amputation.	250.	
1294.	PERRIER *(Nicolas-Sébastien)*, lieutenant en premier des chass.rs à cheval de la garde, en retraite.	1.er février 1808.	*Idem.*	500.	Ses services.	250.	
1295.	PERRON *(Jean-Bonaventure)*, voltigeur au 25.e d'infanterie légère.	3 octobre 1809.	*Idem.*	500.	Son amputation.	250.	
1296.	PERROTTET *(Étienne)*, capitaine de gendarmerie.	1.er février 1808.	*Idem.*	500.	Ses services.	250.	
1297.	PERSEVAULT *(Louis)*, fusilier au 93.e de ligne.	3 octobre 1809.	*Idem.*	500.	Son amputation.	250.	
1298.	PERSONNE *(Pierre-Raimond)*, voltigeur au 3.e de ligne.	3 août 1810.	*Idem.*	500.	*Idem.*	250.	
1299.	PESSELET *(Nicolas-Charles-Louis)*, grenadier au 23.e de ligne.	3 octobre 1809.	*Idem.*	500.	*Idem.*	250.	
					A reporter...	324,750.	

NUMÉROS D'ORDRE.	NOMS, QUALITÉS ET GRADES des donataires ou de leurs successeurs.	DATES des décrets ou décisions par lesquels les dotations ont été accordées.	DÉSIGNATION des pays, biens ou établissem.ns sur lesquels les dotations ont été constituées.	MONTANT de chaque dotation.	TITRE OU MOTIF auquel elles ont été accordées.	MONTANT de l'indemnité fixée par le projet de loi.	OBSERVATIONS.
					Report.....	324,750f	
1300.	PETERS, fusilier au 17.e de ligne.	3 octobre 1809.	Mont de Milan.	500f	Son amputation.	250.	
1301.	PETIOT *(François)*, voltigeur au 18.e de ligne.	*Idem.*	*Idem.*	500.	*Idem.*	250.	
1302.	PETIT, lieutenant au 1.er des fusiliers de la garde.	1.er février 1808.	*Idem.*	500.	Ses services.	250.	
1303.	PETIT *(Abraham)*, caporal au 92.e de ligne.	3 octobre 1809.	*Idem.*	500.	Son amputation.	250.	
1304.	PETIT *(Jean-Joseph)*, carabinier au 7.e d'infanterie légère.	*Idem.*	*Idem.*	500.	*Idem.*	250.	
1305.	PETIT *(Louis-Victor)*, capitaine au 1.er des cuirassiers, en retraite.	4 décembre 1811.	Octroi du Rhin.	500.	Ses services.	250.	
1306.	PETITCUNOT *(François-Xavier)*, cuirassier du 6.e régiment.	3 octobre 1809.	Mont de Milan.	500.	Son amputation.	250.	
1307.	PETIT-JEAN *(Jacques-Louis)*, capitaine d'infanterie.	15 mars 1810.	*Idem.*	500.	Ses services.	250.	
1308.	PETIT-PIERRE *(Henri)*, colonel d'état-major.	17 mars 1808.	*Idem.*	500.	*Idem.*	250.	
1309.	PEYERIMHOFF *(Joseph-Jean-Baptiste-Antoine)*, lieutenant-colonel d'artillerie.	15 août 1810.	*Idem.*	1,000.	*Idem.*	250.	
1310.	PEYRE *(Henri)*, capitaine de grenadiers à pied de la garde.	17 mars 1808.	*Idem.*	1,000.	*Idem.*	250.	
1311.	PFISTER *(Mathias)* fusilier au 27.e d'infanterie de ligne.	16 mai 1811.	Octroi du Rhin.	500.	Son amputation.	250.	
1312.	PHILIPEAU *(Pierre)*, fusilier au 105.e d'infanterie de ligne.	*Idem.*	*Idem.*	500.	*Idem.*	250.	
1313.	PIBOUT *(Henri)*, chef d'escadron.	1.er février 1808.	Mont de Milan.	500.	Ses services.	250.	
1314.	PICARD *(François)*, fusilier au 92.e de ligne.	3 octobre 1809.	*Idem.*	500.	Son amputation.	250.	
1315.	PICARD *(Pierre-Claude)*, grenadier au 96.e de ligne.	16 mai 1811.	Octroi du Rhin.	500.	*Idem.*	250.	
1316.	PICHON *(Martin)*, capitaine de gendarmerie à cheval.	1.er février 1808.	Mont de Milan.	500.	Ses services.	250.	
1317.	PICHON *(Pierre)*, chasseur au 23.e d'infanterie légère.	16 mai 1811.	Octroi du Rhin.	500.	Son amputation.	250.	
1318.	PICOT *(André)*, soldat au 64.e de ligne.	3 août 1810.	*Idem.*	500.	*Idem.*	250.	
1319.	PICOTEAU *(Ferdinand-Marguerite)*, colonel-directeur d'artillerie, en retraite.	15 août 1810.	Mont de Milan.	1,000.	Ses services.	250.	
					A reporter.....	329,750.	

NUMÉROS D'ORDRE.	NOMS, QUALITÉS ET GRADES des donataires ou de leurs successeurs.	DATES des décrets ou décisions par lesquels les dotations ont été accordées.	DÉSIGNATION des pays, biens ou établissem.s sur lesquels les dotations ont été constituées.	MONTANT de chaque DOTATION.	TITRE ou MOTIF auquel elles ont été accordées.	MONTANT de l'indemnité fixée par le projet de loi.	OBSERVATIONS.
					Report	329,750.	
1320.	PICQ *(Charles)*, capitaine d'infanterie, en retraite.	15 mars 1810.	Mont de Milan.	500f	Ses services.	250.	
1321.	PICQUEMAL *(Pierre)*, ex-lieutenant des chasseurs à cheval de la garde; garde général des eaux et forêts.	1.er février 1808.	*Idem.*	500.	*Idem.*	250.	
1322.	PIDOUX *(Jean)*, capitaine de gendarmerie.	*Idem.*	*Idem.*	500.	*Idem.*	250.	
1323.	PIED *(Michel)*, chasseur au 12.e régiment à cheval.	22 novembre 1811.	Octroi du Rhin.	500.	Son amputation.	250.	
1324.	PIEDFORT *(Richard-François)*, lieutenant des grenadiers à cheval de la garde, retraité.	1.er février 1808.	Mont de Milan.	500.	Ses services.	250.	
1325.	PIÉRARD *(Gabriel-François-Ignace)*, chef de bataillon du génie.	17 mars 1808.	*Idem.*	500.	*Idem.*	250.	
1326.	PIET *(Mathieu-Glaucus)*, neveu du lieutenant au 2.e régiment des fusiliers de la garde.	1.er février 1808.	*Idem.*	500.	Les services de son oncle.	250.	
1327.	PIGEARD *(Grégoire)*, major du 16.e de ligne.	15 mars 1810.	*Idem.*	500.	Ses services.	250.	
1328.	PILLAY *(Antoine-Barthélemi-Gervais)*, lieutenant en 1.er des dragons de la garde.	1.er février 1808.	*Idem.*	500.	*Idem.*	250.	
1329.	PILLET, adjudant-commandant.	17 mars 1808.	*Idem.*	500.	*Idem.*	250.	
1330.	PILLIOUD *(Jean-Joseph)*, lieutenant-colonel d'infanterie.	1.er février 1808.	*Idem.*	1,000.	*Idem.*	250.	
1331.	PILTAIN *(Jean-George)*, capitaine de gendarmerie.	5 mars 1813.	*Idem.*	500.	*Idem.*	250.	
1332.	PINCEMAILLE *(Charles-Auguste)*, lieutenant des grenadiers à pied de la garde.	1.er février 1808.	*Idem.*	500.	*Idem.*	250.	
1333.	PINEAU *(Nicolas)*, colonel d'infanterie.	8 septembre 1808.	*Idem.*	1,000.	*Idem.*	250.	
1334.	PINET *(Jean-Remi)*, caporal au 53.e de ligne.	3 octobre 1809.	*Idem.*	500.	Son amputation.	250.	
1335.	PINON *(Pierre-François-Frédéric)* capitaine de gendarmerie d'élite, en retraite.	1.er février 1810.	*Idem.*	1,000.	Ses services.	250.	
1336.	PIOCH *(Jean-Cassius)*, fils de Jean-Henri, lieutenant des chasseurs à pied de la garde.	1.er février 1808.	*Idem.*	500.	Les services de son père, mort le 20 août 1813.	250.	
1337.	PIOCT *(Charles-Joseph)*, capitaine d'infanterie en retraite.	15 mars 1810.	*Idem.*	500.	Ses services.	250.	
					A reporter	334,250.	

NUMÉROS D'ORDRE.	NOMS, QUALITÉS ET GRADES des donataires ou de leurs successeurs.	DATES des décrets ou décisions par lesquels les dotations ont été accordées.	DÉSIGNATION des pays, biens ou établissem.s sur lesquels les dotations ont été constituées.	MONTANT de chaque DOTATION.	TITRE OU MOTIF auquel elles ont été accordées.	MONTANT de l'indemnité fixée par le projet de loi.	OBSERVATIONS.
					Report...	334,250f	
1338.	PION DES LOCHES (*Antoine-Augustin-Flavien*), fils de Jean, colonel d'artillerie.	15 mars 1810.	Mont de Milan.	500f	Ses services.	250.	
1339.	PION, Chevalier DE SAINT-JULES, lieutenant-colonel d'infanterie.	1.er février 1808.	*Idem.*	1,000.	*Idem.*	250.	
1340.	PLANCHON (*Jean*), caporal au 67.e de ligne.	3 octobre 1809.	*Idem.*	500.	Son amputation.	250.	
1341.	PLÉANT, canonnier au 7.e d'artillerie à pied.	*Idem.*	*Idem.*	500.	*Idem.*	250.	
1342.	PLÉE (*Henri-Louis*), capitaine d'infanterie retraité.	15 mars 1810.	*Idem.*	500.	Ses services.	250.	
1343.	PLISSON (*Jean*), fusilier au 84.e de ligne.	3 octobre 1809.	*Idem.*	500.	Son amputation.	250.	
1344.	PLISTAT (*Pierre-Louis-Nicolas*), lieutenant de gendarmerie à cheval.	5 mars 1813.	*Idem.*	500.	Ses services.	250.	
1345.	POINTEFER (*François-Blimont*), chasseur au 11.e à cheval.	3 octobre 1809.	*Idem.*	500.	Son amputation.	250.	
1346.	POIRÉ (*Jean-Nicolas*), colonel de cavalerie.	1.er février 1808.	*Idem.*	1,000.	Ses services.	250.	
1347.	POIRIER (*Antoine*), lieutenant des grenadiers à pied de la garde en retraite.	*Idem.*	*Idem.*	500.	*Idem.*	250.	
1348.	POIRIER (*Claude*), chasseur à cheval au 16.e régiment.	3 octobre 1809.	*Idem.*	500.	Son amputation.	250.	
1349.	POISSON, fusilier au 30.e de ligne.	*Idem.*	*Idem.*	500.	*Idem.*	250.	
1350.	POLTRON (*Louis*), fusilier au 45.e de ligne.	*Idem.*	*Idem.*	500.	*Idem.*	250.	
1351.	POLUPEAU, canonnier au 5.e d'artillerie à pied.	*Idem.*	*Idem.*	500.	*Idem.*	250.	
1352.	POMMEREUL (*Gilbert-Anne-François-Zéphyrin*), colonel d'artillerie.	1.er février 1808.	*Idem.*	1,000.	Ses services.	250.	
1353.	POMPEJAC (*Pierre*), maréchal-de-camp.	*Idem.*	*Idem.*	1,000.	*Idem.*	250.	
1354.	PONCET, (*Pascal-Michel*), chasseur à cheval de la garde.	15 mars 1810.	*Idem.*	500.	*Idem.*	250.	
1355.	PONCIOT, fusilier au 108.e de ligne.	3 octobre 1809.	*Idem.*	500.	Son amputation.	250.	
1356.	PONTHOU (*Jean-Noël*), voltigeur 53.e de ligne.	*Idem.*	*Idem.*	500.	*Idem.*	250.	
1357.	PORÉE (*Jean-Baptiste*), ex-capitaine au 45.e de ligne.	15 mars 1810.	*Idem.*	500.	Ses services.	250.	
					A reporter...	339,250.	

NUMÉROS D'ORDRE.	NOMS, QUALITÉS ET GRADES des donataires ou de leurs successeurs.	DATES des décrets ou décisions par lesquels les dotations ont été accordées.	DÉSIGNATION des pays, biens ou établissem.ts sur lesquels les dotations ont été constituées.	MONTANT de chaque dotation.	TITRE OU MOTIF auquel elles ont été accordées.	MONTANT de l'indemnité fixée par le projet de loi.	OBSERVATIONS.
					Report..........	339,250f	
1358.	PORTIER, (*Pierre*), sergent au 48.e d'infanterie de ligne.	3 octobre 1809.	Mont de Milan.	500f	Son amputation.	250.	
1359.	POTERET (*Jean*), fusilier au 46.e d'infanterie de ligne.	3 octobre 1809.	*Idem.*	500.	*Idem.*	250.	
1360.	POTIER (*Jean*), chasseur au 24.e légère.	3 octobre 1810.	Octroi du Rhin.	500.	*Idem.*	250.	
1361.	POUDAVIGNE DE BEAUBASSIN (*Jean-Louis*), lieutenant-colonel d'infanterie.	1.er février 1808.	Mont de Milan.	1,000.	Ses services.	250.	
1362.	POULMANT (*Martin*), ex-capitaine d'infanterie.	*Idem.*	*Idem.*	500.	*Idem.*	250.	
1363.	PRADEAU (*Simon*), chef de bataillon de sapeurs.	17 mars 1808.	*Idem.*	500.	*Idem.*	250.	
1364.	PRELIER (*Gilbert-Joseph*), lieutenant-colonel d'infanterie.	1.er février 1808.	*Idem.*	500.	*Idem.*	250.	
1365.	PRESSAC-LIONCEL (*Marie-Alexis-Joseph*), lieutenant-colonel d'infanterie.	17 mars 1808.	*Idem.*	500.	*Idem.*	250.	
1366.	PRETET (*Charles-Étienne-Joseph*), officier d'ordonnance.	20 juin 1813.	*Idem.*	1,000.	*Idem.*	250.	
1367.	PREVEL (*Eugène-François-Urbain*), sous-lieutenant au 4.e de ligne.	3 août 1810.	*Idem.*	500.	Son amputation.	250.	
1368.	PREVOST-VERNOIS (*Simon-Pierre-Nicolas*), colonel du génie.	17 mars 1808.	*Idem.*	500.	Ses services.	250.	
1369.	PRÉVOTAUX (*Laurent*), canonnier au 5.e d'artillerie à pied.	3 octobre 1809.	*Idem.*	500.	Son amputation.	250.	
1370.	PRINCE (*Louis*), chasseur à pied de la garde.	15 mars 1810.	*Idem.*	500.	Ses services.	250.	
1371.	PROST (*Pierre*), colonel du génie.	17 mars 1808.	*Idem.*	500.	*Idem.*	250.	
1372.	PROUET (*Joseph*), voltigeur au 56.e de ligne.	3 octobre 1809.	*Idem.*	500.	Son amputation.	250.	
1373.	PUCHAUX (*Armand*), fusilier au 42.e de ligne.	*Idem.*	*Idem.*	500.	*Idem.*	250.	
1374.	PUCHEU (*Jean*), chef de légion de gendarmerie.	1.er février 1808.	*Idem.*	1,000.	Ses services.	250.	
1375.	PUJOL (*Antoine-Martin*), capitaine de gendarmerie à cheval.	5 mars 1813.	Octroi du Rhin.	1,000.	*Idem.*	250.	
1376.	PUPIN (*Laurent*), fusilier au 57.e de ligne.	3 octobre 1809.	Mont de Milan.	500.	Son amputation.	250.	
					A reporter....	344,000.	

NUMÉROS D'ORDRE.	NOMS, QUALITÉS ET GRADES des donataires ou de leurs successeurs.	DATES des décrets ou décisions par lesquels les dotations ont été accordées.	DÉSIGNATION des pays, biens ou établissem.s sur lesquels les dotations ont été accordées.	MONTANT de chaque dotation.	TITRE OU MOTIF auquel elles ont été accordées.	MONTANT de l'indemnité fixée par le projet de loi.	OBSERVATIONS.
					Report	344,000f	
			Q				
1377.	QUERÉ (*Jean*), soldat au 53.e de ligne.	5 mars 1813.	Octroi du Rhin.	500f	Ses services.	250f	
1378.	QUESNOT dit MERCIER (*Jean-Charles*), chef d'escadron.	15 mars 1810.	Mont de Milan.	500.	*Idem.*	250.	
1379.	QUETTIER (*Pierre-Louis*), hussard au 8.e régiment.	22 novembre 1811.	Octroi du Rhin.	500.	Son amputation.	250.	
1380.	QUINET (*Michel-Joseph*), voltigeur au 21.e de ligne.	3 octobre 1809.	Mont de Milan.	500.	*Idem.*	250.	
			R				
1381.	RACINE (*Julien-François*), chasseur au 8.e à cheval.	3 octobre 1810.	Octroi du Rhin.	500.	*Idem.*	250.	
1382.	RACQUET, lieutenant en premier des dragons de la garde.	1.er février 1808.	Mont de Milan.	500.	Ses services	250.	
1383.	RAFFRÉ (*Joseph*), cuirassier au 4.e régiment.	3 octobre 1809.	*Idem.*	500.	Son amputation.	250.	
1384.	RAGASSEUR (*François*), brigadier au 2.e des cuirassiers.	25 décembre 1812.	Octroi du Rhin.	500.	*Idem.*	250.	
1385.	RAISON (*Jean-Michel-Joseph*), grenadier au 33.e de ligne.	3 octobre 1809.	Mont de Milan.	500.	*Idem.*	250.	
1386.	RAMAND (*Adrien*), colonel d'infanterie en retraite.	1.er février 1808.	*Idem.*	1,000.	Ses services.	250.	
1387.	RAMPON (*Jean-Baptiste*), chef de bataillon d'infanterie en retraite.	*Idem.*	*Idem.*	1,000.	*Idem.*	250.	
1388.	RANCHON (*Louis*), major d'infanterie en retraite.	15 mars 1810.	*Idem.*	500.	*Idem.*	250.	
1389.	RANCUREL lieutenant des chasseurs à pied de la garde.	*Idem.*	*Idem.*	500.	*Idem.*	250.	
1390.	RAOU (*Jean-Baptiste*), chasseur à pied de la garde.	*Idem.*	*Idem.*	500.	*Idem.*	250.	
1391.	RAUCOURT (*Pierre*), grenadier au 4.e d'infanterie de ligne.	16 mai 1811.	Octroi du Rhin.	500.	Son amputation.	250.	
1392.	RAULET (*Antoine-Marie*), chef d'escadron.	15 mars 1810.	Mont de Milan.	500	Ses services.	250.	
1393.	RAULET (*Jean*), lieutenant des grenadiers à cheval de la garde.	1.er février 1808.	*Idem.*	500.	*Idem.*	250.	
					A reporter...	348,250.	

NUMÉROS D'ORDRE.	NOMS, QUALITÉS ET GRADES des donataires ou de leurs successeurs.	DATES des décrets ou décisions par lesquels les dotations ont été accordées.	DÉSIGNATION des pays, biens ou établissemens sur lesquels les dotations ont été constituées.	MONTANT de chaque dotation.	TITRE OU MOTIF auquel elles ont été accordées.	MONTANT de l'indemnité fixée par le projet de loi.	OBSERVATIONS.
					Report......	348,250f	
1394.	RAYNAUD (*Pierre*), colonel d'artillerie.	17 mars 1810.	Mont de Milan.	500f	Ses services.	250f	
1395.	RAZIN (*Jean*), voltigeur au 106.e d'infanterie de ligne.	16 mai 1811.	Octroi du Rhin.	500.	Son amputation.	250.	
1396.	RÉANT (*Charles-Paul*), chef de bataillon d'infanterie.	17 mars 1808.	Mont de Milan.	1,000.	Ses services.	250.	
1397.	REBILLARD (*Nicolas*), carabinier au 27.e légère.	3 octobre 1810.	Octroi du Rhin.	500.	Son amputation.	250	
1398.	REBSOMEN (*Florent*), capitaine aide-de-camp.	15 mars 1810.	Mont de Milan.	500.	Ses services.	250.	
1396.	REGNARD (*René*), chef d'escadron de gendarmerie en retraite.	17 mars 1808.	*Idem.*	500.	*Idem.*	250.	
1400.	REGNAULT (*Jean-Claude-Simon*), colonel d'infanterie en retraite.	*Idem.*	*Idem.*	500.	*Idem.*	250.	
1401.	REGNIER (*Claude*), colonel de cavalerie.	*Idem.*	*Idem.*	500.	*Idem.*	250.	
1402.	REGNIER (*Pierre*), fusilier au 16.e de ligne.	3 octobre 1809.	*Idem.*	500.	Son amputation.	250.	
1403.	REINHARTZ (*Frédéric-Auguste*), lieutenant-colonel de cavalerie.	8 septembre 1808.	*Idem.*	1,000.	Ses services.	250.	
1404.	REMEISE (*Jean-Pierre-Benoît*), capitaine d'infanterie en retraite.	1.er février 1808.	*Idem.*	500.	*Idem.*	250.	
1405.	REMOND (*Victor-Urbain*), maréchal-de-camp du génie.	17 mars 1808.	*Idem.*	500.	*Idem.*	250.	
1406.	RENARD (*Augustin-Joseph*), fusilier au 18.e de ligne.	3 octobre 1809.	*Idem.*	500.	Son amputation.	250.	
1407.	RENAUD (*Michel*), fusilier au 29.e de ligne.	*Idem.*	*Idem.*	500.	*Idem.*	250.	
1408.	RENAUDIN (*Nicolas*), chef de bataillon d'infant. en retraite.	1.er février 1808.	*Idem.*	500.	Ses services.	250.	
1409.	RENNO (*Jean*), Syrien, chef d'escadron des mameloucks en retraite.	*Idem.*	*Idem.*	1,000.	*Idem.*	250.	
1410.	RETROUVÉ (*Jean-Baptiste*), chasseur au 24.e légère.	22 juillet 1811.	Octroi du Rhin.	500.	es blessures.	250.	
1411.	REUCHE (*Pierre-Antoine*), voltigeur au 57.e de ligne.	22 novembre 1811.	*Idem.*	500.	Son amputation.	250.	
1412.	REVEL (*Marin*), carabinier au 26.e d'infanterie légère.	16 mai 1811.	*Idem.*	500.	*Idem.*	250.	
1413.	REY (*Jean-Simon*), sous-lieutenant au 96.e de ligne.	22 novembre 1811.	*Idem.*	500.	*Idem.*	250.	
					A reporter....	353,250.	

NUMÉROS D'ORDRE.	NOMS, QUALITÉS ET GRADES des donataires ou de leurs successeurs.	DATES des décrets ou décisions par lesquels les dotations ont été accordées.	DÉSIGNATION des pays, biens ou établissem.ns sur lesquels les dotations ont été constituées.	MONTANT de chaque dotation.	TITRE OU MOTIF auquel elles ont été accordées.	MONTANT de l'indemnité fixée par le projet de loi.	OBSERVATIONS.
					Report......	353,250f	
1414.	REYNAUD (*François*), grenadier au 30.e de ligne.	3 octobre 1809.	Mont de Milan.	500f	Son amputation.	250.	
1415.	RHEDEAULT (*Edme-Michel*), fusilier au 96.e de ligne.	3 août 1810.	Octroi du Rhin.	500.	*Idem.*	250.	
1416.	RIBERAUD (*Jacques-André*), carabinier au 7.e légère.	20 juin 1812.	*Idem.*	500.	Ses services.	250.	
1417.	RICARD (*François*), chef d'escadron au corps d'observation.	17 mars 1808.	Mont de Milan.	500.	*Idem.*	250.	
1418.	RICHARD (*Jean-Baptiste*), lieutenant des grenadiers à cheval de la garde, en retraite.	1.er février 1808.	*Idem.*	500.	*Idem.*	250.	
1419.	RICHARD (*Antoine*), maréchal-des-logis aux chasseurs à cheval de la garde.	15 mars 1810.	*Idem.*	500.	*Idem.*	250.	
1420.	RICHER (*Jacques-Louis*), colonel d'état-major retraité.	17 mars 1808.	*Idem.*	500.	*Idem.*	250.	
1421.	RICHOUX, capitaine de gendarmerie d'élite de la garde.	15 mars 1810.	*Idem.*	500.	*Idem.*	250.	
1422.	RIGAUT (*François-Louis*), sous-lieutenant au 29.e de ligne, en retraite.	3 octobre 1809.	*Idem.*	500.	Son amputation.	250.	
1423.	RIGAUT, grenadier au 84.e de ligne.	*Idem.*	*Idem.*	500.	*Idem.*	250.	
1424.	RIGNON (*Émile-Nicolas-Victor*), fils de Jean-Antoine, colonel du 15.e de ligne.	1.er février 1808.	*Idem.*	1,000.	Les services de son père, mort le 18 juin 1815.	250.	
1425.	RIGOLET (*Nicolas*), fusilier au 92.e de ligne.	3 octobre 1809.	*Idem.*	500.	Son amputation.	250.	
1426.	RING (*Bernard*), major de cavalerie en retraite.	8 septembre 1808.	*Idem.*	1,000.	Ses services.	250.	
1427.	RITTELMEYER (*Jean-Jacques*), voltigeur au 27.e de ligne.	16 mai 1811.	Octroi du Rhin.	500.	Son amputation.	250.	
1428.	RITTER (*Joseph-Nicolas*), lieutenant-colonel d'infanterie.	1.er février 1808.	Mont de Milan.	500.	Ses services.	250.	
1429.	RIVET, lieutenant des chasseurs à pied de la garde.	*Idem.*	*Idem.*	500.	*Idem.*	250.	
1430.	RIVEY (*Luc-François*), fusilier au 48.e de ligne.	3 octobre 1809.	*Idem.*	500.	Son amputation.	250.	
1431.	RIVIÈRE (*Pierre-Julien*), lieutenant des chasseurs à pied de la garde.	1.er février 1808.	*Idem.*	500.	Ses services.	250.	
1432.	RIVIÈRE (*Louis*), voltigeur au 16.e de ligne.	3 octobre 1809.	*Idem.*	500.	Son amputation.	250.	
1433.	RIVIÈRE (*François-Louis*), voltigeur au 60.e de ligne.	*Idem.*	*Idem.*	500.	*Idem.*	250.	
					A reporter......	358,250.	

NUMÉROS D'ORDRE.	NOMS, QUALITÉS ET GRADES des donataires ou de leurs successeurs.	DATES des décrets ou décisions par lesquels les dotations ont été accordées.	DÉSIGNATION des pays, biens ou établissem.ns sur lesquels les dotations ont été constituées.	MONTANT de chaque dotation.	TITRE OU MOTIF auquel elles ont été accordées.	MONTANT de l'indemnité fixée par le projet de loi.	OBSERVATIONS.
					Report.....	358,250f	
1434.	RIVOYRA (*Louis*), sous-lieutenant au 7.e d'infanterie légère ; naturalisé.	3 octobre 1809.	Mont de Milan.	500f	Son amputation.	250.	
1435.	ROBERT, lieutenant en 1.er aux dragons de la garde.	1.er février 1808.	*Idem.*	500.	Ses services.	250.	
1436.	ROBERT (*Jean-Pierre*), capitaine de l'artillerie de la garde.	17 mars 1808.	*Idem.*	1,000.	*Idem.*	250.	
1437.	ROBERT (*Jean*), sapeur des grenadiers à pied de la garde.	15 mars 1810.	*Idem.*	500.	*Idem.*	250.	
1438.	ROBERT dit BRUNAT (*Joseph*), voltigeur au 25.e de ligne.	22 novembre 1811.	Octroi du Rhin.	500.	Son amputation.	250.	
1439.	ROBIN (*Charles*), sergent au 85.e de ligne.	3 octobre 1809.	Mont de Milan.	500.	*Idem.*	250.	
1440.	ROBIN (*Pierre*), capitaine au 85.e de ligne, en retraite.	18 juin 1813.	*Idem.*	500.	Ses services.	250.	
1441.	ROBINEAU (*André-Pierre-Marie*), fusilier au 33.e de ligne.	3 octobre 1809.	*Idem.*	500.	Son amputation.	250.	
1442.	ROBINET (*Antoine*), capitaine d'infanterie en retraite.	1.er février 1808.	*Idem.*	500.	Ses services.	250.	
1443.	ROBINOT (*Jean-François*), sergent au 65.e de ligne.	3 août 1810.	Octroi du Rhin.	500.	Son amputation.	250.	
1444.	ROBQUIN (*Pierre-Charles-Éléonore*), major de cavalerie en retraite.	17 mars 1808.	Mont de Milan.	500.	Ses services.	250.	
1445.	ROCHARD (*Pierre*), chef de bataillon d'infanterie.	1.er février 1808.	*Idem.*	500.	*Idem.*	250.	
1446.	ROCHE (*Nicolas*), fusilier au 33.e de ligne.	3 octobre 1809.	*Idem.*	500.	Son amputation.	250.	
1447.	ROCHER (*Jean-François*), brigadier au 6.e des cuirassiers.	22 novembre 1811.	Octroi du Rhin.	500.	*Idem.*	250.	
1448.	ROCHERON (*René*) soldat au 11.e de ligne.	*Idem.*	*Idem.*	500.	*Idem.*	250.	
1449.	ROCHET (*Jean-Simon*), fourrier au 3.e d'infanterie de ligne.	16 mai 1811.	*Idem.*	500.	*Idem.*	250.	
1450.	ROCHET (*Charles*), fusilier au 92.e de ligne.	3 octobre 1809.	Mont de Milan.	500.	*Idem.*	250.	
1451.	RODECK (*Jean-Charles*), cuirassier au 6.e régiment.	*Idem.*	*Idem.*	500.	*Idem.*	250.	
1452.	RODIER (*Laurent*), caporal au 12.e d'infanterie de ligne.	3 août 1810.	*Idem.*	500.	*Idem.*	250.	
1453.	ROELLINGER (*Barthélemi*), canonnier au 6.e d'artill. à chev.	3 octobre 1809.	*Idem.*	500.	*Idem.*	250.	
1454.	ROGER, lieutenant au 2.e des fusiliers de la garde.	1.er février 1808.	*Idem.*	500.	Ses services.	250.	
					A reporter.....	363,500.	

NUMÉROS D'ORDRE.	NOMS, QUALITÉS ET GRADES des donataires ou de leurs successeurs.	DATES des décrets ou décisions par lesquels les dotations ont été accordées.	DÉSIGNATION des pays, biens ou établissem.ns sur lesquels les dotations ont été constituées.	MONTANT de chaque dotation.	TITRE OU MOTIF auquel elles ont été accordées.	MONTANT de l'indemnité fixée par le projet de loi.	OBSERVATIONS.
					Report....	363,500f	
1455.	Rogery (*Marie-Joseph-Bernard*), chef de bataillon d'infanterie en retraite.	1.er février 1808.	Mont de Milan.	1,000.	Ses services.	250.	
1456.	Rolland (*Pierre-Sébastien-Léonore*), lieutenant-colonel du génie.	17 mars 1810.	*Idem.*	500f	*Idem.*	250.	
1457.	Rolland (*Edme*), grenadier au 92.e de ligne.	3 octobre 1809.	*Idem.*	500.	Son amputation.	250.	
1458.	Rollet (*Jean*), fusilier au 18.e de ligne.	*Idem.*	*Idem.*	500.	*Idem.*	250.	
1459.	Rongeat (*Pierre-Thomas*), capitaine d'infanterie.	*Idem.*	*Idem.*	500.	*Idem.*	250.	
1460.	Rostein (*Julien-Jean-Joseph*), major d'infanterie en retraite	15 mars 1810.	*Idem.*	500.	Ses services.	250.	
1461.	Rottier (*Pierre-Simon*), canonnier au 7.e d'artillerie à pied.	3 octobre 1809.	*Idem.*	500.	Son amputation.	250.	
1462.	Rotzer (*François-Xavier*), chasseur au 13.e à cheval.	16 mai 1811.	Octroi du Rhin.	500.	*Idem.*	250.	
1463.	Roubaud (*Antoine-Louis-Scipion*), fils de César-Louis-Alexandre, chef d'escadron.	17 mars 1808.	Mont de Milan.	500.	Les services de son père, mort le 10 septembre 1815.	250.	
1464.	Rouffet (*Jean-Baptiste*), fusilier au 21.e de ligne.	3 août 1810.	Octroi du Rhin.	500.	Son amputation.	250.	
1465.	Rougeot (*Charles*), major de cavalerie.	1.er février 1808.	Mont de Milan.	500.	Ses services.	250.	
1466.	Rouget (*Claude*), fusilier au 92.e de ligne.	3 octobre 1809.	*Idem.*	500.	Son amputation.	250.	
1467.	Rouillard de Beauval (*Adrien-Crépin-Marie*), capitaine d'infanterie.	1.er février 1808.	*Idem.*	500.	Ses services.	250.	
1468.	Rouillé (*Joseph-Alexandre*), lieutenant-colonel d'infanter.	17 mars 1808.	*Idem.*	500.	*Idem.*	250.	
1469.	Roul (*Jacques*), chef d'escadron en retraite.	1.er février 1808.	*Idem.*	500.	*Idem.*	250.	
1470.	Roullière (*Jean*), chasseur au 10.e d'infanterie légère.	3 octobre 1809.	*Idem.*	500.	Son amputation.	250.	
1471.	Rousseau (*Étienne*), fusilier au 92.e de ligne.	*Idem.*	*Idem.*	500.	*Idem.*	250.	
1472.	Rousseau (*René*), lieutenant d'infanterie.	15 mars 1810.	*Idem.*	500.	Ses services.	250.	
1473.	Rousseau (*Jean-Charles*), fusilier au 103.e de ligne.	22 novembre 1811.	Octroi du Rhin.	500.	Son amputation.	250.	
1474.	Roussel (*Henri-Louis*), maréchal-des-logis au 16.e de chasseurs à cheval.	3 octobre 1809.	Mont de Milan.	500.	*Idem.*	250.	
					A reporter....	368,500.	

NUMÉROS D'ORDRE.	NOMS, QUALITÉS ET GRADES des donataires ou de leurs successeurs.	DATES des décrets ou décisions par lesquels les dotations ont été accordées.	DÉSIGNATION des pays, biens ou établissem.s sur lesquels les dotations ont été constituées.	MONTANT de chaque dotation.	TITRE ou MOTIF auquel elles ont été accordées.	MONTANT de l'indemnité fixée par le projet de loi.	OBSERVATIONS.
					Report.....	368,500f	
1475.	ROUSSEL (*François-Félix*), maréchal-des-logis au 16.e de chasseurs à cheval.	3 octobre 1809.	Mont de Milan.	500f	Son amputation.	250.	
1476.	ROUSSELET (*Augustin*), fusilier au 102.e de ligne.	*Idem.*	*Idem.*	500.	*Idem.*	250.	
1477.	ROUVILLE (*Jean-Joseph*), colonel du 16.e légère, en retraite.	17 mars 1808.	*Idem.*	500.	Ses services.	250.	
1478.	ROUX (*Jean-Louis*), lieutenant en second des chasseurs à pied de la garde.	1.er février 1808.	*Idem.*	500.	*Idem.*	250.	
1479.	ROUX (*Jacques*), sergent au 46.e de ligne.	3 octobre 1809.	*Idem.*	500.	Son amputation.	250.	
1480.	ROUYER (*Pierre-François*), capitaine de cavalerie en retraite.	1.er février 1808.	*Idem.*	500.	Ses services.	250.	
1481.	ROVEL (*Michel*), lieutenant de gendarmerie à cheval, 1.re légion.	5 mars 1813.	*Idem.*	500.	*Idem.*	250.	
1782.	ROXARD (*Jean-Claude*), grenadier à pied de la garde.	5 mars 1810.	*Idem.*	500.	*Idem.*	250.	
1483.	ROYER, sapeur de 1.re classe au 2.e bataillon de sapeurs.	3 octobre 1809.	*Idem.*	500.	Son amputation.	250.	
1484.	ROYÈRE (*Jean*), lieutenant-colonel d'infanterie.	1.er février 1808.	*Idem.*	500.	Ses services.	250.	
1485.	ROZÉ (*Jacques*), lieutenant-colonel d'infanterie en retraite.	15 mars 1810.	*Idem.*	500.	*Idem.*	250.	
1486.	ROZET (*Edmond*), chef de bataillon d'infanterie en retraite.	1.er février 1808.	*Idem.*	1,000.	*Idem.*	250.	
1487.	RULLIER (*Étienne*), fusilier au 63.e de ligne.	20 juin 1812.	Octroi du Rhin.	500.	*Idem.*	250.	

S

1488.	SABÈS (*André-Pascal*), adjudant-commandant.	17 mars 1808.	Mont de Milan.	500.	*Idem.*	250.	
1489.	SAFFON (*Bernard*), voltigeur au 56.e de ligne.	3 octobre 1810.	*Idem.*	500.	Son amputation.	250.	
1490.	SAINT (*Claude-François*), lieutenant des chasseurs à cheval de la garde.	1.er février 1808.	*Idem.*	500.	Ses services.	250.	
1491.	SAINT-DIDIER (le Baron), ex-préfet du palais.	3 juin 1811.	Octroi du Rhin.	1,000.	*Idem.*	250.	
						372,750.	

NUMÉROS D'ORDRE.	NOMS, QUALITÉS ET GRADES des donataires ou de leurs successeurs.	DATES des décrets ou décisions par lesquels les dotations ont été accordées.	DÉSIGNATION des pays, biens ou établissem.s sur lesquels les dotations ont été constituées.	MONTANT de chaque dotation.	TITRE OU MOTIF auquel elles ont été accordées.	MONTANT de l'indemnité fixée par le projet de loi.	OBSERVATIONS.
					Report...	372,750f	
1492.	SAINT-HILAIRE (*Marie-Joseph-André-Augustin*), colonel d'état-major.	17 mars 1808.	Mont de Milan.	500f	Ses services.	250.	
1493.	SAINT-LOUP (*Joseph*), lieutenant de Roi.	*Idem.*	*Idem.*	500.	*Idem.*	250.	
1494.	SAINT-MARTIN (*Joseph*), chef de bataillon d'infanterie.	1.er février 1808.	*Idem.*	500.	*Idem.*	250.	
1495.	SALAMÉ (*Soliman*), lieutenant en 1.er de chasseurs.	*Idem.*	*Idem.*	500.	*Idem.*	250.	
1496.	SALUN (*Grégoire*), fusilier au 72.e de ligne.	3 octobre 1810.	Octroi du Rhin.	500.	*Idem.*	250.	
1497.	SALEL (*Jean-Joseph*), colonel d'état-major.	17 mars 1808.	Mont de Milan.	500.	*Idem.*	250.	
1498.	SALÉ (*Romain-Hilaire*), cuirassier au 7.e régiment.	3 octobre 1809.	*Idem.*	500.	Son amputation.	250.	
1499.	SALMON (*René-Guillaume-Marin*), capitaine de cuirassiers en retraite.	5 mars 1813.	*Idem.*	500.	Ses services.	250.	
1500.	SALVA (*Jean-Baptiste*), grenadier au 93.e de ligne.	3 août 1810.	Octroi du Rhin.	500.	Son amputation.	250.	
1501.	SANCEY (*Louise-Émilie-Jeannette*), fille du colonel du 84.e de ligne.	17 mars 1808.	Mont de Milan.	500.	Les services de son père, mort le 5 avril 1816.	250.	
1502.	SANDRAS (*Louis-Marcel*), capitaine-command. d'artillerie.	1.er février 1808.	*Idem.*	1,000.	Ses services.	250.	
1503.	SARAZIN dit LEFRANC (*Denis-Jean*), chef de bataillon d'infanterie retraité.	*Idem.*	*Idem.*	500.	*Idem.*	250.	
1504.	SARRAZIN (*Remi*), lieutenant de la gendarmerie d'élite de la garde.	*Idem.*	*Idem.*	500.	*Idem.*	250.	
1505.	SARTORY (*Frédéric*), sous-lieutenant au 8.e légère, en retraite.	3 août 1810.	Octroi du Rhin.	500.	Son amputation.	250.	
1506.	SAULNIER (*Jean-Louis-Nicolas-Marie*), capitaine de cavalerie.	1.er février 1808.	Mont de Milan.	500.	Ses services.	250.	
1507	SAUVAGE (*Martin*), capitaine d'artillerie en retraite.	*Idem.*	*Idem.*	500.	*Idem.*	250.	
1508.	SAUVAGE, fusilier au 30.e de ligne.	3 octobre 1809.	*Idem.*	500.	Son amputation.	250.	
1509.	SAUVAGE (*Pierre*), fusilier au 2.e de ligne.	20 juin 1812.	Octroi du Rhin.	500.	Ses services.	250.	
					A reporter...	377,250.	

NUMÉROS D'ORDRE.	NOMS, QUALITÉS ET GRADES des donataires ou de leurs successeurs.	DATES des décrets ou décisions par lesquels les dotations ont été accordées.	DÉSIGNATION des pays, biens ou établissem.s sur lesquels les dotations ont été accordées.	MONTANT de chaque dotation.	TITRE OU MOTIF auquel elles ont été accordées.	MONTANT de l'indemnité fixée par le projet de loi.	OBSERVATIONS.
					Report...	377,250f	
1510.	SAUVAL (*Pierre*), chasseur au 13.e d'infanterie légère.	16 mai 1811.	Octroi du Rhin.	500f	Son amputation.	250.	
1511.	SAUVIAT, fusilier au 48.e de ligne.	3 octobre 1809.	Mont de Milan.	500.	*Idem.*	250.	
1512.	SAVARINI (*Joseph-Marie*), lieutenant-sous-adjudant-major de l'artillerie de la garde.	1.er février 1808.	*Idem.*	500.	Ses services.	250.	
1513.	SAVARY, maréchal-des-logis des dragons de la garde.	15 mars 1810.	*Idem.*	500.	*Idem.*	250.	
1514.	SAVOURET (*Jean-Remi*), grenadier au 103.e de ligne.	3 août 1810.	Octroi du Rhin.	500.	Son amputation.	250.	
1515.	SCHAFFNER (*Daniel*), fusilier au 54.e de ligne.	16 mai 1811.	*Idem.*	500.	*Idem.*	250.	
1516.	SCHIRMANN (*François-Joseph*), brigadier au 2.e régiment de carabiniers.	3 octobre 1809.	Mont de Milan.	500.	*Idem.*	250.	
1517.	SCHMIDT (*Michel*), chef d'escadron.	1.er février 1808.	*Idem.*	500.	Ses services.	250.	
1518.	SCHMITT (*Jean-Michel*), lieutenant-colonel de cavalerie.	*Idem.*	*Idem.*	500.	*Idem.*	250.	
1519.	SCHNEIDER (*Jean*), fusilier au 27.e de ligne.	3 octobre 1809.	*Idem.*	500.	Son amputation.	250.	
1520.	SCHODDUYN (*Joseph-Jean-Cornil*), voltigeur au 19.e de ligne.	*Idem.*	*Idem.*	500.	Ses blessures.	250.	
1521.	SCHOULLER (*Jean-Baptiste-Nicolas*), colonel du régiment de la Fère.	1.er février 1808.	*Idem.*	1,000.	Ses services.	250.	
1522.	SCHRAMM (*Jean-Paul-Adam*), maréchal-de-camp.	*Idem.*	*Idem.*	1,000.	*Idem.*	250.	
1523.	SCHROËDER (*Jean-Pierre*), cuirassier au 2.e régiment.	3 octobre 1809.	*Idem.*	500.	Son amputation.	250.	
1524.	SCRIBE (*Franç.-Joseph-Alphonse*), lieutenant des grenadiers à cheval de la garde.	1.er février 1808.	*Idem.*	500.	Ses services.	250.	
1525.	SECRÉTAN (*Antoine-Joseph*), colonel d'infanterie.	*Idem.*	*Idem.*	1,000.	*Idem.*	250.	
1526.	SECRÉTAN (*François-Alexis*), chasseur au 8.e d'infanterie légère.	3 octobre 1809.	*Idem.*	500.	Son amputation.	250.	
1527.	SEIGNAN DE SERRE (*Jean-Baptiste*), maréchal-de-camp inspecteur général de la gendarmerie.	8 septembre 1808.	*Idem.*	500.	Ses services.	250.	
					A reporter...	381,750.	

NUMÉROS D'ORDRE.	NOMS, QUALITÉS ET GRADES des donataires ou de leurs successeurs.	DATES des décrets ou décisions par lesquels les dotations ont été accordées.	DÉSIGNATION des pays, biens ou établissem.s sur lesquels les dotations ont été constituées.	MONTANT de chaque DOTATION.	TITRE OU MOTIF auquel elles ont été accordées.	MONTANT de l'indemnité fixée par le projet de loi.	OBSERVATIONS.
					Report....	381,750f	
1528.	SELIER (*Jean-André*), soldat au 5.e d'infanterie de ligne.	16 mai 1811.	Octroi du Rhin.	500f	Son amputation.	250.	
1529.	SEMARD (*Claude*), grenadier au 18.e d'infanterie de ligne.	16 mai 1811.	Octroi du Rhin.	500.	*Idem*.	250.	
1530.	SEMPÉ (*Jean-Dominique*), lieutenant-colonel d'infanterie en retraite.	17 mars 1808.	Mont de Milan.	500.	Ses services.	250.	
1531.	SÉNÉCHAL (*Louis-Claude*), carabinier à cheval au 2.e régiment.	3 octobre 1809.	Mont de Milan.	500.	Son amputation.	250.	
1532.	SÉNÉCHAL (*Charles*), fusilier au 67.e de ligne.	22 novembre 1811.	Octroi du Rhin.	500.	*Idem*.	250.	
1533.	SENILHAC (*Jacques-Jean-Louis*), adjudant-commandant en retraite.	17 mars 1808.	Mont de Milan.	500.	Ses services.	250.	
1534.	SENILLE (*Jean-François*), capitaine d'artillerie en retraite.	15 mars 1810.	Mont de Milan.	500.	*Idem*.	250.	
1535.	SERANNE (*Claude-Jean-Marie*), capitaine des dragons de la garde.	1.er février 1808.	Mont de Milan.	500.	*Idem*.	250.	
1536.	SÈVE (*Joseph*), capitaine de cavalerie en retraite.	1.er février 1808.	Mont de Milan.	500.	*Idem*.	250.	
1537.	SÉVERIN (*Théodore-Alexis*), fils aîné de Jean-Pierre, mort capitaine des voltigeurs de la garde.	1.er février 1808.	Mont de Milan.	500.	Les services de son père, mort le 25 décembre 1812.	250.	
1538.	SEVRET (*René* POUDRET DE), colonel d'infanterie en retraite.	17 mars 1808.	Mont de Milan.	500.	Ses services.	250.	
1539.	SIARD (*Jacques*) chasseur au 24.e d'infanterie légère.	3 octobre 1809.	Mont de Milan.	500.	Son amputation.	250.	
1540.	SIBRE (*Jean-François*), capitaine au 5.e des chasseurs à cheval.	19 mars 1813.	"	1,000.	Ses services.	250.	
1541.	SICART (*Jean-François-Henri*), lieutenant-colonel d'infanterie.	1.er février 1808.	Mont de Milan.	500.	*Idem*.	250.	
1542.	SICARD (*Simon*), soldat au 1.er bataillon principal du train d'artillerie.	3 octobre 1810.	Octroi du Rhin.	500.	Ses blessures.	250.	
1543.	SIMOEN (*Mathieu-Joseph*), grenadier au 19.e de ligne.	3 octobre 1809.	Mont de Milan.	500.	Son amputation.	250.	
1544.	SIMON (*Louis*), colonel d'infanterie, retraité.	17 mars 1808.	Mont de Milan.	500.	Ses services.	250.	
1545.	SIMONNOT (*Jacques-Marie*), fusilier au 69.e de ligne.	3 octobre 1810.	Octroi du Rhin.	500.	Son amputation.	250.	
					A reporter...	386,250.	

NUMÉROS D'ORDRE.	NOMS, QUALITÉS ET GRADES des donataires ou de leurs successeurs.	DATES des décrets ou décisions par lesquels les dotations ont été accordées.	DÉSIGNATION des pays, biens ou établissem.s sur lesquels les dotations ont été constituées.	MONTANT de chaque DOTATION.	TITRE ou MOTIF auquel elles ont été accordées.	MONTANT de l'indemnité fixée par le projet de loi.	OBSERVATIONS.
					Report...........	386,250f	
1546.	SONGEUX (*Jean-Jacques*), chef de bataillon d'infanterie.	1.er février 1808.	Mont de Milan.	500f.	Ses services.	250.	
1547.	SORMAITRE (*Remi*), capitaine d'infanterie en retraite.	15 mars 1810.	Mont de Milan.	500.	*Idem.*	250.	
1548.	SOULIER (*Jean*), soldat au 10.e d'infanterie légère.	20 juin 1812.	Octroi du Rhin.	500.	*Idem.*	250.	
1549.	SOURDON (*Guillaume*), chasseur à pied de la garde.	15 mars 1810.	Mont de Milan.	500.	*Idem.*	250.	
1550.	SPINNEL (*François-Joseph-Balthazar*), major de cavalerie en retraite.	1.er février 1808.	Mont de Milan.	500.	*Idem.*	250.	
1551.	STATENS, fusilier au 10.e de ligne.	3 octobre 1809.	Mont de Milan.	500.	Son amputation.	250.	
1552.	STEINEBACH (*Godefroi*), lieutenant des chasseurs à pied de la garde.	1.er février 1808.	Mont de Milan.	500.	Ses services.	250.	
1553.	SUIRE (*Louis*), dragon de la garde.	15 mars 1810.	Mont de Milan.	500.	*Idem.*	250.	
1554.	SUMILLE (*François-Louis*), caporal au 17.e de ligne.	3 octobre 1809.	Mont de Milan.	500.	Son amputation.	250.	

T

1555.	TAILHAN (*Marc*), second lieutenant des grenadiers à pied de la garde.	1.er février 1808.	Mont de Milan.	500.	Ses services.	250.	
1556.	TAISNE (*Fidèle-Joseph*), grenadier au 72.e de ligne.	20 juin 1812.	Octroi du Rhin.	500.	*Idem.*	250.	
1557.	TALIN (*François*), chef d'escadron de gendarmerie, adjoint à l'état-major.	17 mars 1808.	Mont de Milan.	500.	*Idem.*	250.	
1558.	TAMBON (*Louis-Joseph*), capitaine d'infanterie en retraite.	15 mars 1810.	Mont de Milan.	500.	*Idem.*	250.	
1559.	TARD (*Pierre Louis*), chasseur au 9.e d'infanterie légère, 4.e bataillon.	3 août 1810.	Octroi du Rhin.	500.	Son amputation.	250	
1560.	TARDIEU (*Jean-Gabriel-Alexandre*), lieutenant-colonel d'infanterie.	15 mars 1810.	Mont de Milan.	500.	Ses services.	250.	
1561.	TARDIVY, chef de bataillon du génie.	6 août 1811.	Octroi du Rhin.	500.	*Idem.*	250.	
1562.	TARDY DE MONTRAVEL (*Alexandre-Marie-Auguste*), chef de bataillon d'artillerie.	15 mars 1810.	Mont de Milan.	500.	*Idem.*	250.	
					A reporter.........	390,500.	

NUMÉROS D'ORDRE.	NOMS, QUALITÉS ET GRADES des donataires ou de leurs successeurs.	DATES des décrets ou décisions par lesquels les dotations ont été accordées.	DÉSIGNATION des pays, biens ou établissem.s sur lesquels les dotations ont été constituées.	MONTANT de chaque dotation.	TITRE OU MOTIF auquel elles ont été accordées.	MONTANT de l'indemnité fixée par le projet de loi.	OBSERVATIONS.
					Report......	390,500f	
1563.	TARPIN (*Edme*), sergent au 93.e de ligne.	3 octobre 1809.	Mont de Milan.	500f	Son amputation.	250.	
1564.	TARTARIN, sergent aux chasseurs à pied de la garde.	15 mars 1810.	Mont de Milan.	500.	Ses services.	250.	
1565.	TEMPLIER (*Joseph*), capitaine des grenadiers à pied de la garde, en retraite.	15 mars 1810.	Mont de Milan.	500.	*Idem.*	250.	
1566.	TESSIER, voltigeur au 56.e de ligne.	3 octobre 1809.	Mont de Milan.	500.	Son amputation.	250.	
1567.	TESSIER (*Pierre-Séverin*), fourrier au 24.e de chasseurs à cheval.	3 octobre 1809.	Octroi du Rhin.	500.	*Idem.*	250.	
1568.	TÉTART (*Pierre-Joseph-Fidèle*), chasseur au 15.e d'infanterie légère.	3 août 1810.	Mont de Milan.	500.	*Idem.*	250.	
1569.	THERY (*Jean*), chef de bataillon d'infanterie en retraite.	17 mars 1808.	*Idem.*	500.	Ses services.	250.	
1570.	THEVELIN (*Jean-Baptiste*), voltigeur au 30.e de ligne, en retraite.	3 août 1810.	Octroi du Rhin.	500.	Son amputation.	250.	
1571.	THIBAUT (*Augustin*), chef de bataillon au 122.e de ligne.	18 mai 1813.	Mont de Milan.	1000.	Ses services.	250.	
1572.	THIEDEZINGRE (*Jacques*), caporal au 84.e de ligne.	3 octobre 1809.	Mont de Milan.	500.	Son amputation.	250.	
1573.	THIÉRY (*Étienne*), capitaine des dragons de la garde.	15 mars 1810.	Mont de Milan.	500.	Ses services.	250.	
1574.	THOMAS (*Louis*), chef de bataillon d'infanterie.	1.er février 1808.	Mont de Milan.	500.	*Idem.*	250.	
1575.	THOMAS (*Philippe-François-Joseph-Léon*), capitaine de l'escadron d'artill.ie de Metz.	8 octobre 1812.	Octroi du Rhin.	500.	*Idem.*	250.	
1576.	THOMASSIN (*Bernard-Joseph*), capitaine de cavalerie en retraite.	1.er février 1808.	Mont de Milan.	500.	*Idem.*	250.	
1577.	THOUVENEL (*Louis*), chef de bataillon au régiment d'artillerie de Valence.	15 mars 1810.	Mont de Milan.	500.	*Idem.*	250.	
1578.	THUILLIER (*Jean-Joseph-Romanie*), chasseur à pied de la garde.	15 mars 1810.	Mont de Milan.	500.	*Idem.*	250.	
1579.	THUILLIER (*Charles-Michel*), lieutenant de vaisseau à Cherbourg.	15 août 1810.	Mont de Milan.	500.	*Idem.*	250.	
1580.	THUILLIER (*André-Sébastien*), sergent au 67.e de ligne.	3 octobre 1809.	Mont de Milan.	500.	Son amputation.	250.	
1581.	TUMELAIR (*Charles-Antoine*), capitaine des chasseurs à cheval de la garde, en retraite.	1.er février 1808.	Mont de Milan.	1,000.	Ses services.	250.	
					A reporter...	395,520.	

NUMÉROS D'ORDRE.	NOMS, QUALITÉS ET GRADES des donataires ou de leurs successeurs.	DATES des décrets ou décisions par lesquels les dotations ont été accordées.	DÉSIGNATION des pays, biens ou établissem.ns sur lesquels les dotations ont été constituées.	MONTANT de chaque DOTATION.	TITRE OU MOTIF auquel elles ont été accordées.	MONTANT de l'indemnité fixée par le projet de loi.	OBSERVATIONS.
					Report.......	395,250f	
1582.	THURET (*Jacques*), brigadier au 3.e de cuirassiers.	3 octobre 1809.	Mont de Milan.	500f	Son amputation.	250.	
1583.	TIERCELIN (*Simon-Pierre*), sergent au 30.e de ligne.	3 octobre 1809.	Mont de Milan.	500.	*Idem.*	250.	
1584.	TISSOT (*Jean-Marie*), colonel d'infanterie.	17 mars 1808.	Mont de Milan.	500.	Ses services.	250.	
1585.	TONDU (*François-Henri*), brigadier au 9.e de hussards.	3 août 1810.	Octroi du Rhin.	500.	Son amputation.	250.	
1586.	TOURNIER (*Jean-Baptiste*), lieutenant au 2.e des chasseurs à pied de la garde.	15 mars 1810.	Mont de Milan.	500.	Ses services.	250.	
1587.	TOURNON (le Comte *Philippe-Camille-Casimir* MARCELLIN DE), préfet du département de la Gironde.	30 juin 1811.	Octroi du Rhin.	500.	*Idem.*	250.	
1588.	TOURRAILLE (*Martin*), cuirassier au 7.e régiment.	3 octobre 1809.	Mont de Milan.	500.	Son amputation.	250.	
1589.	TOUSSAINT, fusilier au 21.e de ligne.	3 octobre 1809.	Mont de Milan.	500.	*Idem.*	250.	
1590.	TOUSSAINT (*Marcel*), chasseur au 8.e d'infanterie légère.	3 octobre 1809.	Mont de Milan.	500.	*Idem.*	250.	
1591.	TOEILOY, grenadier au 61.e de ligne.	3 octobre 1809.	Mont de Milan.	500.	*Idem.*	250.	
1592.	TRIPART (*Jean-Baptiste*), lieutenant porte-étendard de l'artillerie de la garde.	1.er février 1808.	Mont de Milan.	500.	Ses services.	250.	
1593.	TRITIER (*Paul*), tambour au 92.e de ligne.	3 octobre 1809.	Mont de Milan.	500.	Son amputation.	250.	
1594.	TROCHAU (*Thomas-Louis*), fusilier au 17.e de ligne.	3 octobre 1809.	Mont de Milan.	500.	*Idem.*	250.	
1595.	TROGNON (*Jean-Louis*), grenadier au 33.e de ligne.	3 octobre 1809.	Mont de Milan.	500.	*Idem.*	250.	
1596.	TROUVAIN (*Jean-Antoine*), sergent au 12.e d'infanterie légère.	22 novembre 1811.	Octroi du Rhin.	500.	*Idem.*	250.	
1597.	TRUFFEL (*Jean*), chef de bataillon d'infanterie en retraite.	1.er février 1808.	Mont de Milan.	500.	Ses services.	250.	
1598.	TRUFFER (*Joseph*), tambour au 52.e de ligne.	3 octobre 1809.	Mont de Milan.	500.	Son amputation.	250.	
1599.	TUAL (*Vincent*), tambour au 40.e de ligne.	16 mai 1811.	Octroi du Rhin.	500.	*Idem.*	250.	
1600.	TUEFFERT (*Charles-David*), lieutenant en 1.er des grenadiers à cheval de la garde.	1.er février 1808.	Mont de Milan.	500.	Ses services.	250.	
					A reporter......	400,000.	

NUMÉROS D'ORDRE.	NOMS, QUALITÉS ET GRADES des donataires ou de leurs successeurs.	DATES des décrets ou décisions par lesquels les dotations ont été accordées.	DÉSIGNATION des pays, biens ou établissem.ns sur lesquels les dotations ont été constituées.	MONTANT de chaque dotation.	TITRE OU MOTIF auquel elles ont été accordées.	MONTANT de l'indemnité fixée par le projet de loi.	OBSERVATIONS.
					Report.......	400,000f	
1601.	TUVILLE (*François*), grenadier au 19.e de ligne.	3 octobre 1809.	Mont de Milan.	500f	Son amputation.	250.	
1602.	TITGADT (*Ferdinand-François*), chasseur au 13.e d'infanterie légère.	3 octobre 1809.	Mont de Milan.	500.	*Idem.*	250.	

U

1603.	ULPA (*Jean-François*), soldat au bataillon principal du train d'artillerie de la garde, 5.e compagnie.	15 mars 1810.	Mont de Milan.	500.	Ses services.	250.	
1604.	UNY (*Jean-François*), colonel retraité.	17 mars 1808.	Mont de Milan.	500.	*Idem.*	250.	
1605.	UTINET (*François*), cuirassier au 12.e régiment.	3 octobre 1809.	Mont de Milan.	500.	Son amputation.	250.	

W ET V

1606.	VADET (*Pierre-Germain*), sous-lieutenant de cavalerie en retraite.	3 octobre 1809.	Mont de Milan.	500.	Son amputation.	250.	
1607.	VAILLANT (*Pierre*), sergent au 2.e de ligne.	16 mai 1811.	Octroi du Rhin.	500.	*Idem.*	250.	
1608.	VALDENAIRE (*Remi*), voltigeur au 46.e de ligne.	3 octobre 1809.	Mont de Milan.	500.	*Idem.*	250.	
1609.	VALLERAND (*Marie - Julien*), fusilier au 96.e de ligne.	3 octobre 1810.	Octroi du Rhin.	500.	*Idem.*	250.	
1610.	VALLERY (*Nicolas-Barthélemi*), capitaine d'artillerie.	15 mars 1810.	Mont de Milan.	500.	Ses services.	250.	
1611.	VALLET dit ORDINAIRE (*Antoine-Pierre*), fusilier au 39.e de ligne.	22 novembre 1811.	Octroi du Rhin.	500.	Son amputation.	250.	
1612.	VALLIER (*Charles-Louis* DE), lieutenant au 52.e de ligne.	3 octobre 1809.	Mont de Milan.	500.	*Idem.*	250.	
1613.	VALOGNES, matelot de 1.re classe du 5.e équipage des marins de la garde.	15 mars 1810.	Mont de Milan.	500.	Ses services.	250.	
1614.	WALTER (*François*), lieutenant des grenadiers à cheval de la garde, en retraite.	1.er février 1808.	Mont de Milan.	500.	*Idem.*	250.	
1615.	VANAU, cuirassier au 2.e régiment.	3 octobre 1809.	Mont de Milan.	500.	Son amputation.	250.	
1615.	VANDECOÛTER (*Jean-Baptiste*), fusilier au 112.e de ligne.	3 octobre 1809.	Mont de Milan.	500.	*Idem.*	250.	
					A reporter.......	404,000.	

NUMÉROS D'ORDRE.	NOMS, QUALITÉS ET GRADES des donataires ou de leurs successeurs.	DATES des décrets ou décisions par lesquels les dotations ont été accordées.	DÉSIGNATION des pays, biens ou établissem.s sur lesquels les dotations ont été constituées.	MONTANT de chaque dotation.	TITRE OU MOTIF auquel elles ont été accordées.	MONTANT de l'indemnité fixée par le projet de loi.	OBSERVATIONS.
					Report.......	404,000f	
1617.	VANDERZEYPEN (*François-Michel*), fusilier au 112.e de ligne.	3 octobre 1809.	Mont de Milan.	500f	Son amputation.	250.	
1618.	VANLIN (*François*), grenadier au 56.e de ligne.	16 mai 1811.	Octroi du Rhin.	500.	*Idem.*	250.	
1619.	VARELIAUD (*Jean-Baptiste*), capitaine des chasseurs à cheval de la garde.	15 mars 1810.	Mont de Milan.	500.	Ses services.	250.	
1620.	WARLIER (*Jean-Louis*), sapeur des grenadiers à pied de la garde.	15 mars 1810.	Mont de Milan.	500.	*Idem.*	250.	
1621.	VARNOUT, lieutenant des grenadiers à cheval de la garde.	8 septembre 1808.	Mont de Milan.	500.	*Idem.*	250.	
1622.	VATTIER (*Antoine-Melchior*), capitaine de vaisseau en retraite.	30 juin 1811.	Octroi du Rhin.	500.	*Idem.*	250.	
1623.	VAUDE (*Louis-Alexis-Nicolas*), chef de bataillon d'infanterie.	1.er février 1808.	Mont de Milan.	500.	*Idem.*	250.	
1624.	VAUGRIGNEUSE (*Arnauld-Alphonse-Joseph*), chef d'escadron d'artillerie, retraité.	17 mars 1808.	Mont de Milan.	500.	*Idem.*	250.	
1625.	VEBERT (*Hilaire*), lieutenant-colonel d'infanterie.	1.er février 1808.	Mont de Milan.	500.	*Idem.*	250.	
1626.	WEBER (*François*), colonel de cavalerie en retraite.	1.er février 1808.	Mont de Milan.	1,000.	*Idem.*	250.	
1627.	WEBER (*George*), maréchal-des-logis au 8.e des hussards.	3 octobre 1809.	Mont de Milan.	500.	Son amputation.	250.	
1628.	VENIÈRE le Baron (*Jean-Louis*), lieutenant-colonel de cavalerie.	1.er février 1808.	Mont de Milan.	1,000.	Ses services.	250.	
1629.	VENTRE, grenadier au 57.e de ligne.	3 octobre 1809.	Mont de Milan.	500.	Son amputation.	250.	
1630.	VERDEN (*Nicolas*), voltigeur au 54.e d'infanterie de ligne.	16 mai 1811.	Octroi du Rhin.	500.	*Idem.*	250.	
1631.	VERDURE (*Pierre-Charles-François*), chef de bataillon d'infanterie, retraité.	15 mars 1810.	Mont de Milan.	500.	Ses services.	250.	
1632.	VERGÈS (*Jean-Baptiste*) lieutenant-colonel d'infanterie, en retraite.	1.er février 1808.	Mont de Milan.	500.	*Idem.*	250.	
1633.	VERJUS (*Antoine-Joseph*), carabinier au 15.e d'infanterie légère.	3 octobre 1809.	Mont de Milan.	500.	Son amputation.	250.	
1634.	VERJUS (*Jean*), canonnier au 7.e d'artillerie à pied.	3 octobre 1809.	Mont de Milan.	500.	*Idem.*	250.	
					A reporter....	408,500.	

NUMÉROS D'ORDRE.	NOMS, QUALITÉS ET GRADES des donataires ou de leurs successeurs.	DATES des décrets ou décisions par lesquels les dotations ont été accordées.	DÉSIGNATION des pays, biens ou établissem.ns sur lesquels les dotations ont été constituées.	MONTANT de chaque dotation.	TITRE OU MOTIF auquel elles ont été accordées.	MONTANT de l'indemnité fixée par le projet de loi.	OBSERVATIONS.
					Report.....	408,500f	
1635.	VESSILLIER (*François*), lieutenant-colonel d'infanterie.	15 mars 1810.	Mont de Milan.	500f	Ses services.	250.	
1636.	VIALA (*Louis-Barthélemy*), capitaine de cavalerie.	*Idem.*	*Idem.*	500.	*Idem.*	250.	
1637.	VIALLET (*Joseph*), chasseur au 8.e d'infanterie légère.	3 octobre 1809.	*Idem.*	500.	Son amputation.	250.	
1638.	VIARDOT (*Jacques*), fusilier au 92.e ligne.	*Idem.*	*Idem.*	500.	*Idem.*	250.	
1639.	VIAU (*Pierre*), fusilier au 84.e de ligne.	*Idem.*	*Idem.*	500.	*Idem.*	250.	
1640.	VIBERT (*Jacques*), grenadier au 105.e de ligne.	*Idem.* 1810.	Octroi du Rhin.	500.	*Idem.*	250.	
1641.	WICART (*Charles-François-Joseph*), cuirassier au 11.e	3 octobre 1810.	*Idem.*	500.	*Idem.*	250.	
1642.	VIDAL DE LAUSUN (*Jacques-Théodore-Maurice*), fils de Dominique-Martin-Théodore, chef d'escadron adjoint à l'état-major de la réserve de cavalerie.	17 mars 1810.	Mont de Milan.	500.	Les services de son père, mort le 26 octobre 1816.	250.	
1643.	VIDAL (*Jean-Jacques*), caporal au 16.e d'infanterie de ligne.	16 mai 1811.	Octroi du Rhin.	500.	Son amputation.	250.	
1644.	VIDERINE (*Pierre*), gendarme à cheval de la ville de Paris.	15 mars 1810.	Mont de Milan.	500.	Ses services.	250.	
1645.	VIEILH (*Jean-Louis-Hippolyte*), lieutenant-colonel de cavalerie en retraite.	*Idem.*	*Idem.*	500.	*Idem.*	250.	
1646.	VILHEM (*Nicolas*), fusilier au 96.e de ligne.	3 octobre 1809.	*Idem.*	500.	Son amputation.	250.	
1647.	VILLATE (*Alexandre-Jean-Baptiste*), colonel des dragons de la Seine.	8 septembre 1808.	*Idem.*	500.	Ses services.	250.	
1648.	VILLEUMEUREUX (*Michel*), lieutenant en premier, quartier-maître-adjudant au 2.e régiment des fusiliers de la garde.	1.er février 1808.	*Idem.*	500.	*Idem.*	250.	
1649.	VILLIOT, fusilier au 30.e de ligne.	3 octobre 1809.	*Idem.*	500.	Son amputation.	250.	
1650.	VINCENT (*Joseph-Marie-Polycarpe*), fusilier au 92.e de ligne.	*Idem.*	*Idem.*	500.	*Idem.*	250.	
1651.	VIOLIN (*Pierre*), voltigeur au 84.e de ligne.	*Idem.*	*Idem.*	500.	*Idem.*	250.	
					A reporter......	412,750.	

NUMÉROS D'ORDRE.	NOMS, QUALITÉS ET GRADES des donataires ou de leurs successeurs.	DATES des décrets ou décisions par lesquels les dotations ont été accordées.	DÉSIGNATION des pays, biens ou établissem.ns sur lesquels les dotations ont été constituées.	MONTANT de chaque DOTATION.	TITRE OU MOTIF auquel elles ont été accordées.	MONTANT de l'indemnité fixée par le projet de loi.	OBSERVATIONS.
					Report...	412,750f	
1652.	VIONNET, Baron de Maringoné, maréchal-de-camp.	1.er février 1808.	Mont de Milan.	1,000f	Ses services.	250.	
1653.	VOISIN (*Jean*), canonnier au premier régiment d'artillerie à cheval.	3 octobre 1809.	*Idem.*	500.	Son amputation.	250.	
1654.	VOISIN (*Claude-Louis-Marie*), lieutenant au 84.e de ligne.	3 octobre 1809.	*Idem.*	500.	*Idem.*	250.	
1655.	VOLANT (*Jean-François*), chasseur à pied de la garde.	3 octobre 1810.	Octroi du Rhin.	500.	*Idem.*	250.	
1656.	VUILLEMEY (*Antoine*), lieutenant en premier des dragons de la garde.	1.er février 1808.	Mont de Milan.	500.	Ses services.	250.	

Y

1657.	YONCK (*Noël*), brigadier-trompette du 8.e de hussards.	22 novembre 1811.	Octroi du Rhin.	500.	Son amputation.	250.	
1658.	YVONNET (*Jean*), fusilier au 67.e de ligne.	3 octobre 1809.	Mont de Milan.	500.	*Idem.*	250.	

Z

1659.	ZERLAUT (*Michel*), capitaine d'artillerie en retraite.	15 mars 1810.	Mont de Milan.	500.	Ses services.	250.	
1660.	ZUBRICKI, le Chevalier, (*Stanislas*), lieutenant d'infanterie.	31 mars 1812.	Octroi du Rhin.	500.	*Idem.*	250.	
					TOTAL...	415,000.	

ÉTAT DES VEUVES,

MÈRES OU SŒURS DE DONATAIRES.

N.° 5.

VEUVES DE DONATAIRES.

NUMÉROS D'ORDRE de cet état.	NOMS, PRÉNOMS ET QUALITÉS des VEUVES, MÈRES OU SŒURS.	DOTATIONS QUI DEVAIENT LA PENSION, ou sur lesquelles elle pouvait être assise. Assignation de la dotation.	Produit de la dotation.	QUOTITÉ de la pension.	MONTANT des indemnités proposées par le projet de loi.	OBSERVATIONS.
	TROIS 1.res CLASSES.					
1.	BARAGUEY-D'HILLIERS, veuve du Comte, colonel général des dragons.	Westphalie.	20,000f	4,000f	1,000f	
2.	BISSON (la Comtesse), veuve du lieutenant général.......	Westphalie et Hanovre.	50,000.	16,678.	1,000.	
3.	BOUDET (la Comtesse), veuve du lieutenant général.......	Poméranie.	30,000.	6,000.	1,000.	
4.	BRUYÈRE (la Comtesse), veuve du lieutenant général........	Westphalie et Hanovre.	32,000.	6,400.	1,000.	
5.	CANDRAS (la Baronne SAVETIER DE), veuve du maréchal-de-camp.	Westphalie.	10,000.	3,300.	1,000.	
6.	CHABAN (MOUCHARD DE), veuve du Comte, officier de carabiniers.	Stura.	10,000.	2,000.	1,000.	
7.	COLBERT, veuve du maréchal-de-camp..................	Westphalie.	10,000.	2,000.	1,000.	
8.	COLAUD (la Comtesse), veuve du lieutenant général.........	Westphalie.	20,000.	4,000.	1,000.	
9.	CRETET, la veuve du ministre de l'intérieur..................	Westphalie et Hanovre.	40,000.	20,000.	1,000.	
10.	DARRICAU, veuve du lieutenant général.................	Westphalie.	10,000.	2,000.	1,000.	
11.	DEFOURCROY (la Comtesse), veuve du conseiller d'état......	Hanovre.	10,000.	2,500.	1,000.	
12.	DEMENOU DE BOUSSAY, veuve du lieutenant général	Westphalie.	20,000.	6,660.	1,000.	
13.	DORSENNE (la Comtesse), veuve du lieutenant général, marquise de Bonneval.	Westphalie, Hanovre, Gallicie.	60,000.	18,000.	1,000.	
14.	DUFOUR, veuve du maréchal-de-camp................. ..	Westphalie.	10,000.	2,000.	1,000.	
15.	ÉBLÉ (la Comtesse), veuve du lieutenant général..........	Westphalie, Hanovre, Stura.	30,000.	10,000.	1,000.	Reversible sur ses deux filles.
16.	ESPAGNE (la Comtesse), veuve du lieutenant général.........	Westphalie.	30,000.	10,000.	1,000.	
17.	FAUCONNET, veuve du Baron, maréchal-de-camp..	Westphalie.	10,000.	2,000.	1,000.	
18.	FEREY, veuve du lieutenant général........................	Westphalie et Hanovre.	14,000.	2,800.	1,000.	
19.	GARNIER DE LA BOISSIÈRE, veuve du lieutenant général.......	Westphalie.	20,000.	6,666.	1,000.	
20.	GAUTHIER (la Baronne), veuve du maréchal-de-camp.......	Westphalie.	10,000.	3,330.	1,000.	
21.	GIRARD (la Baronne), veuve du lieutenant général..........	Westphalie.	12,000.	2,400.	1,000.	
22.	GODINOT, veuve du maréchal-de-camp....................	Westphalie.	10,000.	2,000.	1,000.	
23.	GUDIN (la Comtesse), veuve du lieutenant général..........	Westphalie, Hanovre, &c.	70,000.	20,000.	1,000.	
24.	HAUGERANVILLE DAVRANGE (D') (la Baronne), veuve du major des gardes-du-corps.	Trasimène, &c.	18,000.	3,600.	1,000.	
25.	HEURTELOUP (la Baronne), veuve du premier chirurgien des armées.	Poméranie.	5,000.	1,000.	500.	
26.	HUREAU DE SENARMONT, veuve du Baron, lieutenant général.	Westphalie.	10,000.	3,330.	1,000.	
27.	JOLIVET, veuve du Comte, ancien conseiller d'état.........	Poméranie et Illyrie.	16,000.	3,200.	1,000.	
28.	KIRGENER (la Baronne), veuve du maréchal-de-camp.......	Westphalie et Erfurt.	12,000.	2,400.	1,000.	
		A reporter...	....	....	27,500.	

NUMÉROS D'ORDRE de cet état.	NOMS, PRÉNOMS ET QUALITÉS des MÈRES, VEUVES OU SŒURS.	DOTATIONS QUI DEVAIENT LA PENSION, ou sur lesquelles elle pouvait être assise. Assignation de la dotation.	Produit de la dotation.	QUOTITÉ de la pension.	MONTANT des indemnités proposées par le projet de loi.	OBSERVATIONS.
		Report...	....	....	27,500f	
29.	LANNES, Duchesse de Montebello, veuve du maréchal......	Varsovie, Westphalie, Hanovre.	327,820f	50,000f	1,000.	
30.	LAPISSE (La Baronne), veuve du lieutenant général..........	Westphalie.	10,000.	2,000.	1,000.	
31.	LASALLE (la Comtesse), veuve du lieutenant général........	Westphalie et Hanovre.	50,000.	16,660.	1,000.	
32.	LEGRAND, veuve du lieutenant général....................	Varsovie, Westphalie, Taro et Arno.	58,000.	11,600.	1,000.	
33.	LEGUAY (la Baronne), veuve du lieutenant général..........	Rome.	6,000.	1,200.	1,000.	
34.	LEVASSEUR (la Baronne), veuve du maréchal-de-camp......	Westphalie.	10,000.	2,000.	600.	
35.	MALHER, veuve du lieutenant général....................	Westphalie.	30,000.	6,000.	1,000.	
36.	MAUPETIT (la Baronne), veuve du maréchal-de-camp, femme MONTARBY.	Westphalie.	10,000.	2,500.	1,000.	
37.	MICHEL (la Comtesse), veuve du lieutenant général.......	Westphalie.	30,000.	6,000.	1,000.	
38.	MONGE, veuve du Comte, ancien sénateur..............	Westphalie.	10,000.	2,000.	1,000.	
39.	MONTBRUN (la Comtesse), veuve du lieutenant général......	Westphalie, Hanovre, Gallicie.	24,000.	4,800.	1,000.	
40.	MONTESQUIOU, veuve de l'ancien officier d'ordonnance......	Ostfrise.	10,000.	2,000.	1,000.	
41.	PETIT (la Baronne), veuve du maréchal-de-camp..........	Westphalie.	10,000.	3,330.	1,000.	
42.	REYNIER (la Comtesse), veuve du lieutenant général.......	Gallicie, Naples.	50,000.	10,000.	1,000.	
43.	SAINTE-CROIX (la Marquise), mère du maréchal-de-camp...	Westphalie, Hanovre, Gallicie.	22,000.	4,000.	1,000.	
44.	SERAS, veuve du Comte, lieutenant général..............	Westphalie et Rome.	10,000.	2,000.	1,000.	
45.	VALORY (la Baronne), veuve du maréchal-de-camp.........	Westphalie.	10,000.	2,000.	1,000.	
				TOTAL...	44,100.	

4.e CLASSE.

NUMÉROS D'ORDRE de cet état.	NOMS, PRÉNOMS ET QUALITÉS des MÈRES, VEUVES OU SŒURS.	Assignation de la dotation.	Produit de la dotation.	QUOTITÉ de la pension.	MONTANT des indemnités proposées par le projet de loi.	OBSERVATIONS.
1.	ANSELME dit BATISTE (la Baronne), veuve du colonel......	Westphalie.	4,000.	1,330.	660.	
2.	ARBORD (la Baronne), veuve du colonel................	Westphalie.	4,000.	800	400.	
3.	AUBRÉE (la Baronne), veuve du colonel...............	Hanovre.	4,000.	800.	400.	
4.	AUBRY, veuve du colonel, femme MAURIN..............	Hanovre et Illyrie.	8,000.	2,000.	1,000.	
5.	AUBRY DE LA BOUCHARDERIE (la Baronne), veuve du lieutenant général.	Rome.	4,000.	800.	400.	
6.	BEURMANN (la Baronne), veuve du maréchal-de-camp......	Trasimène.	4,000.	800.	400.	
7.	BORREL, veuve du maréchal-de-camp....................	Westphalie.	4,000.	800.	400.	
8.	BOURAYNE, veuve du capitaine de vaisseau..............	Hanovre.	4,000.	800.	400.	
9.	BOURGOING DE PRÉVOT (la Baronne), veuve du ministre de France en Saxe.	Hanovre.	4,000.	800.	400	
10.	BOUVIER, veuve du colonel du génie....................	Rome.	4,000.	800.	400.	
11.	BRAYER (la Baronne), veuve du maréchal-de-camp.........	Westphalie et Trasimène.	6,000.	1,200.	600.	
12.	BREISSAND (la Baronne), veuve du maréchal-de-camp......	Hanovre et Mont de Milan.	4,500	900.	450.	
		A reporter.....	....	....	5,910.	

NUMÉROS D'ORDRE de cet état.	NOMS, PRÉNOMS ET QUALITÉS des VEUVES, MÈRES OU SŒURS.	DOTATIONS QUI DEVAIENT LA PENSION, ou sur lesquelles elle pouvait être assise. Assignation de la pension.	Produit de la dotation.	QUOTITÉ de la pension.	MONTANT des indemnités proposées par le projet de loi.	OBSERVATIONS.
		Report...	....	....	5,910f	
13.	CACAULT (la Baronne), veuve du maréchal-de-camp......	Westphalie et Rome.	6,000f	1,200f	600.	
14.	CERISE, veuve de l'adjudant-commandant..............	Mont de Milan et Rome.	4,500.	900.	450.	
15.	CHAMORIN (la Baronne), veuve du maréchal-de-camp.....	Trasimène.	4,000.	800.	400.	
16.	CHAPONNEL (la Baronne), veuve de l'adjudant-commandant..	Westphalie.	4,000.	2,000.	1,000.	
17.	CHICOILET DE CORBIGNY (la Baronne), veuve du préfet....	Rome.	4,000.	800.	400.	
18.	COULOUMY (la Baronne), veuve du maréchal-de-camp....	Octroi, Illyrie.	4,500.	900.	450.	
19.	DARQUIER (la Baronne), veuve du major...............	Erfurt, Illyrie.	8,000.	1,600.	800.	
20.	DEBAN DE LA BORDE (la Baronne), veuve du colonel.......	Westphalie.	4,000.	1,330.	660.	
21.	DELORT DE GLÉON (la Baronne), veuve du maréchal-de-camp.	Westphalie et Erfurt.	4,000.	800.	400.	
22.	DELZONS (la Baronne), veuve du maréchal-de-camp......	Westphalie, Rome.	8,000.	1,600.	800.	
23.	DEPENNE (la Baronne), veuve du maréchal-de-camp......	Rome.	4,000.	800.	400.	
24.	DESAIX (la Baronne), veuve d'Annet-Gilbert-Antoine......	Hanovre.	4,000.	800.	400.	
25.	DESVAUX DE SAINT-MAURICE, veuve du lieutenant général..	Hanovre, Mont de Milan.	4,500.	900.	450.	
26.	DORNÈS (la Baronne), veuve du maréchal-de-camp........	Westphalie.	4,000.	800.	400.	
27.	DUNESME, veuve du maréchal-de-camp................	Rome.	4,000.	800.	400.	
28.	DUPRÉS, veuve du maréchal-de-camp..................	Westphalie.	4,000.	1,000.	500.	
29.	DUTHOYA, veuve du chef de bataillon.................	Trasimène.	4,000.	1,000.	500.	
30.	ESPERT DE LA TOUR (la Baronne), veuve du maréchal-de-camp.	Westphalie et Montenotte.	6,000.	1,200.	600.	
31.	FICATIER, veuve du maréchal-de-camp..................	Westphalie.	4,000.	800.	400.	
32.	FRANCQ (la Baronne), veuve du colonel de cavalerie.....	Monté et Erfurt.	4,000.	800.	400.	
33.	FROMENT (la Baronne), veuve du colonel d'infanterie....	Westphalie.	4,000.	1,000.	500.	
34.	GAUTHIER (la Baronne), veuve du maréchal-de-camp.....	Monté, Hanovre.	4,500.	900.	450.	
35.	GIRAULT DE MARTIGNY (la Baronne), veuve du colonel....	Trasimène.	4,000.	2,000.	1,000.	
36.	GOURÉ DE VILLEMONTÉ (la Baronne), veuve du colonel...	Westphalie et Rome.	4,000.	800.	400.	
37.	GRILLOT (la Baronne), veuve du maréchal-de-camp......	Monté et Hanovre.	4,500.	1,125.	560.	
38.	GROBON (la Baronne), veuve du maréchal-de-camp......	Rome.	4,000.	800.	400.	
39.	GROISNE (la Baronne), veuve du maréchal-de-camp......	*Idem.*	4,000.	1,000.	500.	
40.	GUYARDET (la Baronne), veuve du maréchal-de-camp.....	Westphalie.	4,000.	800.	400.	
41.	HERVO (la Baronne), veuve du maréchal-de-camp........	*Idem.*	4,000.	2,000.	1,000.	
42.	LACOUR (la Baronne GUIOT DE), veuve du lieutenant-général.	*Idem.*	4,000.	800.	400.	
43.	LAMBERT (la Baronne), veuve du maréchal-de-camp......	*Idem.*	4,000.	800.	400.	
44.	LAMOUR (la Baronne), veuve du colonel...............	Rome.	4,000.	800.	400.	
45.	LARCILLY (la Baronne), veuve du colonel..............	Westphalie.	4,000.	800.	400.	
		A reporter...	....	....	28,130.	

NUMÉROS D'ORDRE de cet état.	NOMS, PRÉNOMS ET QUALITÉS des VEUVES, MÈRES OU SŒURS.	DOTATIONS QUI DEVAIENT LA PENSION, ou sur lesquelles elle pouvait être assise. Assignation de la pension.	Produit de la dotation.	QUOTITÉ de la pension.	MONTANT des indemnités proposées par le projet de loi.	OBSERVATIONS.
		Report...	....	....	23,130f	
46.	LAVAL (DE), veuve du lieutenant général..............	Hanovre.	4,000f	800f	400.	
47.	LEMASSON DUCHENOY, veuve du colonel d'artillerie.......	Westphalie.	4,000.	800.	400.	
48.	MARION (la Baronne), veuve du maréchal-de-camp.......	Hanovre.	4,000.	800.	400.	
49.	MARTHOD (la Baronne), veuve du major..............	Hanovre et Illyrie.	8,000.	1,600.	800.	
50.	MATHEVON DE CURNIEU, veuve du colonel de cuirassiers...	Westphalie, Trasimène et Fulde.	8,000.	1,600.	800.	
51.	MILLET (la Baronne), veuve du maréchal-de-camp........	Trasimène et Fulde.	4,000.	800.	400.	
52.	MINAL, veuve du colonel d'infanterie..................	Rome.	4,000.	800.	400.	
53.	MOULIN (la Baronne), veuve du lieutenant général........	*Idem.*	4,000.	800.	400.	
54.	MOUTON-DUVERNET (la Baronne), veuve du lieutenant général.	Rome et Deux-Nèthes.	8,000.	1,600.	800.	
55.	NORMAND (la Baronne), veuve du maréchal-de-camp......	Rome et Hanovre.	8,000.	1,600.	800.	
56.	OUDET, veuve du colonel..........................	Westphalie et Hanovre.	6,000.	1,466.	730.	
57.	PASTOL DE KERAMELIN (la Baronne), veuve du maréchal-de-camp.	Rome.	4,000.	800.	400.	
58.	PELLEGARDS *(Gabrielle-Louise-Augustine)*, PELLEGARDS *(Léonie-Cécile)*.......... filles de l'adjudant-commandant....	Westphalie.	4,000.	1,000.	500.	
59.	PELLETIER DE MONTMARIE (la Baronne), veuve du maréchal de-camp.	Rome.	4,000.	800.	400	
60.	POUZET (la Baronne), veuve du maréchal-de-camp (femme L'HÔPITAL).	Westphalie.	4,000.	2,000.	1,000.	
61.	PREVOST-SAINT-CYR, veuve du colonel d'infanterie........	Westphalie, Trasimène.	4,000.	800	400.	
62.	RHEINWALD, veuve du maréchal-de-camp................	Westphalie.	4,000.	800.	400.	
63.	RIOUFFE (la Baronne), veuve du préfet...............	Rome.	4,000.	800.	400.	
64.	ROUSSEL, veuve du maréchal-de-camp..................	*Idem.*	4,000.	800.	400.	
65.	SARRAIRE (la Baronne), veuve du colonel d'infanterie.....	Westphalie et Hanovre.	6,000.	1,800.	900.	
66.	SICARD *(Marguerite)*, sœur du maréchal-de-camp...........	Monté, Rome, Illyrie.	7,000.	750.	375.	
67.	SICARD *(Claire)*, sœur du maréchal-de-camp.............			750.	375.	
68.	THARREAU (la Baronne), veuve du lieutenant général.....	Rome.	4,000.	1,000.	500.	
69.	THOMIÈRES, veuve du maréchal-de-camp..............	Westphalie.	4,000.	1,000.	500.	
70.	THOUVENOT (la Baronne), veuve du lieutenant général...	Hanovre.	4,000.	800.	400.	
71.	TUGNOT-DELANOY (la Baronne), veuve de l'adjudant-commandant.	*Idem.*	4,000.	1,000.	500.	
72.	VEAUX (la Baronne), veuve du maréchal-de-camp.........	Westphalie et Hanovre.	8,000.	1,600.	800.	
73.	WERLÉ (la Baronne), veuve du maréchal-de-camp........	Westphalie.	4,000.	800.	400.	
74.	VIAL (la Baronne), veuve du colonel de cavalerie.........	*Idem.*	4,000.	2,000.	1,000.	
75.	YVENDORFF (la Baronne), veuve du maréchal de-camp....	*Idem.*	4,000.	800.	400.	
		TOTAL...	....	....	39,510.	

NUMÉROS D'ORDRE de cet état.	NOMS, PRÉNOMS ET QUALITÉS des VEUVES, MÈRES OU SŒURS.	DOTATIONS QUI DEVAIENT LA PENSION, ou sur lesquelles elle pouvait être assise. Assignation de la dotation.	Produit de la dotation.	QUOTITÉ de la pension.	MONTANT des indemnités proposées par le projet de loi.	OBSERVATIONS.
	5e CLASSE.					
1.	AUBERT, veuve du colonel	Trasimène.	2,000^f^	400^f^	200^f^	
2.	BERNARD, veuve du chef de bataillon d'infanterie	Westphalie.	2,000.	400.	200.	
3.	BIAUNIÉ-D'ARGENTRÉ, veuve du colonel	Erfurt.	2,000.	400.	200.	
4.	BOYER, veuve du chef d'escadron de cuirassiers	Westphalie.	2,000.	400.	200.	
5.	BUZZINI, veuve du chef de bataillon	*Idem.*	2,000.	500.	250.	
6.	CADILHON, veuve du chef de bataillon	*Idem.*	2,060.	600.	300.	
7.	CAZIN DE CAUMARTIN, veuve du chef de bataillon	*Idem.*	2,000.	600.	300.	
8.	CHIPAULT, veuve du major de chasseurs	*Idem.*	2,000.	1,000.	500.	
9.	CURNILLON, mère du lieutenant d'infanterie	Fulde.	2,000.	1,000.	500.	
10.	DAGOULT, veuve du maréchal de camp	*Idem.*	2,000.	1,000.	500.	
11.	DESGRAVIERS-BERTHELOT, veuve du colonel	Trasimène.	2,000.	400.	200.	
12.	DUGOMMIER, veuve de l'adjudant-commandant	Monté et Trasimène.	2,500.	500.	250.	
13.	DROUHOT, veuve de l'adjudant-commandant	Westphalie.	2,000.	400.	200.	
14.	DUPIN, veuve du chef d'escadron	*Idem.*	2,000.	1,000.	500.	
15.	DUPONT-D'HERVAL, veuve de l'adjudant-command.^t^	Monté et Erfurt.	2,500.	500	250.	
16.	FONTAINE (la Baronne), veuve de l'adjudant-commandant	Westphalie, Erfurt et Trasimène.	6,000	1,200.	600.	
17.	FOULON, veuve du colonel d'infanterie	Erfurt.	2,000.	400.	200.	
18.	FOURCADE, veuve du chef de bataillon	Westphalie.	2,000.	500.	250.	
19.	GENTILS, veuve du chef d'escadron	Trasimène.	2,000.	400.	200.	
20.	GILBERT, veuve du médecin des armées	Stura.	2,000.	400.	200.	
21.	GUILLEMET, veuve du maréchal-de-camp	Monté et Montenotte.	2,500.	500.	250.	
22.	GUIMAND, veuve du colonel	Trasimène.	2,000.	400.	200.	
23.	GRANDIDIER, veuve du chef de bataillon	*Idem.*	2,000.	400.	200.	
24.	GRANDSAIGNE, veuve de l'adjudant-commandant	Erfurt.	2,000.	400.	200.	
25.	GUILLOT, veuve du maréchal de camp	Trasimène.	2,000.	400.	200.	
26.	HUBERT, veuve du major	Rome.	2,000.	400.	200.	
27.	HUGUET-CHATAUX, veuve du maréchal-de-camp	Westphalie.	2,000.	400.	200.	
28.	JAGER, veuve du major d'infanterie	Monté et Bayreuth.	2,500.	600.	300.	
29.	JOLIVET, veuve du chef d'escadron	Mont de Milan.	2,000.	500.	250.	
30.	KLEIN, veuve du major (femme POLOSSON)	Westphalie.	2,000.	666.	330.	
31.	KUHMANN, veuve du colonel	Trasimène.	2,000.	400.	200.	
		A reporter			8,530.	

NUMÉROS D'ORDRE de cet état.	NOMS, PRÉNOMS ET QUALITÉS des VEUVES, MÈRES OU SŒURS.	DOTATIONS QUI DEVAIENT LA PENSION, ou sur lesquelles elle pouvait être assise. Assignation de la dotation.	Produit de la dotation.	QUOTITÉ de la pension.	MONTANT des indemnités proposées par le projet de loi.	OBSERVATIONS.
		Report...	....	....	8,530f	
32.	KOHN, veuve du major	Westphalie.	2,000f	1,000f	500.	
33.	LANCHANTIN, veuve du maréchal-de-camp	Erfurt.	2,000.	400.	200.	
34.	LAVIE, veuve du chef d'escadron	Westphalie.	2,000.	666.	330.	
35.	LAVIGNE (femme Jurieu), veuve du colonel	Fulde.	2,000.	666.	330.	
36.	LEBRUN Dufour), veuve du chef de bataillon	Trasimène.	2,000.	400.	200.	
37.	LEDUC, veuve du colonel de chasseurs	Westphalie.	2,000.	666.	330.	
38.	LEISTENSCHNEIDER, veuve du lieutenant colonel	*Idem.*	2,000.	400.	200.	
39.	LESACHÉ, veuve du chef de bataillon	*Idem.*	2,000.	666.	330.	
40.	LESCAUDEY DE MANNEVAL, veuve du major	*Idem.*	2,000.	600.	300.	
41.	LUTHIER, veuve de l'adjudant-commandant	*Idem.*	2,000.	500.	250.	
42.	LANEFRANQUE, veuve du médecin ordinaire	Trasimène.	2,000.	400.	200.	
43.	LOYARD, veuve du chef de bataillon	Westphalie.	2,000.	400.	200.	
44.	MAILLET-MARIN, veuve du chef de bataillon	Trasimène.	2,000.	400.	200.	
45.	MAINGARNAUD, veuve du colonel d'infanterie	Erfurt.	2,000.	600.	300.	
46.	MARESCHAL DE SAUVAGNEY, v.e du chef d'escadron	Trasimène.	2,000.	400.	200.	
47.	MASSY-PARDOUX, veuve du colonel	*Idem.*	2,000	400.	200	
48.	MERLE, veuve du colonel d'infanterie	*Idem.*	2,000.	667.	330.	
49.	MOLARD dit DUMOLARD, v.e de l'adjudant-commandant	*Idem.*	2,000.	400.	200.	
50.	MORAND, veuve du lieutenant général	Westphalie.	2,000.	400.	200.	
51.	MORLANT, veuve du chef d'escadron	Meuse inférieure.	2,000.	400.	200.	
52.	MAURY, veuve du colonel d'infanterie	Westphalie.	2,000.	400.	200.	
53.	NOIZET veuve de l'adjudant-commandant	*Idem.*	2,000.	400.	200.	
54.	PEPIN, (la Baronne), veuve du maréchal de camp	*Idem.*	2,000.	600.	3 c	
55.	PICARD, veuve du lieutenant colonel de dragons	Mont de Milan.	2,000.	500.	250	
56.	PIERRE, veuve du colonel	Trasimène.	2,000.	400.	200	
57.	PINTHON, veuve de l'adjudant-commandant	Westphalie.	2,000.	400.	200.	
58.	RANSONNET, veuve de l'adjudant-commandant	*Idem.*	2,000.	1,000.	500.	
59.	RINGUELET, veuve du chef de bataillon	*Idem.*	2,000.	500.	250.	
60.	SAINT-VINCENT, veuve du colonel d'artillerie	Erfurt.	2,000.	400.	200.	
61.	TARGET, veuve du colonel de gendarmerie	Westphalie.	2,000.	666.	330.	
62.	TAULIER, veuve du chef de bataillon	*Idem.*	2,000.	666.	330.	
63.	TOUCHALEAUME, veuve du major d'infanterie	*Idem.*	2,000.	600.	300.	
64.	WASSERVAS, veuve du major d'artillerie	*Idem.*	2,000.	400.	200.	
		A reporter...	....	....	17,190.	

NUMÉROS D'ORDRE de cet état.	NOMS, PRÉNOMS ET QUALITÉS des VEUVES, MÈRES OU SŒURS.	DOTATIONS QUI DEVAIENT LA PENSION, ou sur lesquelles elle pouvait être assise. Assignation de la dotation.	Produit de la dotation.	QUOTITÉ de la pension.	MONTANT des indemnités proposées par le projet de loi.	OBSERVATIONS.
		Report...	....	....	17,190f	
65.	VAUGRIGNEUSE, veuve du colonel....................	Westphalie.	2,000.	400.	200.	
66.	VIGENT (la Baronne), veuve du colonel d'infanterie.....	Trasimène.	2,000.	667.	330.	
				TOTAL...	17,720.	

6.e CLASSE.

1.	ACHINTRE, veuve du capitaine....................	Mont de Milan.	500f	100f	100f	
2.	ARMANET, veuve du chef de bataillon d'infanterie légère....	*Idem.*	500.	100.	100.	
3.	AUTRAN, veuve du colonel..........................	*Idem.*	500.	100.	100.	
4.	AZEMAR, veuve du maréchal-de-camp................	*Idem.*	500.	100.	100.	
5.	BALLAU, veuve du sergent-major....................	Octroi du Rhin.	500.	100.	100.	
6.	BARBAS, veuve du capitaine de voltigeurs.............	Mont de Milan.	500.	100.	100.	
7.	BARON dit TISSIER, veuve du caporal d'infanterie de ligne...	Octroi du Rhin.	500.	100	100.	
8.	BERNELLE, veuve du chef de bataillon..................	Mont de Milan.	500.	100.	100.	
9.	BERENGER, épouse du Comte Alexis de Noailles, veuve de l'officier d'ordonnance.	*Idem.*	1,000.	200.	100.	
10.	BERTRAND, veuve du chef de bataillon................	*Idem.*	500.	100.	100.	
11.	BISSON, veuve du chef de bataillon....................	*Idem.*	1,000.	200.	100.	
12.	BLONDEL DE BELLEBRONGUE, veuve du lieutenant-colonel...	*Idem.*	500.	250.	100.	
13.	BOIRIN, veuve du sergent du 84.e....................	*Idem.*	500.	100.	100.	
14.	CABROL DE MONTÉ, veuve du major aide-de-camp........	*Idem.*	500.	100.	100.	
15.	CHABRIER, veuve du chef de bataillon................	*Idem.*	500.	100.	100.	
16.	CHARLOT, veuve du capitaine.......................	*Idem.*	500.	100.	100.	
17.	CHAUVETON DE SAINT-LÉGER, veuve du chef d'escadron...	*Idem.*	500	100.	100.	
18.	CHÈVRE, veuve du canonnier.........................	*Idem.*	500.	100.	100.	
19.	CHOL, veuve du voltigeur d'infanterie de ligne..........	*Idem*	500.	100.	100.	
20.	CLERC dit LECLERC, veuve du chef d'escadron..........	*Idem.*	500.	100.	100.	
21.	COLLIGNON, veuve du chasseur à cheval...............	Octroi du Rhin.	500.	100.	100.	
22.	COUYBA-VILLENEUVE, veuve du lieutenant de grenadiers.....	Mont de Milan.	500.	100.	100.	
23.	CUENOT, veuve du capitaine d'infanterie..............	*Idem.*	500.	100.	100.	
24.	DAMOUR, veuve du caporal au 53.e....................	*Idem.*	500.	100.	100.	
25.	DARROT, veuve du capitaine.........................	*Idem.*	500.	100.	100.	
26.	DATAS, veuve du chef d'escadron....................	*Idem.*	500.	100.	100.	
27.	DELAIRE, veuve du chef de bataillon..................	*Idem.*	500.	100.	100.	
28.	DELAITRE, veuve du lieutenant d'infanterie............	*Idem.*	500.	150.	100.	
29.	DESPLAN, veuve du chasseur de la garde..............	Octroi du Rhin.	500.	100.	100.	
30.	DETHAN, veuve du lieutenant de grenadiers............	Mont de Milan.	500.	100.	100.	
		A reporter...	....	....	3,000.	

NUMÉROS D'ORDRE de cet état.	NOMS, PRÉNOMS ET QUALITÉS des VEUVES, MÈRES OU SŒURS.	DOTATIONS QUI DEVAIENT LA PENSION, ou sur lesquelles elle pouvait être assise. Assignation de la dotation.	Produit de la dotation.	QUOTITÉ de la pension.	MONTANT des indemnités proposées par le projet de loi.	OBSERVATIONS.
		Report....	....	....	3,000f	
31.	D'HALANCOURT, veuve de l'adjudant-commandant........	Mont de Milan.	500f	100f	100.	
32.	DONOP, veuve du chef d'escadron....................	*Idem.*	500.	100.	100.	
33.	DORVAUX, veuve du lieutenant-colonel d'artillerie........	*Idem.*	500.	100.	100.	
34.	DUPONT, veuve du capitaine d'infanterie................	*Idem.*	500.	100.	100.	
35.	ÉRHARD, veuve du major au 142.e......................	Octroi du Rhin.	500.	100.	100.	
36.	FORROIS, veuve du lieutenant au train d'artillerie.........	Mont de Milan.	500.	200.	100.	
37.	GILLIARD, veuve du chef de bataillon d'artillerie.........	*Idem.*	500.	100.	100.	
38.	GOSSERET, veuve du lieutenant de grenadiers............	*Idem.*	500.	100.	100.	
39.	GRAPPIN, veuve du lieutenant d'artillerie................	*Idem.*	500.	100.	100.	
40.	GROS, veuve du lieutenant de chasseurs..................	*Idem.*	500.	100.	100.	
41.	HAUTZ, veuve du chef de bataillon.....................	*Idem.*	500.	100.	100.	
42.	HUGOT, veuve du soldat, au 106.e.....................	Octroi du Rhin.	500.	100.	100.	
43.	JACQUEMET, veuve du capitaine de pontonniers..........	Mont de Milan.	1,000.	200.	100.	
44.	JOUETTE, veuve du capitaine de grenadiers..............	*Idem.*	500.	125.	100.	
45.	JUVIGNY, veuve du chef de bataillon d'artillerie..........	*Idem.*	500.	100.	100.	
46.	LAFARGUE, veuve du chef de bataillon.................	*Idem.*	500.	100.	100.	
47.	LAJUGIE, veuve du soldat............................	*Idem*	500.	100.	100.	
48.	LASSERONT, veuve du chef de bataillon................	*Idem.*	500.	100.	100.	
49.	LECELLIER, veuve du tambour, au 16.e de ligne..........	*Idem.*	500.	100.	100.	
50.	LECOMTE, veuve du lieutenant-colonel..................	*Idem.*	500.	100.	100.	
51.	LEGENDRE, veuve du chef de bataillon..................	*Idem.*	500.	100.	100.	
52.	LENOIR, veuve du chef d'escadron de gendarmerie.........	*Idem.*	500.	100.	100.	
53.	MAISONNEUVE, veuve du chef d'escadron................	*Idem.*	500.	166.	100.	
54.	MASSOT, veuve du chef de bataillon....................	*Idem.*	500.	100.	100.	
55.	MERLET, veuve du chasseur à pied de la garde...........	*Idem.*	500.	100.	100.	
56.	MOCQUARD, veuve du capitaine de pontonniers..........	*Idem.*	500.	100.	100.	
57.	MONTLEBERT (JOFFRENOT DE), veuve du capitaine d'artillerie.	*Idem.*	500.	100.	100.	
58.	NAGER, veuve du capitaine...........................	*Idem.*	1,000.	200.	100.	
59.	OGER, veuve du capitaine de gendarmerie...............	*Idem.*	1,000.	200.	100.	
60.	OGER (*Louise-Aglaé*)........ } Enfans du capitaine de gendarmerie.	*Idem.*	1,000.	100.	100.	
61.	OGER (*Eugène-Pierre*), fils puîné.. } Enfans du capitaine de gendarmerie.			100.	100.	
62.	OGER (*Françoise*)............ } Enfans du capitaine de gendarmerie.			100.	100.	
63.	PETIT, veuve du carabinier au 15.e...................	*Idem.*	500.	100.	100.	
64.	PÉRARD, veuve du maréchal-des-logis..................	*Idem.*	500.	100.	100.	
		A reporter...	....	....	6,400.	

NUMÉRO D'ORDRE de cet état.	NOMS, PRÉNOMS ET QUALITÉS des VEUVES, MÈRES OU SŒURS.	DOTATIONS QUI DEVAIENT LA PENSION, ou sur lesquelles elle pouvait être assise. Assignation de la dotation.	Produit de la dotation.	QUOTITÉ de la pension.	MONTANT des indemnités proposées par le projet de loi.	OBSERVATIONS.
		Report			6,400f	
65.	PION DES LOCHES, veuve du colonel d'artillerie	Mont de Milan.	500f	100f	100.	
66.	RAUER, veuve du porte-étendard	Octroi du Rhin.	500.	150.	100.	
67.	RIBERI, veuve du fusilier au 93.e de ligne	Mont de Milan.	500.	150.	100.	
68.	RONZIE, veuve du colonel d'infanterie	*Idem.*	1,000.	200.	100.	
69.	RIGNON, veuve du colonel	*Idem.*	1,000.	200.	100.	
70.	ROUBAUD, veuve du chef d'escadron	*Idem.*	500.	100.	100.	
71.	ROYEZ, veuve du chef de bataillon	*Idem.*	500.	100.	100.	
72.	SANCEY, veuve du colonel d'infanterie	*Idem.*	500	100.	100.	
73.	SEVERIN, veuve du capitaine de voltigeurs	*Idem.*	500.	100.	100.	
74.	VIDAL DE LAUSUN, veuve du chef d'escadron	*Idem.*	500.	100.	100.	
		TOTAL			7,400.	

RÉCAPITULATION.

45	veuves, mères ou sœurs de donataires des 3 premières classes	44,100f
75	*idem* de 4.e classe	39,510.
66	*idem* de 5.e classe	17,720.
74	*idem* de 6.e classe	7,400.
260.		108,730.

ÉTAT DES MILITAIRES des Armées royales de l'Ouest et du Midi, amputés ou mis hors d'état de service, par suite des événemens du mois de Mars 1815, à qui l'indemnité proposée par le projet de loi pourra être accordée.

N.° 6.

MILITAIRES DES ARMÉES ROYALES.

NUMÉROS D'ORDRE.	NOMS ET PRÉNOMS.	GRADES.	RÉSIDENCES.	DATE ET NATURE DES BLESSURES.	MONTANT de l'indemnité proposée par le projet de loi.	OBSERVATIONS.
1.	FONTENEAU *(Pierre)*...........	Sergent.	Labrefine. (Vendée.)	Coup de feu au bras droit.	150.	
2.	GUIBERT *(Jean)*...............	*Idem.*	Baurepaire. (Vendée.)	*Idem* à la jambe gauche.	150.	
3.	LANDREAU *(François)*...........	Soldat.	Laguionnière. (Loire-Inférieure.)	*Idem* à la main gauche.	100.	
4.	TRIOT *(Jean-Baptiste)*..........	*Idem.*	Saint-Amand. (Deux-Sèvres.)	*Idem* à la jambe gauche.	100.	
5.	CATTEAU *(Jacques)*............	*Idem.*	*Idem.*	*Idem* à la mâchoire.	100.	
6.	BONNEAU *(Jean)*.............	*Idem.*	Nueil. (Deux-Sèvres.)	*Idem* à la main gauche.	100.	
7.	MENARD *(Jean)*..............	*Idem.*	Combrand. (Deux-Sèvres.)	*Idem* à la cuisse gauche.	100.	
8.	LEHAYE *(Jean)*...............	*Idem.*	Izernais. (Deux-Sèvres.)	*Idem* à la jambe droite.	100.	
9.	PASQUIER *(Jean-Baptiste)*.......	*Idem.*	Aux Épaisses. (Vendée.)	*Idem* à la poitrine.	100.	
10.	DRAPEAU *(Pierre)*.............	*Idem.*	Saint-Paul. (Vendée.)	*Idem* au bras droit.	100.	
11.	PAILLAT *(Jean)*..............	*Idem.*	La Pommeraie. (Vendée.)	*Idem* au bras gauche.	100.	
12.	TESSIER *(Pierre)*.............	*Idem.*	Laflosselière. (Vendée.)	*Idem* au dos.	100.	
13.	MAINGUET *(Louis)*............	*Idem.*	Saint-André-Goul-d'Oie. (Vendée.)	Plusieurs blessures.	100.	
14.	MERLET *(Jean)*...............	*Idem.*	Bompère. (Vendée.)	Coup de feu au bras droit.	100.	
15.	PRÉAU *(Antoine)*.............	*Idem.*	*Idem.*	*Idem* à la main gauche.	100.	
16.	BREGON *(Pierre)*.............	*Idem.*	*Idem.*	*Idem* à la cuisse droite et autres blessures.	100.	
17.	GOURBILLIÈRE *(Pierre)*.........	*Idem.*	Vieux-Fouzange. (Vendée.)	Plusieurs blessures.	100.	
18.	CHAIGNEAU jeune.............	*Idem.*	Courlay. (Deux-Sèvres.)	*Idem.*	100.	
19.	MAROT *(Jean-Baptiste)*.........	*Idem.*	Cirières. (Deux-Sèvres.)	Coup de feu à la jambe gauche.	100.	
20.	RECOTILLON *(Mathurin)*........	*Idem.*	Échanbrogues. (Deux-Sèvres.)	*Idem* à la cuisse gauche.	100.	
21.	GIRARD......................	*Idem.*	Maulevrier. (Deux-Sèvres.)	*Idem* à l'épaule gauche.	100.	
22.	MORIN *(Baptiste-Pierre-Louis)*.....	*Idem.*	Les Aubiers. (Deux-Sèvres.)	*Idem* à la cuisse droite.	100.	
				A reporter........	2,300.	

NUMÉROS D'ORDRE.	NOMS ET PRÉNOMS.	GRADES.	RÉSIDENCES.	DATE ET NATURE DES BLESSURES.	MONTANT de l'indemnité proposée par le projet de loi.	OBSERVATIONS.
				Report.......	2,300f	
23.	VITET *(René)*................	Soldat.	Les Aubiers. (Deux-Sèvres)	Coup de feu à la tête.	100.	
24.	DAVID *(Joseph)*................	*Idem.*	Maulevrier. (Deux-Sèvres.)	*Idem* à la jambe gauche.	100.	
25.	SAILLART *(Jean)*................	*Idem.*	S.t-Hilaire-des-Bois. (Deux-Sèvres.)	Plusieurs blessures.	100.	
26.	VINCENDEAU *(Jean-Baptiste)*.....	*Idem.*	Cerqueux. (Deux-Sèvres.)	*Idem.*	100.	
27.	CATROUX *(Pierre)*.............	*Idem.*	*Idem.*	*Idem.*	100.	
28.	MALECOT *(Louis)*..............	*Idem.*	Souloirs. (Deux-Sèvres.)	*Idem.*	100.	
29.	LAUNAIS *(Mathurin)*...........	*Idem.*	Treize-Ventes. (Deux-Sèvres.)	Coup de feu au sternum.	100.	
30.	SOULARD *(Jean)*..............	*Idem.*	*Idem.*	*Idem* à l'épaule gauche.	100.	
31.	DEBOURSE *(Pierre)*............	*Idem.*	Pierrefitte. (Deux-Sèvres.)	Plusieurs blessures.	100.	
32.	BERTHONNEAU *(Jean)*...........	*Idem.*	Nueil.(Deux-Sèvres.)	Coup de feu au bras droit.	100.	
33.	GROLEAU *(Pierre)*..............	*Idem.*	Lalondre. (Deux-Sèvres.)	Plusieurs blessures.	100.	
34.	MAROLLEAU *(François)*..........	*Idem.*	Bretignolles. (Deux-Sèvres.)	Coup de feu au bras droit.	100.	
35.	MORIN *(François)*..............	*Idem.*	Les Aubiers. (Deux-Sèvres.)	*Idem.*	100.	
36.	LIGONNIÈRE *(Augustin)*.........	*Idem.*	Moulins. (Deux-Sèvres.)	Coup de feu à la cuisse droite.	100.	
37.	MAROT *(Pierre)*...............	*Idem.*	Lachapelle-Largeau. (Deux-Sèvres.)	*Idem* au bras droit.	100.	
38.	PAINEAU *(Pierre)*.............	*Idem.*	Voutegon. (Deux-Sèvres.)	*Idem* à l'épaule gauche.	100.	
39.	MILLASSEAU *(François)*.........	*Idem.*	S.t-Aubin-Baudigné. (Deux-Sèvres.)	*Idem* à la jambe droite.	100.	
40.	TARTEAU *(François)*...........	*Idem.*	Pin. (Deux-Sèvres.)	*Idem* aux cuisses.	100.	
41.	BRANCHU *(Joseph)*.............	*Idem.*	Brueil-Chausier. (Deux-Sèvres.)	*Idem* à la cuisse droite.	100.	
42.	FOUCHEREAU *(Pierre)*..........	*Idem.*	Bretignolles. (Deux Sèvres.)	*Idem* au bras gauche.	100.	
43.	SUPPIOT *(Pierre)*.............	*Idem.*	Izernais. (Deux-Sèvres.)	*Idem* à l'humerus.	100.	
44.	LOGEAIS *(Jean)*...............	*Idem.*	*Idem.*	*Idem.*	100.	
				A reporter......	4,500.	

NUMÉROS D'ORDRE.	NOMS ET PRÉNOMS.	GRADES.	RÉSIDENCES.	DATE ET NATURE DES BLESSURES.	MONTANT de l'indemnité proposée par le projet de loi.	OBSERVATIONS.
				Report....	4,500f	
45.	GASCHET *(Pierre)*.............	Soldat.	Izernais. (Deux-Sèvres.)	Coup de feu au sternum.	100.	
46.	GUIGNARD *(Louis)*............	*Idem.*	Saint-Amand. (Deux-Sèvres.)	*Idem* à l'épaule gauche.	100.	
47.	MOINDIÈRE *(François)*..........	*Idem.*	Maulevrier. (Deux-Sèvres.)	*Idem* au pied droit.	100.	
48.	BONNEAU *(Louis)*.............	*Idem.*	Pierrefite. (Deux-Sèvres.)	*Idem* à la main gauche.	100.	
49.	JADEAU *(Alexis)*..............	*Idem.*	Saint-Amand. (Deux-Sèvres.)	Plusieurs blessures.	100.	
50.	LANDREAU *(Jean)*.............	*Idem.*	Échanbrogues. (Deux-Sèvres.)	Coup de feu à la main gauche.	100.	
51.	SAULET *(François)*.............	*Idem.*	Pin. (Deux-Sèvres.)	*Idem* à l'épaule droite.	100.	
52.	COURTIN *(Pierre)*.............	*Idem.*	*Idem.*	*Idem* à l'épaule gauche.	100.	
53.	BOUR dit PIERRE...............	*Idem.*	Saint-Sauveur. (Deux-Sèvres.)	*Idem* à la cuisse gauche.	100.	
54.	BERTON *(François)*............	*Idem.*	Larguesse. (Deux-Sèvres.)	*Idem* à la main droite.	100.	
55.	BOUREAU *(Pierre)*.............	*Idem.*	Moutiers. (Deux-Sèvres.)	Blessures et infirmités.	100.	
56.	BERNARD *(Charles)*...........	*Idem.*	Lenhan. (Finistère.)	Coup de feu au bras droit.	100.	
57.	COZIC *(François)*..............	*Idem.*	Lenhan. (Finistère.)	*Idem* à la cuisse droite.	100.	
58.	CALVARY *(Jacques)*............	*Idem.*	Scaer. (Finistère.)	*Idem* à la poitrine.	100.	
59.	BIGNON *(Julien-Pierre)*.........	Sergent.	Fougères. (Ille-et-Vilaine.)	*Idem* à la jambe gauche.	150.	
60.	BARDOU *(François)*............	Soldat.	*Idem.*	*Idem* à la main gauche.	100.	
61.	BODIN *(Joseph)*................	Caporal.	Chapelle-Janson. (Ille-et-Vilaine.)	*Idem* à la main droite.	100.	
62.	MACÉ *(Jacques)*...............	Soldat.	Paimpont. (Ille-et-Vilaine.)	Plusieurs blessures.	100.	
63.	SIMON *(Jean-Julien)*...........	Sergent.	Fougères. (Ille-et-Vilaine.)	Coup de feu à la cuisse droite.	150.	
64.	SAGNIER *(Louis)*..............	*Idem.*	Nîmes. (Gard.)	Coup de feu au bras droit, et plusieurs blessures.	150.	
65.	MAUVANT *(Jacques)*...........	*Idem.*	Mandnel. (Gard.)	Coup de feu au bras droit.	150.	
66.	SABATTIER *(Pierre)*...........	*Idem.*	*Idem.*	*Idem* à la main gauche.	150.	
				A reporter....	6,950.	

NUMÉROS D'ORDRE.	NOMS ET PRÉNOMS.	GRADES.	RÉSIDENCES.	DATE ET NATURE DES BLESSURES.	MONTANT de l'indemnité proposée par le projet de loi.	OBSERVATIONS.
				Report.....	6,950f	
67.	CHAMBON *(François)*..........	Caporal.	Nîmes. (Gard.)	Un coup de baïonnette.	100.	
68.	CHAUVIN *(Charles)*..........	*Idem.*	*Idem.*	Un coup de feu.	100.	
69.	ROUSSEL *(Jean)*..............	*Idem.*	*Idem.*	Plusieurs coups de feu.	100.	
70.	GRANDEL *(Jean Antoine)*.......	Soldat.	Montpellier. (Hérault.)	Amputé de la jambe droite.	100.	
71.	LEQUES *(Jean-François)*........	*Idem.*	*Idem.*	Amputation de la jambe gauche.	100.	
72.	DULPY *(Jacques)*.............	*Idem.*	*Idem.*	Coup de feu à la cuisse gauche.	100.	
73.	LOUIS *(Jacques)*.............	*Idem.*	Beaucaire. (Gard.)	*Idem*, à la main gauche.	100.	
74.	LARGUIER *(Claude)*...........	*Idem.*	Nîmes. (Gard.)	Estropié de l'avant-bras droit.	100.	
75.	BOURLIER *(Antoine)*...........	*Idem.*	Montpellier. (Hérault.)	Coup de feu au coude droit.	100.	
76.	RANDON *(Jacques-Pierre)*......	*Idem.*	Nîmes. (Gard).	Plusieurs blessures.	100.	
77.	BOUET *(Alexis)*...............	*Idem.*	*Idem.*	Coup de feu à la main gauche.	100.	
78.	LAMBERT *(Joseph)*............	*Idem.*	*Idem.*	*Idem* au ventre.	100.	
79.	MARTIAL *(Antoine)*...........	*Idem.*	*Idem.*	Un coup de baïonnette.	100.	
80.	MEUNIER *(Jean)*..............	*Idem.*	Bouillargues. (Gard.)	Coup de feu à l'avant-bras gauche.	100.	
81.	MICHEL *(Pierre)*.............	*Idem.*	Nîmes. (Gard.)	*Idem* à l'épaule.	100.	
82.	DONNAREL *(Jean)*............	*Idem.*	Saint-Gilles. (Gard.)	Deux coups de baïonnette.	100.	
83.	MÉRIC *(Nicolas)*.............	*Idem.*	Nîmes. (Gard.)	Plusieurs blessures.	100.	
84.	TROUSSELIER *(Étienne)*........	Caporal.	Sommière. (Gard.)	Coup de feu à la cuisse.	100.	
85.	BOUCHET *(Denis)*............	Soldat.	Nîmes. (Gard.)	Coup de baïonnette.	100.	
86.	GADILLE *(Pierre)*............	*Idem.*	Bouillargues. (Gard.)	Coup de feu à l'avant-bras gauche.	100.	
87.	RAFFIN *(Jacques)*............	*Idem.*	Nîmes. (Gard.)	Infirme par suite d'un coup de feu à la poitrine.	100.	
88.	CANSSEL *(Antoine)*...........	*Idem.*	*Idem.*	Coup de feu à la cuisse droite.	100.	
				A reporter....	9,150.	

NUMÉROS D'ORDRE.	NOMS ET PRÉNOMS.	GRADES.	RÉSIDENCES.	DATE ET NATURE DES BLESSURES.	MONTANT de l'indemnité proposée par le projet de loi.	OBSERVATIONS.
				Report..........	9,150f	
89.	ROGNON (*François*)............	Soldat.	Nîmes (Gard).	Plusieurs blessures.	100.	
90.	ODE (*Joseph-André-Martin*)......	*Idem.*	*Idem.*	Coup de feu à l'œil droit.	100.	
91.	GUYOT (*Jean-François*)........	*Idem.*	*Idem.*	Un coup de baïonnette à la tête.	100.	
92.	PROUVÈZE (*Étienne*)...........	Canonnier.	*Idem.*	Un coup de feu à la main gauche.	100.	
93.	CHAMBON (*Claude*)...........	Soldat.	*Idem.*	Plusieurs blessures.	100.	
94.	GOUVERNET (*Pierre*)...........	Sapeur.	*Idem.*	Crachement de sang, suite de plusieurs coups de crosse de fusil.	100.	
95.	LAVONDÈS (*Joseph*)............	Soldat.	*Idem.*	Plusieurs blessures.	100.	
96.	BRUNET (*Jean*)...............	Sergent.	*Idem.*	Coup de biscayen reçu à la poitrine.	150.	
97.	BELLAS (*Étienne*)..............	Soldat.	Montpellier (Hérault).	Coup de feu au pied droit.	100.	
98.	PELLIER (*Jean-Étienne*).........	*Idem.*	Mireval (Hérault).	*Idem* à la jambe gauche.	100.	
99.	SERAIL (*Pierre*)...............	*Idem.*	Montpellier (Hérault).	*Idem* au pied gauche.	100.	
100.	RUDULIER (*Gilles*).............	*Idem.*	S.-Martin-des-Prés (Arr.t de Loudéac).	*Idem* à la cuisse gauche.	100.	
101.	REAULT (*François*)............	*Idem.*	Saint-Brandar (Arr.t de S.-Brieux).	*Idem.*	100.	
102.	LECARS (*Pierre*)..............	Chef de bataillon.	Caden.	Coup de feu à la main gauche.	300.	
103.	GUILLEMOT (*Vincent*)..........	Adjudant-major.	Serent.	Deux coups de sabre.	200.	
104.	BARREAU (*Pierre*)..............	Sergent.	Vannes.	Coup de feu au bras gauche.	150.	
105.	SOUET (*René*)................	*Idem.*	Serent.	Deux coups de feu au bras gauche.	150.	
106.	LAUNAY (*François-Marie*).......	*Idem.*	Lizio.	Coup de feu au bras gauche.	150.	
107.	LESERRE (*Joachim*)............	*Idem.*	Bignon.	Deux blessures à la main droite.	150.	
108.	TATIBOUET (*Vincent*)..........	Soldat.	Plougoumelen.	Amputation de la jambe gauche.	100.	
109.	BIGOUIN (*François*)...........	*Idem.*	Bubry.	Coup de feu à la main gauche.	100.	
110.	CLAN (*Pierre*)................	*Idem.*	Bignon.	*Idem* avant-bras droit.	100.	
				A reporter.......	11,900.	

NUMÉROS D'ORDRE.	NOMS ET PRÉNOMS.	GRADES.	RÉSIDENCES.	DATE ET NATURE DES BLESSURES.	MONTANT de l'indemnité proposée par le projet de loi.	OBSERVATIONS.
				Report..........	11,900f	
111.	COUGAN (*Yves*)...............	Soldat.	Berric.	Coup de feu à la main gauche.	100.	
112.	DELANDE (*Mathurin*)...........	*Idem.*	Crugnel.	*Idem* au bras droit.	100.	
113.	DREVEAU (*Julien*).............	*Idem.*	Aradon.	Infirmités contractées au service.	100.	
114.	LECORRE (*Pierre-Marie*)........	*Idem.*	Taupon.	Coup de feu à la cuisse droite.	100.	
115.	PEDRON (*Jean-François*)........	*Idem.*	Musillac.	*Idem* à la main gauche.	100.	
116.	BIDEAU (*Louis-Marie*)..........	*Idem.*	Auray.	*Idem* à l'épaule et à la main droite.	100.	
117.	BLEVEC (*Jean*).................	*Idem.*	Plumergus.	*Idem* à la jambe gauche.	100.	
118.	BRASIDEC (*Guillaume*)..........	*Idem.*	Radenac.	*Idem* à la droite.	100.	
119.	COURIOT (*Vincent*).............	*Idem.*	Carnac.	*Idem* au bras gauche.	100.	
120.	FRAVALLO (*Jacques*)............	*Idem.*	Grandchamp.	*Idem* à la jambe gauche.	100.	
121.	GALLIOT (*Jean-François*)........	*Idem.*	Landevant.	*Idem* au pied droit.	100.	
122.	GUENANTENNE (*Mathurin*).......	*Idem.*	Grandchamp.	*Idem* au pied gauche et à la jambe.	100.	
123.	HOELLARD (*Joseph*).............	*Idem.*	Elven.	Plusieurs coups de baïonnette.	100.	
124.	JACOB (*Pierre*).................	*Idem.*	Séné.	Coup de feu à la jambe gauche.	100.	
125.	LEDIRAC (*Pierre*)...............	*Idem.*	Plougoumelen.	*Idem* à la main droite.	100.	
126.	MORVAN (*Mathurin*)............	*Idem.*	Moreac.	*Idem* à la jambe droite.	100.	
127.	BORY (*Édouard*)................	Chef de bataillon.	Morannes (Maine-et-Loire).	*Idem* à l'omoplatte.	300.	
128.	COUVINEAU (*Pierre*)............	Lieutenant.	May.	*Idem* au genou.	200.	
129.	BREHERET (*René*)..............	Sergent-major.	Gété (Maine-et-Loire).	*Idem* à la jambe droite.	150.	
130.	BORÉ (*Jean*)...................	Soldat.	Saint-Florent-le-Vieux.	*Idem* à la cuisse droite.	100.	
131.	BOUCHET (*Pierre*)..............	*Idem.*	Chollet.	*Idem* à la cuisse gauche.	100.	
132.	DENECHEAU (*Pierre*)............	*Idem.*	Chemillé.	*Idem* à la poitrine.	100.	
					14,450.	

NUMÉROS D'ORDRE.	NOMS ET PRÉNOMS.	GRADES.	RÉSIDENCES.	DATE ET NATURE DES BLESSURES.	MONTANT de l'indemnité proposée par le projet de loi.	OBSERVATIONS.
				Report...........	14,450f	
133.	GUERINET (*Gabriel*)...........	Soldat.	La Chapelle-Rousselin.	Coup de feu au bras droit.	100.	
134.	LUNEAU (*Jean-Baptiste*)........	*Idem.*	Lachaussaire.	*Idem.*	100.	
135.	MORINIER (*Jean*).............	*Idem.*	Vallais (Maine-et-Loire).	Coup de feu au pied droit.	100.	
136.	ROBICHON (*André*)............	*Idem.*	Lemay (Maine-et-Loire).	*Idem* au genou gauche.	100.	
137.	SUBILEAU (*Jean-Baptiste*)........	*Idem.*	Roussan (Maine-et-Loire).	Plusieurs blessures.	100.	
138.	BOURGET (*René*)............	*Idem.*	Chaudron (Maine-et-Loire).	Coup de feu au bras gauche.	100.	
139.	COUTANT (*François-Pierre*)......	*Idem.*	Joué (Maine-et-Loire).	Plusieurs blessures.	100.	
140.	DELAHAYE (*Mathurin*)..........	*Idem.*	Beaupréau (Maine-et-Loire).	Coup de feu à la jambe gauche.	100.	
141.	PETITEAU (*Pierre*)............	*Idem.*	Gété (Maine-et-Loire).	*Idem* au côté droit.	100.	
142.	MÉTIVIER (*Jean*)........	Capitaine.	S.t-Denis d'Anjou (Mayenne).	*Idem* à la tête.	200.	
143.	COUSIN (*René*)..........	Soldat.	Quelaines (Mayenne).	Aveugle par suite d'un coup de feu.	100.	
144.	BUCHER (*Joseph-Pierre*).........	*Idem.*	Daon (Mayenne).	Coup de feu au bras droit.	100.	
145.	RONDEAU (*Pierre*)............	*Idem.*	S.t-Denis d'Anjou (Mayenne).	*Idem* à la jambe droite.	100.	
146.	REVERCHON (*Alexis*)...........	Sergent-major.	Poulignon (Loire-inférieure).	*Idem* à la cuisse gauche.	150.	
147.	TABOURET (*René*)............	*Idem.*	Nantes (Loire-inférieure).	*Idem* à la poitrine.	150.	
148.	CAMUS (*Gabriel*).............	Caporal.	Le Petit-Auverné (Loire-inférieure).	*Idem* au bas-ventre.	100.	
149.	CAVOLEAU (*Jean*).............	*Idem.*	Légé (Loire-inférieure).	Plusieurs blessures.	100.	
150.	BARREAU (*Jean*)	Soldat.	*Idem.*	Plusieurs coups de baïonnette.	100.	
151.	BELLAIN (*Pierre*)..............	*Idem.*	Cambon (Loire-inférieure).	Un coup de feu au bras gauche.	100.	
152.	CORMIER (*Pierre*).............	*Idem.*	Légé (Loire-inférieure).	*Idem* à la jambe gauche.	100.	
153.	DUVAL (*Pierre*)...............	*Idem.*	Pont-Château (Loire-inférieure).	Coup de feu qui lui a emporté les parties-nobles.	100.	
154.	GIRARD (*Pierre*).............	Sergent.	Vieille-Vigne (Loire-inférieure).	Perte d'un œil par suite d'un coup de feu.	150.	
				A reporter.......	16,900.	

NUMÉROS D'ORDRE.	NOMS ET PRÉNOMS.	GRADES.	RÉSIDENCES.	DATE ET NATURE DES BLESSURES.	MONTANT de l'indemnité proposée par le projet de loi.	OBSERVATIONS.
				Report..........	16,900f	
155.	LEBŒUF (*Jean*)..............	Soldat.	Boussay (Loire-inférieure).	Coup de feu à la jambe gauche.	100.	
156.	MOISNARD (*Jean*).............	*Idem.*	Légé.	*Idem* à l'avant-bras.	100.	
157.	MOREAU (*Mathurin*)...........	*Idem.*	Échanbrogues (Loire-inférieure).	*Idem* dans la bouche.	100.	
158.	RIBALLET (*Pierre*)............	*Idem.*	Larenaudière (Loire-inférieure).	*Idem* à la cheville du pied.	100.	
159.	GUILLEMINOT (*Jean-Marie*)......	*Idem.*	Bignan (Morbihan).	Grièvement blessé.	100.	
160.	QUER (*Goal*)..................	*Idem.*	Locoal-Meudon (Morbihan).	*Idem* à la rotule du genou droit.	100.	
				TOTAL..........	17,500.	

N.° 7.

ÉTAT DES PENSIONS

ACCORDÉES SUR LES REVENUS DU DOMAINE EXTRAORDINAIRE.

NUMÉROS D'ORDRE.	DATES DES DÉCRETS et ordonnances de concession.	NOMS DES PENSIONNAIRES.	MONTANT de LA PENSION.	MOTIFS DE LA CONCESSION DE LA PENSION.	OBSERVATIONS.
1.	19 mars 1811.	ROUSSEL *(Sophie)*..................	1,500f 00c	Perte de leur père, général, chef d'état-major de la garde, tué au combat d'Heilsberg.	
2.	*Idem.*	ROUSSEL *(Joséphine)*................	1,500. 00.		
3.	*Idem.*	ROUSSEL *(Eléonore)*................	1,500. 00.		
4.	6 juin 1811.	M. LENTAIGNE DE LOGIVIÈRE, ancien maire de Caen.	6,000. 00.	Non exprimés.	
5.	27 juillet 1811,	Veuve CAILLAT, née DESMAR *(Marie-Jeanne-Josephe)*.	250. 00.	Perte de son mari, mort lieutenant au régiment des fusiliers-grenadiers de la garde.	
6.	*Idem.*	Veuve DANGLOT *(Marie-Anne* BILLOT*)*.	250. 00.	Perte de son mari, mort lieutenant des dragons de la garde.	
7.	11 janvier 1812.	Veuve RUFFIN, reversible par tiers sur ses trois enfans.	6,000. 00.	Perte du général Ruffin son fils, mort de la suite de ses blessures reçues à la bataille d'Albuera.	Morte.
8.	20 mai 1813.	M. LOUIS-ODET..................	600. 00.	Ancien professeur de mathématiques de l'école militaire de Brienne.	
9.	13 mars 1813.	DESMARTIN *(François)*, capitaine honoraire, invalide.	200. 00.	Amputation de deux membres.	
10.	*Idem.*	GENAUDOT *(Constant)*, invalide......	200. 00.	*Idem.*	
11.	*Idem.*	MONTAUDOIN *(Jacques-Michel)*, invalide.	200. 00.	*Idem.*	
12.	*Idem.*	DEVAILLY *(François)*, invalide........	200. 00.	*Idem.*	
13.	*Idem.*	FAVRE *(Jérôme)*, invalide............	200. 00.	*Idem.*	
14.	*Idem.*	MAQUIN *(François)*, invalide.........	200. 00.	*Idem.*	
15.	*Idem.*	RUFFET *(Mathieu)*, invalide..........	200. 00.	*Idem.*	
16.	*Idem.*	DUNSTELLER *(Jean-Michel)*, invalide...	200. 00.	*Idem.*	Mort.
17.	*Idem.*	BULOT *(Mathieu)*, invalide...........	200. 00.	*Idem.*	
18.	*Idem.*	ROSSIGNOL *(Jacques-Fleurant)*, invalide.	200. 00.	*Idem.*	
19.	*Idem.*	PETIT *(Antoine-François)*, invalide.....	200. 00.	*Idem.*	
20.	*Idem.*	BARON *(Etienne)*, invalide...........	200. 00.	*Idem.*	
21.	*Idem.*	LÉTUVÉ *(André-Joseph)*, capitaine honoraire, invalide.	200. 00.	*Idem.*	
22.	*Idem.*	LORRY *(Nicolas)*, invalide...........	200. 00.	*Idem.*	
23.	*Idem.*	SALIS *(Sébastien)*, invalide..........	200. 00.	*Idem.*	
		A reporter....	20,600. 00.		

NUMÉROS D'ORDRE.	DATES DES DÉCRETS et ordonnances de concession.	NOMS DES PENSIONNAIRES.	MONTANT de LA PENSION.	MOTIFS DE LA CONCESSION DE LA PENSION.	OBSERVATIONS.
		Report	20,600f 00c		
24.	13 mars 1813.	BOURGUES dit BOURGNES *(Hubert)*, invalide.	200. 00.	Amputation des deux membres.	
25.	*Idem.*	DURET *(Pierre)*, invalide............	200. 00.	*Idem.*	
26.	*Idem.*	BETRENNE *(Jean)*, invalide...........	200. 00.	*Idem.*	
27.	*Idem.*	BARGUET *(Michel-Nicolas-Joseph)*, invalid.	200. 00.	*Idem.*	
28.	*Idem.*	DUCRET *(Louis-Marie)*, invalide.......	200. 00.	*Idem.*	
29.	*Idem.*	HOUSSEAU *(Pierre)*, invalide.........	200. 00.	*Idem.*	
30.	*Idem.*	DUCORDEAU *(Jean-Baptiste)*, invalide..	200. 00.	*Idem.*	
31.	*Idem.*	LUXEMBOURG *(Jacob)*, invalide.......	200. 00.	*Idem.*	
32.	13 novembre 1813.	BIGNOTTI *(Auguste)*, invalide........	200. 00.	*Idem.*	
33.	*Idem.*	MOREAU *(Louis)*, invalide............	200. 00.	*Idem.*	
34.	*Idem.*	GUYONNET *(Philippe)*, invalide.......	200. 00.	*Idem.*	
35.	8 janvier 1814.	VANDECOUTER *(Jean-Baptiste)*, invalide.	200. 00.	*Idem.*	
36.	4 décembre 1813.	M.me la Duchesse DE NARBONNE, douairière.	6,000. 00.	Perte de son fils, mort gouverneur de Torgau.	
37.	25 janvier 1817.	DESAIN *(Louis-Marie)*, ancien employé du domaine extraordinaire.	500. 00.	Pension de retraite.	
38.	20 mars 1817.	Marquis et Chevalier DE BOURBON CONTY, reversible sur le survivant.	24,000. 00.	En considération de leurs prétentions sur les bois de l'Ile-Adam, et pour éteindre toute discussion publique.	
39.	31 octobre 1817.	DELBREL *(Jean)*....................	200. 00.	Récompense de 39 ans de service qui n'ont pu lui obtenir une pension à la guerre.	
40.	*Idem.*	ROUEDE *(Charles)*, mineur.........	400. 00.	Orphelin, fils d'un officier français, présumé né dans la campagne de 1812, en Russie, baptisé à Marienbourg et renvoyé en France.	
41.	*Idem.*	DAVRANGE D'HAUGERANVILLE *(Charles-François-Melchior-Léopold)*.	500. 00.	Impossibilité, comme enfans puînés, de recueillir les dotations de leur père.	Jusqu'à leur majorité.
42.	*Idem.*	DAVRANGE D'HAUGERANVILLE *(Alexandre-Charles-Félix-Adrien)*.	500. 00.		
43.	*Idem.*	M. le Comte DUPLESSIS, lieutenant général en retraite.	3,000. 00.	Suppression par la loi du 25 mars 1817 d'un secours qu'il avait sur la caisse des invalides, et que son âge lui rend nécessaire.	
44.	*Idem.*	M. le Marquis DE BOUZOLS, lieutenant général en retraite.	3,000. 00.	Récompense de ses services.	
		A reporter....	61,100. 00.		

NUMÉROS D'ORDRE.	DATES DES DÉCRETS et ordonnances de concession.	NOMS DES PENSIONNAIRES.	MONTANT de LA PENSION.	MOTIFS DE LA CONCESSION DE LA PENSION.	OBSERVATIONS.
		Report	61,100f 00c		
45.	31 octobre 1817.	M. le Marquis D'ÉPINAY-SAINT-LUC, colonel des chasseurs de l'Orne.	2,400. 00	Récompense de ses services.	
46.	*Idem.*	M. le Baron DE GAUVILLE, chef de bataillon, capitaine au 6.e régiment d'infanterie de la garde royale.	2,000. 00	*Idem.*	
		TOTAL.........	65,500. 00		

www.ingramcontent.com/pod-product-compliance
Ingram Content Group UK Ltd.
Pitfield, Milton Keynes, MK11 3LW, UK
UKHW012029240726
13965UKWH00002B/661